이 책에 쏟아진 찬사

"오늘날 청교도에 대한 관심이 다시금 활발하게 일어나는 이유는 하나님의 일에 대한 그들의 특별한 헌신과 성경에 대한 그들의 깊은 이해 때문이다. 이 책은 오늘날 매우 중요하지만 종종 간과되어 온 다양한 주제에 대하여 청교도들이 가졌던 관점에 한층 더 가깝게 다가가도록 도울 것이다."

— R. C. 스프로울 (리고니어 미니스트리의 설립자)

"결혼의 정의에 대한 문화적 혼돈 속에서 조엘 비키와 제임스 라벨이 우리의 마음을 참으로 후련하게 해주는 책을 저술했다. 이 책은 청교도들의 지혜를 통해 모든 그리스도인에게 결혼에 대한 성경적인 관점을 제공해 준다. 이 책은 결혼 생활을 오래 해온 기혼 부부들과 이제 막 결혼의 길에 들어선 신혼부부들 모두에게 큰 도움이 될 것이다. 그리고 당신의 결혼 생활 속에 새로운 생명과 새로운 기쁨을 불어넣어 줄 것이다."

— 스티븐 J. 로슨 (원패션 미니스트리 설립자)

"이 책은 참된 보화다. 이 책은 과거의 위대한 청교도들을 통해 결혼에 대한 심오한 신학적 통찰력을 제공해 준다. 동시에 이 시대를 살아가는 많은 남편과 아내에게 현대적이며, 적실適實하며, 실제적이며, 시간을 초월한 교훈을 준다. 그리스도 중심적이며 성경에 기초한 이 책은 기혼 부부들뿐만 아니라 결혼을 생각하고 있는 미혼 남녀들에게도 똑같이 적실하고 방대한 지혜와 지식을 제공한다. 이 책은 분명 결혼과 관련하여 우리에게 큰 도움을 주는 경건한 지침서로 자리매김할 것이다."

— 안토니 T. 셀바지오 (목사, 강연자, 『결혼에 대해 성경이 가르치는 것』의 저자)

"청교도들은 결혼을 로마교회의 음울한 금욕주의적 이해에서 건져내어 성경적이며 그리스도 중심적인 관점으로 돌이켰다. 창조의 기쁨과 즐거움과 의무로 가득 찬 것으로 말이다. 이는 잘 알려지지 않았지만 확실한 사실이다. 유명한 청교도 신학자이며 목사인 조엘 비키와 제임스 라벨은 29명의 위대한 청교도들의 저작물을 탐사하여 그들의 지혜를 독자들이 이해하기 쉽게재배열하고 연구 문제를 덧붙임으로써 우리에게 풍성한 선물을 준다. 이는 실제 목회 현장에서 사역하는 목회자들만이 가질 수 있는 기술이다. 청교도들은 말씀 중심의 사역자들이었으며, 이 책은 그들의 견실한 신학과 적용으로 가득 차 있다. 이 책을 추천하는 것은 나에게 큰 기쁨이 아닐 수 없다."

- R. 켄튼 휴즈 (휘튼대학교회의 명예 담임목사, 웨스트민스터 신학교 실천신학 교수)

크리스천의
결혼 생활

크리스천의
결혼 생활

LIVING IN A GODLY MARRIAGE

조엘 비키 · 제임스 라벨 지음 ㅣ 정충하 옮김

CH북스

목차

서문

오랜 고정관념은 쉽게 바뀌지 않는다. 많은 경우, 진실을 발견하는 것
보다 그릇된 고정관념을 계속 붙잡는 편이 훨씬 더 쉽다. "청교도" 혹은
"청교도적"이라는 단어는 그것을 보여 주는 한 가지 좋은 실례다. 예를
들어 *Canadian Oxford Dictionary*는 이 용어들에 대한 역사적인 설명을
제시한 후 "청교도적"이라는 형용사가 "즐거움과 반대되는"을 의미한
다고 덧붙인다. 이런 측면에서 즐거움 혹은 쾌락을 사랑하는 오늘날의
우리 문화가 청교도들을 비웃는 것은 그다지 놀랄 일이 아니다. 분명
한 역사적 관련성을 갖는 어떤 단어들이 널리 통용된 이후 그러한 관련
성을 상실하는 것은 흔한 일이다. 저널리스트이자 풍자가인 멘켄(1880-
1956)이 내린 정의는 청교도주의에 대한 우리 문화의 관점을 가장 잘
요약한다. "청교도주의는 곧 행복해지는 것에 대한 끝없는 두려움이다.
청교도주의의 근저에 유일하게 정직한 충동이 있는데, 그것은 행복을
추구하는 사람을 처벌하고자 하는 충동이다."

그러나 사실은 정반대다. 마르크스주의 역사가로서 17세기 영국 역
사에 정통한 크리스토퍼 힐(1912-2003)은 이렇게 말했다. "소위 '청교도'
라고 불리는 사람들 가운데 오직 극소수의 사람들만이 '청교도적'이었
다." 물론 그들 가운데 음산하며 우울한 사람들이 있던 것은 사실이지
만, 그들이 전체를 대표하는 것은 아니다.

청교도들은 진지한 사람들이었지만, 웃을 때를 알았다. 리처드 버
나드(1568-1641)는 웃음을 가리켜 선한 삶의 일부라고 말했다. 또 그와

동시대인이었던 리처드 십스(1577-1635)는 "기쁨이 의인의 거처"임을 확신했다. 또 성性과 관련해서는, 유명한 청교도인 윌리엄 구지(1575-1653)가 결혼한 부부들에게 "기쁨과 즐거움과 기꺼움으로" 성관계를 즐기라고 격려했다. 그것이 결혼에 있어 본질적인 것이기 때문이다. 이와 같이 남편과 아내는 서로 즐거움을 취해야 한다. 또 다른 청교도 지도자인 리처드 백스터(1615-1691)는 잠언 5장 19절을 인용하면서 남편들에게 아내로부터 즐거움을 취하라고 말한다. "그는 사랑스러운 암사슴 같고 아름다운 암노루 같으니 너는 그의 품을 항상 족하게 여기며 그의 사랑을 항상 연모하라." 실제로 이 책에서 조엘 비키와 제임스 라벨이 분명하게 보여 주는 것처럼, 결혼에 대한 청교도들의 관점 속에는 오늘날의 우리 문화가 절대적으로 필요로 하는 지혜들이 가득 담겨 있다.

청교도들은 현대 결혼 사상의 가장 약한 부분에 강했다. 그들은 결혼이라는 신적 제도에 대해 깊이 생각했다. 왜냐하면 결혼은 16세기 종교개혁 이래 서구 세계에서 주된 전장戰場이었기 때문이다. 그들은 성性을 이해함에 있어서뿐만 아니라 음행을 정죄함에 있어서도 철저히 성경적이었다. 우리 세대는 이러한 두 가지 측면 모두에 절대적으로 주의를 기울일 필요가 있다. 나아가 청교도들은 결혼 생활의 의무와 책임의 부분에서도 철저히 성경적이었다. 결혼이란 주제와 관련하여 나는 오랫동안 청교도 문학을 탐구했다. 나는 청교도 문학이 이 주제와 관련하여 우리가 활용할 수 있는 최고의 문서 자료라고 믿는다. 그리고 이 책은 나의 그러한 믿음을 충분히 확증한다. 그런 의미에서 나는 이 시대를 사는 우리 모두가 이 책을 꼭 읽어야 한다고 생각한다.

마이클 헤이킨

미국 남침례회 교육대학원

청교도 시대 주요 인물 소개

청교도들은 경건한 결혼이 미래의 올바른 가정생활과 교회생활과 사회생활을 위한 기초라고 믿었다. 그리하여 그들은 결혼의 주제와 관련하여 많은 글을 남겼다. 특별히 그들은 이 주제를 성경적인 방식으로 다루기를 추구했다. 마르틴 루터와 장 칼뱅과 다른 초기 개혁자들이 그러한 작업을 시작했고, 청교도들이 그것을 크게 발전시켰다. 그들은 경건한 남편과 아내로서 어떻게 살아야 하는지에 대해 상당한 분량의 저술을 남겼다. 우리는 17세기 이래로 우리가 활용할 수 있는 풍성한 자료 중에서 그들이 생각하고 통찰한 지혜들을 이 책에 모았다.

이제 우리는 이 책에서 인용한 초창기 영국 저술가들을 알파벳순으로 간략하게 요약할 것이다. 그들과 그들의 저서에 대해 좀 더 충분한 정보를 원한다면 『청교도를 만나다』를 참조하라.[1]

영국의 초창기 저술가들

헨리 에인스워스(Henry Ainsworth, 1569-1622). 히브리어 구약성경에 정통한 탁월한 학자였다. 영국교회로부터 분리된 회중교회의 목사였던 그는 네덜란드에서 목회하기 위해 영국을 떠났다. 모세오경, 시편, 아가에 관한 주석서가 가장 유명하다.

---

1 Joel R. Beeke and Randall J. Pederson, *Meet the Puritans: With a Guide to Modern Reprints*(Grand Rapids: Reformation Heritage Books, 2012).

빈센트 알소프(Vincent Alsop, 1630-1703). 청교도 개혁주의의 열렬한 주창자였으며, 1662년 강단에서 추방될 때까지 영국교회에서 봉사했다. 다양한 종류의 논쟁적인 저서들과 디도서 2장 10절을 중심으로 쓴『실천적 경전*Practical Godliness*』이라는 제목의 작은 책을 냈다.

아이작 암브로스(Isaac Ambrose, 1604-1664). 온유한 마음을 가진 장로교 목사였던 그 역시 1662년까지 영국교회에서 봉사했다. 그의 책『예수를 바라보라』는 그리스도 중심적인 청교도 사상을 보여 주는 탁월한 고전이다. 또 다른 저서 *Prima, Ultima, and Media*는 부흥, 죽음, 천국, 지옥, 영적 성장을 다룬다.

윌리엄 에임스(William Ames, 1576-1633). 그의 책『신학의 정수』에 잘 드러나는 것처럼, 탁월한 조직신학자였다. *Conscience with the Power and Cases Thereof*와 같은 실천신학 계통의 책도 저술했다. 청교도이면서 회중교회 목사였던 그 역시 네덜란드 교회에서 목회하기 위해 영국을 떠났다. 그의 책들은 뉴잉글랜드의 청교도들과 네덜란드의 종교개혁에 상당한 영향을 끼쳤다.

리처드 백스터(Richard Baxter, 1615-1691). 장로교 목사인 그는 청교도 가운데 가장 많은 책을 저술한 사람 가운데 한 명이었다. 키더민스터에서의 그의 교구 사역은 도시 전체의 부흥을 이끄는 견인차였다. 비록 칭의와 속죄에 대한 그의 관점은 주류 개혁주의를 다소 벗어나기는 했지만, 그럼에도 불구하고『기독교 생활 지침』이라든지『성도의 영원한 안식』과 같은 그의 실용적인 책들은 통찰력과 위로와 실천적인 교훈들로 가득하다.

로버트 볼턴(Robert Bolton, 1572-1631). 매우 유능한 학자이면서 동시에 신실한 목사였다. 그는 옥스퍼드에서 공부하는 동안 죄로 인해 마음의 큰 괴로움을 겪었고, 그 과정 끝에 결국 영혼을 고치는 참된 의사가 되었다. 그는 성경의 교훈과 실제적인 조언을 함께 활용하여 죄인들이 깨끗한 양심을 가지고 하나님 앞에서 행하도록 인도했다.

토머스 보스턴(Thomas Boston, 1676-1732). 여기에 열거된 다른 사람들과는 다소 다른 경우이다. 그는 스코틀랜드 장로교 목사로서 18세기 초에 사역했다. 심프린과 에트릭의 작은 교구에서 목회했고, 특히 아내의 정신병으로 많은 어려움을 겪었음에도 불구하고 말씀을 전파하는 일에 생애를 바쳤다. 그는 『개혁 신학의 정수*The Marrow of Modern Divinity*』를 쓴 에드워드 피셔와 더불어 논쟁을 벌이면서 오직 은혜로 말미암은 구원의 교리를 옹호했다. 소요리문답에 대한 그의 일련의 설교들은 광범위하며 경험적인 조직신학을 구성한다. 그의 책 『인간 본성의 4중 상태』는 죄, 중생, 그리스도와의 연합, 천국과 지옥 등의 교리와 관련하여 영국과 미국의 그리스도인들에게 큰 영향을 끼쳤다.

임마누엘 본(Immanuel Bourne, 1590-1672). 영국교회의 목사로 봉사했다. 왕당파와 의회파가 전쟁에 돌입했을 때 장로교의 편에 섰지만, 왕정복고 후 다시 영국교회로 회귀했다. 결혼에 관한 그의 책 *A Golden Chain of Directions*는 장로교 계열의 청교도였던 헨리 윌킨슨에게 큰 호평을 받았다.

니콜라스 바이필드(Nicholas Byfield, 1579-1622). 신장 결석으로 큰 고통을 받았음에도 불구하고 체스터 교구에서 신실하게 사역하다가 결국 같은 병으로 죽었다. 그는 베드로전서 주석을 포함하여 몇 권의 책을 썼다. 그중 가장 유명한 것은 골로새서를 해설한 책인데, 이는 그가 7년 동안 골로새서를 본문으로 설교했던 내용들을 모은 것이다.

토머스 가태커(Thomas Gataker, 1574-1654). 목사이면서 언어학자였으며, 웨스트민스터 회의를 섬겼다. 감독제를 옹호한 몇 명의 목회자들 가운데 한 사람으로서 이사야, 예레미야, 예레미야애가 주석서를 썼다. 그는 영어와 라틴어로 몇 권의 논쟁적인 책을 썼으며, 마르쿠스 아우렐리우스의 『명상록』을 비판하는 책을 쓰기도 했다. 또 그의 많은 설교들이 『확실한 설교들Certain Sermons』이라는 제목으로 묶여 출판되었다.

윌리엄 구지(William Gouge, 1575-1653). 탁월한 학자로서 웨스트민스터 회의의 일원이었으며, 런던의 세인트 앤 블랙프라이어스에서 45년 동안 설교했다. 그는 히브리서를 주석한 『하나님의 전신갑주The Whole Armour of God』라는 책과 가정생활에 관한 고전인 『가정의 의무에 관하여Of Domestical Duties』를 출판했다. 후자는 『경건한 가정 세우기Building a Godly Home』라는 세 권의 책으로 최근에 재출판되었다. 이 책은 결혼과 자녀 양육에 관한 청교도의 주된 고전이었다.

리처드 그린햄(Richard Greenham, 1542-1594). 청교도 실천신학의 선구자였다. 그는 드라이데이튼의 작은 마을에서 힘들게 사역하면서 강하게 연단되었다. 아더 힐더샴과 헨리 스미스 같은 사람들을 훈련했으며, 복음을 개인의 양심과 삶에 적용하는 것을 특히 강조했다. 그의 책들은 이상적인 목회자를 위한 지혜들로 가득차 있다.

윌리엄 그린힐(William Greenhill, 1598-1671). 청교도 신앙을 지키기 위해 1630년대에 제레미야 뷰로우와 함께 네덜란드로 피신했다. 거기에서 그들은 회중교회를 이끌었다. 다시 영국으로 돌아온 그린힐은 회중교회 목사로 사역하면서 웨스트민스터 회의에 참여했다. 그의 에스겔서에 관한 주석은 영적 통찰력으로 가득하다.

에제키엘 홉킨스(Ezekiel Hopkins, 1634-1690). 왕정복고 후 다시 영국교회에서 봉사했으며, 1681년에 북아일랜드 데리의 감독이 되었다. 그의 작품집에는 주기도문, 십계명, 죄, 언약, 중생, 실천적인 기독교 등의 주제와 관련한 다양한 소책자들이 포함되어 있다.

토머스 맨턴(Thomas Manton, 1620-1677). 장로교 계열의 청교도인 그는 왕정복고에 호의적이었음에도 불구하고 통일령(1662년)을 따르기를 거부했다는 죄목으로 목사의 자리에서 쫓겨났다. 그의 작품집에는 시편 119편, 이사야 53장, 마태복음 25장, 요한복음 17장, 로마서 6장과 8장, 데살로니가후서 2장, 히브리서 11장, 야고보서, 유다서 등에 대한 강해 설교들이 포함돼 있다.

존 메이너드(John Maynard, 1600-1665). 웨스트민스터 회의의 일원인 그는 목사직을 박탈당하기 전까지 메이필드, 서섹스 등에서 사역했다. 그의 작품집에는 의회에서 한 설교들과 6일간의 창조에 대한 묵상과 율법과 복음의 조화 등이 포함돼 있다.

윌리엄 퍼킨스(William Perkins, 1558-1602). 엘리자베스 1세 시대에 청교도 운동을 주도한 지도자였다. 세인트앤드루스 교회에서 한 그의 설교들은 케임브리지 대학의 학생들에게 큰 영향을 끼쳤다. 그의 책들 가운데 오늘날 가장 유명한 것은 이중적인 예정을 다룬 『황금사슬』이다. 그의 작품집 속에는 산상수훈, 갈라디아서, 히브리서 11장, 요한계시록 1-3장 등에 대한 그의 설교와 사도신경과 주기도문에 대한 그의 해설과 로마가톨릭주의를 비판한 글과 실제적인 기독교적 삶에 대한 많은 소책자들이 포함되어 있다. 그의 글들은 유럽의 다양한 언어로 번역되어 여러 나라의 종교개혁 운동에 상당한 영향을 끼쳤다. Reformation Heritage Books사社에서 윌리엄 퍼킨스 전집을 재판했다.

조지 페터(George Petter, c. 1586-1654). 트리니티 칼리지에서 학업을 마친 후 서섹스의 작은 마을(Brede)의 목사가 된 그는 그곳에서 45년 동안 봉사했다. 그리고 마가복음에 대한 방대한 주석을 남겼다.

에드워드 레이너(Edward Reyner, 1600-1660). 회중교회의 목사였던 그는 약간의 내전 기간을 제외하고 30년 이상을 링컨에서 설교자로 봉사했다. 그의 책 *Precepts for Christian Practice*는 17세기 중기에 여러 차례 재판됐다. 그는 또한 『결혼에 관한 고찰*Considerations Concerning Marriage*』을 썼다.

다니엘 로저스(Daniel Rogers, 1573-1652). 1629년 라우드 대감독에 의해 정직(停職)될 때까지 영국교회의 목사였다. 『시리아인 나아만, 그의 병과 치유*Naaman the Syrian, His Disease and Cure*』라는 제목의 방대한 책과 『결혼의 존귀*Matrimonial Honour*』를 썼다.

헨리 스쿠더(Henry Scudder, c. 1585-1652). 웨스트민스터 회의의 일원으로서 신실한 목사였다. 그의 책 *The Christian's Daily Walk*는 영국 종교문학의 고전이 되었으며 리처드 백스터와 존 오웬의 찬사를 받았다.

윌리엄 세커(William Secker, d. 1681?). 미들섹스에 있던 올-핼로우스 교회의 목사였다. 결혼을 다룬 책 *A Wedding Ring Fit for the Finger, or the Salve of Divinity on the Sore of Humanity*와 설교집인 *The Nonsuch Professor in His Meridian Glory, Or the Singular Actions of Sanctified Christians*를 출판했다.

헨리 스미스(Henry Smith, 1560-1591). 리처드 그린햄의 제자로서 엘리자베스 1세 시대의 뛰어난 설교자였다. 그는 영국교회의 모든 예식에 동의하지 않았지만 계속 그 안에 남아 있었고, 영국교회를 구조적으로 변화시키려고 하기보다 영적 갱신을 추구했다. 56개의 설교들을 모은 설교집을 출판했으며, 그 책은 수차례 재판됐다.

리처드 스틸(Richard Steele, 1629-1692). 장로교 목사였던 그는 통일령을 따르지 않아서 목사직에서 쫓겨났다. 그의 성품에 대한 거짓 참소와 결핵으로 많은 어려움을 겪었으나, 믿음을 지키며 말씀 사역을 계속했다. 그의 작품집에는 기독교적 삶의 실천적 지침서인 *The Religious Tradesman*과 남편과 아내의 의무에 대한 설교들이 포함되어 있다.

리처드 스톡(Richard Stock, c. 1569-1626). 케임브리지에서 학업을 마친 후 런던의 올-헬로우스 교회의 목사가 되었다. 존 대버넌트와 토머스 가태커의 친구였으며, 존 밀턴이 그의 교회에서 자랐다. 그는 진실한 설교와 거룩한 삶 모두에서 "찬란한 빛"으로 기억되었다. 회개, 신론, 말라기의 예언 등에 관한 책을 저술했다.

조지 스윈녹(George Swinnock, c. 1627-1673). 통일령에 의해 목사직에서 쫓겨날 때까지 버킹엄셔에서 사역했으며, 사적으로 설교하며 저술하는 일을 계속했다. 스윈녹의 책들은 다른 청교도들의 책처럼 교리적으로 풍성하지는 않지만, 삽화에서 보기 드문 재능을 보인다. 대표작은 경건이 인생의 모든 측면에서 어떻게 구체화돼야 하는지를 고찰한 『그리스도인의 부르심*The Christian Man's Calling*』이다.

제레미 테일러(Jeremy Taylor, 1613-1667). 영국교회의 목사였으며 경건의 영성으로 특히 유명했다. 그는 청교도가 아니었다. 라우드 대감독의 총애를 받아 청교도들 사이에서는 그다지 호의적으로 평가받지 않았다. 왕정복고 후 북아일랜드의 감독이 되었으며 그 지역 장로교들을 반대했다. 가장 유명한 저서는 거룩한 삶과 거

룩한 죽음을 위한 지침서들이다. 1673년에 최초로 출판된 일련의 설교들 가운데
"결혼반지 혹은 결혼의 신비와 의무"라는 제목의 메시지가 있는데, 그 내용이 매
우 청교도적이어서 이 책에 인용되었다.

윌리엄 웨이틀리(William Whately, 1583-1639). "밴버리의 포효하는 소년"으로 알려
진 청교도 설교자이다. 그가 "소년"으로 알려진 것은 생각과 행동이 미숙해서가
아니라 설교할 때 넘치는 에너지 때문이었다. 결혼과 십계명과 중생에 대한 여러
권의 소책자들과 상당수의 책을 저술했다.

앤드루 윌렛(Andrew Willet, 1562-1621). 영국 개혁교회 목사였으며 로마가톨릭에
대항하여 열정적으로 싸웠다. 학자들은 그를 청교도로 분류할지 말지 논쟁을 벌
인다. 그의 책들이 명백히 청교도적 사고방식을 반영하는데도 말이다. 그는 매일
여덟 시간을 학문 연구에 할당하면서도 건강한 가정생활과 효과적인 사역을 유
지했다. 창세기, 출애굽기, 레위기, 사무엘서, 다니엘서, 로마서 등에 대한 상세한
해설서를 썼다.

본서의 특징

우리는 이러한 저자들에게서 직접 인용한 부분에 각주를 달았다. 그리고 그럴 때
는 다음 장의 약어표에 열거된 약어들을 사용했다. 이 책의 주된 대상은 평신도
이기 때문에 각주를 최소한으로 사용했다. 때로는 주제를 좀 더 충분하게 설명하
기 위해 앞에 열거한 저자들 외에 다른 저자들의 책도 인용했으며, 이런 경우에
도 역시 각주를 달았다. 또 우리는 과거의 책들을 인용할 때 철저히 현대의 철자
법과 구두법을 사용했으며, 그룹스터디를 돕기 위해 각 장의 끝에 연구 문제를
제시했다.

약어표와 참고도서 목록

Ainsworth   Henry Ainsworth, Annotations on the Pentateuch and the Psalms (Ligonier, Pa.: Soli Deo Gloria, 1991).

Alsop   Vincent Alsop, "The Sinfulness of Strange Apparel," in *Practical Godliness: The Ornament of All Religion* (Morgan, Pa.: Soli Deo Gloria, 2003), 103-72.

Ambrose   Isaac Ambrose, "Family Duties," in *Media: the Middle Things, in reference to the First and Last Things; or, The Means, Duties, Ordinances, both Secret, Private, and Publick, for continuance and increase of a godly life, (once begun,) till we come to Heaven, in The Works of Isaac Ambrose* (London: Rowland Reynolds, 1674), 228-38.

Ames   William Ames, *Conscience With the Power and Cases Thereof* (Puritan Reprints, 2010).

Anonymous   *The New Whole Duty of Man*, The Nineteenth Edition (London: Printed only for John Hinton, at the King's Arms, in Newgate Street, n.d.), 219-32, 394-96. Often attributed to Richard Allestree.

D. B.   *The Honourable State of Matrimony Made Comfortable, or An Antidote Against Discord Betwixt Man and Wife: being Special Directions for the Procuring and Preserving of Family Peace* (London: Francis Pearse, 1685).

Baxter   Richard Baxter, *The Godly Home*, ed. Randall J. Pederson (Wheaton, Ill.: Crossway Books, 2010).

18

Baxter, *Works*   Richard Baxter, "The Poor Man's Family Book," in *The Practical Works of Richard Baxter* (Morgan, Pa.: Soli Deo Gloria, 1996), 4:234–35.

Bayne   Paul Bayne, *An Entire Commentary Upon the Whole Epistle of St Paul to the Ephesians*(Stoke-on-Trent, England: Tentmaker, 2007), 337–54.

Bolton   Robert Bolton, *General Directions for a Comfortable Walking with God* (Morgan, Pa.: Soli Deo Gloria, 1995), 262–82.

Boston   Thomas Boston, *The Works of Thomas Boston*, ed. Samuel M'Millan (Wheaton, Ill: Richard Owen Roberts, 1980), 2:212–19; 4:209–218.

Bourne   Immanuel Bourne, *A Golden Chain of Directions, with Twenty Gold-links of love, to preserve love firm between Husband and Wife, during their lives. Profitable to all, that are already Married, or that intend to take the Honourable and Holy estate of Marriage upon them hereafter. Advising for a Right Choice in Marriage, and how to keep from those sad consequences [which] have fallen out in too many Families, sometimes upon small dislike between Husband and Wife. That happiness may be the inheritance of parents and posterities, through the grace of God in Jesus Christ* (London: Printed by J. Streater for George Sanbridge, 1669).

Byfield   Nicholas Byfield, *An Exposition Upon the Epistle to the Colossians* (Stoke-on-Trent, England: Tentmaker, 2007), 346–56.

Davenant   John Davenant, *Colossians* (Edinburgh: Banner of Truth, 2005).

Gataker   Thomas Gataker, *Certaine Sermons, First Preached, and After Published at several times, by M. Thomas Gataker B. of D. and Pastor at Rotherhith, and now Gathered together into One Volume* (London: by John Haviland for Phylemon Stephens and Christopher Meredith, 1637).

Gouge   William Gouge, *Of Domestical Duties* (Pensacola: Puritan Reprints, 2006). [Edited and modernized by Scott Brown and Joel R. Beeke as *Building a Godly Home*, 3 vols. (Grand Rapids: Reformation Heritage Books, 2013-14).]

Greenham   Richard Greenham, "A Treatise of a Contract Before Marriage" in *The Works of the Reverend and Faithful Servant of Jesus Christ M. Richard Greenham, Second ed.* (London: by Felix Kingston for Ralph Iacson, 1599), 278–88.

Greenhill   William Greenhill, *An Exposition of Ezekiel* (Edinburgh: Banner of Truth, 1994), 441–43.

Hopkins   Ezekiel Hopkins, *The Works of Ezekiel Hopkins*, ed. Charles W. Quick (Morgan, Pa.: Soli Deo Gloria, 1995), 1:413–26.

Manton   Thomas Manton, *The Works of Thomas Manton* (Birmingham: Solid Ground Christian Books, 2008), 2:162–72; 19:436–76.

Maynard   John Maynard, *The Beauty of Order of the Creation. Together with Natural and Allegorical Meditations on the Six Dayes Works of the Creation. With the Addition of two Compendious Discourses* (London: William Gearing, 1668), 175–84.

Perkins   William Perkins, "A Golden Chaine," in *The Workes of that Famovs and Worthie Minister of Christ, in the University of Cambridge, M. W. Perkins* (London: John Legate, 1608), 1:60–61.

Petter   George Petter, *A Learned, Pious, and Practical Commentary Upon the Gospel According to St. Mark* (London: F. Streater, 1661), 704–705.

Reyner   Edward Reyner, *Considerations Concerning Marriage: the Honor, Duties, Benefits, Troubles of it. Whereto are added, 1) Directions in two particulars: a. How they that have wives may be as if they had* *none. b. How to prepare for parting with a dear yoke-fellow by death or otherwise. 2) Resolution of this Case of Conscience: Whether a man may lawfully marry his wife's sister?* (London: by J. T. for Thomas Newbery, 1657).

Rogers   Daniel Rogers, *Matrimonial Honor* (Virginia: Edification Press, 2010).

Scudder   Henry Scudder, *The Godly Man's Choice: or A Direction how single godly persons, who intend marriage, may make choice of a fit and meet yoak-fellow; being the meditations of Caleb Granthamin his single estate, as a rule and guide for himself to walk by; and since his death perused and published with some profitable directions how persons should live as becometh Christians in the married estate* (London: by Mathew Simmons for Henry Overton, 1644).

Secker   William Secker, "The Wedding Ring," in *The Nonsuch Professor— Wedding Ring* (Virginia: Sprinkle Publications, 1997), 245–69.

Smith   Henry Smith, "A Preparative to Marriage," in *The Works of Henry Smith* (Stoke-on-Trent: Tentmaker Publications, 2002), 1:1–40.

Steele   Richard Steele, "What are the duties of husbands and wives towards each other?" in *Puritan Sermons* 1659–1689, 2:272–303.

Ste. B.   Ste. B., *Counsel to the Husband; to the Wife Instruction: a short and pithy treatise of several and joynt duties, belonging unto man and wife, as counsels to the one, and instructions to the other; for their more perfect happiness in this present life, and their eternal glorie in the life to come* (London: by Felix Kyngston, for Richard Boyle, 1605).

Stock   Richard Stock, *A Commentary Upon the Prophecy of Malachi* (Stoke-on-Trent, England: Tentmaker, 2006), 168–91.

Swinnock   George Swinnock, *The Christian Man's Calling, in The Works of George Swinnock* (Edinburgh: Banner of Truth, 1992), 1:464–528.

Taylor　　　　　Jeremy Taylor, *The Marriage Ring* (1673; repr., New York: John Lane Company, 1907).

Whately,　　　　William Whately, *A Bride-Bush, or, A Direction for Married*
A Bride-Bush　　*Persons, plainly describing the duties common to both, and peculiar to each of them. By performing of which, Marriage shall proove a great help to such, as now for want of performing them, doe finde it a little hell* (London: Printed by Bernard Alsop for Beniamin Fisher, and are to be sold at his shop in Paternoster Rowe, at the signe of the Talbot, 1623).

Whately,　　　　William Whately, *A Care-Cloth: or, A Treatise of the Cumbers and*
A Care-Cloth　　*Troubles of Marriage; intended to advise them that may, to shun them; [and them] that may not, well and patiently to beare them* (London: Imprinted by Felix Kyngston for Thomas Man, 1624).

Willet　　　　　Andrew Willet, *Hexapla in Genesin, that is, a Sixfold Commentary Upon Genesis* (London: Printed by Thomas Creede, for Thomas Man, 1608), 1-44

결혼에 대한 청교도적 관점을 보여 주는 자료들

den Ouden　　　P. den Ouden, *Liefde en trouw bij de puriteinen*, 3rd ed. (Houten, the Netherlands: Den Hertog, 2010).

Packer　　　　　J. I. Packer, *A Quest for Godliness: The Puritan Vision of the Christian Life* (Wheaton, Ill.: Crossway, 1994), 259-73.

Parker　　　　　Kenneth L. Parker and Eric J. Carlson, *'Practical Divinity': The*
and Carlson　　*Works and Life of Revd Richard Greenham,* St. Andrews Studies in Reformation History (Aldershot, England: Ashgate Publishing, 1998).

Ryken　　　　　Leland Ryken, Worldly Saints: The Puritans as They Really Were (Grand Rapids: Zondervan, 1986), 39-54, 75-78.

감사의 말

먼저 우리의 신실한 구주이시며 교회의 신랑이신 주님께 감사드린다. 완전한 남편인 그분과 에베소서 5장을 비롯한 여러 성구들의 분명한 증언이 없었다면, 결혼에 대한 청교도의 이해는 결코 올바르게 세워질 수 없었을 것이다. 우리는 천국의 영원하면서도 유토피아적인 결혼을 통해 그분을 더 잘 알게 되기를 고대한다. 그곳에서 예수 그리스도는 진실로 모든 것이 되실 것이다(골 3:11).

우리의 특별한 아내들에게 감사하고 싶다. 메리 비키와 챈트리 라벨은 충실하고 귀중한 배우자로서 그리스도에 대한 교회의 관계를 반영하는 사랑스러운 본보기였다. 우리는 사랑스러운 자녀들에게도 감사의 마음을 전하고 싶다. 그들은 우리가 이 책을 쓰는 데 큰 도움이 되었다. 또 이 책의 서문을 써준 마이클 헤이킨, 이 책을 편집하는 데 많은 도움을 준 필리스 테넬스호프, 그레그 베일리, 미스티 본, 교정을 맡아준 게리 홀랜더·린다 홀랜더 부부, 표지 디자인을 해준 에이미 제벤버겐에게 감사를 드린다.

독자들이 이 책을 통해 결혼의 목적과 목표와 의무를 더 잘 이해하고, 그리스도 예수 안에서 좀 더 경건한 결혼 생활을 할 수 있게 된다면 우리의 수고는 결코 헛되지 않을 것이다.

조엘 비키와 제임스 라벨

서론

오늘날 결혼은 내부와 외부 모두에게서 공격을 받고 있다. 우리는 주변에서 하나님에 의해 제정된 결혼이 해체되고 허물어지는 것을 목도하고 있다. 한때 "하나님의 규례에 따라 한 몸이 된 남자와 여자 사이의 삶의 연합"[1]으로 정의됐던 결혼이 오늘날 다시 정의되고 있다. 우리 선조들이 모든 공동체뿐만 아니라 인류의 기본적인 제도[2]라고 이해했던 결혼이 이제는 많은 사람들에 의해 구식이 되고 별 쓸모없어진 역사의 한 단계로 재인식되고 있다. 결혼하는 사람들의 관념과 기대에서 알 수 있듯이, 오늘날 결혼을 구성하는 것은 본래 하나님이 계획하셨던 것과는 분명 매우 다르다.

결혼에 대한 내적인 공격은 하나님께 맞서는 우리의 본성적인 반역

---

1   Smith, 1:5.
2   "결혼은 세상에 세워진 최초의 관계이며, 그것에서 다른 모든 관계들이 나온다. 결혼과 관련한 하늘의 법칙은 가정과 사회를 행복하게 만든다. 그러한 법칙을 무시할 때, 세상은 거칠고 무질서해진다"(Boston, 2:212). 또 Gataker, 3; Reyner, iii, 45; Steele, *Puritans Sermons*, 2:272를 참조하라.

의 악독한 열매이다. 우리는 하나님과 불화한 상태로 태어났으며, 본성적으로 그의 율법을 대적한다(롬 8:7-8). 눈앞에 하나님을 두려워함이 없으며(롬 3:18), 그가 우리를 다스리는 것을 원하지 않는다(눅 19:14). 우리의 이기적인 마음은 그의 길을 싫어하며, 자기 마음대로 행하기를 좋아하는 우리의 타락한 마음은 그의 법을 혐오하며, 인간의 자율을 믿는 우리의 믿음은 그의 주권을 배격한다. 그러므로 하나님의 주권에 의해 제정되고, 하나님의 길에 따라 계획되고, 하나님의 법에 의해 규정되는 결혼은 종종 인간 중심의 회전 녹로轆轤 위에 올려지거나 혹은 단순히 하나님으로부터 말미암았다는 이유로 배격된다.

역설적이게도 대부분의 사람들은 성적인 결합, 교제, 기쁨과 슬픔을 함께 나누는 배우자의 위로, 자녀 출산과 양육, 가문을 잇는 것, 유산 상속 등과 같은 결혼의 은택을 원한다. 그러나 결혼에 수반되는 것, 즉 그들이 멍에와 구속과 책임과 의무라고 생각하는 것은 원하지 않는다. 그리고 하나님이 그들의 어깨 너머로 결혼 생활에 대해 알려 주는 것을 원하지 않는다. 그들은 하나님이 제정한 결혼을 반대하면서, 그들 자신의 형상을 따라 결혼의 모양을 다시 빚고 싶어 한다. 자신의 죄악된 소욕에 통치권을 부여하고 자신의 생각에 권위를 부여하면서 보기에 좋은 것을 행하려고 한다.

결혼에 대한 이런 내적인 공격은 외적인 공격과 짝을 이룬다. 결혼에 대한 외적인 공격은 결혼의 책임과 의무가 개인의 자유를 제한할 뿐만 아니라 즐거움을 말살한다고 여기는 오늘날의 문화와 관련이 있다. 이러한 관점은 결혼이라는 하나님의 길을 매우 부정적으로 바라본다. 결혼에 대한 경멸적인 관점뿐만 아니라 이제는 시대에 뒤떨어진 것이라는 관념도 있다. 그들은 이렇게 말한다. "우리는 충분히 성숙했으며, 이전 세대의 결혼의 족쇄를 끊어 버렸다. 그 대신 우리는 파트너와 함께 살면서 자유롭게 성적 관계를 즐기는 '사귐'(friendship)을 지지한다."

이처럼 많은 사람들이 결혼을 거추장스러운 것으로 여기면서 떼어 버리려고 애쓰는 동안, 어떤 사람들은 결혼을 동성애자들의 연합으로 재정의하면서 왜곡한다. 이런 사람들은 동성애에 대한 사회의 수용과 동성 결혼의 권리를 원한다. 그들에게 성숙한 사회란, 그들의 성적 취향을 대안적인 삶의 방식으로 받아들이고 그들의 관계를 합법적인 결혼으로 인정하는 사회이다.

이는 결혼에 대한 하나님의 관점을 바꾸고 종국적으로 완전히 파괴시키려는 시도이다. 이것이 성공을 거두면 어떻게 되겠는가? 이미 우리의 가정과 교회와 사회와 문화는 이러한 공격으로 큰 고통을 받고 있다. 이런 하나님에 대한 반역이 계속된다면 우리는 결국 어떻게 될까? 가시 달린 막대기를 뒷발질했는데 아무 일이 없겠는가? 결혼은 세상에 세워진 최초의 인간관계이며, 그러므로 다른 모든 관계의 근원이다. 따라서 결혼의 해체는 필연적으로 세상의 다른 모든 관계에 심각한 결과를 가져다줄 수밖에 없다. 동성애를 합법화하려는 시도는 위험한 결과를 보지 못하는 눈과 그러한 행동을 해서는 안 된다는 양심의 부르짖음을 듣지 못하는 귀 때문이다.

결혼을 회복하기 위해 우리는 무엇인가를 해야만 한다. 결혼이 가정과 교회와 사회에 하나님이 정하신 축복이 되게 하기 위해 지금 우리는 무엇인가를 해야만 한다. 오늘날 결혼에 대한 사람들의 관점은 급속도로 바뀌고 있다. 이런 시대에 결혼은 우리에게 제발 자신을 구해달라고, 본래의 자리로 되돌려달라고 부르짖고 있다. 결혼을 구하기 위해 우리는 무엇을 할 수 있나? 어떻게 우리는 결혼을 하나님의 영광과 우리의 유익을 위해 제정된 하나님의 규례로 회복시킬 수 있는가? 어떻게 우리는 결혼을 그 본래의 자리, 즉 가정과 교회와 사회와 세상 전체를 유익하게 하는 것으로 되돌려 놓을 수 있는가?

하나님의 말씀을 되돌아보는 것에서 회복은 시작된다. 하나님은 자신의 영광을 위해 결혼을 창조하셨다. 결혼의 최종적인 권위인 하나님의 말씀으로 가는 것만이 유일한 희망이다. 하나님은 말씀을 통해 결혼을 어떻게 생각해야 하는지, 결혼을 위해 무엇을 준비해야 하는지, 어떤 기초 위에서 경건한 결혼을 세워야 하는지, 결혼이 어떤 의무들을 부과하는지, 그러한 의무들을 우리가 어떻게 이행할 수 있는지, 결혼 생활에서 예상되는 문제는 무엇인지, 그런 문제들을 우리가 어떻게 극복할 수 있는지, 그리고 험난한 결혼 속에서 우리가 어떻게 인내해야 하는지 등에 대해 알려 주신다. 하나님은 결혼처럼 중요하고 근본적인 문제에 있어서 우리를 어둠 속에 내버려 두지 않으셨다. 하나님은 우리에게 결혼이 무엇인지, 왜 결혼을 만드셨는지, 어떻게 결혼을 누릴 수 있는지, 그리고 결혼 안에서 우리가 어떻게 그를 영화롭게 할 수 있는지에 대해 말씀하셨다.

하나님의 말씀이 결혼에 대해 가르치는 것들을 발견하기 위해 우리는 많은 청교도들의 글과 설교들을 탐색할 것이다. 그들은 결혼에 대해 철저히 성경적으로 성찰했을 뿐만 아니라 결혼을 하나님의 말씀과 일치시켜서 풍성한 축복을 누리도록 사람들을 초청한 말씀의 사역자들이었다.

그들의 도움을 받으며, 우리는 남편과 아내 사이의 근본적인 관계에 대해 성경이 무엇을 가르치고 있는지 펼쳐 보겠다. 당신이 지금 결혼을 준비하고 있는 사람이든, 최근에 결혼한 사람이든, 오래전에 결혼한 사람이든, 부디 하나님께서 당신의 마음에 결혼을 향한 그분의 목적을 밝혀 주시기를, 그래서 당신이 결혼의 풍성한 축복을 누릴 수 있게 되기를 기도한다. 이는 결혼을 향한 하나님의 뜻에 당신 자신을 일치시키면 가능할 것이다. 하나님께서 그의 축복들을 당신의 의무에 매달아 놓으셨기 때문이다.

1장
결혼의 제정과 존귀

우리는 결혼에 대한 우리의 믿음과 행함을 하나님의 말씀의 가르침에 맞게 재조정해야 한다. 그리고 그러한 작업은 결혼을 하나님이 제정하신 것으로 이해하는 것부터 시작되어야 한다. 그렇게 할 때 하나님이 결혼에 부여하신 존귀를 이해할 수 있다. 오늘날 많은 사람들이 결혼을 즐거움의 무덤, 속박의 멍에, 필요악 등으로 폄훼한다. 그러나 우리는 하나님이 결혼을 "심히 좋다"고 선언하신 것을 기억할 필요가 있다 (창 1:31). 뿐만 아니라 하나님은 인간의 그 어떤 냉소도 제거할 수 없고 그 어떤 깨어진 결혼도 반박할 수 없는 존귀를 결혼에 부여하셨다. "모든 사람은 결혼을 귀히 여기고 침소를 더럽히지 않게 하라"(히 13:4). 그러므로 우리는 먼저 결혼의 제정에 대해 간단히 살펴본 다음 결혼을 존귀하게 만드는 것들로 나아가고자 한다.

결혼의 제정

먼저 우리는 결혼을 하나님이 직접 창조하시고 규정하신 것으로 이해할 필요가 있다. 그래야만 결혼과 관련해서 하나님의 영광을 위해 산다고 말할 수 있을 것이다. 그러므로 우리는 창세기 2장 22-25절로 돌아가야 한다. 이 구절에서 우리는 결혼의 제정과 관련하여 네 가지 의견을 말할 수 있다.

첫째, 22절이 하와의 창조뿐만 아니라 아담과 하와의 결혼에 대해 말한다는 것에 주목하라. 여기에서 우리는 결혼 제도가 하나님의 규례라는 사실을 알게 된다. 하나님은 남자**로부터** 여자를 창조하셨을 뿐만 아니라 남자를 **위해** 여자를, 요컨대 남편을 위해 아내를 창조하셨다. 아담과 하와는 우리의 첫 조상이며(행 17:26), 그러므로 그들의 결혼은 모든 인간 공동체의 근원이다.[1] 하나님은 하와를 아담에게 데려가셔서 그의 아내가 되게 하셨다. 스윈녹은 이 구절을 이렇게 주석한다. "하나님은 최초의 한 쌍을 결혼시키셨다. 그들을 창조한 자가 곧 그들의 결혼을 주례한 목사였다."[2] 또 헨리 에인스워스는 이렇게 말한다. "하와를 아담에게 데려가시고 그와 결혼으로 연합하도록 하신 자는 다름 아닌 그녀를 창조하신 하나님이셨다."[3] 또 조지 페터는 그의 독자들에게 다음과 같이 촉구한다. "결혼이 얼마나 오래된 것인지 보라. 결혼은 창세 때 사람이 처음 창조된 이래로 하나님께서 직접 제정하신 것이다. 창세기 2장 22절을 보라. 하와가 창조되자마자, 하나님은 그녀를 아담에게로 데려가 그의 아내가 되게 하셨다."[4]

여자를 남자에게 데려간 것은 모든 동물을 아담에게 데려간 하나님의 이전 행적에 비춰 보아야 한다. "여호와 하나님이 흙으로 각종 들짐승과 공중의 각종 새를 지으시고 아담이 무엇이라고 부르나 보시려고

---

1   Reyner, 45.
2   Swinnock, 1:464.
3   Ainsworth, 1:16.
4   Petter, 704.

그것들을 그에게로 이끌어 가시니 아담이 각 생물을 부르는 것이 곧 그 이름이 되었더라"(창 2:19). 동물들에게 이름을 지어 주는 아담의 역할의 목적은 단순히 그들을 알고 그들의 특징을 반영하는 이름을 지어 주는 것 그 이상이었다. 동물들에게 이름을 지어 줌으로써 아담은 자신이 다스리는 피조물들 사이에 자신에게 합당한 "돕는 배필"이 없음을 알 수 있었다(창 1:28). 창세기 2장 18절에서 하나님은 사람이 혼자 사는 것이 좋지 않다고 말씀하시면서 "내가 그를 위하여 돕는 배필을 지으리라"고 선언하셨다.

아담은 동물들에게 이름을 지어 주면서 그들이 자신의 돕는 배필이 되기에 얼마나 합당하지 못한지 깨달아야만 했다. 하와와 결혼하기에 앞서, 아담은 남편과 아내 사이의 친밀한 관계가 다른 피조물들 사이의 관계보다 훨씬 더 뛰어나다는 사실을 깨달아야만 했다. 아담은 하나님께서 자신을 위해 여자를 만드신 이유가 자신이 그녀로 인해 더욱 감사하며 그녀를 더욱 진실하게 대하기 위함이라는 사실을 알아야 했다. 이 두 가지, 즉 감사와 진실함은 행복한 결혼의 두 가지 필수적인 표적이다. 존 메이나드는 이렇게 설명한다. "하나님은 위대한 중매자이시며, 결혼의 창시자이시다. 하나님은 모든 동물을 아담에게로 데려가셨다. 그러나 아담은 그들 가운데서 자신을 위한 돕는 배필을 발견하지 못했다. 그리하여 하나님은 여자를 그에게로 데려가셨으며, 결혼으로 그녀를 그에게 연합시키셨다. 한편, 아담은 기쁨과 감사의 마음으로 하나님의 손에서 그녀를 받고 그녀에게 합당한 이름을 지어 주었다."[5] 그녀가 아담에게 합당했다는 것에 대해 세커는 이렇게 말한다. "천사들은 아담보다 훨씬 높은 위치에 있었으며, 동물들은 그보다 훨씬 낮은 위치에

---

5   Maynard, 177-78.

있었다. 그는 천사들이 있는 곳으로 올라갈 수 없었으며, 동물들이 있는 곳으로 내려갈 수 없었다. 천사들은 그가 미칠 수 있는 범위 밖에 있었으며, 동물들은 그와는 전혀 다른 종種이었다. 그러나 여자는 그와 동등한 위치에 있었고, 그러므로 그의 돕는 배필이 될 수 있었다."[6] 아담은 하나님께서 자신에게 데려오신 자에게 "여자"라는 이름을 지어 주었는데, 이는 아담이 그녀가 자신에게 어울린다는 사실과 하나님이 자신을 위해 그녀를 자신의 아내와 돕는 배필로서 창조하셨음을 인식했다는 것을 보여 준다.

만일 이러한 해석의 정당성을 확인하고 싶다면, 이혼에 대한 바리새인의 질문에 대답하기 위해 우리 주님이 창세기 2장 22절을 어떻게 사용하셨는지 주목할 필요가 있다(마 19:3). 마태복음 19장 3-6절에서 예수님은 하나님께서 창세 때 결혼을 제정하신 것을 들어 바리새인들에게 이혼의 불법성을 선언하셨다. 예수님은 남자가 그 부모를 떠나 결혼을 통해 자기 아내와 불가분리적으로 연합해야 한다고 말씀하신다. 남자가 그의 부모로부터 분리되는 것과 동시에 그 자신의 가정이 시작되는 것이다. 그렇게 할 때 남자와 여자는 하나님 앞에서 한 몸이 될 뿐만 아니라(5절), 하나님이 그들을 짝지어 주심으로써 한 몸이 된다(6절).

예수님이 자신의 주장의 근거를 하나님이 창세 때 남자와 여자를 창조하신 것 위에 세우셨다는 사실에 주목하라(4절). 요컨대 예수님은 이혼에 대한 질문에 대답하기 위해 결혼의 신적 기원을 제시하신 것이다. 하나님 이 결혼을 제정하셨으며, 그 일은 하나님이 아담과 하와를 남자와 여자로 창조하셨을 때 이루어졌다(창 1:27). 하나님이 하와를 아담에게로 이끄시고, 그들을 결혼으로 한 몸이 되게 하신 것이다(창 2:22).

---

6   Secker, 263-64.

둘째, 결혼의 정의가 나타나는 것에 주목하라. 결혼은 한 남자와 한 여자가 한 몸으로 연합하는 것이다(22-23절). 만일 하나님이 아담과 하와를 창조하신 직후 그들을 결혼으로 연합시키셨다면, 필연적으로 하나님이 그들을 남자와 여자로 만드신 것은 결혼시키기 위함이라는 결론이 나온다. 창세로부터 하나님은 결혼을 제정하기 위해 남성과 여성을 창조하셨다. 하나님은 결혼의 두 당사자를 창조하심으로써 최초의 결혼을 제정하시고, 결혼의 두 당사자가 남자와 여자라는 사실을 영원히 선언하셨다. 이와 관련하여 스윈녹은 이렇게 썼다. "창세 때에 하나님은 무엇이든 한 쌍으로 창조하기를 기뻐하셨다. 하늘과 땅, 해와 달, 바다와 땅, 낮과 밤, 남자와 여자 등으로 말이다. 결혼은 남자와 여자 사이에 이루어져야 한다(마 19:5)."[7]

이러한 신적 섭리로부터 이탈할 때, 결혼의 이상理想은 왜곡되고 어그러진다. 그러므로 동성끼리의 연합은 결혼이 될 수 없다. 왜냐하면 그것은 하나님이 정하신 것과 상반되기 때문이다.[8] 하나님은 남자와 남자 혹은 여자와 여자를 한 몸으로 만드시지 않았다(창 2:22). 또한 그것은 자연과 우리의 본성에 상반된다(창 1:27; 롬 1:26-27). 이와 관련하여 페터는 이렇게 썼다. "바로 이것이 그들이 남자와 여자로 창조된 목적이었다. 그들은 서로 다른 두 성性으로 창조됨으로써 결혼에 적합하게 되었다."[9]

마태복음 19장에서 예수님은 다음과 같은 말씀으로 결론을 맺는다.

---

7   Swinnock, 1:465.
8   이것은 왜 하나님이 동성애에 빠진 사람들에게 진노를 쏟아부으셨는지를 설명해 준다
    (창 18:20; 19:4-5, 24-25). 하나님은 동성애를 가증한 것이라고 부르시는데, 이는 그것
    이 자신이 제정한 결혼과 상반되기 때문이다(레 18:22).
9   Petter, 705.

"그러므로 하나님이 짝지어 주신 것을 사람이 나누지 못할지니라"(6절). 동성 결혼을 옹호하는 자들에게 우리 주님의 말씀이 정당하게 해석될 수도 있다. "하나님이 나누어 놓은 것을 사람이 합치지 못할지니라." 만일 결혼이 동성同性으로 이루어지는 것이라면, 하나님은 우리의 첫 조상을 같은 성으로 만드셨을 것이다. 만일 결혼이 동성으로 이루어질 수도 있고 이성으로 이루어질 수도 있다면, 하나님은 그들을 남자와 여자로 창조하시자마자 결혼을 제정하시지 않았을 것이다. 하나님은 목적 없이 일하시지 않는다(엡 1:11).

셋째, 창세기 2장 22-25절에서 우리는 결혼이 한 남자와 한 여자 사이에 이루어지는 것임을 배운다.[10] 라멕이 두 명의 아내를 취하면서 세상에 일부다처제가 생겼다. 이와 관련하여 스미스는 "남자들이 하나의 갈비뼈로 두 개의 갈비뼈를 만들었다"고 말한다.[11] 일부다처제는 설령 그 기원이 매우 오래되었고 또 많은 사람들에 의해 행해져 왔다 하더라도 결코 정당화될 수 없다. 왜냐하면 하나님의 말씀이 그것이 그릇된 것임을 보여 주기 때문이다. 만일 하나님이 일부다처제를 의도하셨다면, 아담을 위해 여러 명의 하와를 만드셨을 것이다. 이와 관련하여 스미스는 이렇게 말한다. "하나님은 하나의 갈비뼈로부터 여러 명의 여자를 창조할 수 있는 능력이 있었다. 그러나 남자가 한 여자만을 취해야 한다는 것을 보이기 위해 하나의 갈비뼈로부터 한 여자, 즉 한 남편을 위한 한 아내를 창조하셨다(말 2:15). 이것은 노아의 방주에서도 마찬가지였다. 거기에는 오직 네 명의 남자들과 네 명의 여자들, 즉 네 명의 남

---

10   웨스트민스터 신앙고백 24:1을 참조하라.
11   Smith, 1:10.

편들과 네 명의 아내들만 있었다."[12] 마찬가지로 세커는 이렇게 지적한
다. "창세 때에 하나님은 한 남자를 위해 여러 여자들을 창조하시지도,
한 여자를 위해 많은 남자들을 창조하시지도 않았다. 하와가 아담에게
그랬던 것처럼, 모든 아내는 남편에게 여성의 세계를 대변하는 존재여
야 한다. 마찬가지로 아담이 하와에게 그랬던 것처럼, 모든 남편은 자기
아내에게 남성의 세계를 대변하는 존재여야 한다. 여러 지류로 나누어
지는 강은 왜소해진다."[13]

그러므로 24절은 한 남자가 부모를 떠나 "그의 아내"와 합할 것을 선
언한다. "이러므로 남자가 부모를 떠나 그의 아내와 합하여 둘이 한 몸
을 이룰지로다." 다른 남자의 아내가 아니라 그의 아내이다. 남자에게는
그의 아내 외에 다른 아내는 없다. 한 남자가 결혼을 통해 한 몸이 되는
한 여자가 바로 그의 한 아내가 되는 것이다. "그 둘이 한 몸이 될지니
라"(마 19:5). 결혼으로 이루어지는 한 몸은 하나님이 짝지어 주는 두 사
람의 결합이다. 성경은 결코 남편에게 "그의 아내들"을 사랑하라고 말
하지 않는다. 오직 "그의 아내"를 사랑하라고 말할 뿐이다. 그는 한 아내
의 남편이 되어야 한다(딤전 3:2, 12).[14]

이는 잠언에서 아내가 있는 남편에게 다른 모든 여자들이 외인
(strangers)으로 불리는 이유를 설명해 준다.[15] 왜냐하면 그들은 그의 아
내가 그를 아는 것처럼 그를 알지 못하기 때문이다.[16] 결혼할 때 남자는
아내가 자신을 성적으로 아는 것에 동의한다. 마찬가지로 여자는 남편

---

12 Smith, 1:9.
13 Secker, 269.
14 Smith, 1:10.
15 한글개역개정판에서는 'strangers'가 대부분 '음녀'로 번역되었음. -옮긴이 주
16 Ainsworth, 1:17. 잠 2:16; 5:3, 10, 17, 20을 참조하라.

이 자신을 성적으로 아는 것에 동의한다. 아내가 남편에게 자신의 몸에 대한 유일한 권리를 허락하는 것처럼, 남편 역시 아내에게 그렇게 한다. 바울이 고린도전서 7장 4절에서 말한 요점이 바로 이것이다. "아내는 자기 몸을 주장하지 못하고 오직 그 남편이 하며 남편도 그와 같이 자기 몸을 주장하지 못하고 오직 그 아내가 하나니." 이와 같이 "성적으로 아는" 것은 매우 독특하고 특별한 것으로서 제3자가 끼어들 수 없다.[17]

또 말라기 시대에 이스라엘 남자들이 여러 아내를 취했을 때, 하나님은 그들이 드리는 예물과 기도를 거절하심으로써 그러한 행태를 미워한다는 것을 나타내셨다(말 2:13-15). 하나님이 그들의 손에서 예물을 받지 않으신 이유는 그들이 여러 아내를 취하여 하나님의 결혼 규례를 왜곡했기 때문이었다(13-14절). 그들은 다른 아내들을 취함으로써 어려서 맞이한 아내에게 죄를 범했다(14-15절). 아내는 하나님의 선물이며, 남편과 아내 사이의 언약은 결혼의 증인이시며 결혼 언약의 창시자이신 하나님 앞에서 맺은 언약이다(잠 19:14). 그러므로 여러 아내를 취하는 것은 하나님에게 죄를 범하는 것이다(약 2:10-11). 이와 관련하여 스윈녹은 "두 명의 아내를 취하는 것과 여러 명의 아내를 취하는 것 모두 불법"이라고 썼다.[18] 또 리처드 스톡은 이렇게 설명한다. "그들은 아내뿐만 아니라 결혼 언약의 증인이신 하나님께 악을 행한 것이다. 남자가 여자를 자신의 유일한 아내로 맞이할 것을 맹세할 때, 하나님이 증인으로서 거기 계셨다."[19]

그리스도께서 결혼의 신적 기원을 제시하여 이혼에 대한 바리새인

---

17 Ames, 198.
18 Swinnock, 1:465.
19 Stock, 173.

들의 변론을 침묵시켰던 것처럼, 말라기는 일부다처제를 옹호하는 모든 변론을 침묵시킨다. 말라기 2장 15절은 이렇게 말한다. "그에게는 영이 충만하였으나 오직 하나를 만들지 아니하셨느냐." 이는 하나님께서 결혼의 하나 됨을 분명하게 나타내셨고, 한 남자와 한 여자가 연합하여 한 몸을 이루는 것을 자연법으로 만드셨다는 것을 의미한다. 하나님은 여러 여자를 만들 수 있었음에도 불구하고 그렇게 하지 않으셨다. 하나님은 인류의 영원한 모범이 되도록 아담에게 한 여자를 주시고 하와에게 한 남자를 주셨다.[20] 이와 관련하여 스톡은 이렇게 말한다. "하나님은 아담의 갈비뼈로 여자를 만드신 후 그녀 안에 생기를 불어넣으셨다. 하나님은 영이 충만하셨음에도 불구하고 그들 둘이 하나가 되게 하셨다."[21] 따라서 두 명의 아내를 취하는 것과 여러 명의 아내를 취하는 것 모두 "악하고 불경건하고 불법적인" 것이다.[22]

넷째, 우리는 남자와 여자가 연합하여 한 몸을 이루는 것은 오직 결혼 안에서만 정당화된다는 사실을 배운다. 왜냐하면 남자와 여자의 성적 연합을 위해 하나님이 제정하신 수단이 바로 결혼이기 때문이다. 25절은 성경에서 "벌거벗음"에 대해 언급하는 첫 번째 구절로서 "남자와 그의 아내"와 관련한 문맥 안에 놓여 있다. 남자와 여자의 성적 연합은 결혼과 관련된다(히 13:4). 아담과 하와는 하나님 앞에서 벌거벗은 상태로 서 있었으며, 하나님은 그들의 결혼을 인정하고 축복하셨다. "생육하고 번성하여 땅에 충만하라 … 하나님이 지으신 그 모든 것을 보시니 보시기에 심히 좋았더라"(창 1:28, 31).

---

20 E. B. Pusey, *The Minor Prophets: A Commentary* (Grand Rapids: Baker, 1950), 2:483.
21 Stock, 177.
22 Stock, 181.

이러한 사실은 남자 친구와 여자 친구가 동거하며 성관계를 맺는 것을 포함하여 결혼 밖에서 행해지는 모든 종류의 성적 행동을 정죄한다. 오늘날 우리 사회는 간음과 혼전 동거를 그다지 큰 문제로 여기지 않는다. 하지만 그것은 하나님이 최초로 결혼을 제정하신 창세기 2장의 가르침뿐만 아니라 결혼과 관련한 하나님의 계명과도 정면으로 배치된다. "간음하지 말지니라"(출 20:14).

남자와 그의 아내는 벌거벗었으나 창조주와 중매자 되시는 하나님 앞에서 부끄럽지 않았다. 이러한 사실은 하나님이 결혼 속에 두신 성 性 속에는 어떤 종류의 죄 혹은 죄의식도 없음을 보여 준다. 그와 동시에 결혼 밖에서 행하는 성적 행동은 하나님 앞에서 부끄러운 것이며 죄의식을 초래한다는 사실을 보여 준다. 그러므로 하나님이 창세기 1장 28절에서 선언하신 축복은 오직 한 남자와 한 여자 사이의 결혼에만 해당된다. 반면 결혼 밖에서 행하는 성적 행동은 하나님의 심판을 부른다 (잠 5:18 - 23; 창 19:24 - 25, 27 - 28, 히 13:4).

만약 결혼 생활을 통해 하나님께 영광을 돌리고자 한다면, 한 남자대 한 여자로서 함께 멍에를 메야 한다. 왜냐하면 그것이 바로 하나님이 창세기 1장 31절에서 "심히 좋다"고 선언하신 종류의 결혼이기 때문이다.

결혼의 존귀

하나님은 결혼을 제정하셨으며, 존귀케 하셨다. 그림과 액자를 생각해 보라. 그림이 본질적인 것이라면 액자는 비본질적인 것이다. 그러나 결혼의 제정과 존귀는 그와 다르다. 그림 액자와는 달리, 결혼의 존귀는 결혼의 제정에 비해 비본질적이지 않다. 도리어 결혼의 존귀는 결혼의 제정과 마찬가지로 결혼의 본질이다. 죄로 인해 결혼이 손상되고 많은 사람들이 결혼을 왜곡시키려고 애쓰는 모습을 무수히 보지만, 그럼에도 하나님에 의해 제정된 결혼은 본질적으로 존귀하다(히 13:4).

이러한 사실은 우리가 어떻게 결혼을 생각해야 하는지, 어떻게 결혼 안으로 들어가야 하는지, 어떻게 결혼 안에서 살아야 하는지, 어떻게 결혼 서약과 결혼 언약과 결혼 관계와 순결의 약속을 존귀케 할지 진지하게 숙고하도록 만든다. 만일 결혼이 존귀하다면, 우리는 그 존귀를 누리고 지키면서 결혼을 존귀케 하신 자의 영광을 위해 살기 힘써야 한다. 또 만일 결혼이 존귀하다면, 그 안에 오직 선하고 옳은 것, 우리의 즐거움과 영원한 이익에 도움이 되는 것이 있다는 결론이 필연적으로 나온다.

청교도들은 결혼의 존귀가 하나님과 결혼의 관계, 결혼이 제정된 정황, 그리스도와 결혼의 관계, 그리고 세상과 결혼의 관계에 의존하고 있다는 사실에 주목했다. 만일 우리가 이러한 것들을 충분히 고려한다면, 결혼이 어째서 그토록 훌륭한 제도인지 이해할 수 있을 것이다.

결혼은 하나님과의 관계 속에서 존귀하다

결혼의 존귀는 결혼의 창시자이신 하나님과 함께 시작된다. 하나님 자신이 결혼을 창안하시고 제정하셨다.[23] 이와 관련하여 헨리 스미스는 이렇게 썼다. "다른 모든 규례들은 사람의 손이나 천사의 손을 통해 하나님이 제정하신 반면 결혼은 오류가 없으신 하나님이 직접 제정하셨다(행 12:7; 히 2:2). 하와를 아담에게로 데려간 자는 사람도 아니고 천사도 아니고 하나님 자신이셨다(창 2:22). 이런 측면에서 결혼은 다른 모든 규례보다 더 큰 존귀를 갖는다. 왜냐하면 하나님이 직접 그것을 제

---

23 Reyner, 2.

정하시고 축복하셨기 때문이다."[24]

이러한 사실 때문에 결혼은 다른 모든 규례들과 구별된다. 하나님께서 직접 자신의 손으로 만들었다는 측면에서 결혼은 창시자에게 걸맞는 존귀를 받을 자격이 있다. 인간이 만든 각종 법과 제도들을 생각해 보라. 만든 사람의 존귀가 클수록 그것에 더 큰 존귀를 부여하지 않는가? 또 다른 사람으로부터 받은 선물을 생각해 보라. 우리는 선물이 가진 가치 때문이 아니라 그것을 준 사람 때문에 그것을 소중하게 여기지 않는가? 또 미술 작품이나 문학 작품을 생각해 보라. 우리가 그러한 작품에 찬사를 보내는 것은 그것을 그리거나 쓴 작가의 명성 때문이지 않은가? 그러한 사람들보다 무한히 더 큰 존귀를 가진 자가 결혼을 존귀케 하셨다. 여기에 하나님의 손에서 나온 결혼이 있다(잠 19:14).

결혼의 창시자는 세상의 주인, 하늘과 땅의 주인, 영원한 왕, 영원한 아버지이시다. 결혼은 그의 손의 작품이며, 전적으로 그의 참여에 의존하며, 그의 축복에 의해 그 목적이 이루어지며, 그가 친히 재가裁可하신다. 왜냐하면 "사람이 혼자 사는 것이 좋지 아니하니"라고 하나님께서 말씀하셨기 때문이다(창 2:18). 그러므로 결혼은 그것을 제정하신 자 밖에서는 별다른 의미를 갖지 못하며, 그것을 축복하신 자 밖에서는 별다른 기쁨을 갖지 못하며, 그것을 자기 자신으로 채우시는 자 밖에서는 별다른 평안을 갖지 못한다.

결혼은 그것이 제정된 정황에 따라 존귀하다

하나님이 결혼에 부여하신 존귀는 결혼이 제정된 정황과 직접적으로 연결된다. 정황에는 때와 장소와 사람들과 방식이 포함된다.

---

24 Smith, 1:5-6.

첫째, 결혼은 제정된 **때**로 인해 존귀케 된다. 하나님은 창조의 역사를 마치고 나서 어느 정도의 시간이 흐른 후가 아니라 곧바로 결혼을 제정하셨다. 마치 결혼 없이는 창조가 불완전하기라도 한 것처럼 말이다. 하나님은 남자를 만들고 난 후 그로부터 여자를 만드시고 곧바로 그녀를 그에게로 데려가 그의 아내가 되게 하셨다. 이와 관련하여 스미스는 이렇게 말한다. "결혼은 하나님이 제정하신 첫 번째 규례였다. 하나님은 남자와 여자를 창조하신 후 제일 먼저 그들을 결혼시키셨다. 남자는 다른 부르심을 받기에 앞서 제일 먼저 남편이 되도록 부르심을 받았다. 이런 측면에서 결혼은 모든 규례들 가운데 가장 오래된 규례라는 존귀를 갖는다. 결혼은 최초의 규례일 뿐만 아니라 사람들을 향한 가장 오래된 부르심이다."[25]

더욱이 결혼은 인간이 타락하기 전에 제정되었다. 이와 관련하여 구지는 이렇게 말한다. "결혼은 가장 정결하고 완전한 때에 제정되었다. 그때는 인간의 죄와 타락이 아직 결혼을 오염시키기 전이었다."[26] 세상에 죄가 들어오면서 하나님이 창조하신 모든 것이 손상되었다. 죄는 하나님이 깨끗하게 만드신 것을 더럽혔으며, 하나님이 정결하게 만드신 것을 오염시켰다. 그러나 결혼은 죄가 세상에 들어오기 전에 주어졌다. 결혼은 타락한 상태 가운데 있는 인간을 위로하기 위해 주어진 것이 아니라, 타락 이전의 완전한 상태 가운데 있는 인간에게 주어진 것이다. 창세기 1장 28절을 보면 하나님께서 사람을 창조하시기로 결정하신 다음, 여자가 창조될 때까지 그 일을 멈추지 않으셨다. 왜냐하면 여자는 하나님께서 사람의 창조와 관련하여 제정하고자 하셨던 결혼의 필수

---

25 Smith, 1:6.
26 Gouge, 151.

적인 부분이었기 때문이다.[27] 그러므로 결혼이나 결혼에 수반되는 성性 안에는 어떤 죄도 없다. 죄가 존재하기 전에 창조되었을 뿐만 아니라, 창세기 1장 31절에서 하나님이 창조하신 다른 것들과 함께 "심히 좋았더라"라는 신적 인정을 받았기 때문이다.[28]

둘째, 결혼은 처음 이루어진 **장소**로 인해 존귀케 된다. 최초의 결혼은 에덴동산에서 이루어졌다. 그곳은 하나님이 우리의 첫 조상들에게 임재를 나타내신 성소聖所였으며, 지상에 있는 천국이었다.[29] 구지는 그곳을 "유사 이래 세상에서 가장 아름다우며, 영광스러우며, 즐거우며, 존귀하며, 편리하며, 모든 면에서 가장 뛰어난 장소"라고 불렀다.[30] 더 존귀한 장소에서 맺은 계약에는 더 큰 존귀가 따르는 법이다. 예컨대 우리는 재판을 벌이기 위해 법정에 가며, 목사들은 강단에서 하나님의 말씀을 전파한다. 심지어 교회와 관련 없는 사람들조차 여전히 교회에서 결혼식을 거행하는 것을 좋아한다. 이와 같이 하나님은 최초의 결혼을 자신의 기쁨의 동산에서 거행하심으로써 그것에 큰 존귀를 부여하셨다.

셋째, 결혼은 최초로 결혼한 **사람들**로 인해 존귀케 된다. 그들은 왕들과 왕비들과 방백들과 귀족들을 포함하는 모든 인류의 공통 조상인 아담과 하와였다. 심지어 예수 그리스도조차 인간성에 있어서는 아담의 자손이었다(눅 3:38). 구지는 아담과 하와를 이렇게 묘사했다. "그들은 모든 인류의 최초의 부모로서 가장 존귀한 자들이었다. 그들은 만물을 다스리는 절대적인 통치권을 가졌으며, 만물이 그들에게 복종했다.

---

27 Rogers, 5.
28 Reyner, 3.
29 Reyner, 3.
30 Gouge, 151.

세상 전체를 다스리는 참다운 군주는 그들 외에 아무도 없었다."[31] 더욱이 그들을 결혼시킨 자가 낙원에서 그들과 함께 거하셨던 여호와 하나님이었다는 사실은 그들의 결혼을 더욱 존귀하게 만든다. 하나님은 하와를 아담의 아내가 되도록 아담에게 데려가셨으며(창 2:22), 그들의 연합을 축복하셨다(창 1:28). 그 연합은 하나님의 목적을 성취함과 동시에 사람의 필요를 채우기 위한 것이었다(창 2:18).

마지막으로, 결혼은 제정된 **방식**으로 인해 존귀케 된다. 삼위일체 하나님이 결혼을 제정하신 방식을 생각해 보라. 구지가 지적한 것처럼, 결혼은 "깊은 숙고 끝에" 제정되었다.[32] 우리는 결혼의 제정과 관련하여 "여호와 하나님이 이르시되"라는 말씀을 읽는다. "여호와 하나님이 이르시되 사람이 혼자 사는 것이 좋지 아니하니 내가 그를 위하여 돕는 배필을 지으리라 하시니라"(창 2:18). 여호와께서 삼위일체의 다른 신격들에게 말씀하셨으며, 삼위일체 하나님은 "사람이 혼자 사는 것이 좋지 아니하니"라고 결정하셨다. 사람에게는 동반자가 필요했고, 그에 대해 하나님은 "내가 그를 위하여 돕는 배필을 지으리라"고 말씀하셨다. 그리고 곧바로 남자를 위해 여자를 만드는 일을 시작하셨다.

다음으로 하나님이 여자를 동반자와 돕는 배필로서 남자에게 데려가신 방법을 생각해 보라. 창세기 2장 22절은 이렇게 말한다. "여호와 하나님이 아담에게서 취하신 그 갈빗대로 여자를 만드시고 그를 아담에게로 이끌어 오시니." 여기에서 "만드시고"(make)에 해당하는 히브리어는 문자적으로 "지으시고"(build)를 의미한다. 하나님은 남자에게 적합한 아내를 지으셨다. 하나님은 여자의 필요에 부응하기 위해 남자를 지

---

31   Gouge, 151.
32   Gouge, 151.

으셨던 것처럼 남자의 필요를 위해 여자를 지으셨다. 이와 관련하여 스미스는 이렇게 쓴다. "하나님은 남자에게 아내를 **만들겠다**고 말씀하시지 않고 아내를 **짓겠다**고 말씀하셨다. 이는 남편과 아내가 하나의 집이라는 것을 의미한다. 그 집은 여자가 만들어질 때까지 완전하지 않았다."[33] 이것을 윌렛은 이렇게 설명한다. "이는 여자가 만들어질 때까지 남자는 불완전한 집이라는 것과 여자가 자녀를 낳음으로써 그 집과 가정이 온전히 지어진다는 것 모두를 의미한다."[34]

더욱이 그 구절은 하나님이 남자의 갈빗대로 여자를 만드셨다고 말한다. 이는 남자가 자신의 결혼을 얼마나 존귀하게 여겨야 하는지를 보여 준다. 여자는 마치 남자를 다스릴 것처럼 그의 머리에서 만들어지지 않았다. 도리어 하나님은 남자를 여자의 머리가 되게 하셨다(엡 5:23). 또 여자는 남자의 종으로서 남자에 의해 밟히도록 그의 발에서 만들어지지 않았다. 여자는 오직 남자의 갈빗대로 만들어졌다. 이는 여자가 남자의 돕는 배필이며, 남자의 품에 누우며, 남자의 심장과 가깝다는 것을 보여 준다[35] 윌렛은 하나님이 왜 여자를 남자처럼 흙으로 만들지 않으시고 남자의 갈빗대로 만드셨는지 몇 가지 이유를 제시한다.

그렇게 하여 하나님은 여자에 대한 남자의 탁월함을 나타내셨다. "남자는 하나님의 형상과 영광이니 그 머리를 마땅히 가리지 않거니와 여자는 남자의 영광이니라 남자가 여자에게서 난 것이 아니요 여자가 남자에게서 났으며"(고전 11:7-8). 하나님이 여자를 남자의 갈빗대로 만든 또 하나

---

33   Smith, 1:7.
34   Willet, 38.
35   Smith, 1:8.

의 이유는 그것이 더 확실한 사랑의 띠가 되기 때문이었다. 남자는 여자가 자신의 갈빗대로 만들어졌다는 걸 알면 그녀를 더 확실하게 사랑할 것이다. 또 하나님은 남자와 여자의 사랑과 연합을 분명하게 나타내시기 위해 여자를 남자의 갈빗대로 만드셨다. 하나님은 여자를 남자의 머리로 만들지 않으셔서 여자가 교만하지 못하게 하셨고, 남자의 발로 만들지 않으셔서 그의 종이 되지 않도록 하셨다.[36]

여자가 남자의 갈빗대로 만들어졌다는 사실은 여자가 다른 피조물과는 다른 존재로서 마땅히 남자의 특별한 존중과 돌봄과 사랑과 친밀함을 받아야 한다는 점을 보여 준다.

잠언 19장 14절에서 슬기로운 아내는 하나님의 선물이라고 나온다. "집과 재물은 조상에게서 상속하거니와 슬기로운 아내는 여호와께로서 말미암느니라." 마치 아내 위에 "하나님의 선물"이라는 글귀가 새겨져 있는 것 같다. 선물의 고귀함과 관련하여 스미스는 이렇게 말한다. "동물은 음식을 위한 것이고, 옷은 따뜻함을 위한 것이고, 꽃은 즐거움을 위한 것이다. 반면 아내는 남편을 위한 것이다. 남편에게 아내는 모든 고난에서 피하는 도피성, 즉 작은 성읍 소알과 같다(창 19:20). 아내와 비견할 만한 평안은 양심의 평안 외에 아무것도 없다."[37] 로저스 역시도 아내를 하나님의 선물이라고 말하면서 이렇게 쓴다. "모든 탁월한 것들은 하나님으로부터 말미암는다. 왜냐하면 탁월함은 저급한 것과 함께 갈 수 없기 때문이다. 크신 하나님은 우리에게 작은 선물을 주지 않으신다. 그러므로 아내는 작은 축복이 아니다. 아내는 하나님이 만드신 탁

---

36 Willet, 37.
37 Smith, 1:8.

월한 작품이며, 참된 하나님의 선물이다. 자기 머리에 아내라는 이름의 면류관을 쓰고 하나님으로부터 그토록 소중한 선물을 받은 남자는 복되다."[38]

이와 같이 결혼은 그것이 제정될 때의 정황들과 관련하여 존귀하다. 결혼은 사람의 창조의 일부로서 사람의 창조에 이어 곧바로 제정되었기 때문에 존귀하다. 결혼은 사람의 타락 이전의 무죄 상태에서 제정되었기 때문에 존귀하다. 결혼은 모든 것이 사람을 만족시키고 즐겁게 하는 낙원에서 제정되었기 때문에 존귀하다. 결혼은 결혼한 첫 남자와 여자가 모든 인류의 첫 조상이며 그들을 결혼시킨 자가 여호와 하나님 자신이었기 때문에 존귀하다. 결혼은 사람의 필요를 채우기 위한 삼위일체의 의논의 결과였기 때문에 존귀하다. 결혼은 여자가 남자의 필요에 완전히 적합하게 지어졌고 남자가 여자의 필요에 완전히 적합하게 지어졌기 때문에 존귀하다. 결혼은 여자가 남자의 갈빗대로 만들어졌기 때문에 존귀하다. 여자가 남자의 갈빗대로 만들어졌다는 사실은 남자의 존귀를 보여 준다. 자신의 아내와 결혼에 있어 남자는 하나님 앞에서 선한 청지기가 되어야 한다.

구지는 이렇게 결론짓는다. "최초의 결혼의 제정과 관련하여 지금까지 이야기한 모든 것을 고려할 때, 우리는 사람의 아들들 가운데 결혼보다 더 존귀한 규례는 없다는 사실을 어렵지 않게 알 수 있다."[39] 그와 마찬가지로 로저스는 이렇게 반문한다. "정결하신 하나님이 정결의 영원한 섭리로 제정하신 것 안에 존귀함과 고귀함 외에 달리 무엇이 있겠

---

38 Rogers, 4.
39 Gouge, 152. 계속해서 구지는 결혼의 목적과 특권과 신비에 대해 설명하면서, 그 모든 것을 통해 하나님이 결혼에 두신 존귀를 설득력 있게 논증한다. 그러나 우리는 그것을 여기에서는 다루지 않고 추후에 다룰 것이다.

는가?"[40]

결혼은 그리스도와 관련하여 존귀하다

아버지 하나님이 결혼을 존귀하게 하신 것처럼, 아들 하나님 역시 그
렇게 하셨다. 그리스도는 다섯 가지 방식, 즉 그의 탄생, 그의 참석, 그
의 높은 평가, 그와 교회 사이의 관계, 그의 제자들을 통해 결혼을 존귀
케 하셨다.

첫째, 그리스도는 여자의 후손으로 태어나심으로써 결혼을 존귀케
하셨다(창 3:15; 마 1:18-25). 만일 우리의 구속을 위해 성육신하신 그리
스도께서 남자의 배필인 여자에 의해 잉태되고 태어나셨다면, 그와 같
은 사실은 필연적으로 결혼을 존귀케 한다. 왜냐하면 결혼이 아이가 태
어나는 유일한 방법임이 증명되기 때문이다. 하나님은 결혼한 부부에
게 "생육하고 번성하라"는 명령을 주셨다(창 1:28).

둘째, 그리스도는 갈릴리 가나의 혼인 잔치에 참석하심으로써 결혼
을 존귀케 하셨다. 그리고 거기에서 물을 포도주로 변화시키는 자신의
첫 번째 기적을 행하셨다(요 2:1-11). 이처럼 그리스도는 혼인 잔치에
참석하고 그곳에서 자신의 첫 번째 기적을 행하기를 기뻐하셨다. 그리
고 그것을 통해 자신이 결혼과 결혼 축하 연회를 얼마나 귀하게 여기는
지를 보이셨다. 성경에 기록된 하나님의 첫 번째 축복이 최초의 결혼과
관련 있는 것처럼(창 1:28), 복음서에 기록된 그리스도의 첫 번째 축복
역시 마찬가지였다(요 2:11).

셋째, 그리스도는 결혼을 천국의 상징으로 사용하심으로써 존귀케
하셨다. 마태복음 22장 2절에서 그리스도는 천국을 왕이 아들을 위해

---

40 Rogers, 5-6.

베푼 혼인 잔치로 비유하시고, 11-14절에서는 천국에 들어갈 수 있는 권리를 혼인 예복 입는 것으로 비유하신다. 이처럼 결혼은 천국에서 우리가 그리스도와 함께 누리는 즐거움과 교제와 친교와 비교될 만큼 높이 평가된다.

넷째, 그리스도는 결혼을 자신과 교회 사이의 관계를 예증하는 것으로 선택하심으로써 존귀케 하셨다. 에베소서 5장 32절에서 바울은 남편에 대한 아내의 의무와 아내에 대한 남편의 의무에 대해 이야기하고, 계속해서 그들 사이의 관계를 그리스도와 교회 사이의 관계로 비유하면서 이렇게 말한다. "이 비밀이 크도다. 나는 그리스도와 교회에 대하여 말하노라." 결혼은 그리스도가 교회와 더불어 관계하는 방식과 교회를 위로하는 방식과 교회 안에서 기뻐하는 방식과 교회와 함께 영원히 스스로를 영화롭게 하는 방식을 다른 어떤 인간관계보다 더 잘 예증한다.[41] 우리는 아버지로 말미암아 그리스도와 연합된 그의 신부이다. 마치 하나님이 하와를 아담에게로 데려가셨던 것처럼 말이다. 아버지는 아들에게 우리를 그의 신부로 주셨으며(요 6:37), 주권적으로 우리를 아들에게로 이끄셨으며(44절), 우리로 하여금 아들의 사랑을 알 수 있도록 그에게 나아갈 수 있는 은혜를 주셨다(65절).

이와 같이 우리와 그리스도 사이의 연합을 다룰 때, 성경은 종종 결혼의 은유를 사용한다. 우리는 호세아 2장 19절에서 우리와 하나님 사이의 결혼에 대해 읽는다. "내가 네게 장가들어 영원히 살되 공의와 정의와 은총과 긍휼히 여김으로 네게 장가들며" 하나님은 우리를 우리의 신랑이신 그리스도와 연합시킴으로써 이 결혼을 이루신다. 이와 관련하여 바울은 고린도후서 11장 2절에서 이렇게 말한다. "내가 너희를 정

---

41   Reyner, 4. 이에 대해 우리는 다음 장에서 상세히 다루게 될 것이다.

결한 처녀로 한 남편인 그리스도께 드리려고 중매함이로다." 특별히 솔로몬의 아가 전체는 한 남자와 한 여자가 결혼 안에서 누리는 사랑과 정열과 친밀함의 언어로 그리스도와 그의 신부 사이의 신비한 연합을 노래한다. 또 시편 45장은 1-9절에서 그리스도의 영광을 신랑으로 그리고, 10-17절에서 교회의 영광을 그의 신부로 묘사하는 사랑의 시편이다. 이와 같이 결혼은 그리스도께서 "자신과 자신의 교회 사이의 거룩하며, 영적이며, 실제적이며, 침범될 수 없는 연합"을 예증하기 위해 선택하신 규례로서 그에 의해 존귀케 된다.[42]

마지막으로, 그리스도는 그의 제자들이 그의 이름으로 결혼에 대해 말하게 하는 방식을 통해 결혼을 존귀케 하셨다. 요한계시록 19장 7-9절에서 우리는 하늘의 허다한 무리가 그리스도에 대한 우리의 믿음의 절정을 "어린 양의 혼인"으로, 천상의 친교와 교제의 즐거움을 "어린 양의 혼인 잔치"로 말하는 것을 본다. 그날 모든 신자들이 아들의 의의 옷을 입은 그의 신부로서 함께 모일 것이다. 그날은 우리가 결혼하는 날일 것이다. 또 요한계시록 21장 9-10절에서 천사는 요한에게 하나님이 그의 아들을 위해 예비하신 교회를 보여 주면서 "하나님께로부터 하늘에서 내려오는 신부 곧 어린 양의 아내"라고 말한다. 이와 대조적으로 거룩한 결혼 안에서 하나님의 어린 양과 연합하라는 초청을 거절한 자들은 세상의 "큰 음녀"와 더불어 음행한 것으로 표현된다(계 17:1-2).

바울 역시도 그의 서신들 속에서 결혼을 존귀케 한다. 에베소서 5장에서 그는 결혼을 매우 영광스러운 것으로 말한다. 또 디모데전서 2장 14-15절에서 타락한 여자에게 선언된 저주(해산의 고통, 창 3:16)가 어떻게 축복으로 바뀌는지를 보여 준다. "아담이 속은 것이 아니고 여자가

---

42   Gouge, 153.

속아 죄에 빠졌음이라 그러나 여자들이 만일 정숙함으로써 믿음과 사랑과 거룩함에 거하면 그의 해산함으로 구원을 얻으리라." 여자는 결혼의 맥락 속에서 자녀를 낳을 수 있으며, 종국적으로 자신의 구주가 될 하나님의 아들을 낳을 수 있다(창 3:15; 사 9:6).

이와 같이 결혼은 그리스도와의 관계로 인해 존귀하게 된다. 그리스도는 남자의 배필인 여자에게서 태어나기로 결정하셨다. 그는 가나의 혼인 잔치에 참석하고 그곳에서 첫 번째 기적을 행하여 그의 영광을 나타내심으로써 결혼을 존귀케 하셨다. 그는 우리가 천국에서 그와 더불어 누리게 될 교제를 나타내는 예증으로 결혼을 사용하심으로써 그것을 존귀케 하셨다. 그는 그와 교회 사이의 관계, 교회에 대한 그의 사랑의 표현, 그리고 그에 대한 교회의 의무를 나타내는 예증으로 결혼을 사용하심으로써 그것을 한층 더 존귀케 하셨다.[43] 또 그는 그의 제자들을 통해 교회에 준 교훈들로써 결혼을 존귀케 하셨다. 우리 구주께서 결혼에 이토록 큰 존귀를 부여하셨는데 어떻게 우리가 그것을 별로 존귀하지 않게 여길 수 있겠는가?

결혼은 세상과 관련하여 존귀하다

결혼은 또한 세상을 사람들로 가득 채우는 수단이라는 점에서 특별한 존귀를 갖는다(창 1:28; 말 2:15). 결혼이 없다면, 우리에게는 하나님이 우리의 첫 조상들에게 주신 명령을 이룰 수 있는 정당한 방법이 없다. 만일 우리가 결혼 밖에서 그것을 이루고자 한다면, 그것은 성적 음행이 될 것이다. 성적 음행은 하나님의 뜻에 반하는 것으로서, 그가 보시기에 가증한 것이다(말 2:13-14). 이와 관련하여 웨이틀리는 이렇게

---

43 Reyner, 4-5.

주장한다.

결혼을 없애 보라. 그러면 필연적으로 세상은 한 세대 안에 종말에 이를 것이다. 결혼을 없애 보라. 그러면 틀림없이 세상의 존재는 최종적인 종말에 도달할 것이다. 결혼을 없애 보라. 그러면 어떤 가정도 유지되지 못할 것이며, 사람들 가운데 어떤 이름도 남아 있지 않을 것이다. 세상은 합법적인 상속자가 없음으로 인해 멸망할 것이며, 짐승들과 새들만이 세상을 소유할 것이다. 그게 아니면 세상은 불법적으로 태어난 비천한 사람들로 가득 찰 것이다. 만일 결혼이 없다면, 우리는 혼돈으로 가득한 짐승 같은 세상 외에 어떤 세상도 갖지 못할 것이다.[44]

또 로저스는 이렇게 썼다. "결혼이 없다면 세상은 지하 감옥이 아니고 무엇이겠는가? 결혼이 없다면 세상은 혼돈과 공허가 아니고 무엇이겠는가?"[45] 그는 결혼이 세상에 가져다주는 특별한 은택에 대해 언급하면서 이렇게 쓴다. "결혼은 순결의 수호자이며, 공공선의 온상이며, 교회의 못자리이며, 세상의 기둥이며, 섭리의 오른손이며, 법과 국가와 질서와 직분과 은사와 예배의 버팀목이다. 또 결혼은 평화의 영광이며, 전쟁의 원동력이며, 죽은 자의 삶이며, 산 자의 위로이며, 처녀성을 지키는 힘이며, 국가와 도시와 대학의 기초이며, 가문과 왕족과 왕권의 계승이다."[46]

지금까지 이야기한 것을 간략히 요약해 보자. 결혼은 그것을 제정하

---

44 Whately, *A Care-Cloth*, 22-23.
45 Rogers, 6.
46 Rogers, 6.

신 하나님과 관련하여 존귀하며, 그것이 처음 제정될 때의 정황들과 관련하여 존귀하며, 그것을 다양한 방법으로 영화롭게 하신 그리스도와 관련하여 존귀하며, 그것이 영속永續을 위한 합법적인 수단이 되는 세상과 관련하여 존귀하다. 그렇다면 우리는 어떻게 결혼에 대해 생각하고, 어떻게 결혼 속으로 들어가고, 어떻게 결혼을 유지하고, 무엇을 결혼 생활의 주된 목표로 삼아야 하겠는가?

다음의 조언들을 깊이 숙고해 보라. 첫째, 만일 하나님이 결혼을 존귀하게 만드셨다면 우리는 그것을 가볍게 생각해서는 안 된다.[47] 또 사람들의 죄악된 생각대로 함부로 판단해서도 안 된다. 왕관이 쓰레기 더미에 던져졌다 하더라도 여전히 왕관이다.[48] 그러므로 우리는 결혼을 하나님이 본래 제정하시고 존귀하게 하신 대로 판단해야 한다(히 13:4).

둘째, 만일 결혼이 존귀하다면 오늘날 많은 사람들이 그러는 것처럼 함부로 그 안으로 들어가서는 안 된다. 자신에게 요구되는 의무에 대해 별로 생각하지 않고 결혼 안으로 들어가서는 안 된다. 하나님이 그들에게 기대하시는 열매와 그들이 직면하게 될 어려움에 대해 거의 생각하지 않고 결혼 해서도 안 된다. 만일 우리가 하나님이 기대하시는 대로 결혼을 존귀케 하고자 한다면, 충분히 준비하고 지혜롭게 선택한 배우자와 함께 결혼 안으로 들어가서 결혼의 존귀를 드러내고자 해야 한다. 오직 그럴 때에만 하나님의 축복을 기대할 수 있다.

셋째, 만일 우리가 결혼 안에 올바르게 들어감으로써 결혼의 존귀를 드러냈다면, 계속해서 결혼에 수반되는 의무들을 신실하게 준수함으로써 그 존귀를 지키려고 해야 한다. 결혼은 모든 부지런함과 조심스러움

---

47 Reyner, 5.
48 Rogers, 5.

으로 지켜져야 한다. 그리고 배우자의 약점을 다룰 때 절대적으로 필요한 하나님의 은혜가 수반되어야 한다. 오직 그럴 때에만 결혼은 하나님의 영광으로 풍성하게 될 것이며, 결혼의 존귀는 "죽음이 갈라놓을 때까지" 시들지 않고 유지될 것이다.[49] 외부의 오염 때문이든 내부의 타락 때문이든, 많은 부부들이 처음에 가졌던 결혼의 존귀를 마침내 잃어버린다면 얼마나 슬프겠는가? 로저스가 말한 것처럼, "아, 예전에는 행복했는데!"라는 탄식보다 더 비참한 탄식은 없다.[50] 그들은 자신의 왕관을 쓰레기 더미에 던져 버렸다. 그들이 더 이상 결혼의 축복과 은택을 누리지 못하는 것은 매우 슬픈 일이다.

넷째, 만일 하나님이 결혼을 존귀하게 만드셨다면, 우리는 하나님과 그의 영광을 결혼의 목적이자 처음과 나중으로 삼아야 한다. 우리는 하나님의 이름을 부르며 결혼을 시작하고, 그의 은혜를 의지하며 그의 율법을 따름으로써 결혼을 계속하고, 항상 그를 바라봄으로써 끝까지 결혼을 견지堅持해야 한다. 이와 관련하여 백스터는 이렇게 말한다. "진정으로 하나님의 교훈을 따르며 그의 영광을 목표로 하며 그를 기쁘시게 하고자 하는 사람들은 하나님이 그들의 결혼을 인정하시고 축복하신다는 것을 발견하게 될 것이다."[51] 다시 말해서 결혼을 존귀하게 여기며 시작할 때에만, 경건 가운데 결혼을 지속하다가 마침내 하나님께 영광을 돌리면서 결혼을 마칠 수 있다.[52]

당신이 결혼의 존귀를 드러내며 지키도록 돕기 위해 다음 장章들을 준비했다. 우리는 부디 하나님이 당신을 선한 길로 인도하시기를 기도

---

49   Rogers, 115-16.
50   Rogers, 115. 로저스는 이 부분을 특별히 강조한다.
51   Baxter, 47.
52   Taylor, 5.

한다. 당신이 하나님의 영광을 바라보는 눈을 가지고 결혼 안으로 들어가고, 결혼을 그의 말씀의 가르침에 맞추며, 결혼 생활 중에 그의 임재와 축복을 의지하기를, 그래서 결혼을 통해 당신의 구원과 삶의 여정이 더 풍성해지기를 기도한다.[53]

---

53 Reyner, 8-9.

연구 문제

1 하나님께서 친히 결혼을 제정하셨다고 가르치는 가장 기본적인 성경 본문은 무엇인가? 그 본문이 결혼에 대해 가르치는 네 가지 기본 원리는 무엇인가?

2 동성 간의 연합이 참된 결혼이 아닌 이유는 무엇인가?

3 오늘날 우리 문화 속에서 결혼이 어떻게 무시되고 경멸당하는가?

4 하나님이 결혼을 제정하신 정황들이 어떻게 결혼을 존귀케 하는가?

5 잠언 19장 14절을 읽고, 우리에게 좋은 배필이 있을 때 얼마나 감사해야 마땅한지 이야기해 보라.

6 예수 그리스도는 어떻게 결혼을 존귀케 하셨는가? 그것을 가르치는 특별한 성구들을 열거해 보라.

7 사회 속에서 결혼은 어떤 존귀한 기능들을 가지는가?

8 우리가 어떻게 배필을 찾고 결혼 속으로 들어가야 하는지에 대해 결혼의 존귀가 암시하는 바는 무엇인가?

9 결혼한 부부는 어떻게 결혼의 존귀를 보존하고 향상해야 하는가?

10 존귀한 결혼이 그것을 제정하신 창조주를 영화롭게 하는 방식에 대해 이야기해 보라.

2장
결혼의 목적과 은택

청교도들은 결혼의 목적과 은택이 창세 때 하나님이 결혼을 제정하신 사실에서 자연스럽게 흘러나온다고 믿었다. 그 사실은 결혼에 큰 존귀를 부여한다. 특별히 하나님이 인류를 위해 가진 계획이 그러하다. 하나님은 그 무엇도 임의로 행하지 않으신다. "모든 일을 그의 뜻의 결정대로 일하시는 이의 계획을 따라"(엡 1:11). 그러므로 결혼은 필연적으로 창세 때 하나님이 부여하신 탁월함만큼 큰 **목적**을 갖는다(창 1:26-27; 2:21-22). 또 결혼은 인류에게 큰 **은택**을 가져다준다. 왜냐하면 하나님께서 아담이 혼자 사는 것이 좋지 않다고 선언하신 직후 결혼을 제정하셨기 때문이다(창 2:18, 20, 23). 앞 장에서 우리는 하나님이 결혼을 제정하신 사실과 하나님이 결혼에 부여하신 존귀를 살펴보았다. 이제 본 장에서 우리는 하나님이 결혼을 제정하신 목적과 부부가 하나님의 영광을 구할 때 결혼에서 흘러나오는 은택들에 대해 이야기할 것이다.

결혼의 목적
청교도들은 하나님이 결혼을 제정하신 데에는 세 가지 목적이 있다고 믿었다. 좋은 동반자의 은택, 자녀 출산, 음행을 피함이 그것이다.[1] 이와 관련하여 헨리 스미스는 이렇게 말한다. "그토록 탁월하신 창시자에 의해, 그토록 복된 장소에서, 그토록 오래전에, 그리고 그토록 위대한 명령으로 제정된 결혼은 결코 아무 목적 없이 제정될 수 없다. 하나님이 결혼을 제정하신 데에는 필연적으로 특별한 목적들이 있을 수밖에 없다."[2]

창세기 2장 7절, 15-23절의 인간 창조 이야기가 창세기 1장 26-27절의 확장인 것처럼, 사람이 혼자 사는 것이 좋지 않다는 창세기 2장 18절의 선언은 여자의 창조와 생육하고 번성하라는 창세기 1장 28절의 명령에 앞선 것임이 분명하다. 이는 하나님이 무엇보다도 사람들 간의 도움과 공동체와 위로에 큰 관심을 기울이셨음을 보여 준다. 그리하여 하나님은 하와를 창조하신 후 자녀를 낳으라는 명령으로 우리의 첫 조상들을 축복하셨다.

하나님의 최초의 관심사는 사람이 혼자 사는 것이 사람에게 좋지 않다는 것이었다. 그래서 하나님은 아담을 위한 돕는 배필로서 하와를 창조하셨다. 그러므로 결혼의 목적은 자녀 출산보다 동반자의 은택이 먼저다. 청교도들 사이에서 하나님이 결혼을 제정하신 첫 번째 이유로 좋은 동반자의 은택이 거론되는 것은 조금도 놀랄 일이 아니다.[3]

앤드루 윌렛의 창세기 주석을 보자. 그는 사람이 혼자 사는 것이 좋지 않다고 하나님께서 말씀하신 이유를 설명하는데, 첫 번째로 언급한 것이 다름 아닌 동반자의 은택이었다. 그 책에서 그는 이렇게 말한다.

1   Swinnock, 1:464.
2   Smith, 1:8.
3   Ryken, 47-48.

"하나님이 그렇게 말씀하신 이유는 첫째로 상호 교제와 위로를 위해, 둘째로 세상이 사람들로 번성하게 하기 위해, 셋째로 하나님의 교회를 낳고 흥왕케 하기 위해, 그리고 넷째로 무엇보다도 여자가 남자와 연합하도록 하기 위해서이다. 특히 네 번째 이유는 우리 구주 예수 그리스도를 예표하는 여자의 자손과 관련 있다."[4] 또 제레미 테일러 역시 "결혼반지"라는 제목의 설교에서 동반자의 은택이 결혼의 첫 번째 목적이라고 말한다. 거기에서 그는 이렇게 말한다. "하나님이 사람에게 주신 첫 번째 축복은 공동체였으며, 그 공동체는 결혼을 통해 이루어지는 가정이었다. 그리고 결혼은 하나님 자신에 의해 연합되고 축복으로 성별聖別되었다."[5] 이제 결혼의 세 가지 목적을 차례대로 살펴보도록 하자.

1. 동반자의 은택

남자가 "우리의 형상을 따라 우리의 모양대로 우리가 사람을 만들자"라는 창세기 1장 26절의 신중한 계획에 따라 창조된 것처럼, 여자 역시 "사람이 혼자 사는 것이 좋지 아니하니 내가 그를 위하여 돕는 배필을 지으리라"라는 창세기 2장 18절의 신중한 계획에 따라 창조되었다. 이와 같이 여자가 창조된 첫 번째 이유는 하나님이 만드신 모든 피조물 가운데 남자가 홀로 있었기 때문이다. 하나님은 남자에게 아내가 없는 것보다 갈비뼈 하나가 없는 편이 더 낫다고 결정하셨다. 즉 남자는 자신의 전체적인 자아를 보충할 두 번째 자아가 없는 것보다 신체의 일부가 없는 편이 더 낫다.[6]

---

4   Willet, 35.
5   Taylor, 1.
6   Reyner, 39.

그러므로 남녀 간 상호 필요에 부응하기 위해 결혼이 제정되었다.[7] 스미스는 이렇게 설명한다. "'사람이 혼자 사는 것이 좋지 아니하니'라는 말씀에 나타나는 독신 생활의 불편을 피하기 위해 아담에게 하와가 주어졌다. 하나님은 마치 이렇게 말씀하시는 듯하다. '혼자 사는 삶은 비참하고 따분하며 불편할 것이다.'"[8] 스미스는 계속해서 이렇게 말한다. "만일 혼자 사는 것이 좋지 않다면, 아담에게 동반자가 있는 것이 좋을 것이다. 하나님은 모든 종種을 쌍으로 창조하신 것처럼 사람도 쌍으로 창조하셨다."[9] 에인스워스 역시 하나님이 아담의 동반자를 만드셨다고 말하면서 이렇게 덧붙인다. "그녀는 그의 두 번째 자아처럼 되어야 했다. 본질적으로 그와 같으며, 사랑으로 그와 연합하며, 자손을 낳기 위해 꼭 필요하며, 모든 의무에 있어 함께 협력하며, 항상 그와 함께 하며, 그에게 꼭 맞는 짝 말이다."[10]

이는 독신 생활을 위한 여지는 없다든지 혹은 독신 생활에는 참된 유익이 없다든지 혹은 독신 생활은 하나님을 기쁘시게 하지 못한다는 것을 의미하지 않는다. 초대 교회가 박해로 인해 사방으로 흩어질 때, 많은 하나님의 백성들은 결혼하지 않고 혼자 사는 것이 좀 더 분별 있는 일임을 발견했다. 왜냐하면 그런 때에는 결혼하여 한 가족을 이룬 가정에 더 큰 고난과 어려움이 생기기 때문이다(고전 7:25-31 참조). 박해의 때에 결혼은 심지어 "복음 전파에 예기치 못한 장애물이 될 수 있다.[11] 복음 전파는 가정

---

7   Taylor, 6.
8   Smith, 1:12.
9   Smith, 1:12.
10   Ainsworth, 1:15.
11   즉, 가정 자체 때문이 아니라 가정으로 인해 펼쳐지는 상황들 때문에.

의 책임에 묶여 있는 사람들을 여행과 도망과 가난과 역경과 순교로 불러낸다."[12] 바울도 박해의 때에는 결혼하지 말고 혼자 살 것을 권면한다. "내 생각에는 이것이 좋으니 곧 임박한 환난으로 말미암아 사람이 그냥 지내는 것이 좋으니라"(고전 7:26). 테일러도 지적했듯이, 이것은 "주의 명령이 아니라 신중함의 영으로 말미암은 것이다."[13] 독신 자체가 하나님을 더 잘 섬기게 하는 것은 아니다. 다만 초대 교회가 처했던 박해의 때에 더 유용할 수 있다. 리처드 버나드는 이렇게 말한다. "바울은 독신 자체를 권면하지 않는다. 다만 여기에서 독신을 권면하는 것은 박해 가운데 있었던 그 당시의 상황과 관련이 있다."[14]

바울이 고린도전서 7장 35절에서 묘사하는 것처럼 독신에는 많은 유익이 있다. "내가 이것을 말함은 너희의 유익을 위함이요 너희에게 올무를 놓으려 함이 아니니 오직 너희로 하여금 이치에 합당하게 하여 흐트러짐이 없이 주를 섬기게 하려 함이라." 특별히 독신은 "흐트러짐이 없이" 다시 말해서 나누어지지 않은 헌신으로 주를 섬기게 한다. 결혼한 사람의 헌신은 배우자에 대한 헌신과 주님에 대한 헌신으로 부득이하게 나뉜다(32-34절). 그러므로 독신의 유익은 바울이 35절에서 말하는 "흐트러짐이 없는" 혹은 "나누어지지 않은" 헌신이다. 이러한 유익과 관련하여 테일러는 이렇게 말한다. "독신의 삶 속에는 단순함과 자유가 있다. 그리고 거기에는 경건을 위한 좀 더 넓은 공간이 있다. 만일 사람이 독신의 삶을 경건을 위해 사용한다면 말이다. 경건과 기도와 성적

---

12 Taylor, 3.
13 Taylor, 3.
14 Richard Bernard, *Ruth's Recompence: Or, A Commentary Upon the Book of Ruth* (Stoke-on-Trent, England: Tentmaker Publications, 2006), 66.

금욕의 삶이 있다는 측면에서 그것은 매우 유익하다."[15]

그러나 성경은 결혼을 "존귀한" 것으로서 한층 더 강력하게 권면한다. "모든 사람은 결혼을 귀히 여기고 침소를 더럽히지 않게 하라"(히 13:4). 반면에 독신은 존귀한 것이라고 언급되지 않는다. 더욱이 성경은 때로 결혼을 명령하지만 어디에서도 독신을 명령하지 않는다(고전 7:9, 36). 물론 결혼에도 어려움이 있지만, 독신에는 더 큰 어려움이 있다. 독신 생활은 더 힘들고 위험하며 죄악된 삶으로 귀결될 가능성이 높다. 독신 생활에 순결과 헌신의 유익이 있다고 말할 수 있지만, 그러한 유익은 결혼 생활에서도 얼마든지 가능하다. 결혼의 존귀를 지키기 위해서는 결혼 생활에서 반드시 순결과 헌신을 지켜야 한다.

어떤 사람들은 독신 생활에는 결혼 생활의 어려움이 없기 때문에 그 안에 영속적인 달콤함이 가득하다고 말한다. 이것은 어느 정도 사실일 수 있다. 그럼에도 불구하고 그것은 여전히 정상적이지 않은 삶일 뿐만 아니라 필연적으로 곤궁한 삶일 수밖에 없다. 왜냐하면 오직 배우자와 나눌 수 있는 친교와 교제가 결여된 삶이기 때문이다. 전도서 4장 10절은 독신 생활의 곤궁함을 다음과 같이 생동감 있게 묘사한다. "혹시 그들이 넘어지면 하나가 그 동무를 붙들어 일으키려니와 홀로 있어 넘어지고 붙들어 일으킬 자가 없는 자에게는 화가 있으리라." 찰스 브릿지는 이 구절을 결혼에 적용하면서 결혼의 유익에 대한 청교도의 관점을 다음과 같이 요약한다.

창세 때 하나님은 "사람이 혼자 사는 것이 좋지 않다"고 선언하셨다. 낙원에서조차 혼자 사는 것이 좋지 않다면, 하물며 광야와 같은 세상에서

---

15 Taylor, 5. 테일러는 이 부분을 특별히 강조한다.

야 얼마나 더 그렇겠는가? 한데 독신의 삶이 더 완전한 삶이라고 누가 말할 수 있겠는가? 하나님의 섭리로 말미암아 두 사람이 서로 이끌리고(창 2:22) 생명의 은혜를 함께 이어받을 자로서 함께 동거하며(벧전 3:7) 피차 같은 믿음과 같은 소망과 같은 목표를 가질 때, 도대체 누가 둘이 하나보다 낫다는 사실을 의심할 수 있겠는가? 사랑은 수고를 달콤하게 만들며, 고난의 쏘는 것을 가라앉히며, 매일의 삶의 여정에 기독교적 즐거움의 풍미를 더해 준다. 그리고 서로 동정하며 같은 마음을 품을 때, 그들의 믿음과 기도와 찬송은 더 풍성해진다.[16]

물론 독신의 삶에 헌신을 위한 시간이 더 많이 있을 수 있다. 그럼에도 불구하고 우리는 결혼의 삶이 매우 복잡 미묘하며, 그래서 더 많은 은혜가 발휘되어야 한다는 사실을 기억할 필요가 있다. 예컨대 독신 여자가 "주께 하듯이" 자기 남편에게 순종하는 법도를 어떻게 알 수 있으며, 독신 남자가 "그리스도께서 교회를 사랑하는 것처럼" 자기 아내를 사랑하는 법도를 어떻게 알 수 있겠는가? 또 독신자가 부모의 의무를 어떻게 알 수 있으며, 더럽혀지지 않은 깨끗한 침소寢所의 즐거움을 어떻게 알 수 있겠는가? 그리고 그리스도와 그의 신부의 결혼이 지상의 모형이 되는 특권을 어떻게 알 수 있겠는가? 이 모든 것을 감안할 때, 우리는 결혼이 하나님의 특별한 축복이라는 사실을 인정하지 않을 수 없다.

물론 결혼 속에 가시가 있는 것은 사실이다. 그러나 그것은 세상의 다른 모든 관계들도 마찬가지이다. 이 세상은 죄의 고통과 괴로움으로 가득한 광야다. 욥에 따르면, 이 세상의 날은 짧으며 고난으로 가득하다

16　Charles Bridges, *Ecclesiastes* (Edinburgh: Banner of Truth, 1992), 90.

(14:1). 그러므로 세상에 전적으로 행복하기만 한 관계는 없다. 만일 행복이 "고난이 없는" 상태를 의미한다면 말이다. 그러나 결혼 속에는 슬픔의 때에 우리를 지탱해 주는 특별한 유익이 있다. 그것은 곧 동반자와 함께 하는 삶이 가져다주는 유익이다. 하나님은 두 사람을 한 몸으로 연합시킴으로써 그들이 "서로 위로하고 도와서 그들 앞에 놓인 다양한 고난들을 극복하도록" 하셨다.[17] 이와 관련하여 백스터는 이렇게 말한다. "비록 타락으로 인해 결혼을 포함한 삶의 모든 영역이 고난과 올무로 가득하다 하더라도, 처음부터 그랬던 것은 아니었다. 하나님은 두 사람이 서로 돕도록 하셨으며, 우리는 결혼을 그렇게 사용할 수 있다. 결혼 속에는 많은 은택이 있으며, 우리는 그것을 감사함으로 받을 수 있다."[18]

독신자에게는 함께 십자가를 나누어 지는 배우자처럼 친밀하며 가까운 동반자가 없다. 그는 자신의 모든 고난을 자기 마음으로 담당하고 자기의 등으로 짊어져야 한다. 만일 어떤 남자가 괴로움을 당한다면, 누가 그를 위로해 줄 것인가? 만일 어떤 여자가 병들어 누웠다면, 누가 그녀를 돌봐 줄 것인가? 이러한 상황을 가정하면서 솔로몬은 홀로 있는 사람들에게 "화가 있다"고 말한다. "두 사람이 한 사람보다 나음은 그들이 수고함으로 좋은 상을 얻을 것임이라 혹시 그들이 넘어지면 하나가 그 동무를 붙들어 일으키려니와 홀로 있어 넘어지고 붙들어 일으킬 자가 없는 자에게는 화가 있으리라"(전 4:9-10). 스미스는 독신자에 대해 이렇게 썼다. "자신을 위로해 줄 사람이 없는 자에게 근심과 걱정과 두

---

17   Smith, 1:12.
18   Baxter, 46.

려움이 찾아올 것이다. 빈집에 도둑이 찾아오는 것처럼 말이다."[19] 물론 그런 때에 도움을 베풀어 줄 수 있는 친구들이 있을 수 있다. 그러나 한 몸인 배우자처럼 친밀한 동반자는 없다.

결혼한 남자에게는 그와 더불어 마음을 나누며, 그에게 일어나는 모든 일에 동참하며, 그와 동고동락하며, 최선을 다해 그의 어려움을 덜어 주고자 애쓰며, 그의 마음을 편안하게 해주는 동반자가 있다. 남편과 아내는 궁지에 빠져 있을 때 서로 도울 수 있다. 그들은 서로의 짐을 담당하며, 서로의 필요를 채우며, 함께 기쁨과 슬픔을 나눈다.[20] 배우자는 자녀를 낳고 키우는 일을 도우며, 형통할 때나 곤궁할 때나 건강할 때나 병들었을 때 도우며, 삶의 모든 영역에서 도우며, 심지어 죽음에 있어서도 돕는다고 구지는 말한다.[21]

이와 관련하여 스쿠더는 이렇게 말한다. "그러므로 결혼 생활에서 우리는 이생에서 얻을 수 있는 가장 큰 위로들을 기대할 수 있다. 그리고 거기에는 영적인 위로도 포함된다. 만일 멍에를 함께 멘 배우자가 진정으로 하나님을 경외한다면 말이다. 이와 같이 남편과 아내는 함께 동일한 생명의 은혜를 유업으로 받을 자로서 서로에게 도움을 베풀며, 선을 행하며, 모든 종류의 합법적인 만족을 준다."[22] 이러한 사실을 생각하면서 스쿠더는 이렇게 묻는다. "당신이 이 땅에서 순례하는 동안 당신의 마음을 기쁘게 하며, 당신과 함께 하며, 당신을 북돋아 주는 돕는 배필이 있는 것보다 더 큰 축복이 또 있는가?"[23]

---

19 Smith, 1:12.
20 Scudder, 63-64.
21 Gouge, 152-53.
22 Scudder, 64.
23 Scudder, 6.

2. 자녀 출산

결혼의 두 번째 목적은 창세기 1장 28절에 나온다. "하나님이 그들에게 복을 주시며 하나님이 그들에게 이르시되 생육하고 번성하여 땅에 충만하라, 땅을 정복하라, 바다의 물고기와 하늘의 새와 땅에 움직이는 모든 생물을 다스리라 하시니라." 하나님은 모든 피조물에 대한 통치권과 자녀를 낳으라는 명령으로 우리 첫 조상들의 결혼을 축복하셨다.

식물이든 동물이든 모든 생명체가 그 종류대로 번식하도록 창조하신 하나님은 그의 형상을 가진 남자와 여자 역시 같은 방법으로 번식하도록 창조하셨다. 하나님의 형상을 따라 창조된 사람은 세상의 모든 생명체를 다스리는 권세를 가진 자로서 모든 피조물의 정점頂點이었다. 그러나 만일 사람이 생육하고 번성하여 땅에 충만하지 않았다면, 이러한 목표는 실현될 수 없었을 것이다. 사람은 번성해야 할 뿐만 아니라 하나님의 대리자로서 하나님의 이름으로 그가 주신 통치권을 사용하여 모든 피조물을 다스려야 했다. 모든 피조물은 본능적으로 사람 안에 있는 창조주의 형상을 인식하고 그에게 순복했다. 소는 그 목에 멍에를 메도록 스스로를 내어 주었으며, 땅은 풍성한 수확을 위한 쟁기질에 스스로를 내어 주었다. 이러한 전 지구적인 통치권을 행사하기 위해 사람은 생육하고 번성해야 했다.

하와를 아담에게 데려가신 하나님은 곧바로 그들에게 자녀를 낳으라고 명령하셨다(창 2:22). 여섯째 날의 이러한 명령은 하나님이 아담과 하와를 창조하시고 그들을 결혼시키신 목적 가운데 하나가 바로 자녀를 낳는 것이라는 사실을 분명하게 보여 준다. 이것을 스미스는 이렇게 설명한다. "하나님은 그들을 모두 남자로 만들지도, 모두 여자로 만들지도 않으셨다. 그 대신 한 사람은 남자로 만드시고 다른 한 사람은 여자로 만드셨다. 마치 그들을 번식에 적합하도록 창조하신 것처럼 말이다.

하나님은 그들을 그와 같이 창조하시고 그들에게 '생육하고 번성하라'고 명령하심으로써 자녀를 낳는 것이 결혼의 목적 중 하나임을 분명하게 보이셨다(창 1:28)."[24] 이와 관련하여 스미스는 이렇게 썼다. "이런 이유로 결혼은 '어머니 됨'을 의미하는 'matrimony'라 불린다. 처녀였던 자들이 결혼을 통해 어머니가 되기 때문이다. 세상의 못자리인 결혼이 없으면 창조 세계 안에 있는 것은 모두 헛되게 된다. 그 모든 것을 사용할 사람들이 없어지기 때문이다. 하나님은 하늘의 큰 도성은 자신에게 남겨 두시고, 이 세상은 대리 통치자인 우리에게 맡기셨다."[25]

생육하고 번성하라는 명령이 주어진 때는 우리의 첫 조상들이 죄에 굴복하기 전이었다. 이는 하나님께서 그들에게 바라신 것은 단순히 동물처럼 번식하는 것 이상이었음을 보여 준다. 왜냐하면 타락한 사람들도 그러한 명령을 충분히 성취할 수 있기 때문이다. 하나님은 "자신을 섬기는 경건하며 거룩한 자손"을 바라셨다.[26] 우리는 말라기 2장 15절에서 선지자가 여러 아내를 취하여 결혼의 규례를 왜곡시킨 백성들을 꾸짖는 것을 발견한다. 선지자는 하나님이 한 남자와 한 여자를 결혼으로 연합하시는 이유를 "경건한 자손"을 얻기 위함이라고 말한다. "그에게는 영이 충만하였으나 오직 하나를 만들지 아니하셨느냐 어찌하여 하나만 만드셨느냐 이는 경건한 자손을 얻고자 하심이라."

이와 같이 하나님은 죄가 들어오기 전에 우리의 첫 조상들에게 생육하고 번성하라고 명령하심으로써 하나님의 교회가 지면地面에 가득하도록 하셨다. 그들은 하나님을 예배하는 자손을 낳아서 하나님께 영광

---

24 Smith, 1:9.
25 Smith, 1:9.
26 Stock, 177.

을 돌려야 했다. 스톡은 이렇게 설명한다. "하나님은 죄가 들어오기 전에 그러한 목적을 정하셨다(창 1:28). 교회의 번성 말이다. 아담과 하와는 완전한 상태 가운데 있었고, 그들의 완전한 형상을 닮은 거룩한 자손 곧 하나님의 자손을 낳을 예정이었다."[27]

성경과 경험 모두 동물적인 방법으로는 결코 거룩하며 경건한 자손을 낳을 수 없음을 가르쳐 준다. 왜냐하면 우리는 모두 죄 가운데 잉태되고 태어난 진노의 자녀이기 때문이다(시 51:5; 58:3; 엡 2:3). 설령 우리의 첫 부모가 하나님의 형상을 따라 창조되었고 그러한 형상을 따라 자녀를 낳을 예정이었더라도, 창세기 5장 1-3절은 아담의 자손들(타락 이후에 태어난 모든 사람들)이 그의 타락한 형상과 모양을 따라 태어났음을 말해 준다. 이와 관련하여 바울은 로마서 3장 10절에서 "의인은 없나니 하나도 없다"고 선언한다. 또 전도서 7장 29절은 사람이 최초의 의의 상태로부터 떨어진 것을 분명하게 보여 준다. "내가 깨달은 것은 오직 이것이라 곧 하나님은 사람을 정직하게 지으셨으나 사람이 많은 꾀들을 낸 것이니라." 이와 같이 거룩함과 경건함은 사람의 자연적인 본성이 아니다. 그것은 오직 그리스도의 공로에 기초한 은혜로 말미암을 뿐이다.

그렇다면 인류의 타락이 자녀를 낳는 일을 헛된 것으로 만들었는가? 죄인 두 명이 결혼하여 낳는 존재는 그들과 같은 죄인일 뿐이라는 이유로 말이다. 결코 그렇지 않다. 결혼의 목적은 변하지 않았다. 왜냐하면 하나님은 변함이 없으시기 때문이다(말 3:6). 경건한 자손을 세우고자 하는 결혼의 목적은 오늘날에도 여전히 유효하다. 이와 관련하

---

27 Stock, 183.

여 백스터는 이렇게 말한다. "경건한 자손의 부모가 되는 것은 결코 작은 은혜가 아니며, 그것이 바로 하나님이 결혼을 제정하신 목적이다"(말 2:15).[28] 에베소서 6장 4절은 아버지들에게 "주의 교훈과 훈계로" 자녀를 양육하라고 말한다. "아비들아 너희 자녀를 노엽게 하지 말고 오직 주의 교훈과 훈계로 양육하라." 또 잠언 22장 6절은 부모들에게 "마땅히 행할 길" 즉 하나님의 길을 자녀에게 가르치라고 명령한다. "마땅히 행할 길을 아이에게 가르치라 그리하면 늙어도 그것을 떠나지 아니하리라." 또 에베소서 6장 1-2절은 "자녀들아 주 안에서 너희 부모에게 순종하라 이것이 옳으니라 네 아버지와 어머니를 공경하라"고 명령한다.

이와 같이 하나님은 자신을 경외하는 부모들에게 자신을 위해 경건한 자녀를 세우라고 명령함과 동시에 자녀들에게는 자신을 위해 그들의 부모를 공경하라고 명령하신다. 구지는 신자들에게 자녀를 가지라고 격려하면서 이렇게 말한다. "그렇게 함으로써 세상은 사람들로 번성하게 될 것입니다. 단순히 사람들로 번성할 뿐만 아니라, 경건한 백성들로 번성할 것입니다. 그들이 도시와 국가의 못자리가 될 것입니다. 그리고 하나님의 교회는 거룩한 자손들로 인해 계속해서 보존되고 번성할 것입니다(말 2:15)."[29]

물론 이러한 목적은 불신자 부모들에게는 기대할 수 없다. 왜냐하면 그들은 하나님의 자녀를 일으킬 수 없기 때문이다. 그러나 믿는 부모들이 결혼의 존귀를 누리면서 하나님의 영광을 위해 산다면, 하나님이 그들과 그들의 자손들과 세우신 언약 속에서 그 목적이 계시될 것이다(창 17:7; 사 44:3; 행 2:39). 우리 자녀들이 하나님을 위해 태어났을 뿐 아니

---

28 Baxter, 46.
29 Gouge, 152.

라 거룩하다고 일컬어지는 이유는 바로 그 언약 때문이다(겔 16:20; 고전 7:14).

이와 같이 우리 자녀들은 **하나님의** 자녀들이다. 하나님은 경건한 백성을 세우기 위해 그들을 우리에게 맡기셨다. 하나님은 자녀를 잉태케 하신 자로서 그들에 대한 특별한 권리를 가지신다(룻 4:13; 삼상 1:19-20). 하나님은 자녀에게 자신에 대해 가르치며, 자녀를 자신에게로 인도하며, 자녀가 자신을 하나님으로 받아들이도록 설득하고 가르치는 일을 우리에게 맡기셨다. 또 하나님은 자녀들이 세례를 통해 그리스도와 그들의 영혼 사이의 결혼에 동의하도록 격려하라고 하셨다. 또 하나님은 참된 경건을 붙잡으며 참 하나님을 예배하는 자녀를 세우는 일을 우리에게 맡기셨다. 오직 하나님의 은혜만이 우리 자녀들을 그리스도와 연합시켜 그들을 구원할 수 있고 거룩하게 할 수 있다. 하나님은 우리를 부르셔서 우리 자녀들이 언약 가정 안에서 경건한 백성으로 세워지는 것을 보게 하셨다. 그러므로 우리는 그의 은혜로 말미암아 자녀가 유일하신 참하나님과 경건을 고백하는 자들이 되기를 기대한다.[30]

이러한 사실은 하나님이 신자와 불신자 사이의 결혼을 금하시고 책망하시는 이유를 설명해 준다(고전 6:15-16; 고후 6:14; 창 6:1-2; 스 10:10-11). 또한 하나님이 우리에게 "오직 주 안에서" 결혼하도록 명령하시는 이유를 설명해 준다(고전 7:39). 스톡이 지적하는 것처럼 그런 잘못된 결혼을 통해서는, 설령 인류의 숫자는 증가할 수 있다 하더라도 보다 더 중요한 목적 즉 경건한 자손을 얻고자 하는 목적은 필연적으로 좌절될 것이다.[31]

---

30   Stock, 183.
31   Stock, 183.

그러한 결혼은 하나님으로부터 분리되고, 하나님을 알지 못하며, 하나님에게 반역하는 자녀들을 일으킬 수 있다. 언약 밖에서의 자녀 양육은 그들의 마음과 생각 속에 중립성을 불어넣어 주기보다 그들이 하나님과 그의 말씀의 권위와 그리스도와 그의 구원을 대적하도록 고무시킨다. 그리고 그들이 불경건과 멸망의 길로 가도록 그들의 마음을 강퍅하게 만든다. 만일 우리가 자녀 양육의 중심에서 하나님을 몰아낸다면, 자녀를 구원하는 일은 매우 어려운 일이 될 것이다. 왜냐하면 일반적으로 하나님은 말씀으로 자녀를 양육하는 일을 통해 그들을 구원하시기 때문이다(잠 22:6; 롬 10:17).[32]

하나님은 여전히 그를 예배하는 자손, 언약 안에서 세워진 자손, 그를 하나님으로 고백하는 자손, 구원을 위해 그를 의지하는 자손을 찾으신다. 또 자녀들의 몸을 위해 먹이고 입히고 돌보는 책임과 함께 자녀들이 마음과 뜻과 목숨을 다해 하나님을 사랑하고 순종하며 섬기도록 가르치는 책임을 부모에게 지우신다.

하나님은 그의 구원의 은혜를 우리 자녀에게 베푸셔야 하는 의무가 없음에도 불구하고, 감사하게도 우리 자녀를 축복하겠다고 약속하신다(사 44:3; 잠 22:6). 또 하나님은 우리가 우리의 책임을 인정하고 자녀를 경건한 백성으로 양육하고자 힘쓸 때, 자녀에게 그의 구원의 은혜를 베풀기를 기뻐하신다(출 34:6-7; 시 103:17). 그러므로 우리는 하나님이 우리의 수고를 축복하시고 우리가 그 앞에서 "보소서 나와 하나님이 내게 주신 자녀들이나이다"라고 말하게 될 것을 믿으면서 자녀를 그의 길로 이끌어야 한다.

---

32 "Parental Responsibilities" in *Discussions by Robert L. Dabney, D.D.* (Harrisonburg: Sprinkle Publications, 1982), 1:676-93을 참조하라.

3. 죄를 피함

결혼의 세 번째 목적은 죄를 피하는 것으로서, 이는 인간이 타락한 후에 생겼다. 왜냐하면 그 후에 인간의 정욕이 하나님께서 원하시는 순결과 정결과 싸우면서 간음과 음행과 부정이 들어왔기 때문이다. 은혜 가운데 하나님은 죄가 가져다주는 거짓된 쾌락을 피하는 방편으로 결혼의 규례를 사용하도록 하셨다.[33] 이러한 세 번째 목적을 고려하여 스윈녹은 결혼을 "죄를 피하기 위한 한 남자와 한 여자의 합법적인 결합"으로 정의한다.[34]

사도 바울은 고린도전서 7장 2절에서 결혼의 이러한 목적을 선언한다. "음행을 피하기 위하여 남자마다 자기 아내를 두고 여자마다 자기 남편을 두라." 이와 관련하여 레이너는 이렇게 말한다. "결혼은 죄가 있기 전에 제정되었으므로, 아담이 죄를 피하기 위해 결혼이 필요한 것은 아니었다. 그러나 타락 후 죄를 피하고 거룩함을 지키기 위해 결혼이 꼭 필요해졌다. 그럼으로써 우리는 육체의 정욕이 아니라 거룩함과 존귀함으로 아내를 취할 수 있게 되었다. 이것이 바로 데살로니가전서 4장 3-5절에 나타난 하나님의 뜻이다."[35]

하나님은 우리가 간음과 음행을 피할 수 있도록 결혼을 제정하셨다. 결혼은 그러한 죄들에 대한 최고의 대안이다. "만일 절제할 수 없거든 결혼하라 정욕이 불같이 타는 것보다 결혼하는 것이 나으니라"(고전 7:9). 바울은 남편과 아내가 서로에 대한 의무로서 성적 욕망을 만족시키게 하기 위해 하나님이 결혼을 제정하셨다고 말한다. "남편은 그 아

---

33   William Arnot, *Studies in Proverbs* (Grand Rapids: Kregel, 1998), 133.

34   Swinnock, 1:464.

35   Reyner, 40.

내에 대한 의무를 다하고 아내도 그 남편에게 그렇게 할지라"(고전 7:3).
이러한 의무가 올바르게 행해질 때, "결혼은 정욕의 돌풍으로 말미암
은 사탄의 시험으로 위험 가운데 있는 사람들에게 훌륭한 피난처가 된
다".[36] "서로 분방하지 말라 다만 기도할 틈을 얻기 위하여 합의상 얼마
동안은 하되 다시 합하라 이는 너희가 절제 못함으로 말미암아 사탄이
너희를 시험하지 못하게 하려 함이라"(고전 7:5).

잠언 5장에서 솔로몬은 음녀를 멀리하며 이방 계집에게 마음을 빼앗
기지 말라고 말한다(8, 20절). 그 대신 가정에서 갈증을 풀라고 말한다.
"너는 네 우물에서 물을 마시며 네 샘에서 흐르는 물을 마시라"(15절).
"네 샘으로 복되게 하라 네가 젊어서 취한 아내를 즐거워하라"(18절).
"그는 사랑스러운 암사슴 같고 아름다운 암노루 같으니 너는 그의 품을
항상 족하게 여기며 그의 사랑을 항상 연모하라"(19절). 이 구절들과 관
련하여 찰스 브릿지는 이렇게 썼다. "남편과 아내 사이의 따뜻하며 온전
한 사랑은 불법적으로 떠도는 격정의 욕망을 막는 최고의 방패이다."[37]

독신의 은사를 가진 바울 같은 일부 사람은 결혼하지 않은 상태에서
도 만족하며 순결을 유지할 수 있다. "나는 모든 사람이 나와 같기를 원
하노라 그러나 각각 하나님께 받은 자기의 은사가 있으니 이 사람은 이
러하고 저 사람은 저러하니라"(고전 7:7). 이와 같이 독신은 하나님의 은
사이기 때문에 사람들에게 강요하거나 명령해서는 안 된다. "그러나 내
가 이 말을 함은 허락이요 명령은 아니니라"(고전 7:6). 각 사람은 하나
님의 부르심을 알고 그 안에서 그를 존귀케 해야 한다. "오직 주께서 각
사람에게 나눠 주신 대로 하나님이 각 사람을 부르신 그대로 행하라"(고

---

36   Gouge, 152.

37   Charles Bridges, *Proverb* (Edinburgh: Banner of Truth, 1968), 58.

전 7:17). 그러므로 모든 남자와 여자는 음행을 피하는 방편으로 주 안에서 자유롭게 결혼할 수 있다. 왜냐하면 하나님이 그런 목적을 위해 결혼을 제정하셨기 때문이다. "만일 절제할 수 없거든 결혼하라 정욕이 불같이 타는 것보다 결혼하는 것이 나으니라"(고전 7:9). 이와 관련하여 구지는 "독신의 은사를 갖지 못한 사람들에게 결혼은 음행을 피하는 유일한 방편"이라고 말한다.[38] 또 테일러는 결혼의 이러한 세 번째 목적을 "지옥의 원수와 저주에 이르는 길을 막는 방책"이라고 부른다.[39]

음행을 피하기 위한 방책으로서 결혼을 주신 하나님의 선하심을 생각할 때, 많은 사람이 음행의 거짓된 쾌락을 위해 결혼을 거부하거나 동성애로 결혼의 복된 규례를 왜곡하는 것은 너무나 통탄스러운 일이다. 모든 형태의 음행이 얼마나 가증한 것인지 잊었는가? 하나님이 그러한 죄에 탐닉하는 자들을 심판하신다는 걸 잊었는가? "모든 사람은 결혼을 귀히 여기고 침소를 더럽히지 않게 하라 음행하는 자들과 간음하는 자들을 하나님이 심판하시리라"(히 13:4).

덕의 아름다움을 드러내는 가장 확실한 방법은 그와 반대되는 악을 그 옆에 나란히 놓는 것이다. 음행의 추함은 거룩한 결혼의 아름다움과 극명하게 대조된다. 모든 형태의 음행이 널리 받아들여지는 오늘날의 풍조는 결혼을 단순한 격식처럼 보이게 만든다. 그러나 사람들이 듣든 듣지 않든 하나님의 진리는 분명하게 선포되어야 한다(겔 2:3-5). 왜냐하면 그의 양들은 그의 음성을 들을 것이기 때문이다(요 10:27).

결혼을 준비하고 있거나 아직 결혼하지 않은 사람들이 성적인 죄에 탐닉하는 것은 결혼에 가장 큰 해를 끼친다. 어떤 사람들은 도둑질한

---

38 Gouge, 152.
39 Taylor, 13.

물이 더 달다고 강변한다. 그러나 죄는 항상 하나님을 대적하며, 오직 하나님 한 분만이 선하시다. 그러므로 죄 자체는 결코 달 수 없다. 만일 우리가 죄를 맛보고 달다고 느낀다면, 그것은 죄의 특성이 아니라 우리 자신의 타락한 본성 때문이다. 죄는 오직 독毒과 멸망으로 가득 차 있을 뿐이다. 과거에도 그랬고, 지금도 그렇고, 영원히 그럴 것이다. 우리의 죄악된 육체가 성적인 죄 속에서 어떤 달콤함을 발견하든지 간에, 결국 죄는 항상 쓴 것으로 드러날 것이다.

간음과 음행과 모든 형태의 성적인 죄가 얼마나 가증한 것인지 알고 싶다면, 에스겔 18장 5-6절에 대한 윌리엄 그린힐의 주석을 참조할 필요가 있다.[40] 그는 성적인 죄의 가증함을 다음과 같이 설명한다. 첫째, 무한히 지혜로우신 하나님이 셋이나 그 이상이 아니라 둘이 한 몸을 이루라고 정하신 규례를 더럽힌다(창 2:24; 고전 6:16). 다른 사람들에게 들키지 않고 은밀하게 성적인 죄를 범해도 하나님은 그 모든 것을 보시고 아신다(잠 5:20-21).

둘째, 그리스도와 교회의 결혼에 대한 지상 모형이며 성경이 그 자체로 존귀하다고 선언한 하나님의 규례를 더럽힌다(히 13:4; 엡 5:31-32). 음행은 부부의 침소를 더럽힌다. 특히 하나님에게 속한 자들이 행하는 음행은 그리스도의 지체를 가지고 창녀의 지체를 만든다. "너희 몸이 그리스도의 지체인 줄을 알지 못하느냐 내가 그리스도의 지체를 가지고 창녀의 지체를 만들겠느냐 결코 그럴 수 없느니라"(고전 6:15).

셋째, 창조의 면류관인 이성적인 인간을 비이성적인 짐승으로 격하格下시킨다(호 4:11; 렘 5:7-8; 13:27).

넷째, 음행과 간음 중인 사람은 자기 몸에, 자기 이름과 신용에, 자

---

40 Greenhill, 441-43.

기 양심의 평안과 위로에, 그리고 자기 자신의 영혼에 죄를 짓는다. 음녀와 하나가 됨으로써 스스로의 몸을 오염시키기 때문이다(고전 6:18; 마 15:19-20). 자기 자신에게 수치와 불명예를 가져다주기 때문이다(잠 6:33). 죄책감과 수치심과 하나님의 율법의 참소로 큰 양심의 괴로움을 당할 것이기 때문이다(잠 7:26). 죄는 본질적으로 영혼과 관련된다. 영혼은 세상 전체보다도 더 소중하다(잠 6:32; 7:27; 23:27; 막 8:36-37).

다섯째, 성적인 죄는 남편이든 아내든 무죄한 상대방에게 큰 상처를 입힌다(잠 23:27-28). 남편이 다른 여자에게 가는 것은 하나님 앞에서 자기 아내와 더불어 맺은 언약을 깨뜨리는 일이다. 아내가 다른 남자에게 가는 것은 하나님 앞에서 사랑과 신의를 약속한 남편을 저버리는 일이다. 이는 남편이 아내에게 혹은 아내가 남편에게 가할 수 있는 가장 큰 손상이다. 젊어서 취한 배우자로부터 스스로를 떼어 내어 자신의 마음과 애정과 몸을 다른 사람에게 주는 것이다(고전 7:3-4).

여섯째, 음행은 가정을 파괴하는 죄다(욥 31:12).

일곱째, 음행에는 다른 많은 죄들이 수반된다. 음행의 죄를 지은 사람이 거짓으로 자신의 죄를 부인하거나 혹은 계속해서 숨기려고 하는 경우 처럼 말이다(삼하 11장). 이와 관련하여 로저스는 이렇게 말한다. "어떤 죄도 홀로 가지 않는다. 특별히 음행의 죄는 더욱 그렇다. 그 죄에는 다른 많은 죄들이 따른다. 마치 시궁창에 빠지는 것과 같다. 일단 발이 시궁창에 빠지면, 사탄은 그의 손과 얼굴까지 더러워지기 전에는 쉽게 내보내 주지 않을 것이다."[41]

마지막으로, 음행은 가장 거룩하고 정결하신 하나님의 일곱 번째 계명을 어기는 죄다. 따라서 하나님의 의로운 심판으로 말미암아 천국 문

---

41   Rogers, 318.

이 닫히고 하나님의 영원한 심판을 받을 것이다. 회개하지 않는 한 누구도 이를 피하지 못할 것이며, 어떤 탄원도 받아들여지지 않을 것이다 (말 3:5; 히 13:4; 벧후 2:9 – 10; 고전 6:9 – 10; 계 21:8; 22:15; 살후 1:9).

이와 같이 음행의 죄는 큰 악이며 (만일 은혜가 개입하지 않는다면) 치명적인 결과를 가져다준다. 그럼에도 불구하고 대부분의 사람들은 그러한 악한 행동에서 돌이키려고 하지 않는다.

그러나 하나님은 결혼의 복된 규례 안에서 음행의 죄를 피하는 방책을 예비하셨다. 또 하나님은 그 죄로부터 구원받기를 바라는 모든 사람들이 구원받을 수 있도록 구주를 예비하셨다. 정욕은 여러 개의 머리를 가진 괴물이며, 많은 강들로 나누어지는 샘의 근원이다. 그러나 그리스도는 만왕의 왕이요 만주의 주시며, 그의 보좌는 하늘과 땅 위에 있고 그의 권세는 만유 위에 펼쳐진다. 오직 그만이 자기에게 오는 모든 사람들을 위해 정욕의 권세를 깨뜨릴 수 있다(마 11:28-30). 오직 그만이 우리에게 정결과 순결을 사랑하는 마음과 하나님의 영광을 위해 살고자 하는 열망과 부정의 죄를 씻는 은혜를 주실 수 있으며, 우리 몸의 모든 지체들을 의와 정결에 순복시킬 수 있다.

만일 당신이 음행의 죄를 지었다면, 하나님의 의로운 심판 아래 스스로를 겸비하고 구주 안에서 피난처를 찾으라. 그는 죄인을 사랑하시고, 기꺼이 용서하기를 원하시며, 구원할 수 있는 능력을 가지고 계신다. 로저스는 이렇게 말한다. "주님께 당신의 강퍅한 마음을 부드러운 마음으로 바꾸어달라고 기도하라. 또 부정한 영혼을 깨끗한 영혼으로 다시 빚어달라고 기도하라. 어떤 망치도 그렇게 할 수 없다. 오직 긍휼만이 은혜의 풀무질 속에서 그렇게 할 수 있다."[42] 그리고 하나님의 약속을 바라보라. 첫째로 너희의 모든 죄가 너희 자신의 머리로 돌아가지 않고 사함 받으리라는 약속을 바라보라(렘 3:1-2; 요일 1:9). 하나님은 예수 그리스도 안에서 죄인 중의 괴수조차 사함 받고 그의 모든 죄들이 씻음 받을 수 있는 은혜의 샘을 여셨다. 둘째로 일단 죄를 사하고 난 후에는 다시는 당신을 죄인으로 바라보지 않으리라는 약속을 바라보라. 하나님은 당신을 그리스도의 몸의 지체로서 자기 아들 안에서 바라보실 것이다(고전 6:9-11; 엡 1:6).

결혼의 은택

하나님께서는 친히 결혼을 제정하시고 존귀케 하신 것처럼 결혼을 축복하시고 유익하게 하셨다. 이와 같이 결혼의 **은택**은 결혼의 **목적**과 연결된다. 하나님은 특별한 목적으로 결혼을 제정하신 것처럼 특별한 은택도 함께 주셨다. 그러므로 우리가 결혼의 은택을 누리려면 결혼의 목적을 올바로 추구해야 한다. 만일 우리가 결혼을 하나님의 목적에 어긋나게 오용誤用한다면, 우리는 별다른 은택을 누리지 못할 것이다. 하나님은 그럴 때조차 우리를 축복하겠다고 약속하지 않으셨다. 오직 우리가 하나님이 결혼을 제정하신 목적을 올바르게 인식하고 우리의 결혼이 그러한 목적에 부합하도록 하나님께 도움을 구할 때에만, 하나님이 약속하신 은택을 바라볼 수 있다.

그렇다면 하나님이 결혼 위에 주신 유익과 은택은 구체적으로 무엇인가? 이 질문에 대해서 두 명의 청교도가 큰 도움을 줄 것이다. 토머스 가태커는 몇 편의 설교를 통해, 에드워드 레이너는 결혼과 관련한 소책자를 통해 답을 제시한다. 가태커는 좋은 아내에게서 비롯되는 유익에

---

42   Rogers, 343.

대해 이야기하는데, 이는 좋은 남편에게도 거의 비슷하게 적용할 수 있다. 다음으로 레이너의 설명을 제시하기에 앞서, 먼저 우리는 결혼의 목적과 은택의 관계를 좀 더 충분하게 살펴볼 필요가 있다. 왜냐하면 레이너가 은택으로 묘사하는 것들 가운데 일부는 이미 목적으로 제시되었기 때문이다. 그 차이를 이해하는 것은 매우 중요하다.

결혼의 **목적**은 하나님이 그것을 제정하신 이유다. 예컨대 그중 하나는 좋은 동반자의 은택을 누리는 것이다(창 2:18). 또 다른 목적은 하나님을 위해 경건한 자손을 세우는 것이다(말 2:15). 반면 결혼의 **은택**은 우리가 결혼 안에서 하나님의 영광을 위해 살며 그를 존귀케 할 때 하나님의 긍휼과 축복으로 누리는 결혼의 열매다. 그러므로 우리가 결혼 안에서 하나님을 존귀하게 할 때, 하나님이 결혼을 제정하신 목적을 이루는 축복을 누리게 될 것이다.

이는 하나님의 영광과 상관없이 사는 불신 부부들은 결혼의 은택을 조금도 누릴 수 없다는 말이 결코 아니다. 하나님의 일반 은총의 우산 아래, 많은 불신 부부들도 결혼의 축복들 가운데 일부를 받는다. 그러나 결혼의 축복을 모르고 받는 것과 하늘 아버지의 사랑의 손에서 임하는 축복을 알면서 받는 것 사이에는 큰 차이가 있다.

불신 부부도 동반자의 축복이라든지 자녀를 낳는 축복을 알 수 있다. 그러나 그들은 그러한 것들이 하나님의 축복임을 알지 못한다. 따라서 그들은 하나님께 감사하지도 않고, 그러한 축복들을 나누어 주시는 하나님의 지혜와 사랑을 깨닫지도 못한다. 그들은 또한 그러한 축복의 은택을 충분히 누릴 수도 없다. 왜냐하면 그러한 축복들이 그들을 거룩하게 하기 위한 하나님의 도구임을 알지 못하기 때문이다. 도리어 그들에게는 그러한 것들이 종종 축복 대신 가시와 올무가, 도움 대신 장애물이 된다. 반면 그리스도인 부부는 결혼의 은택들로 인해 하나님께 감사하고 기도하고 찬미하면서 하나님 앞에서 더욱 충성된 청지기로 살 수 있다. 그들은 그러한 은택들이 주어지든 제한되든 혹은 완전히 거두어지든, 그리스도 안에서 모든 것이 합력하여 선을 이룬다는 것을 믿을 수 있다(롬 8:28). 그러나 불신 부부는 하나님의 선하심을 진정으로 맛보지도, 보지도 못한다. 그들은 그들을 먹이는 주인의 손을 물며, 선물을 준 자를 부인한다.

레이너는 결혼의 은택을 다섯 가지 범주, 즉 개인적인 범주, 가정적인 범주, 공동체적인 범주, 교회적인 범주, 보편적인 범주로 나눌 수 있다고 말한다.[43] 이러한 다섯 가지 범주를 간략하게 살펴보도록 하자.

먼저, 결혼하는 사람들에게 주어지는 **개인적인** 은택들부터 시작하자. 첫째는 동반자의 은택이다. 몸의 체질과 마음의 기질은 인간이 관계를 위해 지어졌음을 보여 준다. 남편과 아내는 온전한 동반자와 돕는 배필로서 서로를 보완하며 완전하게 한다. "두 사람이 한 사람보다 나음은 그들이 수고함으로 좋은 상을 얻을 것임이라 혹시 그들이 넘어지면 하나가 그 동무를 붙들어 일으키려니와 홀로 있어 넘어지고 붙들어 일으킬 자가 없는 자에게는 화가 있으리라"(전 4:9-10). 둘째는 순결을 지키는 은택이다. 결혼은 사람들에게 성적 욕망에 대한 합법적인 만족을 제공하며, 그리하여 그들의 정욕에 굴레를 씌운다(고전 7:2,9). 셋째는 서로 돕는 은택이다. 남편과 아내는 기쁨과 형통 속에서뿐만 아니라 역경과 질병과 가난 속에서도 서로 위로가 될 수 있다(에 4:14). 이와 관련하여 백스터는 이렇게 말한다. "만일 하나님이 당신을 결혼으로 부르신다면, 결혼으로 인한 고난과 어려움뿐만 아니라 결혼이 가져다주는 도움과 위

---

43 Reyner, 38-48.

로를 생각하라. 당신은 결혼 안에서 하나님의 축복을 기대하면서 즐겁게 그를 섬길 수 있다. 하나님은 서로 도우라고 결혼을 제정하셨다."[44]

넷째는 모두의 하늘 남편이신 그리스도와의 관계가 심화되는 은택이다(렘 3:14; 엡 5:31-32). 결혼의 가장 큰 은택은 경건의 측면에서 서로 돕는 것이다. 이와 관련하여 스윈녹은 이렇게 말한다. "하나님이 결혼을 제정하신 것은 경건에 있어 서로 장애물이 아니라 도움이 되도록 하기 위함이다. 좋은 동반자는 우리가 하나님의 계명의 길로 더 즐겁게 걸어가도록 만든다."[45] 남편의 사랑과 인애와 온유함과 위로는 아내들이 그리스도와 더 가까워지도록 만든다. 결혼은 우리의 마음이 전적으로 그리스도를 향하도록 가르친다. 그리하여 우리는 오직 그분만을 붙잡으며, 우리의 바람과 의지를 그분의 바람과 의지에 순복시키며, 우리 자신을 전적으로 그분의 처분에 맡기며, 우리의 마음을 그분을 향해 연다. 그리고 그분을 향한 사랑으로 병이 나며, 그분이 떠난 것으로 인해 슬퍼하며, 그분을 따르기 위해 소중한 모든 것을 버리며, 모든 것을 버려두고 오로지 그분만을 따른다. 바로 이것이 "결혼을 영적인 차원으로 승화시키며, 거룩하고 존귀하게 사용하는" 것이다.[46]

결혼의 은택의 두 번째 범주는 **가정적인** 은택이다. 믿는 남편과 아내는 여러 세대로 확장되는 가정을 세우는 은택을 누린다. 라헬과 레아가 이스라엘의 집을 세우는 일에 사용되었던 것처럼, 결혼은 남자와 여자를 아버지와 어머니로 만들고 자녀가 그들의 뒤를 잇도록 하는 유일한 합법적인 방편이다.[47] 결혼이 없다면, 가정 혹은 가문의 이름은 금방 소

---

44 Baxter, 46.
45 Swinnock, 1:465.
46 Reyner, 44.
47 Gouge, 153.

멸될 것이다(삿 11:34, 38). 가문의 이름은 과거 하나님을 섬겼던 선조들을 반영하는 자녀들의 도움으로 오래 기억될 수 있다(딤후 1:5; 3:14 - 15; 룻 4:12).

결혼의 은택의 세 번째 범주는 **공동체적인** 은택이다. 레이너는 "결혼은 도시와 나라와 국가와 법과 정부와 왕국과 연방의 기초를 쌓는다"고 말한다.[48] 이와 같이 결혼은 모든 공동체적인 구조물의 기본 구성 요소다. 결혼은 자손과 그러한 구조물을 채울 사람들을 공급한다.

결혼의 은택의 네 번째 범주는 **교회적인** 은택이다. 결혼은 지상에 있는 그리스도의 교회를 그의 지체들로 채우며, 천상에 있는 그리스도의 교회를 위해 살아 있는 돌과 기둥들을 공급한다.

결혼의 은택의 다섯 번째 범주는 **보편적인** 은택이다. 결혼은 인류를 보존하고 번성시킨다. 이는 우리의 첫 조상들이 결혼한 목적 중 하나였으며, 그들이 타락한 후에는 결혼에 대한 하나님의 축복 속에 포함되었다(창 1:28; 3:15; 4:1). 이와 관련하여 레이너는 "결혼이 없었다면 세상은 종말에 이르렀을 것"이라고 말한다.[49]

레이너는 우리가 이러한 결혼의 은택들에 대해 세 가지 반응을 보인다고 말한다. 첫째로, 그토록 풍성한 은택의 관계를 주신 하나님께 감사하게 된다. 그는 이렇게 말한다. "그것은 한 묶음의 은택이다. 그 안에 얼마나 많은 은택들이 한 다발로 묶여 있는가?"[50] 또한 하나님이 배우자를 통해 주시는 모든 도움과 위로로 인해 감사하게 된다. 남편은 아내로 인해 하나님을 송축할 수 있으며, 아내는 남편으로 인해 하나님을

---

48   Reyner, 45.
49   Reyner, 45-46.
50   Reyner, 46.

송축할 수 있다. 왜냐하면 고난으로 가득 찬 인생길에서 경건한 배우자를 통해 얻는 도움과 비견할 만한 것은 아무것도 없기 때문이다. 이와 관련하여 구지는 이렇게 말한다. "남자는 그 어떤 피조물에게서도 아내로부터 얻는 도움을 얻을 수 없으며, 여자는 그 어떤 피조물에게서도 남편으로부터 얻는 도움을 얻을 수 없다."[51]

둘째로, 결혼의 모든 은택들을 더 풍성하게 누리기 위해 그 은택들을 계속 **향상**시키려고 한다. 결혼을 통해 하나님이 약속하신 위로를 더 풍성하게 누리려면 그를 영화롭게 하려고 노력해야 한다. 우리는 결혼이 육체뿐만 아니라 영혼에 유익이 되도록 해야 한다. 그러할 때 이 땅에서 우리의 필요가 채워지고, 하늘을 위해 더 잘 준비될 것이다. 우리는 모든 가족들이 하나님을 알고, 경외하며, 섬기는 경건한 가정을 이루고자 노력해야 한다. 우리는 하나님의 영광을 위해 교회와 사회에 봉사할 자녀들을 낳으려고 노력해야 한다.

셋째로, 하나님을 영화롭게 하는 목적 밖에서 결혼하는 사람들을 **책망**하게 된다. 그런 사람들은 결혼의 은택을 거의 누리지 못한다. 하나님을 영화롭게 하지 않고 오로지 자신들의 목적을 위해 결혼하는 사람들의 가정은 많은 경우 불화의 장소가 되며, 심지어 이혼으로까지 갈 수 있다. 정욕을 위해 결혼하는 사람들은 결코 배우자로 만족하지 않을 것이다. 그들의 눈은 여전히 음행으로 충만한 가운데 곧 다른 사람에게로 이끌릴 것이다(벧후 2:14). 하나님의 영광을 바라보는 눈 없이 결혼한 사람들은 하늘로부터 어떤 도움도 기대하지 않고 도리어 하늘을 거추장스러운 것으로 여긴다. 그들은 하나님을 위해 경건한 자손을 세우는 일에 무관심하며, 그래서 대부분의 경우 자신들처럼 불경건한 자손

---

51   Gouge, 153.

들을 얻는다. 그들은 자녀들이 하나님을 경외하는지 아닌지 그 여부에 대해 무관심하며, 그러므로 그들의 가정은 상당 부분 자녀들의 변덕 위에 세워진다. 그리하여 적지 않은 경우 그들의 자녀들은 사회에 도움이 되기보다 도리어 탕자처럼 방탕한 사람이 된다. 하나님의 뜻에 따라 다른 사람을 사랑하고 섬기려는 마음 없이 결혼하는 사람들은 종종 상대의 옆구리를 찌르며 노怒를 격발시키는 가시가 된다. 그들은 결혼의 주인 되시는 분과 상관없이 결혼하므로, 잃어버린 세상에서 하나님을 반사하는 결혼의 목적에 대해 알지 못한다.[52] 결혼 안에서 하나님을 존귀하게 하며 평생을 하나님의 영광을 위해 사는 것보다 더 중요한 일이 있는가?

토머스 가태커 역시 결혼의 은택에 대해 이야기했다. 그는 잠언 18장 22절을 본문으로 "참된 아내"라는 제목의 설교를 하며 이렇게 말했다. "아내를 찾는 자는 좋은 것을 찾는 자이며, 그는 하나님의 은총을 받는다." 그 설교에서 그는 경건한 아내의 여섯 가지 은택을 설명한다. "좋은 아내는 물질에 있어 가장 좋은 동료이며, 일에 있어 가장 적합한 동료이며, 고난과 슬픔에 있어 가장 큰 위로이며, 자녀를 낳음에 있어 유일하게 합법적인 방편이며, 정욕에 있어 하나님이 정해 주신 최고의 해결책이며, 그에게 있어 가장 큰 은혜와 존귀다."[53] 세커는 이를 좀 더 단순하게 표현한다. "좋은 종은 큰 축복이며, 좋은 자녀는 더 큰 축복이지만 좋은 아내는 가장 큰 축복이다."[54]

가태커는 레이너가 그랬던 것처럼 **동반자**의 은택을 첫 번째로 꼽는

---

52 Reyner, 47-48.
53 Gataker, 166.
54 Secker, 269.

다. 동반자의 은택은 결혼의 목적과 은택의 목록에서 첫 번째 자리를 차지한다. 청교도들은 독신으로 부르심을 받은 자들의 독신 생활을 정죄하지 않았다. 그럼에도 불구하고 그들은 인간이 공동체를 위해 지어졌다고 확신했으며, 따라서 그들에게 독신 생활은 불편하고 어렵고 힘든 것이었다(창 2:18; 전 4:9-11). 그들은 인간이 자신의 생각과 삶을 나눌 수 있는 동반자를 열망한다고 믿었다. 그리고 동반자와 더 친밀한 관계를 가질 때, 그로 인해 얻는 은택과 기쁨이 더 커진다고 믿었다.

이처럼 아내는 남편의 최고의 동반자이자 친구이다. 가태커는 아담이 에덴 동산에서 참으로 행복하기는 했지만 **충분히** 행복하지는 않았을 것이라고 주장했다. 하나님이 그에게 아내로 하와를 주시고, 그가 최고의 동반자이며 친구인 그녀와 연합하기 전까지는 말이다. 그는 이렇게 말한다. "부부 공동체보다 더 가깝고, 더 완전하며, 더 필요하며, 더 따뜻하며, 더 즐거우며, 더 편안하며, 더 지속적이며, 더 영속적인 공동체는 없다."[55] 그는 또 이렇게 말했다. "아내와 함께 완전해지기 전에는 집이 절반만 구비되거나 전혀 구비되지 않은 것이다. 아내와 함께 완전해지기 전에는 절반만 행복하거나 전혀 행복하지 못한 것이다."[56]

둘째로, 경건한 아내는 **도움**의 은택을 가져다준다. 아담에게 하와는 동반자이자 돕는 배필로서 주어졌다. 일을 통해 하나님을 영화롭게 하도록 지어진 아담은 도움이 필요했으며, 그래서 하나님은 그에게 돕는 배필을 주셨다(창 2:18). 일이 무거운 짐도 아니고 고통스러운 것도 아니었던 타락 이전의 아담이 도움을 필요로 했다면, 하물며 일이 무거운 짐이며 힘들고 고통스러운 것이 된 타락 이후의 우리는 얼마나 더 도움

---

55 Gataker, 161.
56 Gataker, 161.

이 필요하겠는가? 그래서 솔로몬은 둘이 하나보다 낫다고 말했다. "두 사람이 한 사람보다 나음은 그들이 수고함으로 좋은 상을 얻을 것임이라"(전 4:9). 만일 한 사람이 넘어지면, 다른 사람이 그를 일으켜 줄 수 있다. 만일 한 사람이 추우면, 다른 사람이 그를 따뜻하게 해줄 수 있다. 만일 한 사람이 병들면, 다른 사람이 그를 돌봐 줄 수 있다. 만일 한 사람에게 어떤 일이 지나치게 무거우면, 다른 사람이 그 일을 도와줄 수 있다.

하나님이 돕는 배필로 창조하신 아내보다 일과 괴로움 가운데 있는 남자를 더 잘 도와줄 수 있는 사람이 있겠는가? 아내가 남편의 필요를 가장 잘 채워 줄 수 있는 이유는 그녀가 그의 두 번째 자아이기 때문이다(창 2:24). 결혼한 부부는 네 개의 보는 눈과 네 개의 일하는 손과 네 개의 걷는 발을 가지고 있다.[57] 네 개의 눈으로 볼 때, 인생의 올바른 길을 더 잘 분별할 수 있게 된다. 네 개의 손으로 일할 때, 무슨 일이든 더 잘 성취할 수 있게 된다. 네 개의 발로 걸을 때, 의의 길을 따라 걸으며 악의 길을 더 잘 피할 수 있게 된다. 그뿐인가? 만일 한쪽이 휴식을 필요로 한다면, 다른 한쪽이 경계할 수 있다. 만일 한쪽이 실패하면, 다른 한쪽이 손실을 회복하고 둘 다 구원할 수 있다.

이러한 은택은 친구 혹은 형제 안에서는 발견할 수 없고 오직 배우자 안에서만 발견할 수 있는데, 이는 결혼이 둘을 한 몸으로 만들기 때문이다(창 2:24). 친구는 필요한 모든 순간에 도움을 줄 수 없다. 친구가 먼 곳에 사는 경우에는 속히 올 수 없다. 또 친구 자신이 어려움 가운데 빠져 있어서 다른 사람에게 도움을 베풀 수 없는 경우도 있다. 또 친구의 마음이 다른 사람에게 향하면서 당신에 대한 사랑이 시들 수도 있

---

57 Gataker, 162.

다. 그러나 배우자는 항상 곁에 있으면서 도움을 베풀 수 있다. 배우자는 항상 도와줄 준비가 되어 있으며, 항상 도와줄 수 있다. 왜냐하면 배우자는 항상 사랑의 마음으로 곁에 있기 때문이다. 우리에게는 오직 배우자만이 줄 수 있는 친밀함과 상냥함과 무조건적인 사랑이 꼭 필요하다. 아무리 가까운 친구 혹은 형제라 하더라도 아내나 남편처럼 가까울 수는 없다.

셋째로, 경건한 아내는 **위로**의 은택을 가져다준다. 분명 친구는 큰 축복이다. 위험과 괴로움 가운데 있을 때 친구가 없으면 우리는 낙망하고 실망할 것이다. 그러나 친구가 옆에 있으면 우리의 마음은 고양되고 용기가 솟아오르며 소망이 다시 불붙을 것이다. 그런 친구는 우리의 짐을 가볍게 해주거나 심지어 완전히 벗겨 줄 수 있다. 설령 그가 해줄 수 있는 것이 잿더미에 앉아 함께 슬퍼해 주는 것뿐이라 하더라도, 그것은 결코 작은 위로가 아니다.

그러나 고난과 역경의 때에 경건한 아내보다 더 큰 위로와 위안을 줄 수 있는 사람이 있을까? 경건한 아내는 병든 남편을 위로하며 그의 고통에 동참할 수 있다. 그녀는 남편이 끄는 멍에에 자기 목을 기꺼이 내어 주고, 남편이 짊어진 무거운 짐에 자기 등을 기꺼이 내어 줄 것이다. 그녀는 자기 자신을 생각하지 않고 남편을 위로하기 위해 자신이 할 수 있는 일을 기꺼이 할 것이다. 이와 관련하여 가태커는 이렇게 말한다. "괴로움이 없으면 긍휼도 필요 없고, 십자가가 없으면 위로도 필요 없다. 그러나 기쁨과 즐거움의 동산인 낙원에서조차 아내의 도움과 위로가 필요했다면, 하물며 십자가로 가득한 눈물 골짜기 같은 이 세상에서는 얼마나 더 그렇겠는가?"[58]

---

58   Gataker, 163, 버나드를 인용하면서.

넷째로, 경건한 아내는 **자녀**들의 은택을 가져다준다. 창세기 1장 28절은 자녀가 하나님의 축복임을 보이면서 이렇게 말한다. "하나님이 그들에게 복을 주시며 하나님이 그들에게 이르시되 생육하고 번성하여 땅에 충만하라." 이 얼마나 큰 축복인가! 남자는 먼저 창조되었기 때문에 창조에 있어서 탁월함을 가진다(창 2:7). 그러나 하나님께서 남자와 그의 아내가 자녀를 낳아 땅에 충만하도록 하신 것 역시 큰 존귀였다. 무無에서 창조하신 자는 사람들을 땅에 충만하게 하실 수도 있었다. 그러나 하나님은 그렇게 하는 대신 남자와 여자를 도구로 사용하기로 결정하셨다.

인간이 타락하여 죽음과 썩음 아래 떨어진 후, 하나님은 이러한 존귀를 옮기실 수도 있었지만 그렇게 하지 않으셨다. 그 대신 하나님은 자녀를 낳고 세대를 계승하는 데 남자와 여자를 계속 도구로 사용하셨다(창 5:1-3). 죽음과 썩음 아래 떨어진 우리에게 이 축복은 큰 위로가 아닐 수 없다. 왜냐하면 우리의 이름과 소유가 자손에게 계승됨으로써 일종의 불멸을 누리기 때문이다. 노인은 비록 자신이 세상 모든 사람들이 가는 길로 가야 한다 할지라도 자신에게 상속자가 있다는 사실로 인해 큰 위로를 받는다(왕상 2:2; 창 15:2). 죽음을 앞둔 사람에게 자녀는 작은 축복이 아니다.

만일 자녀들이 그토록 큰 축복이라면, 그들을 낳는 결혼은 얼마나 더 큰 축복이겠는가? 결혼은 자녀의 열매를 맺게 하는 뿌리이다. 그렇다면 아내의 축복은 얼마나 더 큰 것이겠는가? 이와 관련하여 가태커는 이렇게 쓴다. "여자 없이는 자녀가 있을 수 없다. 아내 없이는 합법적인 자녀가 있을 수 없다. 그리고 좋은 아내 없이는 즐거운 자녀가 있을 수 없다."[59]

---

59 Gataker, 164.

다섯째로, 경건한 아내는 **정욕의 해결책**의 은택을 가져다준다. 사람이 온전함 가운데 있었던 타락 이전에는 그러한 해결책이 필요 없었다. 그러나 타락 이후에는 결혼이 음행의 죄에 대한 해결책을 제공해 준다. "음행을 피하기 위하여 남자마다 자기 아내를 두고 여자마다 자기 남편을 두라"(고전 7:2). 결혼은 남자가 젊어서 취한 아내를 즐기며 그의 사랑을 항상 연모할 수 있는 합법적인 장소를 제공해 준다(잠 5:19). 결혼은 남자의 성적 욕망을 가정에 묶어 두고, 그의 발걸음을 생각으로든 행위로든 음녀의 집에서 멀어지도록 만든다(잠 5:8, 15, 20).

마지막으로, 경건한 아내는 남편에게 **존귀**의 은택을 가져다준다. 재물이든 명성이든 평판이든, 남자의 존귀로 여겨지는 모든 것들 가운데 경건한 아내와 비견할 수 있는 것은 없다. 왜냐하면 남편이 아내의 면류관인 것처럼, 아내 역시 남편의 면류관이기 때문이다(잠 31:10-12, 28). 그들은 서로에게 보화이며, 서로의 눈에 즐거움이다. 아내 안에 이토록 많은 은택들이 싸여 있다면, 도대체 결혼의 은택은 얼마나 큰 것인가? 이와 관련하여 세커는 이렇게 조언한다. "누군가를 필요로 하는 자는 아내를 찾으라. 아내를 잃은 자는 탄식하라. 그리고 아내 안에서 즐거움을 취하라."[60]

레이너와 마찬가지로 가태커 역시 이러한 하나님의 은택들에 대한 몇 가지 반응을 제시한다. 첫째로, 이러한 축복들은 죄의 강력한 권세에 대해 경고한다. 죄는 축복으로 가득한 결혼의 규례를 고통으로 가득하게 바꿀 수 있다. 실제로 결혼할 때까지 그 안에 얼마나 많은 어려움이 있는지 알지 못하는 사람들이 얼마나 많은가? 결혼 후 아내 혹은

---

60 Secker, 269.

남편이 자기 인생의 가장 무거운 짐임을 발견한 사람들이 얼마나 많은가? 결혼 후 평생을 후회 속에 사는 사람들이 얼마나 많은가? 만일 결혼의 열매를 거두고 결혼의 은택을 발견하기를 바란다면, 하나님의 인도하심을 따라 결혼하고 계속 그 안에 거하면서 죄가 결혼을 파괴하지 못하도록 항상 깨어 경계해야 한다. 결혼 안에 고난과 십자가와 비참함이 있을 수 있다. 그러나 우리는 그 원인을 결혼 자체의 탓이 아니라 자신의 죄의 탓으로 돌려야 한다. 왜냐하면 결혼은 존귀하고 복된 것이기 때문이다(히 13:4).

둘째로, 만일 하나님을 존귀하게 하고자 하는 마음으로 배우자를 선택했다면, 우리는 하나님이 결혼을 통해 베푸시는 은택들을 바라보아야 한다. 슬프게도 많은 부부들이 근심으로 가득한 세상과, 고통으로 가득한 바다와, 난제로 가득한 미로迷路를 예상하면서 결혼한다. 마치 결혼이 가시와 엉겅퀴 외에 아무것도 맺지 못하는 것처럼 말이다.[61] 설령 결혼 안에 많은 고통과 어려움이 있다 하더라도, 그 안에는 또한 많은 위로와 축복과 즐거움이 있다. 결혼은 하나님이 제정하신 규례이므로 그 안에서 하나님이 약속하신 풍성한 축복을 기대할 수 있다.

셋째로, 만일 아내가 남편에게 그토록 풍성한 은택을 가져다줄 수 있다면, 아내들은 마땅히 그렇게 되도록 힘써야 한다. 남편에게 더 많은 선을 행할수록, 아내들은 결혼 안에서 더 많은 즐거움을 발견하고 더 많은 위로를 받게 될 것이다.

마지막으로, 남편은 경건한 아내에 어울리게 행동하며 아내에게 필요한 위로와 사랑과 보호와 물질을 공급함으로써 아내가 축복의 보고寶

---

61 Gataker, 172.

庫가 되도록 격려하는 데 힘써야 한다. 남편은 아내가 자기에게 주는 것과 똑같은 축복을 아내에게 주어야 한다. 왜냐하면 하나님은 아내에게 요구하시는 것과 똑같은 것을 남편에게도 요구하시기 때문이다.

이처럼 결혼은 이생의 축복과 위로로 가득 찬 복된 규례이다. 그러나 이러한 복은 누구나 결혼하기만 하면 자동적으로 거둘 수 있는 것이 아니다. 결혼은 **하나님**이 제정하신 규례이며, 결혼의 목적은 **하나님**을 영화롭게 하는 것이다. 그러므로 결혼의 축복은 오직 겸손한 마음으로 하나님을 존귀케 하려는 결혼 안에서만 흘러나온다. 결혼의 참된 목적은 오직 하나님을 사랑하며 경외하는 두 사람 사이에서 온전히 발견될 수 있다.[62]

---

62   den Ouden, 22.

연구 문제

1   결혼의 주된 목적들은 무엇인가? 성경 말씀을 통해 각각의 목적들을 증명해
     보라.

2   독신이 고려될 수 있는 상황에 대해 말해 보라. 또 독신 생활에 어떤 어려움이
     따를 수 있는지 생각해 보라.

3   말라기 2장 15절을 읽어 보라. 이 구절에서 드러나는 결혼에 대한 하나님의 목
     적은 무엇인가? 그것이 우리의 자녀 양육에 어떤 영향을 미치는가?

4   잠언 5장은 성적 관계에 대해 무엇을 가르치는가?

5   윌리엄 그린힐은 음행의 두려움을 보여 주기 위해 어떤 요소들을 제시하는가?

6   청교도들에 따르면, 좋은 결혼이 가져다주는 개인적인 은택들은 무엇인가?

7   결혼이 "그 위에 모든 공동체가 세워지는 기초"인 이유는 무엇인가?

8   경건한 아내는 어떤 실제적인 방법으로

     (1) 남편의 복된 동반자가 될 수 있는가?

     (2) 남편의 도움이 될 수 있는가?

     (3) 남편의 위로가 될 수 있는가?

9   하나님이 아내를 선물로 주신 것에 대해 남편은 어떻게 감사로 응답해야 하
     는가?

3장
좋은 결혼의 시작

우리는 결혼이 하나님께서 다양한 방법으로 존귀케 하신 신적 규례라는 사실을 살펴보았다. 또 하나님이 다양한 목적으로 결혼을 제정하셨으며 다양한 은택들로 결혼을 축복하셨다는 것을 살펴보았다. 그런데 그토록 많은 부부들이 그러한 존귀를 나타내지 못하며 그러한 은택들을 누리지 못하는 까닭은 도대체 무엇인가? 대부분의 사람들이 결혼의 주인 되시는 분과 상관없이 결혼하기 때문이다. 만일 우리가 하나님의 축복을 구하지 않고 성급하고 어리석게 결혼으로 달려간다면, 우리는 그 안에서 즐거운 경험을 발견할 수 없을 것이다.

결혼 속으로 들어가는 입구는 결혼의 뿌리이며 기초이다. 만일 그 기초가 잘못되었다면, 그 위에 세워지는 집은 결코 견고할 수 없다. 만일 그 뿌리가 썩었다면, 가지와 열매 역시 썩을 것이다. 하나님이 결혼에 두신 존귀를 얻고 그 은택을 누리기 위해, 우리는 올바르게 준비하여 결혼에 다가가고 지혜롭게 배우자를 선택해야 한다.

올바른 준비

거의 모든 사람들이 준비의 중요성을 알고 있다. 학교 시험이나 취업 면접 혹은 감독자로서의 현장 방문 같은 중요한 일을 앞두고 있다고 하자. 그러면 우리는 먼저 그 일을 준비하기 위해 필요한 모든 일을 할 것이다. 그러나 만일 아무 준비 없이 그냥 달려든다면, 경솔함에 대한 비싼 대가와 교훈을 얻게 될 것이다.

준비의 필요성은 그 결과가 우리와 주변 사람들에게 끼치는 효과에 비례하여 커진다. 한정된 기회 역시 준비의 중요성을 결정한다. 만일 단 한 번의 기회밖에 없다는 것을 안다면, 준비하고자 하는 동기는 기하급수적으로 커질 것이다.

스쿠더는 준비의 중요성과 관련하여 이렇게 말한다. "선원들은 바다에 나가기 전에 먼저 항해 기술을 배운다. 모든 기술자들은 실습을 하기 전에 먼저 이론을 공부한다. 지혜로운 사람들은 행동하기에 앞서 먼저 깊이 숙고한다. 단 한 번의 기회밖에 없을 때, 그 일을 결정하기에 앞서 오랜 시간 숙고하는 것은 자명한 이치이다. 단 한 번의 기회밖에 없는 상황에서 잘못된 결정을 막기 위해서는 깊은 숙고가 절대적으로 필요하다."[1]

결혼은 준비를 **정당화**한다. 결혼은 "죽음 외에는 아무도 풀 수 없는 매듭"이다.[2] 결혼은 우리 삶의 기쁨과 괴로움에 결정적인 영향을 끼치며, 하나님은 결혼을 통해 우리에게 많은 보배로운 축복을 주기를 기뻐하신다. 결혼 준비와 관련하여 웨이틀리는 이렇게 말한다. "준비 없이 결혼하는 것은 날개 없이 날려고 애쓰는 것과 다리 없이 걸으려고 애쓰

---

1   Scudder, iii-iv.
2   Secker, 265.

는 것과 눈 없이 보려고 애쓰는 것과 같다."[3] 존귀한 상태의 결혼 속으로 들어가는 일은 "이생의 행복 혹은 불행에 가장 큰 영향을 끼치는 문제"이다.[4]

그렇다면 행복하고 경건한 결혼을 위해서는 어떤 준비가 필요할까? 첫째, 하나님의 은혜로 말미암아 자신을 위해 하나님을 선택한다. 둘째, 하나님에게서 배우자를 찾는다. 결혼의 기초를 놓기 위해서는 이 두 가지가 절대적으로 필요하다.

1. 자신을 위해 하나님을 선택하라

결혼의 존귀와 축복은 결혼을 통해 하나님을 존귀하게 하며 영화롭게 하는 것에 달려 있다. 결혼 속으로 들어가는 사람은 배우자를 선택하기에 앞서 먼저 하나님을 선택해야 한다. 이와 관련하여 오우덴은 "그리스도와의 개인적인 언약이 결혼 언약보다 선행되어야 한다"고 말한다.[5] 또 맨턴은 이렇게 말한다. "우리는 배우자와 결혼하기 전에 먼저 그리스도와 결혼해야 한다. 결혼 언약은 그리스도와 당신 사이에서 시작되고 종결되어야 한다."[6]

결혼은 우리의 자연적인 힘과 능력을 훨씬 넘어서는 일을 요구한다. 남편과 아내가 서로에 대한 의무를 다하기 위해서는 하나님의 도우심과 은혜가 필요하다. 더욱이 결혼이 산출하는 모든 축복과 위로는 하나님을 향한 감사와 찬미의 반응을 요구한다. 그러므로 좋은 결혼의 기초를 다지는 첫 번째 돌은 그리스도를 자신의 구주로 믿는 것이다. 헨리

3   Whately, *A Care-Cloth*, i.
4   Scudder, xiv.
5   den Ouden, 22.
6   Manton, 2:165.

스쿠더의 소책자 『경건한 남자의 선택』에 있는 헌정사에서, 제레미야 휘태커는 이렇게 말한다. "땅의 일을 선택하기 전에 먼저 하늘의 일을 선택하라. 주 예수로 하여금 당신의 청년의 때를 인도하시게 하라."[7]

만일 어떤 남자가 그리스도의 머리 되심의 모범을 알지 못한다면, 어떻게 아내에게 신실한 남편이 될 수 있겠는가(고전 12:12 – 13, 27; 엡 5:25 – 27)? 만일 어떤 남자가 하나님의 아버지 되심의 모범을 알지 못한다면, 어떻게 자녀들에게 좋은 아버지가 될 수 있겠는가? 신실한 남편과 아버지가 되기 위한 기초를 놓기 위해서는 먼저 그리스도의 사랑과 돌보심과 머리 되심에 순복해야 한다. 마찬가지로 만일 어떤 여자가 그리스도를 존귀하게 하며 그에게 순종하는 법을 알지 못한다면, 어떻게 남편에게 순종하며 협력하는 아내가 될 수 있겠는가?(엡 5:22-23). 만일 어떤 여자가 하나님이 자녀들에게 베푸시는 사랑과 돌보심과 기르심을 알지 못한다면, 어떻게 자녀들에게 신실한 어머니가 될 수 있겠는가? 신실한 아내와 어머니가 되기 위한 기초를 놓기 위해, 그녀는 결혼에 앞서 먼저 하나님의 사랑과 돌보심과 기르심에 순복해야 한다.

결혼은 우리에게 비할 데 없는 은택과 위로를 가져다주지만 동시에 독신 생활에는 존재하지 않는 고통과 괴로움도 가져다준다. 만일 어떤 사람이 그리스도의 제자로서 자기 부인과 섬김과 희생과 사랑에 익숙하지 않다면, 어떻게 결혼에 요구되는 자기 부인과 섬김과 희생과 사랑을 마련할 수 있겠는가(막 8:34)? 만일 어떤 사람이 먼저 하나님의 용서를 경험하지 못한다면, 어떻게 그가 결혼에 요구되는 용서를 실천할 수 있겠는가(엡 5:32)? 만일 어떤 사람이 먼저 하나님의 영을 소유하지 못한다면, 배우자와 부모로서 어떻게 인내와 인애와 신실함을 가질 수 있

---

7   Scudder, iv.

겠는가(갈 5:22-23)? 만일 어떤 사람의 정욕이 주 예수 그리스도의 아름다우심과 왕 되심에 의해 정복되지 않는다면, 어떻게 그가 결혼에 요구되는 순결과 정결을 실천할 수 있겠는가(욥 31:1-4)? 구원은 남편과 아내의 의무를 지킬 수 있게 구비시키고, 결혼이 가져다주는 고통과 괴로움을 극복할 수 있도록 무장시켜 준다(빌 4:13). 그러한데, 구원 없이 어떻게 사람들이 감히 결혼 속으로 들어갈 수 있단 말인가?

따라서 지상의 배우자와 결혼하기에 앞서 먼저 그리스도와 결혼하는 것이 필수적이다. 그리스도에 대한 우리의 사랑과 결혼은 배우자를 선택하는 일을 포함하여 결혼 전체의 뿌리와 기초가 된다. 그러할 때 우리는 하나님을 존귀하게 하는 열매를 맺으며, 배우자를 기쁘게 하며, 세상에 선한 증거가 되며, 인생의 모든 시련과 폭풍 가운데서도 흔들리지 않을 것이다. 이와 관련하여 그린햄은 이렇게 쓴다. "결혼은 오직 그 마음이 예수 그리스도를 믿는 믿음으로 말미암아 거룩해진 사람들에게만 거룩하다. 설령 하나님이 결혼을 존귀하게 하셨다 하더라도, 그의 축복을 구하지 않는 자들에게는 여전히 고통스러운 것으로 드러날 것이다."[8]

2. 하나님에게서 배우자를 찾아라

경건한 결혼을 위해 두 번째로 필요한 것은 하나님에게서 배우자를 찾는 일이다. 야고보서 1장 17절은 "온갖 좋은 은사와 온전한 선물이 다 위로부터 빛들의 아버지께로부터 내려오나니"라고 선언한다. 또 잠언 19장 14절은 "집과 재물은 조상에게서 상속하거니와 슬기로운 아내는 여호와께로서 말미암느니라"라고 말한다. 이와 같이 좋은 아내는 하나님의 손 안에 있으며, 그러므로 우리는 하나님에게서 우리의 배우자

---

8   Greenham, 281.

를 찾아야만 한다. 이와 관련하여 스쿠더는 이렇게 말한다. "하나님은 우리의 큰 보호자이시다. 우리가 바라는 지혜로우며, 총명하며, 유덕하며, 경건한 모든 사람들이 그의 가정 속에 있다. 그러므로 만일 당신이 이런 종류의 사람을 얻고자 한다면, 그의 은총을 구하라. 그러면 당신은 좋은 아내를 얻게 될 것이다(잠 18:22)."[9]

모든 목적지에는 반드시 거기에 도달하는 길이 있게 마련이다. 그러나 잠언 14장 12절이 말하는 것처럼 "어떤 길은 사람이 보기에 바르나 필경은 사망의 길"이다. 목적지에 도달할 수는 있지만 멀리 돌아가거나 굽은 길도 많이 있다. 그러한 길에는 많은 어려움과 후회와 불필요한 수고가 따른다. 반면 사람을 목적지로 즐겁고 편안하게 데려다주는 확실한 길이 있다(잠 11:8; 21:23).[10]

경건한 배우자와 행복한 결혼으로 데려다주는 확실한 길은 무엇인가? 이와 관련하여 스쿠더는 이렇게 조언한다. "만일 당신이 좋은 아내와 결혼하여 당신의 결혼 생활을 기쁨으로 시작하고 평온하게 유지하며 위로와 함께 끝맺기를 원한다면, 그러한 목적지에 이르는 가장 확실한 직행 길은 하나님께 당신의 배필을 구하는 것이다."[11] 레이너는 이것이 "하나님을 결혼의 시작으로 만드는" 방법이라고 말하면서, 몇 가지 고려할 것을 덧붙인다. "당신의 결혼에 대해 하나님의 조언과 인도하심을 간절히 구하라. 당신의 마음이 좋은 배우자를 향해 열리기를, 멍에를 함께 메기에 적합한 배우자를 선택하기를, 남자는 훌륭한 머리가 되고 여자는 좋은 돕는 배필이 되기를, 간절히 구하라. 서로를 하나님의 손에

---

9   Scudder, 3.
10   Scudder, 1-2.
11   Scudder, 2.

서 온 특별한 선물과 은총의 증표로 받아들일 것을 기대하면서 간절히 구하라."[12] 그러므로 좋은 배우자는 당신이 부지런히 찾아서 얻은 열매가 아니라 당신에게 주는 하나님의 선물이며 당신을 위한 하나님의 선택이다.

하나님의 손에서 배우자를 찾을 때, 당신은 다음과 같은 사실들을 고려할 필요가 있다. 첫째, 모든 마음을 살피시는 하나님이 당신을 좋은 배우자에게 가장 잘 인도하실 수 있다는 사실을 고려하라(대상 28:9). 우리의 선택은 오로지 외모의 기초 위에서만 이루어질 수 있고, 많은 경우 외모는 마음의 참된 표현이 아니다(삼상 16:6-7). 그러므로 마음을 보시고 아시는 자의 도움이 절대적으로 필요하다. 이와 관련하여 스쿠더는 이렇게 말한다. "좋은 배우자는 모든 정원에서 자라는 꽃도 아니고 모든 밭에서 자라는 채소도 아니다. 좋은 배우자는 모든 가정에서 발견되지 않는다. 만일 하나님이 당신을 인도하지 않으신다면, 당신은 많은 시간 동안 잘못된 배우자를 애써 찾게 될 것이다."[13]

둘째, 하나님이 당신과 당신의 필요를 가장 잘 아신다는 사실을 고려하라. 좋은 결혼은 두 사람을 상호 보완적으로 연합시킨다. 어떤 종류의 사람이 당신을 가장 잘 보완할 수 있는지 하나님이 가장 잘 아신다. 그러므로 겸비함으로, 모든 것을 아시며 가장 지혜로우신 하나님의 지혜에 당신을 순복시키라(욥 36:5; 147:5).

셋째, 하나님에게서 배우자를 찾는 것이 가장 쉬운 길이라는 사실을 고려하라. 아담은 하와를 얼마나 쉽게 찾았는가! 그녀가 만들어질 때 그는 잠자고 있었을 뿐만 아니라 하나님이 직접 그녀를 그에게로 이끄

---

12 Reyner, 7.
13 Scudder, 2-3.

셨다(창 2:21-23). 하나님에게서 배우자를 찾을 때, 우리는 그의 인도하심을 기다리면서 확신과 평안과 인내를 가지고 모든 것을 그의 손에 맡길 수 있다. 하나님은 그런 사람들을 결코 실망시키지 않으신다(잠 3:5-6; 시 27:14). 하나님은 자신을 찾는 자들을 잘못된 길로 인도하지 않으실 것이다. 도리어 그들의 발걸음을 인도하시고 그들의 길을 평탄케 하실 것이다(시 37:23-24). 진실로 하나님은 먼저 하늘에서 우리의 좋은 결혼 상대가 되실 것이며, 그 이후에 우리를 우리의 배우자에게로 인도하시고 우리의 배우자를 우리에게로 인도하실 것이다. 이와 관련하여 가태커는 이렇게 말한다. "지상에서 맺어지고 끝나는 결혼은 최고의 결혼이 아니다. 어떤 결혼도 이 땅에서 정점頂點에 이르지 않는다. 하늘의 축복에 참여하지 않는 지상의 축복은 진정한 축복이 아니다."[14]

넷째, 그 누구도 하나님에게서 배우자를 찾는 것보다 더 나은 방법으로 좋은 배우자를 발견하지 못했다는 사실을 고려하라. 많은 사람들이 부유한 배우자, 사회적인 신분이 높은 배우자, 아름다운 배우자, 상냥한 배우자를 발견했다. 그러나 하나님이 배우자 안에 공급하시는 선함과 적합함이 없으면 곧 헛된 것으로 드러날 것이다. 하나님과 상관없이 배우자를 찾는 사람들이 느끼는 번민과 불만과 실망을 생각해 보라. 오직 하나님에게서 배우자를 찾는 사람들만이 "배우자를 찾는 과정에서 큰 즐거움과 고요함을 누리며, 배우자를 찾음으로써 만족하며, 배우자와 함께 평안을 누린다."[15]

다섯째, 만유를 다스리는 하나님의 통치권을 인정하고, 그의 인도하심이 우리의 행복뿐만 아니라 우리가 그의 이름으로 얻게 될 자녀들에

---

14 Gataker, 137-38.
15 Scudder, 8.

3장 좋은 결혼의 시작 99

게까지 영향을 끼친다는 사실에 순복하라(엡 5:22, 25; 말 2:15). 스쿠더는 이렇게 말한다. "만일 우리가 하나님의 도움을 구하지 않고 결혼처럼 중요한 일에 성급하게 뛰어든다면, 그것은 우리의 목에서 그의 멍에를 풀어 버리고 그에 대한 순종과 순복을 내팽개쳐 버리는 것과 같다."[16]

여섯째, 만일 우리가 평안한 양심으로 하나님에게서 배우자를 찾고 또 받았다고 말할 수 있다면, 결혼이 어떻게 드러나든 우리는 충분히 위로를 취할 수 있다(잠 16:9; 3:5-6). 스쿠더는 이렇게 말한다. "만일 당신이 찾은 아내가 현숙하고 경건한 여자로 드러난다면, 당신의 삶의 모든 영역에서 위로가 흘러넘칠 것이다. 하나님은 은혜 가운데 당신에게 귀를 기울이시고 당신에게 사랑의 약속을 주시기를 기뻐하셨다. 아내를 바라볼 때마다 당신은 기쁨으로 하나님을 바라보며 '보소서, 이는 주께서 내게 주신 아내이나이다!'라고 말할 수 있다. 그리고 그토록 소중한 선물을 주신 그를 송축할 수 있다."[17]

스쿠더는 계속해서 이렇게 덧붙인다. "만일 당신이 참된 마음으로 당신의 길을 하나님께 맡기고 그의 인도하심을 따라 행했다는 선한 양심의 내적 증거가 있다면, 설령 당신의 아내가 까다롭고 골치 아픈 여자로 드러난다 하더라도 여전히 당신은 모든 것이 합력하여 선을 이룰 것이라는 사실에서 위로를 얻을 수 있다. 당신을 그와 같은 상황으로 이끄신 분은 그와 같은 상황 속에서 당신을 붙잡아 주실 것이다. 그분은 당신의 무거운 짐을 가볍게 해주시거나 당신의 약한 등을 강하게 해주실 것이다."[18] 스쿠더는 계속해서 말한다. "반대로 만일 당신의 결혼이

---

16   Scudder 8-9.

17   Scudder, 9-10.

18   Scudder, 10.

'당신 자신이 짠 거미줄'로 드러난다면, 당신은 그 모든 책임을 스스로에게 돌리면서 입을 막고 모든 것을 받아들여야만 한다. 당신에게 위로를 가져다줄 수 있는 것은 오직 회개뿐일 것이다."[19]

일곱째, 만일 당신이 하나님에게서 배우자를 찾고 당신의 결혼 생활에 하나님의 손이 개입한다는 것을 인정한다면, 당신은 배우자로 인해 하나님께 감사하면서 결혼을 후회하지 않을 것이다. 이와 관련하여 스쿠더는 이렇게 말한다. "그것은 당신이 '아, 이 사람과 결혼하지 말았어야 했는데'라든지 '아, 그때 그 사람과 결혼했어야 했는데'라는 식으로 결혼을 후회하지 않도록 지켜 줄 것이다. 도리어 당신은 지금 배우자로 인해 만족하며 감사할 것이다. '이 남자는 하나님이 내게 주신 나의 남편이나이다' 혹은 '이 여자는 하나님이 내게 주신 나의 아내이나이다'라고 말하면서 말이다."[20]

마지막으로, 하나님의 손에서 배우자를 받을 때 주어지는 은택들을 고려하라.[21] 첫째로 당신은 배우자 안에서 발견한 위로와 즐거움으로 인해 하나님께 모든 영광을 돌리게 될 것이다. 종종 우리는 모든 축복 뒤에 하나님의 손이 있다는 사실을 잊고, 긍휼을 베푸시는 하나님께 충분한 찬미를 돌리지 않는다(시 103:2-5). 그러나 하나님의 손에서 배우자를 받으면 당신의 마음은 일평생 그를 찬미하도록 고무될 것이다. 둘째로 만일 하나님께서 배우자를 주셨음을 깨닫는다면, 당신에게는 하나님을 영화롭게 하는 더 큰 책임이 부여된다. 왜냐하면 당신의 결혼이 곧 청지기직이 되기 때문이다. 결혼은 우리가 하나님의 영광을 위해 투

---

19 Scudder, 11.
20 Scudder, 70-71.
21 Manton, 2:166-68.

자해야 하는 "달란트"다. 셋째로 당신이 정욕을 따라 맹목적으로 결혼하지 않고 하나님에게서 배우자를 찾으면, 결혼의 시련과 십자가가 가벼워질 것이다. 당신에게 배우자를 주신 분이 결혼 속에서 당신을 붙잡아 주실 것이며, 그분의 뜻대로 모든 것이 합력하여 선을 이룰 것이다. 넷째로 결혼 속에 하나님의 손이 있음을 인식할 때, 당신은 죽음이 서로를 갈라놓는 것도 기꺼이 받아들일 수 있다. 하나님은 주기도 하시고, 취하기도 하신다. 주는 것과 취하는 것 모두 하나님의 지혜와 사랑의 행동임을 알 때, 우리는 어떤 상황 가운데서도 위로를 받을 수 있다.

지금까지 이야기한 것을 간략하게 요약해 보자. 결혼의 행복은 상당 부분 우리가 결혼하는 상대와 관련 있다. 만일 우리가 아무 생각 없이 혹은 죄악된 태도로 상대를 선택한다면, 틀림없이 우리는 우리의 선택을 후회하게 될 것이다. 왜냐하면 하나님의 축복이 우리에게서 날아가기 때문이다. 그러므로 감사하고 만족스러운 결혼 생활을 원한다면 하나님에게서 배우자를 찾아야만 한다.

어떻게 배우자를 찾을 것인가?

그렇다면 하나님에게서 배우자를 찾는 방법은 무엇인가? 다른 모든 긍휼을 구할 때와 마찬가지로 하나님께 기도한다. 이와 관련하여 스미스는 이렇게 쓴다. "만일 아브라함의 종이 그의 사명, 즉 주인 아들의 아내를 선택하는 일을 위해 하나님께 기도했다면, 하물며 우리는 아내를 선택하는 일을 위해 얼마나 더 기도해야 마땅하겠는가?"(창 24:12)[22]

우리는 간절한 기도의 응답으로 하나님의 손에서 배우자를 얻어야 한다. 이와 관련하여 크리소스톰은 이렇게 말한다. "아내를 찾을 때, 하

---

22 Smith, 1:13.

나님에게로 달려가라. 하나님은 당신의 들러리가 되는 것을 부끄러워하지 않으신다. 남편을 찾을 때, 하나님께 이렇게 기도하라. '주여, 당신이 뜻하시는 자를 내게 남편으로 주소서.'[23] 또 암브로스는 이렇게 말한다. "간절한 기도로 은혜의 보좌를 흔들어라. 좋은 아내는 하나님의 직접적인 선물이다. 경건한 아내와 같은 값진 보화는 특별하고 끈질긴 기도를 통해 하나님의 은혜의 보좌에서 찾아야만 한다. 기도를 통해 하나님에게서 얻은 아내가 주는 위로와 달콤함은 일반적인 섭리로 인한 것보다 천 배나 더 크다."[24]

그러면 우리는 하나님께 정확하게 무엇을 구해야 하는가? 이 질문과 관련하여 스쿠더는 다음과 같이 제안한다.[25] 첫째, 지혜와 명철을 달라고 기도하라. 그래서 예상되는 짝을 만났을 때 당신의 마음이 미모나 재물이나 자연적인 재능 같은 것에 흔들리지 않고, 정말로 중요한 것 즉 그 마음 안에 있는 은혜에 집중할 수 있게 해달라고 기도하라. 이와 관련하여 스틸은 이렇게 쓴다. "사랑한 뒤에 생각하지 말고, 생각한 뒤에 사랑하라. 관심의 초점을 일차적으로 상대의 영혼에 맞추라."[26]

둘째, 마음이 하나님에게 맞추어져 있지 않은 사람에게 당신의 마음이 끌리지 않게 해달라고 기도하라. 또 하나님을 사랑하지 않는 사람에게 당신의 사랑이 흘러가지 않게 해달라고 기도하라. 우리는 아름다운 외모에 속기 쉽다. 그러므로 주님이 우리의 마음을 살피시고 시험하사 우리 마음이 잘못된 길로 가지 않게 해달라고 구해야 한다.

셋째, 만일 당신의 마음이 그릇된 쪽으로 향하고 난 후에야 비로소

---

23   *Puritan Sermons*, 2:300n, 크리소스톰으로부터 인용함.
24   Ambrose, 228.
25   Scudder 12-26.
26   Steele, *Puritan Sermons*, 2:300.

3장 좋은 결혼의 시작   103

상대의 마음 안에 진리가 없음을 발견한다면, 부디 당신의 감정을 상대에게서 옮겨 달라고 하나님께 간절히 기도하라. 이와 관련하여 스쿠더는 이렇게 말한다. "만물을 복종케 하시는 분께 당신의 감정을 정복하사 그의 뜻에 복종하게 해달라고 기도하라. 가라 하면 가고 오라 하면 오는 백부장의 종처럼 당신의 감정도 그렇게 되게 해달라고 기도하라."[27]

사람이 기도하며 하나님께 묻지 않는데, 도대체 어떻게 자신과 함께 하나님을 영화롭게 하며 위로와 즐거움을 누릴 배우자를 바랄 수 있겠는가? 하나님은 여전히 위대하고 지혜로운 중매자이시다(창 2:22). 도대체 왜 그의 도우심과 인도하심 없이 배우자를 찾고자 한단 말인가?(잠 18:22). 이와 관련하여 스틸은 이렇게 촉구한다. "결혼으로 부르신다는 것을 느낀다면 아브라함의 종이 그랬던 것처럼 먼저 하나님께 간절히 기도하라(창 24:12). 바로 그것이 하나님을 인정하는 것이며, 그럴 때 하나님은 당신의 길을 인도하실 것이다. 중요성에 있어 결혼과 비교할 수 있는 일이 있겠는가? 어떤 일도 결혼만큼 간절한 기도를 요구하지 않는다."[28]

그러므로 구하는 자에게 후히 주시며 꾸짖지 아니하시는 하나님에게 가자(약 1:15). 그리고 우리에게 합당한 배우자를 달라고 구하자. 하나님에게 가서 그의 선하시며 지혜로우신 섭리의 손으로 우리를 합당한 배우자와 연합시켜 달라고 구하자.[29] 맨턴은 이렇게 말한다. "스스로 움직이는 대신 하나님을 따르며, 그의 뜻에 합당한 것 외에는 어떤 것에

---

27 Scudder, 16. 마 8:8-9 참조.
28 Steele, *Puritan Sermons*, 2:300.
29 Gataker, 143.

도 함부로 달려들지 않을 때, 하나님은 모든 것을 최선이 되도록 배치 하신다."[30] 그는 계속해서 이렇게 덧붙인다. "하나님의 행하심 아래 있으며, 그의 지혜롭고 완전한 인도하심을 받는 것은 정말로 복된 일이다. 왜냐하면 하나님은 그런 사람들에게 선을 행하기를 기뻐하시며, 그런 사람들을 형통케 하는 것에서 즐거움을 취하시기 때문이다."[31]

어떻게 합당한 배우자를 찾을 것인가?

우리는 기도를 통해 하나님으로부터 배우자를 찾으면서 동시에 하나님이 우리 주변으로 이끄시는 사람들을 살펴야 한다. 혹시 그들이 우리의 합당한 배우자인지 아닌지 알기 위해서 말이다. 우리는 하나님이 우리의 선택을 이끄시고 인도하신다는 사실에 주목해야 하며, 동시에 하나님의 섭리의 보호 아래 합당한 동반자의 자질을 가진 사람들을 살펴보아야 한다.

이제 우리는 두 가지 질문에 관심을 집중해야 한다. 좋은 배우자를 구별하는 것은 무엇인가? **적합한** 배우자의 특징은 무엇인가? 청교도들은 두 질문 중 어느 하나도 소홀히 하지 않았다. 그리고 그들은 후자보다 전자를 우선으로 고려했다. 왜냐하면 사람은 적합한 배우자가 되기 전에 먼저 좋은 배우자가 되어야 하기 때문이다. 이와 관련하여 스미스는 이렇게 쓴다. "마치 라반과 브두엘처럼 말하는 듯하다. '이 일이 여호와께로 말미암았으니 우리는 가부를 말할 수 없노라'(창 24:50). 믿음과 사랑과 경건이 함께 연합되어 있는 사람은 얼마나 복된가!"[32]

---

30 Manton, 2:168.
31 Manton, 2:168.
32 Smith, 1:18.

많은 사람들이 순서를 뒤바꿔서 고난을 자초한다. 그들은 좋은 배우자의 자질을 갖추지 못한 사람에게 마음을 둔다. 사랑이 모든 굽은 것을 펼 거라고 생각하면서 말이다. 그러나 어떤 사랑도 좋은 배우자의 자질을 갖추지 못한 사람을 바꾸지 못한다. 다시 말해서 우리의 어떤 사랑도 다른 사람의 마음을 하나님에게로 향하게 할 수 없다.

좋은 배우자의 특징

좋은 배우자의 특징은 그 안에 참된 구원의 은혜 혹은 경건이 있다는 것이다. 다시 말해서 좋은 배우자는 우리 구주 예수 그리스도와 인격적인 관계를 맺고 있다. 이러한 특징이 없는 사람은 아무리 예쁘고, 사랑스럽고, 상냥해도 우리에게 합당하지 않다. 왜냐하면 그리스도에 속한 우리는 그들과 더불어 연애하거나 혹은 결혼해서는 안 되기 때문이다. 자기 안에 어둠이 조금도 없는 자가 자기 안에 빛은 조금도 없고 오로지 어둠만 있는 배우자를 우리에게 주시겠는가? 그런데 어째서 우리가 그런 사람과 연애하거나 혹은 결혼한단 말인가? 사도 바울에 따르면 좋은 배우자의 기준은 '그리스도와 하나 됨'이다. 바울은 우리가 자유롭게 결혼할 수 있지만, 오직 "주 안에서만" 하라고 말한다(고전 7:39).

신자가 불신자와 결혼하는 것은 죄다. 성경이 "오직 주 안에서만" 결혼하라고 명령하기 때문이다. 이러한 특징의 중요성은 몇몇 청교도들에 의해 더욱 강화된다. 다니엘 로저스는 이렇게 쓴다. "주 안에서 결혼하는 것은, 믿음으로써 이미 주 예수 그리스도의 신부가 된 동반자를 찾기 위해 우리의 분별력과 부지런함을 최대로 사용하는 일이다. 우리는 이와 다른 방식으로 결혼하지 않도록 깨어 경계해야 한다."[33]

---

33 Rogers, 19.

로버트 볼턴은 좋은 결혼 속으로 들어가는 방법에 대해 충고하면서, 앞서 말한 특징을 첫 번째 고려 사항으로 제시한다. 그는 이렇게 쓴다.

첫 번째 고려사항: 사도 바울이 가르친 것처럼 "오직 주 안에서" 배우자를 선택하라(고전 7:39). 요컨대 결혼이라는 큰 문제에 있어 당신이 첫 번째로 고려해야 할 것은 경건이다. 그런 다음에 상대방의 인격과 부모, 기타 외적이며 세상적인 것들을 고려하라. 세상이 뭐라 말하든 그냥 내버려 두라. 은혜로운 품성과 경건한 마음과 비교할 때, 미모와 황금과 혈통과 재치 따위는 아무것도 아니다. 인간의 참된 행복의 기초는 하나님을 경외하는 경건이다. 그러므로 사람은 배우자를 찾을 때 모든 위로와 행복의 기초로서 경건을 제일 먼저 고려해야 한다. 남자와 여자를 참된 결혼으로 묶는 것은 황금도 아니고, 미모도 아니고, 외적인 용맹함도 아니다. 그것은 오직 은혜와 경건의 황금 사슬이다. 오직 은혜와 경건만이 그토록 사랑스럽고 영원한 사슬을 만드는 권능과 특권을 가지고 있다. 오직 그 둘만이 결혼으로 이루어진 가정을 참된 달콤함과 불멸로 맛을 내며 강하게 만든다.[34]

임마누엘 본은 부부간의 사랑을 굳게 묶어 주는 "사랑의 황금 사슬 스무 개"를 제시한다. 첫 번째 황금 사슬은 신자信者, 즉 단순히 입으로 그리스도인이라고 입으로 고백하는 사람이 아니라 하나님을 경외하는 가운데 진정으로 경건하게 사는 사람과 결혼하고자 하는 **특별한 관심**이다. 그는 이렇게 쓴다. "그렇게 할 때 결혼은 더 풍성하게 맺어진다. 결

34   Bolton, 262-63.

혼하는 두 당사자가 하나님을 경외할 때 축복을 받을 수 있다. 성령께서는 그러한 사람들이 복되다고 선언하신다(시 112:1-3). 반면 하나님을 경외하지 않는 결혼에는 축복이 아니라 저주가 예상된다."[35]

제레미 테일러 역시 비슷한 지침을 제시한다. "그러므로 하나님과 함께 시작하라. 그리스도가 결혼의 주인이시다. 성령이 순결과 정결한 사랑의 기초이며, 그가 신랑과 신부의 마음을 하나로 연합시킨다. 그러므로 우리는 먼저 경건의 마음으로 하나님께 구해야 한다. 부정한 영이 당신의 결혼을 더럽히지 못하게 하라. 모든 것을 경건한 마음으로 시작하라." 테일러는 계속 말한다. "우리는 때로 하나님에게 아내를 구한다. … 오직 그만이 사람의 마음과 기질과 태도를 아신다. … 그러나 만일 우리가 경건과 선한 의도와 신중함으로 모든 과정을 행한다면, 결과를 두려워할 필요가 없다."[36]

『남자의 새로운 의무』를 쓴 익명의 저자는 배우자의 구원이 결혼의 주된 고려 사항이 되어야 한다고 가르친다. 왜냐하면 그것이 결혼 생활을 행복하게 만들 뿐만 아니라 그리스도와의 관계와 잘 어울리기 때문이다. 그는 이렇게 말한다. "결혼하고자 하는 사람은 누구든지 상대방의 외모나 아름다움이나 재산 같은 것들이 아니라 그의 영적인 자질에 훨씬 더 많은 관심을 기울여야 한다. 그 관심이 그의 삶의 상태를 진정으로 거룩하게 만들 것이며, 영혼 구원의 큰 목적에 이바지할 것이다. 유덕한 남자와 현숙한 여자는 세상이 줄 수 있는 모든 재물과 존귀보다 훨씬 큰 가치를 갖는다."[37]

35 Bourne, 3-5.
36 Taylor, 12.
37 *The New Whole Duty of Man*, 231.

윌리엄 웨이틀리는 결혼 생활의 문제와 도전을 솔직하게 서술하면서, 결혼 생활의 많은 문제가 죄로 인한 것이기 때문에 주 안에서 결혼하면 그러한 문제들을 제거할 수 있다고 조언한다. 그러면서 아직 결혼하지 않은 남자에게 이렇게 충고한다. "경건하게 신중히 결혼 속으로 들어가라. 그러면 많은 문제의 뿌리를 잘라 내고 그러한 샘의 근원을 막을 수 있을 것이다. 집을 지을 때 가장 중요한 것은 좋은 기초를 놓는 일이다. 결혼도 마찬가지이다. 경건하고 지혜롭게 그 안으로 들어가는 자는 훨씬 더 편안하며 즐거운 결혼 생활을 누리게 될 것이다."[38]

웨이틀리는 나중에 또 이렇게 썼다. "합당한 동반자는 결혼 생활의 많은 문제를 막고 결혼 생활을 더 편안하게 만들어 줄 것이다. 멍에를 함께 멘 자에게 우리가 첫 번째로 바라야 할 것은 덕과 경건이다. 배우자를 선택할 때 이것을 첫 번째로 고려하는 사람은 틀림없이 복되고 즐거운 삶을 누리게 될 것이다. 그러나 다른 것들을 앞세우는 자는 마치 말 앞에 마차를 두는 것처럼 어리석다. 그런 마차를 어떻게 편안하고 즐겁게 몰 수 있겠는가."[39] 계속해서 그는 이렇게 경고한다. "젊은이들이여, 외적인 것들을 추구해서 스스로를 파괴하지 말라. 부모와 자녀 모두 하나님이 판단하시는 것처럼 판단하라. '고운 것도 거짓되고 아름다운 것도 헛되나 오직 여호와를 경외하는 여자는 칭찬을 받을 것이라'고 말씀하시는 자의 훈계를 따르라. 아름다운 몸과 예쁜 얼굴과 당당한 풍모와 많은 재산을 가진 사람이 아니라 거룩한 마음과 부요한 영혼과 아름다운 정신을 가진 유덕한 남자와 현숙한 여자를 배우자로 선택한 자는 행복에 이르는 최고의 길을 선택한 것이다. 바로 이것이 결혼 생활

---

38 Whately, *A Care-Cloth*, 68-69.
39 Whately, *A Care-Cloth*, 71-72.

의 참된 행복의 기초이다. 이것을 첫 번째 자리에 놓으라. 그러면 당신
은 편안하고 즐거운 집을 세울 수 있을 것이다."[40]

리처드 스틸은 남편 혹은 아내로서의 의무를 신실하게 감당하는 데
도움이 되는 몇 가지 방법을 제시한다. 그는 극도로 신중하게 배우자를
선택할 것을 촉구하면서 이렇게 말한다. "관심의 초점을 일차적으로 상
대의 영혼에 맞추라. 많은 사람이 아름다움이나 돈을 보고 결혼한다. 그
러나 그런 것들을 보지 말고 먼저 그/그녀의 영혼을 보라. 만일 교만과
혈기와 다른 정욕들이 배우자의 영혼을 지배하고 있다면, 그 어떤 아
름다움이나 많은 돈도 당신을 편안하고 즐거운 삶으로 이끌지 못할 것
이다. 일시적인 이익이나 혹은 즐거움을 위해 영속적인 십자가를 자초
할 것인가? 그러므로 당신은 그리스도의 지체로서 경건한 상대와 결혼
하고자 애쓸 필요가 있다. 그런 상대일 때, 당신은 그/그녀가 남편 혹은
아내로서의 의무를 양심적으로 이행할 거라고 합리적으로 기대할 수
있다. 만일 그 상대가 최고의 남편 혹은 아내가 아닌 것으로 드러난다
면, 그것은 그들의 결함 때문이다."[41] 스틸은 자신의 설교를 듣는 청중
들에게, 스스로를 하나님께 전적으로 순복시켜서 좋은 배우자가 되라
고 촉구하면서 이렇게 말한다. "거듭나고 거룩해지기 전에는 하나님을
기쁘시게 하지도 못하고 서로에게 온전한 축복도 되지 못할 것입니다.
진실로 여러분은 예의 바른 이교도처럼 살 수 있습니다. 그러나 그것이
올바른 그리스도인의 삶이겠습니까? 참된 종교는 여러분을 먼저 하나
님에게, 다음으로 서로에게 가장 견고하게 묶을 것입니다. 좋은 성품은
많은 것을 할 수 있지만, 거기에 새로운 본성이 더해지면 더 많은 것을

40　Whately, *A Care-Cloth*, 73.
41　Steele, *Puritan Sermons*, 2:300.

할 수 있습니다."[42]

헨리 스미스 역시 아내를 선택하는 문제에 대해 같은 충고를 제시한다(이것은 물론 남편을 선택하는 데에도 똑같이 적용된다). 첫 번째 충고는 하나님을 경외하는 경건한 여자여야 한다는 것이다. 그는 이렇게 말한다. "왜냐하면 우리의 배필이 은혜와 덕으로 옷 입은 그리스도의 배필과 같아야만 하기 때문이다. 마치 우리가 거룩함 자체와 결혼하는 것처럼 말이다. 남자와 여자의 결혼은 그리스도와 교회의 결혼과 같다(엡 5:29). 교회는 거룩하고, 더러움이 없고, 내적으로 아름답다. 그와 같이 우리의 배필은 거룩하고, 더러움이 없고, 내적으로 아름다워야 한다. 하나님이 마음을 귀하게 여기시는 것처럼, 우리도 마음을 귀하게 여겨야 한다. 우리는 얼굴이 아니라 마음을 사랑해야 한다."[43] 스미스는 나중에 또 이렇게 말한다. "설령 불신앙과 서로 다른 종교가 이혼의 원인은 될 수 없다고 해도, 자제의 원인은 되어야 한다. 다시 말해서 만일 상대가 불신자이거나 다른 종교를 가진 사람이라면, 우리는 마땅히 그/그녀와의 결혼을 자제해야 한다. 그리스도께서는 마태복음 19장 6절과 마가복음 10장 9절에서 '하나님이 짝지어 주신 것을 사람이 나누지 못할지니라'라고 말씀하셨다. 그와 마찬가지로 우리는 '하나님이 나누신 것을 사람이 짝짓지 못할지니라'라고 말할 수 있다. 만일 우리가 결혼으로 지상의 아버지를 기쁘게 해야 한다면, 하물며 결혼을 제정하신 하늘 아버지에게는 얼마나 더 그렇게 해야 마땅하겠는가?"[44]

윌리엄 세커는 그리스도인으로서 주님께 속한 거룩한 여자를 아내

---

42 Steele, *Puritan Sermons*, 2:301.
43 Smith, 1:13. 이 부분이 특별히 강조됨.
44 Smith, 1:20.

로 삼아야 한다고 말했다(물론 이것은 남편에게도 똑같이 적용된다). 그는 이렇게 말한다. "만일 음행이 결혼 언약을 깨뜨린다면, 우상숭배는 결혼을 불완전하게 만들 수 있다. 고린도후서 6장 14절은 '너희는 믿지 않는 자와 멍에를 함께 메지 말라'고 가르친다. 하나님을 자기 남편으로 취하지 않은 여자와 결혼하는 것은 매우 위험하다. '서로 다른 두 영靈을 가진 한 몸'은 얼마나 이상한가! 정원에 금지된 열매를 맺는 나무 외에 다른 나무는 없단 말인가?"[45]

리처드 백스터는 이렇게 쓴다. "육신적인 동기動機로 불경건한 상대와 한 몸이 되지 말라. 배우자를 선택할 때 모든 세상적인 것들보다 하나님을 경외하는 거룩한 믿음을 더 우선적으로 고려하라. 황금 우리를 위해 돼지와 결혼하지 말며, 아름다운 몸을 위해 부정한 영혼과 결혼하지 말라."[46]

주 안에서 결혼하면 큰 은택이 있지만 주와 상관없이 결혼하면 큰 위험이 따른다. 이러한 위험을 피하기 위해, 세커는 구혼자들을 잘못된 길로 이끄는 세 가지에 대해 경고했다. "아름다움 때문에 선택하지 말라. 부유함 때문에 선택하지 말라. 신분 때문에 결혼하지 말라. 아름다움 때문에 결혼하는 자는 그림을 사는 것이며, 부유함 때문에 결혼하는 자는 결혼이 아니라 거래를 하는 것이며, 신분 때문에 결혼하는 자는 신분 상승을 위해 스스로를 파는 것이다."[47] 아름다움과 관련하여 그는 이렇게 경고한다. "만일 어떤 여자의 육체가 그녀의 영보다 더 큰 아름다움을 가지고 있다면, 그것은 마치 독毒이 들어 있는 사탕(창 6:2)처럼 가장

---

45 Secker, 265.
46 Baxter, 41-42.
47 Secker, 266.

위험하다. 아름다운 외모로 인해 죄를 짓지 않도록 조심하라."[48] 또 부유함과 관련하여 그는 이렇게 경고한다. "단지 재물만 보고 좋다고 생각하는 것은 스스로의 어리석음과 타락을 나타내는 것이다. 테미스토클레스가 딸을 결혼시키려고 했을 때, 두 명의 남자가 딸에게 구혼했다. 한 사람은 부유하지만 어리석은 자였고, 또 한 사람은 지혜롭지만 가난한 자였다. 테미스토클레스는 '사람 없는 돈보다 돈 없는 사람과 결혼하는 것이 마땅하다'고 말했다."[49] 또 세커는 귀한 혈통 혹은 높은 사회적 신분과 관련하여 이렇게 경고한다. "좋은 줄기에서 얼마든지 열매 없는 가지가 날 수 있다. 복된 것이 아니라 흠을 이어받은 자녀들이 많이 있다. 그들의 혈통은 고귀하지만, 마음은 고귀하지 못하다. 경건은 혈통보다 더 큰 존귀이다. **다른 사람의 덕이 변질된 결과물을 상속받은 자보다 자기 자신의 덕을 가진 자가 정말로 귀한 자이다.**"[50]

백스터는 하나님 밖에서 결혼하는 자들에게 발생하는 몇 가지 문제를 제시한다.[51] 첫째, 그들이 정말로 하나님을 경외하는지 주변 사람들이 의심하게 될 것이다. 불신자의 비참한 영혼과 신자의 복된 영혼을 아는 그리스도인들은 자신과 관련된 사람들이 하나님을 경외하는지 혹은 그렇지 않은지 대해 결코 무관심할 수 없기 때문이다. "그러므로 하나님을 경외하는 믿음보다 부유함과 아름다움을 더 좋아하는 사람은 자신의 영적 실상을 나타내는 위험한 표적을 스스로 드러내는 꼴이다. 만일 당신이 경건보다 아름다움과 부유함을 더 중요하게 생각한다면, 자신이 불경건한 자임을 나타내는 가장 확실한 증표를 갖고 있는 셈이

---

48   Secker, 266.
49   Secker, 267.
50   Secker, 267.
51   Baxter, 42-43.

다. 그것은 당신이 하나님의 말씀을 믿지 않거나 혹은 하나님과의 관계를 대수롭지 않게 여긴다는 사실을 보여 준다. 만일 당신이 하나님과의 관계를 다른 무엇보다 더 중요하게 여긴다면, 당신은 틀림없이 그의 친구를 당신의 친구로 삼고 그의 원수를 당신의 원수로 삼을 것이다. 그런데도 당신은 하나님의 원수와 쉽게 결혼할 수 있는가?"[52]

둘째, 하나님을 경외하는 사람들은 그들의 영혼이 하나님에게 더욱 가까이 나아갈 수 있도록 돕는 배필을 열망한다. 하늘의 마음을 품고 하나님을 더욱 사랑하도록 격려하며, 함께 기도함으로써 말이다. 그러므로 만일 당신이 불경건한 사람과 결혼한다면, 사실상 그런 열망을 가지고 있지 않은 것이다. 이는 불을 붙이기 위해 물을 선택하거나 몸을 따뜻하게 하기 위해 얼음 침상을 선택한 것보다 결코 나은 것이 없다.[53] 그러한 결혼의 결과는 고난밖에 없을 것이다. 두 사람이 같은 멍에를 멘 채 서로 다른 방향으로 가려고 애쓸 것이기 때문이다. 이와 관련하여 어떤 청교도는 이렇게 썼다. "몸은 하나가 되었으되 마음은 그렇지 못하며, 마음과 감정과 종교가 서로 다르며, 서로 의무를 이행하지 않으며, 서로가 서로에게 십자가가 되며, 서로 조언과 권면을 받지 않을 때, 그 열매는 무엇이겠는가? 그러한 결혼이 맺는 열매는 분냄과 다툼과 괴로움과 조종操縱과 갈등 외에는 아무것도 없을 것이다. 그들은 모든 것을 오로지 나쁜 쪽으로만 받아들일 것이다. 그리고 서로 긍휼히 여기지 않으며 서로 돕지 않으며 서로 자기의 유익만을 구함으로써 투기, 비난, 불만, 함부로 다툼, 음모를 꾸밈, 은밀한 속임이 그들의 삶에서 끊이지

---

52 Baxter, 42.
53 Baxter, 42.

않을 것이다."[54]

셋째, 만일 당신이 불신자와 결혼한다면 당신은 함께 천국으로 가는 돕는 배필 대신 그 길을 방해하는 훼방꾼을 얻게 될 것이다. 믿지 않는 배우자는 세속적인 유희로 당신의 기도를 방해할 것이며, 당신의 머릿속에 세속적인 생각을 던져 넣을 것이며, 세속적인 대화로 하늘의 대화를 질식시킬 것이다. 백스터는 이렇게 경고한다. "당신의 품 안에 있는 훼방꾼이 멀리 있는 천 명의 훼방꾼보다 더 위험할 것이다. 우리 안에 있는 불경건한 마음이 가장 큰 장애물인 것처럼, 불경건한 배우자는 불경건한 이웃들보다 훨씬 더 위험하다."[55]

넷째, 불경건한 동반자는 계속해서 당신을 죄로 유혹할 것이다.

다섯째, 그러한 배우자는 당신에게 늘 근심이 될 것이다. 당신과 당신의 배우자는 언젠가는 죽음으로 서로 나뉜다. 당신이 천국에서 안식하는 동안 당신의 배우자는 지옥에서 끔찍한 고통을 겪는다고 생각하면 계속 근심할 수밖에 없다.

여섯째, 불경건한 배우자를 향한 당신의 사랑에는 불가불 제한이 있을 것이다. 당신은 그런 남편이나 아내를 사랑할 수 있지만, 그리스도 안에서의 형제 혹은 자매로서 영원히 사랑할 수는 없을 것이다.

적합한 배우자의 특징

배우자는 좋은 배우자여야 할 뿐만 아니라 **적합한** 배우자, 즉 동반자로서 당신에게 맞는 배우자여야 한다. 이와 관련하여 스쿠더는 이렇게 경고한다. "모든 불경건한 사람을 선택할 수 없는 것처럼, 경건한 사람

---

54 Ste. B., 3-4.
55 Baxter, 42-43.

모두를 선택할 수는 없다. 좋은 여자이지만 당신에게는 그렇지 않을 수 있다. 좋은 아내이지만 당신에게는 그렇지 않을 수 있다. 그러므로 하나님께 좀 더 구체적으로 구하라. 좋은 아내이면서도 모든 면에서 적합한 아내를 달라고 말이다."[56]

아내를 선택할 때 첫 번째로 고려해야 할 사항이 경건이라면, 두 번째는 적합함이다. 이와 관련하여 스미스는 이렇게 말한다. "덕이 있는 것만으로는 충분하지 않다. 그와 함께 적합함이 있어야 한다. 어떤 여자는 덕이 있기는 하지만, 어떤 남자에게는 적합하지 않을 수 있다. 마찬가지로 어떤 남자는 덕이 있기는 하지만, 어떤 여자에게는 적합하지 않을 수 있다. 우리는 종종 경건한 부부가 삐걱거리는 것을 본다. 그들 사이에 어느 정도 부적합함이 있기 때문이다. 서로 비슷한 자들은 싸우지 않는다. 그러나 서로 다른 자들은 마치 물과 불 같다. 그러므로 일치란 단지 비슷함일 뿐이며, 모든 다툼은 부적합함 때문에 일어난다."[57]

결혼하는 것은 멍에를 함께 메는 것이다. 만일 어떤 부부가 서로 맞지 않는 멍에를 멨다면, 어떻게 결혼의 멍에를 조화롭게 끌 수 있겠는가? 웨이틀리는 이렇게 말한다. "그러므로 당신에게 적합한 동반자를 선택하라. 적합함이야말로 결혼 생활의 모든 문제를 극복하게 하는 최고의 도움이다."[58] 결혼 자체가 두 사람을 조화롭게 만들지 않는다. 서로 달랐던 두 사람이 결혼한 후에 조화롭게 될 거라는 생각은 지나치게 순진한 생각이다. 마치 결혼이 사람의 성품과 행실 안에 있는 모든 결함을 고치는 일종의 치료제 또는 서로 맞지 않던 두 사람을 화해시키는

---

56 Scudder, 19.
57 Smith, 1:14.
58 Whately, *A Care-Cloth*, 74.

특별한 해결책이나 되는 것처럼 말이다. 오히려 결혼은 그와 반대로 사람의 진짜 성품과 행실을 있는 그대로 노출시킨다. 결혼하기 전에 마찰을 일으켰던 요인은 결혼 후 더 큰 마찰을 일으킬 뿐이다.

그러므로 결혼하기 **전에** 상대의 적합성을 고려하는 것이 절대적으로 중요하다. 이를 위해 우리는 다양한 측정 도구를 사용하여 적합성을 판단하고 다양한 맥락으로 사람을 관찰할 필요가 있다. 상대의 적합성을 판단하지 않고 성급하게 결혼하는 자들은 곧 자신의 선택을 후회하게 될 것이다. 그리고 그들은 곧 자신의 결혼이 괴롭고, 고달프고, 쓰라리다는 것을 발견할 것이다. 그러한 결혼이 행복한 경우는 극히 드물다. 그리고 종종 이혼으로 치닫는다. 마치 이혼이 자신의 어리석은 선택을 바로잡는 유일한 길이나 되는 것처럼 말이다.

이제 적합함의 특징이 무엇인지 살펴보도록 하자. 적합함을 분별하기 위해 우리는 무엇을 바라보아야 하는가? 이와 관련하여 암브로스는 이렇게 말한다. "남자는 아내를 선택할 때 평판, 외모, 말, 복장, 친구, 교육에 주목할 필요가 있다. 이 여섯 가지 요소는 상대의 경건과 적합성을 나타내는 맥박과 같다."[59] 남자든 여자든 상대의 적합성을 분별하는 데 이러한 특징이 어떻게 도움이 되는지 살펴보도록 하자.

1. 평판

그는 사람들 사이에서 어떤 평판을 받고 있나? 그가 없을 때 사람들이 그에 대해 뭐라고 말하는가? 그는 학교나 직장이나 사회에서 어느 정도의 신용을 가지고 있는가? 잠언 22장 1절은 우리에게 "많은 재물보다 명예를 택할 것이요 은이나 금보다 은총을 더욱 택할 것이니라"라

---

59   Ambrose, 228.

고 말한다. 사람들 사이에서 좋은 평판을 받는 사람, 주변 사람들이 좋게 말하는 사람, 죄 가운데 사는 사람이라고 손가락질 받지 않는 사람을 찾으라. 만일 세상이 그에 대해 좋게 말한다면, 그것은 그가 세상에 속했기 때문인가 아니면 세상이 그의 선함에 이끌렸기 때문인가? 만일 그가 경건한 사람이라면, 사가랴와 엘리사벳의 경우처럼 교회의 평판이 증언할 것이다. "이 두 사람이 하나님 앞에 의인이니 주의 모든 계명과 규례대로 흠이 없이 행하더라"(눅 1:6). 좋은 평판이 절대적인 것은 아니다. 평판은 때로 틀리기도 한다. 그러나 평판은 사람의 적합성을 분별하는 데 좋은 출발점이 된다. 특별히 우리는 하나님의 백성들 사이에서 좋은 평판을 받지 못하는 자들을 조심해야 한다.

2. 외모

전도서 8장 1절은 "사람의 지혜는 그의 얼굴에 광채가 나게 하나니 그의 얼굴의 사나운 것이 변하느니라"라고 말한다. 이 구절을 인용하면서 스미스는 "사람의 얼굴 속에 경건이 있고, 사람의 얼굴 속에 어리석음이 있고, 사람의 얼굴 속에 악함이 있다"고 말한다.[60] 이와 같이 사람의 외모는 성품의 많은 부분을 드러낸다. 잠언 6장 17절에 나타난 자는 교만한 외모를 가졌는가? "교만한 눈과 거짓된 혀와 무죄한 자의 피를 흘리는 손과" 이사야 3장 16절에서 하나님이 꾸짖는 여자들은 교만한 외모를 가졌는가? "…시온의 딸들이 교만하여 늘인 목, 정을 통하는 눈으로 다니며 아기작거려 걸으며…" 그의 외모는 분노와 불만으로 가득한 마음을 드러내는가? 그녀의 눈은 음탕과 정욕으로 가득한 마음을 드러내는가? 우리는 교만, 분노, 정욕, 불만으로 가득 찬 마음을 드러내

---

60 Smith, 1:16.

는 얼굴을 조심하고, 경건한 마음에서 솟아오르는 참된 경건을 찾아야
한다.

3. 말

그리스도께서는 마태복음 12장 34절에서 "마음에 가득한 것을 입
으로 말하는" 법이라고 말씀하셨다. 말은 신뢰할 수 있는 측정 도구이
다. 사람은 자기가 한 말로 의롭다 함을 받거나 혹은 정죄함을 받을 것
이다(마 12:37; 잠 16:23; 18:7). 말에 불결함이 있는가? 그러면 그의 마음
에 불결함이 있는 것이다. 말에 자기 사랑이 있는가? 그러면 그의 마음
에 자기 사랑이 있는 것이다. 그가 성적으로 희롱하는 말을 하는가? 그
러면 그의 마음에 정욕이 있는 것이다. 반대로 말에 따뜻함과 동정同情
이 있는가? 그러면 그의 마음에 긍휼과 사랑이 있는 것이다. 말에 온유
함과 자족함이 있는가? 그러면 그 안에 고요하며 만족하는 영이 있는
것이다. 자신의 혀를 재갈 물릴 수 없는 사람들의 경건은 헛것이다(약
1:26). 그러므로 우리는 우리가 사랑하는 가나안의 언어가 아닌 말을 하
는 자들을 경계해야 한다.

4. 복장

사람이 옷을 입는 방식은 그 사람이 자신을 어떻게 보며, 또 타인이
자신을 어떻게 보기 바라는지를 나타낸다. 다른 사람들이 자신을 실제
이상으로 생각하도록 옷을 입는가? 스미스는 이렇게 쓴다. "겉으로 드
러나는 외부보다 내부가 더 나을 것이라고 생각하지 말라. 왜냐하면 모
든 사람은 자신의 내적 실상보다 더 나은 모습을 외부로 드러내기 때문
이다. 만일 어떤 사람의 얼굴에 허영심이 있다면, 그는 틀림없이 거만한

사람일 것이다."[61] 그는 사람들을 위해 옷을 입는가 아니면 주님을 위해 옷을 입는가? 그녀는 남자들의 눈을 끌기 위해 옷을 입는가? 만일 그녀가 그것을 즐긴다면, 그녀가 마음으로 바라는 것이 무엇인지 분명하게 알 수 있지 않은가? 그녀는 주님 앞에서 자신의 겸손을 나타내기 위해 수수하게 옷을 입는가? 자신의 아름다움이 다른 사람들을 넘어지게 하는 걸림돌이 되지 않게 하기 위해서 말이다. 복장은 사람의 마음이 진정으로 바라는 것이 무엇인지를 보여 주는 확실한 창惡이다. 그러므로 하나님의 종이 아니라 사람의 종처럼 보이는 옷을 입은 자들을 조심하라(사 3:16).

5. 친구

스미스는 이렇게 말한다. "같은 깃털을 가진 새들끼리 나는 법이다. 선한 자들은 선한 자들끼리 무리를 이루고, 악한 자들은 악한 자들끼리 무리를 이룬다. 젊은 르호보함이 자기와 비슷한 친구들과 어울렸던 것처럼 말이다(왕상 12:8). 길들여진 순한 동물은 사나운 야생동물과 어울리지 않을 것이며, 정결한 자는 불결한 자와 함께 어울리지 않을 것이다. 그가 어떤 사람인지 알려면 그의 친구들을 보면 된다. 유유상종類類相從이기 때문이다. 그래서 다윗도 죄를 떠나면서 '악을 행하는 너희는 다 나를 떠나라'고 말했다(시 6:8). 사람이 악한 친구를 떠나지 않고 죄를 떠나기란 매우 어려운 일이다. 그러므로 선하며 경건한 친구를 가진 사람을 평생의 동반자로 선택하라."[62] 당신의 잠재적인 배우자는 어떤 친구들과 어울리는가? 한가한 시간에 그는 어떤 친구들과 함께 시간을

---

61 Smith, 1:17.
62 Smith, 1:17.

보내는가? 친구들뿐만 아니라 그가 친구들 앞에서 하는 행동도 주목하라. 그는 지난 주일 당신이 교회에서 보았던 사람과 같은 사람인가? 주중에 그는 친구들과 더불어 전혀 다르게 행동하지 않는가? 그녀는 지난 주일 당신이 교회에서 보았던 모습과 같은 모습을 하고 있는가? 혹시 그녀의 친구들이 당신에게 그녀의 전혀 다른 모습을 알려 주지는 않는가? 악한 친구들과 함께 즐겁게 어울리는 사람을 경계하라. 이 사람과 어울릴 때는 이런 모습으로 변하고, 저 사람과 어울릴 때는 저런 모습으로 변하는 카멜레온 같은 사람을 경계하라.

6. 교육

교육이 사람의 사고와 행동에 끼치는 영향은 매우 크다. 이와 관련하여 오우덴은 이렇게 말한다. "교육과 훈육은 사람의 인성 위에 도장을 찍는다. 습관과 문화와 발달 과정의 차이는 결국 결혼에 부정적인 영향을 끼치는 오해와 불화의 근원이 될 수 있다."[63] 상대가 어떤 교육을 받았는지 알아야 그의 성품을 형성한 요소들을 알 수 있다. 그리고 그것은 그가 우리에게 적합한 상대인지 아닌지 분별하는 데 큰 도움이 된다.

이상은 우리가 상대의 적합성을 측량할 수 있는 일반적인 특징들이다. 이러한 측량 도구를 사용하여 상대의 적합성을 파악하려면 많은 시간과 노력이 필요하다. 그러나 이는 적합한 배우자를 선택하는 데 매우 중요하고 가치 있는 일이다. 스미스는 이렇게 말한다. "우리는 이 모든 것들을 서너 번의 만남으로 충분히 간파할 수 없다. 왜냐하면 겉으로 그럴듯하게 꾸미려고 하는 외식外飾이 얼마든지 가능할 뿐만 아니라 세

---

63   den Ouden, 24.

상에서 가장 잘 속는 사람이 바로 사랑에 빠진 사람이기 때문이다. 결혼하기 전에 상대의 품성을 알고자 하는 사람은 그/그녀가 어떻게 먹는지, 어떻게 걷는지, 어떻게 일하는지, 어떻게 노는지, 어떻게 말하는지, 어떻게 웃는지, 어떻게 잔소리하는지 등을 유심히 주목해야 한다. 그렇지 않으면 나중에 실망하거나 심지어 후회하게 될 것이다."[64]

상대의 경건과 적합성을 확인한 뒤 우리는 확신과 신뢰의 마음으로 결혼 속으로 들어갈 수 있다. 남편은 아내를 세상이 줄 수 있는 가장 적합한 여자로 여기면서 전심으로 사랑할 것이다. 마찬가지로 아내도 남편을 세상에서 자기에게 가장 적합한 남자로 여기면서 전심으로 사랑할 것이다. 자신의 선택에 만족할 때, 남편은 아내의 눈에 방패가 되고 그녀의 마음에 봉인封印이 될 것이다. 아내의 눈에서 다른 남자들을 가리는 방패와 다른 남자가 그녀의 마음 안으로 들어오는 것을 막는 봉인 말이다. 또 아내는 남편의 눈에 큰 기쁨이 되고 그의 마음에 큰 즐거움이 될 것이다. 그는 아내가 죽을 때까지 기쁨의 눈으로 그녀를 바라볼 것이며, 다른 여자들에게로 눈을 돌리지 않을 것이다.

배우자의 적합성과 관련하여 청교도들이 제시한 또 하나의 특징은 부모의 동의이다. 이는 모든 사람들이 자기 눈에 옳은 대로 행하며 하나님의 계명은 전반적으로 무시되는 우리 문화에서는 거의 요구되지 않는다(삿 21:25). 그러나 청교도들에게는 필수적인 조건이었다. 그 안에 담겨 있는 지혜와 경건을 감안할 때, 우리는 그것이 오늘날 꼭 회복되어야 한다고 믿는다.

"네 부모를 공경하라"는 다섯째 계명에 기초해서 청교도들은 자녀에게 결혼할 때 부모의 동의를 구하도록 가르쳤다. 그렇게 함으로써 자녀

---

64   Smith, 1:18.

들은 결혼할 때 부모의 축복과 도움을 받을 수 있었다. 동시에 부모에게는 자녀들이 배우자를 고를 때 올바른 선택을 하도록 도와야 하는 책임이 있었다. 자녀들이 그릇된 선택을 해서 역경에 처하지 않도록 말이다. 아브라함은 아들 이삭을 위해 아내를 준비했으며(창 24:2-3), 이삭은 아들 야곱을 위해 아내를 준비했으며(창 28:2), 하갈은 아들 이스마엘을 위해 아내를 준비했다(창 21:21). 또 갈렙은 딸의 결혼에 동의했으며(수 15:17), 사울도 딸의 결혼에 동의했으며(삼상 18:27), 나오미는 며느리 룻을 위해 남편을 준비했다(룻 3:1). 이러한 성경의 모범에 근거해서, 청교도들은 자녀가 결혼할 때 부모의 인도를 받는 것이 경건의 일부라고 말했다. 왜냐하면 그렇게 하는 것이 하나님과 그의 계명을 존귀케 하는 것이기 때문이다(출 20:12). 그렇게 함으로써 다섯째 계명 안에 약속된 축복이 자녀의 결혼 위에 임할 뿐만 아니라 자녀와 부모의 관계 역시 더욱 좋아질 것이었다. 물론 청교도들도 자녀가 부모의 동의 없이 합법적으로 배우자를 취할 수 있는 예외를 일부 인정했다. 그러나 그것은 문자 그대로 단지 원칙에 대한 예외일 뿐이었다.

우리는 부모의 동의를 받기 위해 모든 노력을 다하고, 부모가 동의할 수 없는 상대와 결혼하는 것을 삼가야 한다. 왜냐하면 부모는 지상에서 하나님을 대신하기 때문이다. 부모에게 순복하면 부모의 마음이 녹아내리고 결국 사랑하는 상대에 대해 동의를 받을 수 있게 된다. 반면 반발과 반항은 부모와의 관계와 양심의 평안을 파괴할 위험이 있다.[65] 더욱이 우리가 부모의 동의를 얻기 위해 모든 노력을 다해야 하는 이유는 장차 시련이 닥칠 때 우리가 찾아갈 곳은 그들밖에 없기 때문이다. 만일 우리가 부모의 동의 없이 결혼했다면, 도움이 필요할 때 어떻게 그

---

65   Rogers, 79-80.

들을 찾아갈 수 있겠는가? 우리가 부모의 동의를 얻기 위해 모든 노력을 다해야 하는 또 다른 이유는 장차 시련이 닥칠 때 부모를 대적한 죄 때문이라는 생각으로 스스로를 정죄하지 않기 위함이다. 요셉의 형들이 그랬던 것처럼 말이다(창 42:21).

부모가 비이성적으로 혹은 이기적으로 우리의 결혼을 반대하면 어떻게 할 것인가? 그들이 아무 근거 없이 반대하면 어떻게 할 것인가? 우리는 주 안에서 부모에게 순종하도록 부름 받았음을 기억할 필요가 있다(엡 6:1-3). 만일 우리의 선택이 주님에 의한 것으로 느껴짐에도 불구하고 부모가 반대한다면, 우리는 경건한 순복으로 부모에게 순종하면서 하나님께 그들의 마음을 누그러뜨려 달라고 기도해야 한다. 만일 우리의 선택이 정말로 주님께 말미암은 것이라면, 분명 주님은 부모의 마음을 바꾸어 주실 것이다. 그러므로 간절히 기도하고 난 후 부모의 동의를 구하라. 그러면 틀림없이 그들로부터 동의를 얻을 수 있을 것이다 (출 20:12; 신 7:3; 렘 29:6).

특별히 은혜의 보좌 앞에 나아가, 자녀인 우리에게는 순종하는 마음을 주시고 부모에게는 지혜롭고 경건한 마음을 달라고 하나님께 구하라. 그러면 하나님께서 자녀에게는 사랑과 신뢰의 마음을 주시고, 부모에게는 온유하며 사려 깊은 지혜를 주실 것이다. 또 하나님은 부모와 자녀 모두에게 그의 율법에 순종하는 마음을 주실 것이다(출 20:12). 자녀는 부모에게 순종해야 하고, 부모는 자녀가 불신자나 적합하지 않은 자나 온전히 사랑할 수 없는 자와 결혼하도록 강요하면 안 된다. 또 부모는 자녀에게 미모나 재산이나 사회적 지위 때문에 결혼하라고 조언하면 안 되고 자녀는 단지 일시적으로 매혹당한 상대와의 결혼에 동의해 달라고 부모에게 요구해서는 안 된다. 왜냐하면 조급하게 이루어지는 결혼은 종종 잘못된 기초 위에 세워지고 결국 후회로 끝나기 때문이다. 부모는 자녀가 올바른 분별력과 지혜로 평생 함께 하며 온전히 사랑할 수 있는 배우자를 선택하도록 도와야 한다.

그러므로 부모는 자녀가 어릴 때부터 자녀의 마음을 얻어야 한다. 자신들이 그들의 유익을 위해 일하며, 징계하며, 기도하는 것을 알게 해주어야 한다. 그럼으로써 자녀가 배우자를 선택하는 문제로 도움과 동의를 구할 때, 반대할 수밖에 없는 상황 가운데서도 자녀의 반발에 부딪히지 않도록 노력해야 한다. 또한 부모는 성경적인 근거 없이 반대하여 자신들의 권위를 남용하거나 적절한 조언과 도움을 베풀지 않는 등 자녀에 대한 의무를 소홀히 하지 않도록 조심해야 한다. 부모는 주님이 자신들에게 맡긴 사명을 기억하고 부모로서의 마땅한 의무의 길을 올바로 따라야 한다.

마지막 훈계

오직 주 안에서만 결혼하라는 마지막 훈계 없이는 결코 이 장을 마무리할 수 없다. 주 밖에서 결혼하는 자에게는 평안이 없을 것이다. 결혼은 사람이 어떻게 그 속으로 들어가느냐에 따라 가장 큰 축복을 가져다주기도 하고 가장 큰 고통과 십자가를 가져다주기도 한다. 그러므로 주와 그의 축복 밖에서 결혼하려고 해서는 안 된다. 다니엘 로저스의 조언을 주목하라.[66]

첫째, 자신을 부인하고 자신의 지혜를 의지하지 말라. 마치 어떤 조언도 필요하지 않으며, 오류 없는 선택을 할 수 있다는 듯이 말이다. 대신 기도와 인내로 자신을 주님께 순복시켜라. 그리고 일시적인 감정의 소용돌이 속에서 성급하게 결혼 속으로 뛰어들지 말라. 주님이 당신을

---

66 Rogers, 43-54.

독신으로 부르셨을 수도 있다. 또 결혼하도록 부르기는 하셨지만, 지금은 아닐 수도 있다. 결혼에 있어 주님의 뜻을 찾으라. 그리고 주님이 당신을 결혼으로 부르신다는 것이 분명해질 때까지 온전한 정신으로 자기 자신을 주께 드리는 데 모든 수단을 사용하라.

둘째, 만일 주님이 당신을 결혼으로 부르신다는 걸 느낀다면 결혼을 위해 스스로를 준비하라. 자기 부인과 겸손과 지혜와 순결을 가르쳐 달라고 주님께 구하라. 결혼은 사람이 자기를 부인하고, 상대방을 사랑하고 섬기며 지지하고, 상대방에게 순복하도록 한다. 만일 당신이 자기 자신을 섬기고 선호하며 사랑하는 데 익숙하다면, 틀림없이 결혼은 매우 무거운 멍에가 될 것이다.

셋째, 눈이 흐려져서 외적인 것들만 보이는 흔한 병에 걸리지 않게 조심하라. 결혼의 참된 기준을 망각한 채 외적인 아름다움, 부유함, 지위, 교육 따위에 속지 말라. 또 일확천금이나 급격한 신분 상승을 노리는 탐욕과 교만과 야심적인 생각을 경계하라. 배우자를 찾는 남자들에게 로저스는 이렇게 조언한다. "자기 자신을 지나치게 과대평가하지 말라. 도리어 겸손한 마음으로 주 안에서 결혼하라. 주 밖에서 이루어지는 화려한 결혼보다 주 안에서 이루어지는 초라한 결혼이 훨씬 더 복되다."[67] 그러므로 당신은 어떤 대가를 치르더라도 올바르게 결혼 안으로 들어가야 한다. 그때 비로소 당신을 통해 결혼의 존귀가 온전히 드러날 것이다. 그러나 그렇게 하지 않으면 당신은 결국 결혼의 존귀와 함께 그 축복까지도 잃어버리게 될 것이다.

넷째, 주님께 좋은 결혼의 축복을 간절히 구하라. 당신이 좋은 결혼에 깊은 관심을 갖고 있으며 결혼을 통해 주님을 존귀케 하고 싶어 한

---

67 Rogers, 47.

다는 사실을 보좌에 계신 그분께 알리라. 그러면 그는 당신의 간구를 부인하지 않으실 것이다. 주님은 당신의 기도를 들으시고 응답하시거나 당신의 기도를 부인하는 이유에 대해 설명해 주실 것이다. 그러면 어떤 경우든 당신은 만족하게 될 것이다. 어쨌든 좋은 배우자는 하나님의 보배로운 선물이라는 사실을 잊지 말라. 하나님은 낙망하지 않고 끈질기게 구하는 자의 기도를 결코 외면하지 않으실 것이다(마 15:22-28).

다섯째, 스스로의 지혜 혹은 아첨하는 자의 알랑거리는 말에 속지 않기 위해 가장 현명하고 공평하며 경건한 친구들에게 충고를 구하라. 당신을 인도하겠다고 약속하신 하나님은 당신을 격려하며 돕기 위해 형제들을 준비하셨다.

여섯째, 좋은 배우자가 될 수 있을 것 같은 사람과 더불어 대화를 많이 하라. 그러면 그의 말투뿐만 아니라 영혼까지도 알 수 있게 될 것이다. 영혼에 영향을 미치는 경건의 능력에 대해서 이야기하라. 또 사람의 마음에서 일하시는 하나님의 역사役事, 죄를 억제하는 그리스도의 능력, 육체를 이기게 하는 성령의 능력, 사람의 영혼 안에 있는 하나님의 은혜 등에 대해 이야기하라. 선물만이 아니라 은혜를 구하라. 성령의 열매를 구하라. 특별히 겸손과 겸양을 구하라. 참된 사랑이 있으면 서로의 사소한 결점들은 경건에 의해 곧 보완될 것이다. 그러나 경건의 결여는 아무리 많은 은사와 달란트로도 결코 보완될 수 없다.

마지막으로, 주께서 택해 주시는 배우자를 기다리다가 때로 혼기를 놓칠 수 있지만 그런 경우에도 우리는 다음과 같은 성경의 훈계를 되새길 필요가 있다. "너는 여호와를 기다릴지어다"(시 27:14). "네 길을 여호와께 맡기라 그를 의지하면 그가 이루실 것이라"(시 37:5). 우리가 하나님을 기다리면서 우리의 길을 그에게 맡겨야 하는 이유는 그가 우리의 필요를 가장 잘 아시기 때문이다. 하나님을 기다리는 자들은 기다리지 않는 자들보다 훨씬 더 형통한 길을 갈 것이다. 왜냐하면 전자는 결코 실패할 수 없는 하나님을 기다리는 반면 후자는 자신들이 창조주보다 더 지혜롭다고 생각하기 때문이다. 설령 좋은 배우자가 하루아침에 발견되지 않는다 해도, 당신은 그런 배우자를 기다리라고 하신 하나님께서 당신에게 합당한 사람이 누구이며 어디에 있는지 가장 잘 아신다는 사실을 기억할 필요가 있다. 그리고 하나님은 그런 배우자를 당신에게로 이끄시는 데 결코 실패하지 않으실 것이다.

그러므로 이 세상의 풍조와 유행을 따르지 않도록 조심하라. 하나님은 아브라함의 아들들이 아브라함의 딸들과 주 안에서 결혼하기를 원하신다. "좋은 배우자를 발견하기 위해 필요한 모든 수단들을 사용하라. 참된 보화를 찾으라. 그러면 하나님은 선한 자를 선한 자에게로 이끄실 것이다. 왜냐하면 그는 혼돈의 하나님이 아니라 질서의 하나님이시기 때문이다."[68]

---

68   Rogers, 53.

연구 문제

1 배우자를 찾기에 앞서 먼저 하나님을 찾는 것이 중요한 이유는 무엇인가?

2 우리가 하나님에게서 배우자를 찾아야 하는 이유를 성경은 어떻게 설명하는가?

3 배우자를 찾을 때 우리의 감정 상태에 대해 어떻게 기도해야 하는가? 그 이유는 무엇인가?

4 신자가 하나님을 경외하는 경건한 백성을 배우자로 선택해야 하는 이유들을 열거하라.

5 헨리 스쿠더는 "좋은 여자이지만 당신에게는 그렇지 않을 수 있다. 좋은 아내이지만 당신에게는 그렇지 않을 수 있다"고 말했다. 이 말이 의미하는 바가 무엇인지 몇 가지 예를 들어 설명해 보라.

6 잠재적인 배우자를 평가하는 척도로서 암브로스가 제시한 여섯 가지 요소들은 무엇인가? 그 외에 또 다른 요소들이 있다면 무엇인지 이야기해 보라.

7 경건한 그리스도인들 사이에서의 평판이 어떻게 잠재적인 배우자에 대한 당신의 생각을 확증하거나 바로잡을 수 있는지 말해 보라.

8 잠재적인 배우자를 평가하는 데 부모는 어떤 역할을 수행해야 하는가?

9 결혼하는 데 부모의 동의가 꼭 필요하다고 생각하는가? 그 이유는 무엇인가?

10 결혼 생활에서 자기 부인이 중요한 이유는 무엇인가?

4장
결혼의 존귀 지키기

주 안에서 결혼할 때 우리는 결혼의 주인을 존귀케 하면서, 그가 결혼 위에 두신 많은 축복을 기대할 수 있다. 큰 재산을 이루기 위해 열심히 일한 사람이 재산을 지키는 방법에 대해 많이 생각하는 것처럼, 이제 우리는 결혼의 존귀를 지키며 유지하는 방법을 생각해 보고자 한다. 이와 관련하여 로저스는 "결혼의 존귀를 발견한 자들은 그것을 기다리며 지켜야 한다"고 말했다.[1]

만일 결혼의 존귀가 주님**으로부터** 그리고 주 **안에서** 결혼할 때 초래되는 것이라면, 필연적으로 그 존귀를 지키는 유일한 방법은 모든 결혼 생활을 주 **앞에서** 신실하게 행하는 것이라는 결론이 나온다. 그렇지 않으면 불신실不信實한 결혼 생활이 사람들 앞에서 결혼의 존귀를 손상시킬 것이며, 배우자의 마음을 찌를 것이며, 주님의 축복을 거두게 만들 것이다. 따라서 성경은 오직 주 안에서 결혼하라고 가르칠 뿐만 아니라 또한 어떻게 주님 앞에서 함께 신실하게 살 것인지를 가르친다(고전

---

1   Rogers, 115.

7:39; 엡 5:22 - 33; 골 3:18 - 19; 벧전 3:1 - 7).

주님 앞에서 신실한 결혼 생활은 곧 각자의 의무를 성실하게 수행하는 것이다. 결혼은 주님이 주신 청지기직이며, 우리는 주님 앞에서 서로 맹세하고 그 안으로 들어간다. 그러므로 우리는 일차적으로 결혼을 의무와 책임의 관점으로 바라보아야만 한다. 결혼은 우리가 열렬히 사랑하는 상대와 연합하는 것이라기보다 변함없이 신실하게 사랑하기로 서약한 상대와 연합하는 것을 함의한다.[2]

한 남자와 한 여자를 결혼으로 연합하신 하나님은 두 사람이 결혼의 의무를 신실하게 수행함으로써 그를 존귀케 하도록 하신다(엡 5:22-33; 벧전 3:1-7). 그러한 의무들은 하나님 자신에 의해 말씀으로 지워진 것이다. 그러므로 그러한 의무들을 신실하게 수행할 때, 우리는 직접적으로 하나님을 존귀케 할 뿐만 아니라 그가 결혼 위에 두신 존귀를 유지하며 지키게 된다. 그러므로 구지는 결혼의 의무를 신실하게 수행할 필요성과 그것이 가져다주는 은택에 대해 이렇게 말한다. "이러한 의무들은 결혼 생활을 위해 절대적으로 필요할 뿐만 아니라 좋은 결혼 생활에 있어 필수적이다."[3]

그러나 하나님은 우리에게 의무를 지우시고 그것을 신실하게 수행하도록 하는 것 이상의 일을 행하신다. 하나님은 그러한 의무들이 우리 마음에 분명하게 새겨지고 온전히 스며들어서 우리가 자발적이며 즐겁게 행하기를 원하신다. 그의 영광과 우리의 행복이 거기에 달려 있음을 확신하면서 말이다. 그리하여 하나님은 두 가지 성경적인 원리-그리스도와 교회의 원리, 언약의 원리-의 기초 위에 결혼의 규례를 세우셔서

---

2   den Ouden, 40-41.

3   Gouge, 155.

그러한 의무들을 새기신다. 이제 우리는 각자에게 주어지는 결혼의 의무를 설명하기에 앞서, 먼저 그러한 의무의 기초와 동기를 제공하는 두 가지 원리를 살펴보고자 한다. 그러면 하나님이 우리에게 부여하신 모든 의무에 신실하게 복종할 수 있을 것이며, 그러할 때 우리의 결혼은 온전하게 지켜지고 유지될 것이다.

상호 복종의 의무

구지는 남편과 아내, 부모와 자녀, 상전과 종의 의무를 설명하는 에베소서 말씀(5:21-6:9)에 기초하여 『가정의 의무에 대하여』라는 책을 썼다. 그는 의무를 설명하기에 앞서 각 사람들이 하나님 앞에서의 자신의 의무, 즉 서로 복종하는 의무를 알고 이해할 수 있도록 본문을 한 구절씩 해설하는 서론을 썼다.

에베소서 5장 21절에서 바울은 "그리스도를 경외함으로 피차 복종하라"고 명령한다. 이 구절을 설명하면서 구지는 어떤 위치에 있든 신자는 **복종**으로 부르심을 받았다고 말한다. 하급자는 주님을 경외하는 가운데 상급자를 섬기고 존귀케 함으로써 복종한다(벧전 2:13-17). 또 상급자는 주님을 경외하는 가운데 사랑과 겸손으로 하급자를 다스림으로써 복종한다(벧전 5:1-4). 요컨대 각자의 위치에서 주님을 경외하는 가운데 자신의 유익보다 다른 사람의 유익을 먼저 구함으로써 서로 복종한다(빌 2:3-4).

이러한 상호 복종 뒤에 있는 원리는 두 가지다. 첫째, 우리는 자신의 유익보다 다른 사람의 유익을 위해 하나님으로부터 특정한 위치를 부여받았다. 우리는 스스로를 만족시키기 위해 혹은 스스로를 높이기 위해 부르심을 받지 않았다. 도리어 우리는 섬김과 의무로 부르심을 받았다. 바울은 하나님께서 교회 혹은 그리스도의 몸을 각각의 지체들이 서로 돌보도록, 다시 말해서 자신의 유익이 아니라 공동의 유익을 섬기도록 하셨다고 묘사한다. "오직 하나님이 몸을 고르게 하여 부족한 지체에게 귀중함을 더하사 몸 가운데서 분쟁이 없고 오직 여러 지체가 서로같이 돌보게 하셨느니라"(고전 12:24-25). 또 고린도전서 12장 7절을 참조하라. 하나님은 그리스도의 지체 각각을 위해서가 아니라 몸 전체의 유익을 위해 지체에게 서로 다른 역할을 부여하셨다. 우리는 각각 부르심을 받은 자리에서 자신의 유익보다 다른 사람의 유익을 먼저 구해야한다. "아무 일에든지 다툼이나 허영으로 하지 말고 오직 겸손한 마음으로 각각 자기보다 남을 낫게 여기고 각각 자기 일을 돌볼뿐더러 또한각각 다른 사람들의 일을 돌보아 나의 기쁨을 충만하게 하라"(빌 2:3-4). 이와 관련하여 구지는 상급자들에 대해 이렇게 말한다. "높은 위치로의 부르심은 실상 섬김의 직분이다. 그들은 다른 사람을 섬기는 짐을진다. 장차 그들은 다른 사람에게 얼마나 많은 유익을 끼쳤는지 주님앞에서 설명해야 한다."[4]

둘째, 우리는 하나님에 의해 각자의 위치를 할당받기 때문에 마땅히그분께 신실해야 할 책임이 있다. 각자의 위치가 어떻든지 간에, 우리는그리스도를 경외함으로써 의무를 이행해야 한다. 구지가 말한 것처럼"그것이 참된 그리스도인들이 자발적으로 사람에 대한 모든 의무를 이행하도록 만드는 효과적인 동인動因이기 때문이다."[5] 하나님이 얼마나선하신 분인지 그리고 그의 은총을 누리는 것이 얼마나 큰 복인지 생각할 때, 우리는 경외함 가운데 그가 요구하는 모든 것을 자발적으로 행하고 그가 기뻐하지 않는 것은 자발적으로 행하지 않을 것이다.

---

4   Gouge, 4.
5   Gouge, 5.

우리는 주님을 경외하는 가운데 자신의 의무를 이행함으로써 피차 복종한다. 아내는 남편에게 순종하며, 남편은 아내를 사랑한다(엡 5:22, 25). 자녀들은 부모에게 순종하며, 부모는 자녀들을 주 안에서 양육한다(엡 6:1-4). 종은 상전에게 순종하며, 상전은 그리스도의 사랑과 인내로 종을 다스린다(벧전 2:17; 대하 19:5-9). 이와 관련하여 구지는 이렇게 쓴다. "**하나님을 경외하는 마음**으로 윗사람에게 복종하지 않는 자는 하나님의 형상을 존중하지 않는 자이며, **하나님을 경외하는 마음**으로 아랫사람을 다스리지 않는 자는 하나님의 명령을 존중하지 않는 자이다."[6]

어떤 사람은 상호 복종이 권세 있는 자와 권세 아래 있는 자의 차이를 부인한다고 생각할 수 있다. 그러나 복종의 형태가 역할과 다르다는 사실을 기억한다면, 그 문제는 쉽게 극복될 수 있다. 권세 있는 자는 사랑과 겸손으로 자기 아래에 있는 자들을 다스림으로써 복종한다. 마찬가지로 권세 아래에 있는 자는 자신의 의무를 신실하게 수행하며 마땅히 존경할 자를 존경함으로써 복종한다. 이렇게 함으로써 우리는 그리스도를 가장 존귀하게 한다. 왜냐하면 우리는 모두 각각의 위치에서 서로를 섬기는 종이기 때문이다. 우리는 모두 그리스도의 지체로서 그 앞에서 책임을 지며, 그를 경외함으로 똑같이 동기를 부여받는다.

구지는 신자들에게 이렇게 말한다. "그러므로 모든 행동의 기초는 **하나님을 경외**하는 것이어야 한다. 윗사람이 아랫사람을 괴롭히는 것과 아랫사람이 윗사람을 대수롭지 않게 여기는 것 모두 합당치 않은 이유는 그런 행동들이 하나님을 경외하는 것과 합치되지 않기 때문이다(민 11:29; 삼상 24:8). 그러나 아랫사람은 설령 윗사람이 시킨 일이라 해도

---

6   Gouge, 9.

만일 하나님을 경외하는 것과 상치된다면 행해서는 안 된다(창 39:10; 삼상 22:17; 행 4:19). 모든 사람은 하나님을 경외하는 것 안에서 피차 복종해야 한다."[7]

그리스도와 그의 교회

구지는 아내와 남편의 의무를 다루는 에베소서 5장 말씀으로 상호 복종의 의무를 설명한다. 바울은 결혼의 첫 번째 주된 원리, 즉 **그리스도와 교회의 원리**를 의무의 기초로 제시한다. 이 원리에 따르면, 남편은 그리스도가 교회를 사랑하는 것처럼 아내를 사랑해야 하며 아내는 교회가 그리스도에게 복종하듯이 남편에게 복종하고 존경을 표해야 한다. 구지는 남편과 아내가 "더 잘 인도받고 더 잘 고취되게 하기 위해" 바울이 이러한 원리에 호소한다고 말한다.[8]

남편이 아내의 머리 됨은 그리스도가 교회의 머리 됨과 대응된다. "이는 남편이 아내의 머리 됨이 그리스도께서 교회의 머리 됨과 같음이니"(엡 5:23). 그리스도가 교회를 사랑하는 것처럼, 남편은 아내를 사랑해야 한다. 남편은 아내를 절대적으로(25절), 분명한 목적을 가지고(26절), 실제적으로(27절), 희생적으로(28-29절) 사랑해야 한다. 그리스도께서 그의 백성들에게 하신 것처럼, 남편은 아내에게 "참되며, 값없으며, 순결하며, 심대하며, 영속적인" 사랑을 실천하고 그녀를 부양하며 소중히 여겨야 한다(29절).[9] 이와 같이 남편이 따라야 할 본보기는 교회에 대한 그리스도의 사랑이다.

---

7 Gouge, 10.
8 Gouge, 18과 30.
9 Gouge, 31.

교회에 대한 그리스도의 사랑은 그의 신성神性처럼 탁월하며, 완전하며, 무한하다. 분명 남편은 아내를 이와 같이, 다시 말해서 그리스도의 사랑과 같은 분량으로 사랑할 수 없다. 죄인인 그의 사랑은 항상 그리스도의 무한한 사랑에 미치지 못할 것이다(25절). 그러나 교회에 대한 그리스도의 사랑은 모든 남편들의 목표와 본보기가 되어야 한다.[10] 남편들은 가능한 한 그에 가장 가까이 다가가고자 힘써야 한다. 구지는 이렇게 말한다. "그리스도 같은 사랑(Christ-like love)은 설탕처럼 남편의 의무를 달콤하게 만들 것이다. 그리고 그러할 때 그의 아내는 더 쉽게 그에게 복종하게 될 것이다."[11] 남편의 신실함은 아내의 신실함을 고취할 것이며, 남편의 사랑은 아내의 복종을 이끌어낼 것이다.

마찬가지로 남편에 대한 아내의 복종은 그리스도에 대한 교회의 복종에 대응된다. "아내들이여 자기 남편에게 복종하기를 주께 하듯 하라 이는 남편이 아내의 머리 됨이 그리스도께서 교회의 머리 됨과 같음이니 그가 바로 몸의 구주시니라 그러므로 교회가 그리스도에게 하듯 아내들도 범사에 자기 남편에게 복종할지니라"(엡 5:22-24). 이와 관련하여 구지는 이렇게 쓴다. "아내가 남편에게 복종해야 하는 까닭은 그가 자기의 머리이기 때문이다. 그녀는 남편에게 복종하기를 그리스도께 하듯 해야 한다. 왜냐하면 그녀와 남편의 관계는 교회와 그리스도의 관계와 같기 때문이다."[12] 그리스도와 교회의 관계는 아내에게 복종의 **이유**뿐만 아니라 그 **방법**까지 제공한다. 아내는 그리스도에 대한 복종과 상반되는 경우에 한해서 남편에게 복종하지 않는다(22절). 그러나 그리

---

10   Gouge, 31.
11   Gouge, 94.
12   Gouge, 19.

스도에 대한 복종과 합치되는 모든 경우에는 남편에게 복종해야 한다. 왜냐하면 아내는 그리스도께 복종하듯 남편에게 복종해야 하기 때문이다(24절).

만일 어떤 아내가 그리스도에 대한 복종과 상치되는 경우에도 남편에게 복종한다면, 그것은 **주께 하듯이** 복종하는 것이 아니다. 그러므로 양심적인 아내들은 다음과 같은 암브로스의 말을 기억할 필요가 있다. "아내들에게는 지상의 남편뿐만 아니라 하늘의 남편도 있다. 하늘의 남편과 지상의 남편의 차이는 하늘과 땅 사이보다 더 크다. 그러므로 남편이 잘못된 것을 요구할 때 아내는 사람보다 하나님을, 모든 사람들보다 그리스도를 우선해야 한다."[13] "아내는 온유함과 유순함을 가지고 거울처럼 남편의 마음에 그의 정직한 요구와 욕망을 정확하게 나타내야 한다. 아내의 복종은 그리스도께 하는 것처럼 자발적이며, 참되며, 진심 어린 것이어야 한다."[14]

이러한 원리는 심지어 남편이 주님을 알지 못하는 저급한 종류의 사람이어도 적용된다(삼상 2:12; 고전 7:12-13 참조). 이와 관련하여 암브로스는 이렇게 말한다. "비록 비뚤어지고 왜곡되고 불경건하고 악한 남편과 결혼했더라도, 아내는 온유하며 겸손하며 부드러우며 순종적이어야 한다. 이런 경우 아내는 자기의 눈을 남편의 인격에서 남편의 위치로 옮겨야 한다. 그리고 그리스도께 하듯 남편에게 복종해야 한다."[15] 그녀의 눈은 항상 남편 위에 계시는 그리스도를 향해야 한다. 그리고 그리스도로 인해 그녀는 기꺼이 남편에게 복종해야 한다. 이것이 아내가 주

---

13   Ambrose, 235-36.
14   Bolton, 279.
15   Ambrose, 235.

앞에서 자기의 의무를 신실하게 이행하는 방법이다. 왜냐하면 주님이 그녀를 그렇게 하도록 부르셨기 때문이다.

그러나 이러한 원리 속에는 복종의 **은택**도 포함되어 있다. 그리스도는 교회의 머리로서 교회를 보호하시고 교회의 필요를 공급해 주신다. 그와 같이 남편은 아내의 머리로서 아내를 보호하고 아내의 필요를 공급해 주어야 한다(23, 29절). 아내가 남편에게 복종하는 것은 자신의 은택을 위함이다. 다시 말해서, 그렇게 함으로써 아내는 남편의 보호와 공급을 누릴 수 있다. 남편의 머리 됨이 책임 가운데 하나인 것처럼, 아내의 순복은 은택 가운데 하나이다. 그리고 남편의 역할이 그리스도의 선하심을 반영하는 것처럼, 아내의 역할은 교회의 의무를 반영한다.[16]

그러면 이러한 원리는 결혼 속에서 실제로 어떻게 작동하는가? 남편은 아내에 대한 자신의 의무가 교회에 대한 그리스도의 사랑을 반영한다는 사실을 기억해야 한다. 설령 아내에 대한 남편의 사랑이 교회에 대한 그리스도의 사랑에 훨씬 못 미친다 해도, 여전히 결혼은 교회에 대한 그리스도의 사랑을 나타내는 그림이다. 남편의 사랑은 그리스도의 사랑처럼 정결해야 한다. 다른 여자들을 보는 음란한 눈과 다른 즐거움을 좇는 방탕한 마음과 이기적인 자기 유익이 섞이지 않은 정결한 사랑이어야 하며, 그 사랑은 오직 전적으로 아내에게 향해야 한다. 또 남편의 사랑은 그리스도의 사랑처럼 진실해야 한다. 남편은 아내의 재산이나 가문이나 재능이 아니라 그녀 자체를 바라보아야 한다. 또 남편의 사랑은 그리스도의 사랑처럼 변함없어야 한다. 속히 시들고 마는 젊은 시절의 열정 같은 사랑이 아니라 평생 동안 계속되는 신실한 사랑이어야 한다. 또 남편의 사랑은 심지어 그리스도의 사랑처럼 희생적인 사

---

16 Gouge, 20-21.

랑이어야 한다. 자기 자신을 희생하면서 아내의 일시적인 유익과 영적인 유익까지 높이는 사랑이어야 한다. 나아가, 아내에 대한 남편의 사랑은 아내의 마음속에 애정이 불붙게 해서 그녀가 쉽게 복종하게끔 하는 방식으로 펼쳐져야 한다. 그녀는 자신이 그토록 사랑 많은 남편의 아내인 것을 기뻐하면서, 하나님이 그녀에게 요구하시는 모든 것을 기꺼이 기쁘게 행해야 한다.

남편은 그리스도가 교회를 사랑하듯이 자기 아내를 사랑하고 부양해야 한다. 그는 아내에게 거친 말이 아니라 위로하며 세워 주는 말을 해야 한다. 그는 자기 아내를 향해 아무렇게나 행동해서는 안 된다. 온유함과 부드러움으로 대하여 그녀를 기쁘게 하고, 그녀의 사랑스러운 남편이 되고자 힘써야 한다. 또 아내가 없는 자리에서도 아내를 좋게 이야기하여 자신이 아내를 귀하게 여긴다는 것을 모든 사람들에게 드러내야 한다. 남편은 아내의 약점을 오래 참으면서 그녀가 주 안에서 더 강하게 자라고 그에게 신실할 수 있도록 도와야 한다.

남편이 아내와 맺는 관계는 교회의 머리 되신 그리스도를 나타낸다. 이와 같이 남편은 그리스도를 분명하게 나타내도록 힘써야 하며 자신의 몸을 돌보는 것처럼 아내를 돌봐야 한다. 왜냐하면 두 사람은 결혼으로 인해 한 몸이 되었기 때문이다(엡 5:28-31). 하나님께서 그에게 존귀를 주셔서 결혼을 통해 그리스도를 나타내게 하셨으므로, 기꺼이 기쁜 마음으로 그렇게 해야 한다.

마찬가지로 아내는 남편에게 복종함으로써 교회가 그리스도와 맺는 관계를 나타내야 한다. 그녀는 그리스도로 인해 남편을 존귀케 하며 남편에게 복종하고자 하는 열망으로 불타올라야 한다. 물론 그녀의 남편은 그리스도가 아니지만, 결혼 안에서는 그리스도와 같다. 그리스도는 남편에 대한 그녀의 복종을 자신에 대한 복종의 일부로 여기신다. 왜냐하면 사도 바울이 말한 것처럼 그녀는 "주께 하듯" 복종하기 때문이다 (22절). 아내가 남편에게 복종하지 않는 것이 죄인 이유는 그것이 곧 그리스도께 복종하지 않는 것이기 때문이다. 그것은 주님을 거스르는 일이다. 따라서 아내는 남편의 지도력에 순복하며, 그의 부양을 의지하며, 그의 보호를 바라봄으로써 남편을 자신의 머리로 세우신 주님을 존귀케 해야 한다.

주님이 아내에게 요구하시는 복종은 계급의 문제가 아니라 기능의 문제임을 이해하는 것이 중요하다. 하나님이 남편에게 머리의 역할을 부여하신 이유는 그가 아내보다 더 우월하기 때문이 아니다. 그것은 다만 하나님이 남편에게 머리의 권세를 위임하셨기 때문이다. 존 로빈슨은 이렇게 설명한다. "하나님은 남자와 여자를 영적으로 동등하게 창조하셨다. 남자와 여자가 죄 가운데 떨어졌을 때, 여자가 남자보다 처음의 선善에서 더 타락한 것은 아니었다. 그러나 결혼에서는 두 사람 가운데 한 사람이 최종적인 권위를 가져야만 한다. 왜냐하면 결혼 생활에는 항상 의견 차이가 있기 때문이다. 이런 경우 어느 한 사람은 지도력을 갖고, 다른 사람은 그의 지도력에 복종해야 한다. 이런 지도력을 하나님과 자연은 남자에게 부여했다."[17] 그러므로 아내의 복종은 노예스러운 굴종이 아니라 하나님을 존귀케 하는 복종이다.

나라의 모든 국민이 왕이 될 수 있는가? 가정의 모든 구성원이 아버지가 될 수 있는가? 모든 사람이 아내가 될 수 있는가? 모든 사람이 모든 것이 될 수 있는가? 절대로 그럴 수 없다. 모든 곳에는 질서뿐만 아니라 권위와 복종과 규칙의 차이가 있어야 한다. 그러므로 경건한 아내는 자신을 남편이 아니라 아내로, 더 강한 그릇이 아니라 더 약한 그릇

---

17 Ryken, *Worldly Saints*, 76을 인용함.

으로, 다스리는 자가 아니라 복종하는 자로 만드신 하나님의 손을 즐거운 마음으로 바라볼 것이다. 아내가 자신의 위치를 거스르는 것은 남편보다 하나님을 더 거스르는 일이다. 또 아내가 가정의 주도권을 취하며 남편을 주관하는 것은 정당한 권세가 아니라 권세를 찬탈하는 것이다. 아내가 가정 안에서 통치권을 행사할 때, 그것은 남편의 머리 됨에 동의하고 남편의 존귀를 드러내는 방식이어야 한다. 마치 달이 태양으로부터 빛을 받아 빛을 발하는 것과 같은 방식으로 말이다.

하나님의 질서를 지키고 존중하는 결혼이 진정으로 **좋은** 결혼이다. "남편이 집에서든 밖에서든 아무 걱정 없이 일에 전념할 수 있도록 가정을 돌보는 아내는 남편에게 얼마나 귀한 존재인가? 또 남편의 머리 됨에 의존하여 남편과 의논하고 남편의 가슴에 기대어 가정을 돌보는 아내의 수고는 얼마나 존귀한가?"[18]

아내의 복종은 주님을 존귀케 하기에, 아내는 마땅히 자발적이며 즐겁게 복종해야 한다. 남편 입장에서 아내가 자신을 존귀케 하며, 자신을 섬기며, 자신을 하나님이 세우신 머리로 바라볼 때 얼마나 기쁘겠는가? 이와 같이 아내는 남편의 사랑을 자신에게 끌어당기는 방식으로 살아야 한다. 남편이 자신에 대한 의무를 즐거움으로 행할 수 있도록 남편에 대한 자신의 의무를 다해야 한다. 이는 아내가 자발적으로 남편에게 복종해야 함을 의미한다. 아내가 강제로 복종하면 안 되는 이유는 남편이 강요에 의해 아내를 사랑해서는 안 되는 이유와 같다. 도리어 아내는 그리스도에 대한 복종의 일부로서 남편에게 복종해야 하며, 남편은 그리스도에 대한 순종의 일부로서 아내를 사랑해야 한다. 이와 같이 그들의 결혼과 역할은 그리스도와 교회의 원리 위에 기초한다. 그리스도

---

18 Ste. B., 49.

안에서의 존귀와 자유는 아내로 하여금 남편을 자신의 머리로 인정하고 그에게 복종하게 하며, 남편으로 하여금 아내를 자신의 몸으로 인정하고 사랑하게 만든다.

그러나 여기에 단지 동기부여만 있는 것은 아니다. 그보다 훨씬 더 큰 것이 있다. 옳은 것을 행하도록 동기부여 받았음에도 불구하고 그것을 행할 능력이 없을 수 있다. 그러나 그리스도와 교회의 관계는 하나님이 우리에게 주신 사명을 행할 수 있는 능력을 공급해 준다. 빌립보서 4장 3절에서 사도 바울은 "내게 능력 주시는 자 안에서 내가 모든 것을 할 수 있느니라"라고 말한다. 만일 이것이 사실이라면, 우리는 결혼에 있어서도 그리스도께서 그렇게 하시리라고 기대할 수 있다.

언약의 원리

그리스도와 교회의 원리에서 두 번째 원리인 언약의 원리가 흘러나온다. 언약의 원리 위에서 결혼의 두 당사자는 하나님이 창세 때 정하신 결혼 규칙에 따라 살겠다고 자발적으로 자유롭게 동의한다.[19] 한 남자와 한 여자가 주님 앞에서 거룩한 결혼 속으로 들어갈 때, 그들은 어떠한 조건과 유보 조항 없이 결혼의 의무를 성취하겠다고 약속한다.

말라기 2장 14절은 결혼 맹세의 엄숙함을 강조하며 두 가지를 언급한다. 첫째는 그러한 약속의 교환이 언약이라는 것이다. 여기에서 하나님은 남편에게 "네 짝이요 너와 서약한 아내"와 이혼함으로써 아내에게 거짓을 행한 것을 회개하라고 부르신다. 잠언 2장 16-17절에서 음부는 남편을 버린 자이자 "그의 하나님의 언약을 잊어버린" 자로서 묘사된다. "지혜가 또 너를 음녀에게서, 말로 호리는 이방 계집에게서 구

---

19 1장을 참조하라.

원하리니 그는 젊은 시절의 짝을 버리며 그의 하나님의 언약을 잊어버린 자라" 그러므로 결혼은 거룩한 약정이다. 한 남자와 한 여자가 결혼 맹세를 교환할 때, 그들은 가정과 은행 계좌를 공유하기 위해 계약하는 것 이상의 일을 하는 것이다. 그들은 맹세와 그에 따르는 책임을 가지고 함께 언약 속으로 들어간다. 이와 관련하여 오우덴은 이렇게 말한다. "청교도들에게 있어 결혼을 성립하는 것은 사랑이 아니라 신실함이었다. 사랑이 식어도 두 당사자는 결혼 맹세 때문에 서로에게 신실해야 할 책임을 갖고 있다."[20]

이와 같이 결혼은 언약 속으로 들어가는 것이다. 신랑과 신부는 하나님 앞에서 그들에게 주어진 의무를 이행하기로 약속한다. 그리스도가 교회를 사랑하신 것처럼 남편은 아내를 평생 동안 신실하게 사랑하며, 섬기며, 위로하며, 존귀하게 하며, 귀하게 여길 것과 아내와 함께 믿음을 지킬 것을 약속한다. 아내는 평생 동안 남편을 사랑하며, 위로하며, 존경할 것과 교회가 그리스도에게 복종하는 것처럼 남편에게 복종하며 남편과 함께 믿음을 지킬 것을 약속한다.

그러므로 오우덴은 "책임을 떠맡지 않기 바라는 사람은 결혼의 본질을 이해하지 못한 것이다"라고 말했다.[21] 하나님이 정해 주신 의무를 신실하게 이행하겠다는 언약적 서약을 무시하거나 부정하는 방식으로 결혼을 정의하는 것은 인간 중심적인 방식으로 결혼을 재정의하여 결혼의 기초를 허물어뜨리는 것이다. 그러한 결혼은 그리스도와 교회의 관계를 존귀케 하기보다 도리어 부끄럽게 만든다. 그러므로 그런 식으로 결혼하는 사람들은 결혼의 존귀와 축복을 경험하지 못한다. 이와 관련

---

20   den Ouden, 45.
21   den Ouden, 42.

하여 레이너는 이렇게 쓴다. "결혼에 수반되는 의무들은 그것을 규정하며 명령하는 복음에 대한 순종과 경건과 양심의 문제이다. 장차 그리스도께서 복음에 순종하지 않는 자들을 보응하기 위해 화염 가운데 임하실 것이다(살후 1:8)."[22]

결혼 맹세의 엄숙함과 관련하여 말라기 2장 14절이 두 번째로 언급한 내용은 하나님 자신이 결혼 언약의 증인이라는 것이다. "이는 너와 네가 어려서 맞이한 아내 사이에 여호와께서 증인이 되시기 때문이라" 다시 말해서 결혼은 두 당사자만의 문제가 아니다. 하나님께서 결혼을 제정하셨을 뿐만 아니라 결혼으로 자신을 존귀케 하는 자들을 위해 결혼을 축복하셨으며, 친히 결혼의 증인이 되셨다. 하나님은 결혼의 증인으로서 신랑과 신부가 하는 약속과 맹세를 들으신다. 그러므로 신랑과 신부는 하나님 앞에서 한 말에 대해 책임을 가진다. 스쿠더는 이미 결혼한 기혼 남녀들에게 이렇게 충고한다. "그때 당신들이 한 말을 생각하라. 그때 당신들은 서로에게 남편과 아내가 되고, 서로에게 신실하기로 언약했다. 그 언약은 서로의 언약이면서 동시에 **하나님과의 언약**이었다. 그러므로 만일 당신들이 서로의 언약을 깨뜨린다면, 그것은 동시에 하나님과의 언약을 깨뜨리는 것이다."[23] 결혼은 단순히 남편과 아내 사이의 언약이 아니다. 하나님이 증인이 되시고 인 치시는, 하나님과의 언약이다.

어떤 사람들은 남자가 가장 아름다운 여자를 신부로 맞아들이는 것을 좋은 결혼이라고 생각한다. 또 어떤 사람들은 여자가 가장 부유한 남자를 남편으로 맞아들이는 것을 좋은 결혼이라고 생각한다. 또 어떤

---

22 Reyner, 36.
23 Scudder, 71.

144

사람들은 남편과 아내가 서로 충분한 독립을 누리면서 서로에게 속박되지 않는 것을 좋은 결혼이라고 생각한다. 또 어떤 사람들은 무슨 일이든 시키는 대로 하는 아내 또는 원하는 것은 무엇이든 주는 남편을 얻는 것이 좋은 결혼이라고 생각한다. 그러나 그러한 결혼들은 결국 실망과 재앙으로 귀결될 것이다. 왜냐하면 그러한 결혼들은 하나님이 의도하신 결혼과 너무나 멀리 떨어져 있기 때문이다. 스쿠더는 아직 결혼하지 않은 미혼 남녀들에게 결혼에 수반되는 의무들을 생각하고 준비하라고 충고하면서, "하나님이 결혼 생활 가운데 행해야만 하는 것들에 대해 말씀하셨기 때문"이라고 덧붙인다.[24] 마찬가지로 레이너는 이렇게 말한다. "결혼에 수반되는 의무들을 알지 못하는 상태로 결혼하는 것은 마치 장사를 배우기 전에 상점을 열거나 듣기 전에 대답하는 것과 같다. 실로 어리석은 일이다(잠 18:13)."[25]

한 청교도는 다음과 같이 조언한다. "즐거움과 평안으로 가득한 결혼 생활은 부부가 그들의 결혼을 즐거움과 평안으로 채우자고 합의하는 것에 달려 있지 않다. 오로지 하나님께서 그들에게 명령하신 질서를 각자의 자리에서 순종하는 것에 달려 있다. 그러므로 그들은 복된 결혼 생활을 위해 자기 눈에 좋은 것을 바라보는 대신 하나님의 지혜와 질서와 계획을 바라보아야 한다. 그들의 위치와 질서, 그들을 부르신 하나님의 계획을 지켜야 한다. 하나님은 남편을 머리로 만드시고, 아내를 몸으로 만드셨다. 머리와 몸이 서로 바뀔 수 있는가? 몸이 위로 올라가고 머리가 아래로 내려갈 수 있는가? 그런 상태로 사람이 제대로 살 수 있는가? 그것은 얼마나 꼴불견인가? 머리와 몸의 위치가 바뀐 가정은 결코

---

24   Scudder, 60.
25   Reyner, 35.

행복하고 평안할 수 없다."[26] 세커는 이렇게 설명한다. "우리의 갈비뼈들(여자들)은 우리를 지배하는 통치자로 정해지지 않았다. 여자들은 머리로 만들어지지 않았기 때문에 우월성을 주장할 수 없다. 대신 동등한 것에 만족하도록 옆구리에서 만들어졌다. 뼈들이 제자리에 있지 않으면 몸은 결코 제대로 움직일 수 없다."[27]

리처드 백스터 역시 비슷한 조언을 제시한다. "자기중심적이며 불경건한 사람들이 관계에 수반되는 의무에는 무관심한 채 오로지 자기 자신을 섬기며 자신의 육체를 만족시키는 것만을 구할 때, 모든 공동체와 사회와 세상은 파괴된다. 그들은 관계가 가져다 줄 존귀와 이득과 즐거움만 생각할 뿐 하나님과 사람들이 그들에게 요구하거나 기대하는 것에 대해서는 전혀 생각하지 않는다(창 2:18; 잠 18:22). 그들은 오로지 그들이 가질 것만 생각할 뿐 행해야 할 것은 생각하지 않는다. 그들은 다른 사람들이 그들에게 행해야 하는 것에 대해서만 생각할 뿐 그들이 다른 사람들에게 행해야 하는 것에 대해서는 생각하지 않는다. 많은 통치자들과 백성들이 그러하며, 많은 목사들과 신자들이 그러하며, 많은 남편들과 아내들이 그러하며, 많은 부모들과 자녀들이 그러하다. 우리의 첫 번째 관심사는 여러 관계들에 수반되는 의무를 알고 이행하며, 결혼 안에서 하나님을 기쁘게 하면서 그의 축복과 상급을 바라보는 것이어야 한다. 당신의 몫이 무엇인지 생각하고 그것을 행하라. 그러면 분명 하나님께서 자신의 몫을 행하실 것이다."[28]

스쿠더는 아직 결혼하지 않은 미혼 남녀들에게 이렇게 조언한다. "어

---

26   Ste. B., 41-43.
27   Secker, 256-57.
28   Baxter, 127.

떻게 결혼 속으로 들어갈지 신중하게 생각하라. 그리고 결혼에 수반되는 의무들에 대해 미리 생각하고 그것을 이행할 수 있는 능력을 준비하라. 그리고 한 걸음 더 나아가 결혼이 필연적으로 가져다줄 고난에 대해 미리 생각하고 그것을 감당할 수 있는 능력을 준비하라."[29] 오늘날 결혼을 바라는 미혼 남녀들은 이러한 조언을 무겁게 받아들일 필요가 있다. 만일 현대인들이 이러한 조언을 무겁게 받아들인다면, 오늘날 이혼이 이토록 흔하지는 않을 것이다. 특별히 하나님과 여러 증인들 앞에서 맺은 언약을 존귀하게 여기며 그리스도와 교회의 모범을 따라야 하는 하나님의 백성들은 이러한 조언을 더욱 무겁게 받아들일 필요가 있다. 그리고 여기에 두 가지를 덧붙여야 한다. 첫째, 남편과 아내 모두 각자 이행해야 할 의무가 있기 때문에 상대방이 먼저 의무를 이행하기를 기다려서는 안 된다. 도리어 상대방과 상관없이 하나님 앞에서 신실함을 추구해야 한다. 남편은 아내가 의무를 이행하지 않았다는 핑계로 자신의 의무를 이행하지 않은 잘못을 정당화해서는 안 된다. 만일 아내가 의무를 이행하지 않으면, 남편에게 악을 행하는 것일 뿐만 아니라 그러한 의무로 그녀를 부르신 하나님의 뜻을 거스르는 것이다. 아내 역시 남편이 의무를 이행하지 않았다는 핑계로 자신의 의무를 이행하지 않은 잘못을 정당화해서는 안 된다. 그녀는 남편과 상관없이 아내로서의 의무를 이행하도록 하나님께 부름 받았다. 그녀는 계속적으로 남편에게 복종해야 한다. 그러면 사랑스러운 아내가 될 뿐만 아니라, 남편이 자기에 대한 의무를 다하도록 일깨워 주게 된다.

그러므로 남편과 아내 모두 먼저 각자의 의무를 이행해야 한다. 바울은 로마서 12장 10절에서 "서로 우애하고 존경하기를 서로 먼저 하

---

29 Scudder, 65.

며"라고 말한다. 이 구절을 인용하면서 한 청교도는 이렇게 썼다. "이 말씀을 잘 지킨다면, 남편과 아내는 집안일을 두고 '이것은 누가 할 일인가?'를 따지지 않을 것이다. 도리어 그들은 상대의 유익에 더 큰 관심을 기울일 것이다. 남편은 아내에게 '여보, 이 일 좀 도와줄 수 있어?'라고 말할 필요가 없다. 왜냐하면 아내가 먼저 '내가 당신을 위해 그 일을 할게요'라고 말하기 때문이다. 마찬가지로 아내 역시 '여보, 나를 위해 이 일을 좀 해줄래요?'라고 말할 필요가 없다. 왜냐하면 그렇게 말하기 전에 먼저 남편이 아내를 위해 그 일을 하기 때문이다. 이와 같이 그들은 사랑으로 섬기기를 서로 먼저 한다. 참된 사랑으로 상대의 유익을 구한다면 자신의 권리를 위해 율법을 들먹이거나 상대가 먼저 잘못했다고 불평을 늘어놓을 필요가 없을 것이다."[30]

둘째, 남편과 아내 모두 상대의 의무를 빌미로 자신의 권리를 내세워서는 안 된다. 남편은 아내에게 총체적인 복종을 요구하면서 폭군처럼 행동하려는 유혹을 받을 수 있다. 반면 아내는 남편에게 희생적인 사랑을 요구하려는 유혹을 받을 수 있다. 그러한 요구는 그 자체로 죄다. 뿐만 아니라 배우자의 의무를 자신의 권리로 생각하는 것은 이미 자신의 의무를 방기放棄한 것이다. 자신의 의무를 방기하는 것에서 배우자의 의무를 강요하는 것이 나온다. 그러므로 이러한 유혹을 피하는 유일한 방법은 자신의 의무를 열심히 이행하는 것이다. 그렇게 할 때, 당신이 해야 할 일을 신실하게 성취하시는 하나님의 은혜를 발견하게 될 것이다. 결혼의 행복은 배우자의 행위가 아니라 당신의 행위에 달려 있다. 만일 당신이 당신의 의무를 주께 하듯 자발적으로 즐겁게 행한다면, 당신의 결혼은 행복할 것이다.

---

30 Ste. B., 53-54.

그러므로 우리의 첫 번째 관심사는 **자신의** 의무를 행하는 것이어야 한다. 자신의 의무를 행하지 않는 배우자와 함께 생활하는 것은 힘든 일이다. 그럼에도 불구하고 배우자에 대한 의무를 행할 때, 우리는 하나님 앞에서 기뻐할 수 있다. 구지는 이렇게 말한다. "배우자가 나에 대한 의무를 행하지 않는 것은 나에게 무거운 십자가일 수 있다. 그러나 내가 배우자에 대한 의무를 행하지 않는 것은 나에게 두려운 저주가 된다."[31] 그러므로 남편이 아내의 순종 여부와 상관없이 아내를 사랑하거나 혹은 아내가 남편의 사랑 여부와 상관없이 즐겁게 남편에게 순종한다면 결혼의 멍에는 쉽고 가벼울 것이다.[32]

다음의 훈계는 결혼한 젊은 부부들을 위한 것으로 우리에게 큰 격려가 된다.

나는 젊은 아내들에게 조언한다. 지혜로운 복종과 사랑과 기독교적 공경과 신실한 순종을 갖추라. 그것은 사라가 겪었던 것처럼 당신에게 영광의 면류관이 될 것이다(벧전 3:6). 만일 당신이 남편에게서 사랑과 신뢰를 얻고자 한다면, 이것이 바로 그 길이다. 다른 길은 없다. 만일 당신이 남편에게 "칼을 주세요"라고 말한다면, 당신은 칼도 받고 도움도 받게 될 것이다. 그러나 만일 당신이 칼을 남편의 손에서 강제로 빼앗으려고 한다면, 빼앗지도 못할 뿐더러 칼에 베이게 될 것이다. 이처럼 당신의 경건한 복종은 더 많은 자유와 편안함과 존귀를 줄 것이다. 다투기를 좋아하는 아내라는 호칭과 성격을 미워하라. 그런 아내는 계속 떨어지는 물방울과 같다는 사실을 기억하라. 또한 남편이 머리인 가정을 다스리는 것은 아내에게 큰

---

31 Gouge, 96.
32 Ste. B., 92.

존귀이다. 그러나 남편의 뜻과 호의를 거스르면서 가정을 주관하는 것은 매우 부끄러운 일이다.

나는 또 젊은 남편들에게 조언한다. 당신의 아내가 당신에게 꼭 필요한 그릇이라는 사실을 기억하라. 나는 당신의 아내가 평생 동안 당신에게 선을 행하고 악을 행하지 않는 현숙한 아내가 될 것이라고 믿는다. 당신의 마음이 슬픔으로 가득할 때, 당신의 아내가 당신의 마음을 위로하고 편안하게 해줄 것이다. 당신의 아내는 당신을 위한 조언과 충고를 담은 그릇이 될 것이다. 어떤 역경도 그녀를 넘어뜨리지 못할 것이다. 도리어 그녀는 원수들을 막는 신실한 방벽이 될 것이다. 그녀는 당신보다 더 약한 그릇으로서 조심스럽게 다루어야 한다. 비싼 그릇일수록 대부분 약한 법이다. 우리는 그런 그릇들을 아무렇게나 다루지 않고 가장 조심스럽게 다룬다. 어떤 그릇이나 보석도 현숙한 여인과 비교할 수 없다. 그러므로 아내를 당신의 집에서 가장 보배로운 그릇으로 여기라. 현숙한 여인의 가치는 진주보다 더하다고 솔로몬은 말한다. 라멕처럼 아내에게 거칠고 난폭한 용기를 나타내지 말라. 그런 용기는 원수들에게나 나타내라. 당신과 아내는 한 몸이다. 그러므로 한 몸처럼 되어라. 그녀에게 요구되는 의무를 바라보지 말라. 그녀에게 당신은 눈을 보호하는 눈꺼풀과 같다. 당신은 그녀를 보호해야지 압제해서는 안 된다. 그녀는 하나님을 예배하는 경건한 가정에서 태어나고 자라고 양육되었다. 그녀는 지금까지 경건한 교육을 받았다. 그녀에게 부족한 것이 무엇인가? 그녀에게서 현숙한 아내라는 칭호를 빼앗을 수 있는 까닭이 도대체 무엇이란 말인가? 당신과 아내는 가장 행복한 가정을 이룰 수 있다. 그러므로 하나님의 거룩한 말씀을 따라 기초를 놓으라. 그러면 그 위에 영광스러운 집이 세워질 것이다.

하나님께서 당신의 가정을 가장 지혜롭게 인도하신다는 사실을 알라. 그러므로 먼저 둘이 함께 하나님에 대한 의무에 집중하라. 그리고 서로에 대한 의무를 신실하게 행하라. 그러면 당신의 가정의 짐은 가벼워질 것이다. 나아가 똑같이 짐을 나누어 질 때 그 짐은 더욱 가벼워질 것이다. 당신은 자녀들과 이웃들과 친구들과 모든 사람들에게 어떤 모범을 보일 것인가? 당신은 이생에서 가장 행복할 것이며, 내생에서는 더욱 행복할 것이다."[33]

이처럼 우리는 먼저 결혼 의무에 신실해야 한다. 그러면 하나님 앞에서 결혼의 존귀를 누리며 지키게 될 것이다. 결혼은 하나님이 가꾸시는 섬세한 꽃이다. 만일 우리가 결혼 의무를 방기한다면, 그 꽃은 곧 말라 죽을 것이다. 만일 우리가 그 꽃을 거칠게 다룬다면, 그것의 아름다움과 생명은 질식되고 그것의 축복은 저주로 바뀔 것이다. 그러나 만일 우리가 하나님의 인도하심을 따라 그 꽃을 돌보며, 하나님께 감사하며, 그 앞에 신실하다면 우리는 그 꽃의 영속적인 아름다움을 지키고, 풍성한 열매와 만족과 즐거움과 존귀를 거두게 될 것이다.

---

33 Ste. B., 92-97.

연구 문제

1 상호 복종의 개념을 설명해 보라(엡 5:21). 그것은 실제적으로 무엇을 의미하는가?

2 남편에 대한 아내의 복종은 그리스도에 대한 교회의 복종과 어떻게 대응되는가(엡 5:22-24)?

3 아내의 복종이 갖는 한계에 대해 암브로스는 뭐라고 말했는가? 그러한 한계를 보여 주는 몇 가지 실례를 들어 보라.

4 아내에 대한 남편의 사랑은 교회에 대한 그리스도의 사랑과 어떻게 대응되는가(엡 5:25-27)?

5 윌리엄 구지에 따르면 남편의 사랑은 그의 권위에 대하여 어떻게 "설탕"과 같은가?

6 말라기 2장 14절과 잠언 2장 16-17절을 읽고, 언약에 신실한 것이 어떻게 결혼을 보호하고 부요하게 하는지 설명하라.

7 리처드 백스터는 결혼이 가져다주는 존귀와 이익과 즐거움에만 관심을 기울이는 "자기중심적인 경건"에 대해 경고했다. 이러한 자기중심주의는 결혼에 어떤 영향을 끼치는가? 이러한 자기중심주의의 영향을 제한하기 위해 당신은 어떻게 할 것인가?

8 백스터는 자기중심적인 자들을 "결혼에 수반되는 의무를 이행하며 그것을 통해 하나님을 기쁘게 하기를 추구하는" 자들과 대비한다. 그렇다면 의무를 이행하는 것이 어떻게 사랑의 길이 될 수 있는지 설명해 보라.

9. 배우자의 의무에 근거하여 자신의 권리를 요구할 때의 위험은 무엇인가?

10 본 장의 끝부분에 인용된 긴 훈계 가운데 당신에게 가장 도움이 되는 내용은 무엇인가? 그 이유는 무엇인가?

5장
상호 의무 I – 사랑과 순결

청교도들은 결혼의 의무를 세 종류로 구별했다. 상호 의무, 아내의 의무, 남편의 의무가 그것이다. 암브로스는 이렇게 쓴다. "남편과 돕는 배필이 서로에게 빚지는 의무는 서로에게 공통적이며 상호적이거나 혹은 각자에게 고유하며 특유하다."[1] 앞 장에서 우리는 결혼의 의무의 기초와 그 이유를 살펴보았다. 그러므로 이제 우리는 그러한 의무들 자체를 살펴볼 수 있게 되었다. 먼저 상호 의무에 대해 살펴보도록 하자.

누가복음 1장 6절에서 스가랴와 엘리사벳은 결혼에 있어 흠이 없이 행하여 칭찬을 받는다. 결혼을 잘 시작했다고 결혼이 계속 잘 유지되는 것은 아니다. 좋은 결혼은 계속해서 보양保養되고 보존되어야 하며, 그것은 하나님 앞에서 그리스도의 능력으로 결혼의 의무를 신실하게 이행할 때 이루어진다. 그러므로 바울은 우리가 주 안에서 결혼해야 할 뿐만 아니라 모든 결혼 생활에 있어 하나님 앞에서 신실하게 행해야 한다고 말한다(고전 7:39; 골 3:18-19). 결혼의 상호 의무는 남편과 아내가

---

1   Ambrose, 233.

서로에게 빚진 것으로서, 부부는 상호 의무를 통해 하나님 앞에서 결혼의 존귀를 누리며 보존한다. 로버트 볼턴이 말한 것처럼, 결혼의 상호 의무는 "편안한 결혼 생활을 유지할 수 있도록" 만드는 결혼의 의무들 가운데 첫 번째 종류이다.[2]

이 책에 인용된 수많은 청교도 저술가들[3]의 작품 속에서, 우리는 그들이 부부가 서로 빚진 것으로 믿었던 의무들을 거의 마흔 가지나 발견했다.[4] 물론 그런 의무들 가운데 일부는 중복되지만, 어쨌든 불화의 상황을 피하고 결혼의 존귀를 누릴 수 있도록 이끌어주는 다양한 의무들이 나타난다. 그러한 다양한 의무들 가운데 우리는 결혼의 생명과 건강과 존귀가 달려 있는 다섯 가지 주된 상호 의무들을 살펴보고 나아가 각각의 의무들을 올바로 행할 수 있는 방편들도 살펴볼 것이다.

상호 사랑

첫 번째 상호 의무는 서로 사랑하는 것이다. 청교도들에 따르면, 사

---

2   Bolton, 265.

3   약어표와 참고도서 목록을 보라.

4   예컨대 강한 사랑의 의무, 서로의 몸을 돌보는 의무, 서로의 이름을 돌보는 의무, 서로의 신용을 돌보는 의무, 서로의 재산을 돌보는 의무, 서로의 가족을 돌보는 의무, 서로의 영혼을 돌보는 의무, 서로 존경하는 의무, 동거의 의무, 성적 친교의 의무, 함께 예배하는 의무, 순결의 의무, 성실의 의무, 서로의 짐을 나누어 지는 의무, 분노를 피하는 의무, 혈기를 피하는 의무, 합법적인 모든 일에 있어 서로를 기쁘게 하는 의무, 음행을 미워하는 의무, 서로 안에서 기뻐하는 의무, 고요함과 평온함 가운데 사는 의무, 하나님의 일에 있어 서로를 세워 주는 의무, 기독교적 행로에 있어 서로 도울 의무, 인내의 의무, 서로의 비밀을 지켜 주는 의무, 화평을 위해 노력하는 의무, 서로를 위해 기도하는 의무, 죄에 대해 서로 훈계하는 의무, 은혜 안에서 자라 가도록 서로 격려하는 의무, 자녀를 낳는 의무, 경건한 가정을 세우는 의무, 가정 예배의 의무, 서로를 만족시켜 주는 의무, 가정을 관리하는 의무, 일상의 일들을 신실하게 감당하는 의무, 서로의 행복을 구하는 의무, 인애 가운데 서로를 좋아하는 의무, 서로의 흠을 덮어 주는 의무, 고통 가운데 서로 돕는 의무.

랑은 가장 근본적이며 중요한 상호 의무이다. 그것은 결혼 전체의 기초를 이루는 의무로서, 그 위에 다른 모든 의무들이 세워진다. 그러므로 좋은 결혼은 남편과 아내가 서로에 대한 사랑을 신실하게 나타내는 결혼이다(골 3:19; 딛 2:4).

첫째로 이러한 상호 사랑의 **필요성**을 생각해 보자. 웨이틀리는 이렇게 말했다. "사랑은 결혼의 생명이며 영혼이다. 사랑이 없다면 생명도, 영혼도 없는 죽은 결혼일 뿐이다. 먹을 수 없는 썩은 사과와 같고, 생명이 없는 죽은 시체와 같다. 그렇다. 진실로 그것은 가장 비참한 공동체로서 시체보다 조금도 나을 것이 없다."[5] 마찬가지로 스미스는 이렇게 선언했다. "만일 결혼 속에서 마음과 감정이 하나로 연합되지 않는다면, 그것은 이름만 결혼일 뿐 진정한 결혼이 아니다. 그들이 한 집에서 사는 것은 마치 두 개의 독(毒)이 한 위장 속에 있는 것과 같다. 두 개의 독은 서로를 향해 독기를 뿜을 것이다."[6] 그러므로 스쿠더는 결혼한 기혼부부들에게 "기독교적이며, 정결하며, 따뜻하며, 풍성하며, 꾸밈없는 사랑으로 서로 사랑하라"고 조언했다.[7]

이와 같이 사랑이 없는 결혼은 생명이 없는 시체일 뿐이다. 로저스는 이렇게 말한다. "상호 사랑은 결혼의 피와 생기이다. 상호 사랑은 두 사람을 자발적이며 실제적으로 연합하도록 만들며, 그것이 없는 결혼은 단지 강요된 납땜에 불과하다. 오직 사랑이 더해졌을 때에만 완전하고 자발적인 연합이 되며, 그러한 연합은 결코 깨어지지 않을 것이다."[8] 이러한 사랑이 없을 때, 남편과 아내는 부부애 없는 부부 관계의 비참함

---

5   Whately, *A Bride-Bush*, 31.
6   Smith, 1:22.
7   Scudder, 72.
8   Rogers, 138. 강조 표시.

을 경험하게 된다. 결혼과 사랑의 관계는 목소리와 메아리의 관계와 같다. 그것은 입술의 동의에 대한 마음의 응답이다. 그와 같은 사랑으로 결혼하는 사람들은 로저스가 말한 것처럼 깨어질 수 없는 관계 속으로 들어간다. 뿐만 아니라 그들은 결혼 안에서 누리는 사랑 때문에 그러한 관계를 감히 깨뜨리려고도 하지 않는다. 만일 두 사람이 한 몸이 되는 결혼 속에 이러한 사랑이 없다면, 그런 관계는 우정만도 못하다. 왜냐하면 우정은 어떤 문제로 인해 쉽게 깨어질 수 있는 반면 결혼은 평생 동안 계속되는 멍에이기 때문이다. 이와 관련하여 스윈녹은 이렇게 쓴다. "마음의 연합이 없는 몸의 연합은 아무런 은택도 없을 것이다."[9] 또 세커는 이렇게 말한다. "사랑 없이 결합된 부부는 서로를 불행하게 만들기 위해 결합한 두 사람일 뿐이다."[10] 이와 같이 상호 사랑은 결혼에 있어 절대적으로 필요하다.

둘째로 이러한 상호 사랑의 독특한 **능력**을 생각해 보자. 결혼은 가장 가까운 관계이므로 가장 사랑스러운 감정을 요구한다. 한 집, 한 식탁, 한 침대를 함께 사용하는 사람보다 더 가까운 사람이 누구겠는가? 이 사랑은 결코 일반적인 사랑이 아니다. 그것은 결혼 자체처럼 특별하며, 오직 배우자 한 사람에게만 주어지는 유일한 사랑이다. 그것은 그리스도와 교회 사이의 사랑 위에 기초한다. 신부는 병이 날 정도로 신랑을 사랑하며, 신랑은 자기 목숨을 내어줄 정도로 신부를 사랑한다(아 2:5; 요 15:13). 그러므로 이러한 상호 사랑은 모든 사랑 가운데 가장 강하다.[11] 그 사랑 때문에 남자와 여자는 기꺼이 그들의 가족과 친구들을 떠

---

9   Swinnock, 1:472.
10   Secker, 263.
11   Swinnock, 1:471-72.

나 서로 연합한다(창 2:24; 29:34). 사랑의 매듭에 의해 마음이 단단하게 묶여 있으므로, 그들은 결코 나누어질 수 없다. 인간관계는 종종 시련에 의해 깨어지는데, 그것은 그러한 관계의 약함을 증명한다. 결혼 관계도 어떤 시련에 의해 위협을 당하고 틈이 생길 수 있다. 그러나 남편과 아내 사이의 사랑은 오래 참음과 용납과 용서로 그 틈을 메꿀 것이다. 그리고 그들은 그러한 사랑의 힘으로 해가 다시 비출 때까지 폭풍을 헤쳐 나갈 것이다.

셋째로 이러한 상호 사랑의 **성격**을 생각해 보자. 남편과 아내는 강하며 뜨거우며 한결같은 사랑으로 서로 사랑해야 한다. 그들의 사랑은 아름다움, 옷, 부요함 따위의 외적인 것들로 인해 밀랍처럼 녹거나 썰물처럼 빠져나가서는 안 되며, 감정과 정욕의 오르내림과 함께 요동쳐서도 안 된다. 남편과 아내의 사랑과 관련하여 암브로스는 이렇게 쓴다. "그것은 서로의 가슴에 서로의 마음을 부드럽게 쏟아붓는, 달콤하며 애틋한 사랑이다."[12] 그것은 전체적인 사랑이며, 완전한 사랑이며, 다양한 표현과 몸짓과 표정과 행동으로 스스로를 계속 쏟아붓는 사랑이다. 로저스는 이렇게 말한다. "남편과 아내 사이의 사랑은 감정의 격발과 함께 갑자기 일어나는 것이 아니며, 썰물처럼 빠져나갔다가 밀물처럼 밀려 들어오는 것도 아니다. 도리어 그것은 하나님이 그들 안에 심은 항시적恒時的인 사랑이다. 그 사랑으로 말미암아 그들은 영靈의 즐거운 동의 가운데 스스로를 서로에게 내어 준다."[13] 그러므로 볼턴은 이러한 상호 사랑의 의무를 "행동과 실천으로 이끄는 부부애의 습관"으로 정의한

---

12 Ambrose, 233.
13 Rogers, 137-38.

다.[14] 또 백스터는 이렇게 말한다. "만일 이러한 상호 사랑이 단지 하루 혹은 심지어 한 시간밖에 유지되지 못한다면, 남편과 아내는 어긋난 뼈와 같을 것이다. 관계가 다시 회복될 때까지 어떤 편안함도 없을 것이며 어떤 일도 제대로 이루어지지 못할 것이다."[15]

넷째로 이러한 상호 사랑의 보편적인 **은택**을 생각해 보자. 상호 사랑은 결혼의 모든 것을 쉽게 만든다. 그러나 상호 사랑이 없으면 모든 것이 힘들어진다. 결혼 가운데 풍성한 사랑이 있을 때, 그 사랑은 다른 모든 필요들에 부응할 것이다. 그러나 그 사랑이 없을 때, 다른 모든 의무들은 냉랭하며 생명이 없는 행동이 된다. 웨이틀리는 이렇게 말한다. "사랑은 모든 것을 달콤하고 맛있게 만든다. 사랑은 모든 다툼을 불식시키며 가라앉힌다. 사랑은 모든 혈기를 덮으며 모든 행동을 고르게 한다. 그것은 한 마디로 마음의 왕이다. 그 왕은 두 사람을 한 가정, 한 지갑, 한 마음, 한 몸으로 결합시킨다."[16]

그러므로 사랑은 남편과 아내가 서로에게 빚진 **모든** 의무들의 총체다. "사랑은 이웃에게 악을 행하지 아니하나니 그러므로 사랑은 율법의 완성이니라"(롬 13:10). 구지는 "참된 결혼은 사랑의 띠로 하나로 연결되는 것"이라고 썼다.[17] 사랑이 사람의 마음을 채우면, 그의 발과 손과 입술은 사랑하는 자를 섬기기 위해 활발하게 움직인다. 그러나 사랑이 없으면 그는 다른 모든 의무들을 방기放棄하거나 혹은 겉치레식으로 느릿느릿 무관심하게 행한다. 이와 관련하여 스틸은 이렇게 말한다. "참된 마음의 사랑은 결혼에 참된 만족과 영속적인 위로를 가져다줄 것이며, 모든

---

14 Bolton, 265. 강조 표시.
15 Baxter, 128.
16 Whately, A Bride-Bush, 31.
17 Gouge, 163.

조언과 견책을 기꺼이 받아들이도록 할 것이며, 투기하지 않게 할 것이며, 특별히 생각과 마음을 견고하고 순결하게 지켜 줄 것이다. 왜냐하면 사람을 음행으로부터 지키는 것은 남편과 아내를 **소유하는** 것이 아니라 **사랑하는** 것이기 때문이다. 배우자를 사랑하는 것이 우리 안에서 일어나는 폭풍을 막거나 고요하게 만들 것이다."[18] 이와 같이 사랑은 크고 풍성하며 넘친다. 만일 이 사랑이 없다면, 남편과 아내는 다른 모든 의무들을 제대로 성취하지 못할 것이다. 사랑이 남편으로 하여금 할 수 있는 모든 선을 행하도록 동기부여 하는 것처럼, 또한 사랑은 아내로 하여금 남편의 선을 선으로 갚도록 동기부여 한다. 사랑은 "그 자체로 뜨거울 뿐만 아니라 다른 사람에게 열을 전달해 주는" 불과 같다.[19]

다섯째로 이러한 상호 사랑으로 인한 상호 **만족**에 대해 생각해 보자. 이 사랑은 남편이 그의 모든 애정을 자기 아내에게 고정하도록 만들 것이다. 그녀가 세상에서 자신에게 가장 적합한 여자라고 생각하면서 말이다. 마찬가지로 그 사랑은 아내가 그녀의 모든 애정을 자기 남편에게 고정하도록 만들 것이다. 남편이 해 아래에서 자신에게 가장 적합한 남자라고 생각하면서 말이다. 이와 같이 사랑은 사람의 마음을 만족으로 채운다. 아내는 다른 남자에게 애정을 구하지 않을 것이며, 남편은 다른 여자를 바라보지 않을 것이다. 그 대신 뜨겁게, 즐겁게, 열정적으로, 완전하게 서로 사랑할 것이다.[20] 이러한 사랑의 은혜에 사로잡힌 남편은 아내의 결점을 간과하며, 그녀의 약점을 감추어 주며, 그녀의 약함을 보완하며, 그녀를 자신의 왕비로 바라볼 것이다. 마찬가지로 아내는 남편

---

18   Steele, *Puritan Sermons*, 2:276. 강조 표시.
19   Gouge, 163.
20   Bolton, 263.

의 허물을 간과하며, 그의 불완전함을 덮어 주며, 그를 자신의 왕으로 바라볼 것이다.

상호 사랑을 위한 기초들

이제 상호 사랑을 위한 **기초들**을 생각해 보도록 하자. 레이너는 남편과 아내 사이에 있는 사랑의 기초들을 몇 가지 제시했다.[21] 첫 번째 기초는 **기부**다. 그들은 하나님이 서로에게 주신 특별한 선물이다. 아내는 남편의 돕는 배필이 되도록 하나님께서 직접 손으로 만드셨다(잠 18:22; 19:14). 마찬가지로 남편은 아내의 삶을 인도하며, 이끌며, 보호하는 영적 지도자가 되도록 하나님이 세우셨다. 이러한 기초는 부부가 서로를 그리워하도록 만들며, 다른 모든 사랑을 능가하는 특별한 사랑을 요구한다.

두 번째 기초는 남자와 여자가 결혼함으로써 갖게 되는 **적합성** 혹은 상호 관계이다. 남편과 아내는 다른 관계와는 전혀 다른 방식으로 서로에게 특별하며 적합하다. 독특하며 특별한 관계는 독특하며 특별한 사랑의 강력한 기초이다(고전 7:3-4).

세 번째 기초는 **연합**이다. 남편과 아내는 하나로 결합된다(창 2:24). 결혼한 두 사람은 영적으로, 법적으로, 성적으로 한 몸으로 연합된다. 이는 세상에서 가장 가까운 관계로서, 부모와 자녀 사이보다도 더 가깝다. 그러므로 그것은 가장 강한 사랑을 요구한다. 이와 관련하여 스쿠더는 이렇게 말한다. "이 사랑을 떠받치는 기초와 이 사랑에 수분을 공급하는 샘은 여러분이 지닌 좋은 성품이나 타고난 재능이 아니라, 이제

---

21 Reyner, 22-25.

한 몸이며 서로의 뼈 중의 뼈요 살 중의 살이 된 특별한 관계이다. 하나님에 의해 이제 여러분은 한 몸이 되었고 마땅히 그렇게 되어야만 한다. 이것이 하나님의 뜻이며 즐거움이다."[22]

네 번째 기초는 **필요성**이다. 남자와 여자는 서로를 필요로 한다. 남편과 아내는 돕는 자와 동반자로서 서로를 바라보아야 한다. 하나님에 의해 한 몸으로 연합된 자들이기에, 혼자 사는 것은 좋지 않다(창 2:18). 이러한 상호 필요성은 상호 사랑을 떠받치는 기초이다(삼상 1:8).

다섯 번째 기초는 **명령**이다. 왜냐하면 남편의 사랑은 남자로 하여금 자기 아내를 사랑하라고 명령하기 때문이다. 남자가 자기 아내를 사랑해야 하는 이유는 그녀가 아름답거나 재치 있거나 살림을 잘하거나 자신의 의무를 신실하게 이행하거나 사랑스럽거나 좋은 조건을 갖추었기 때문이 아니다. 천지의 주재께서 "남편들아 자기 아내를 사랑하라"고 명령하셨기 때문이다. 마찬가지로 아내가 자기 남편을 사랑해야 하는 이유는 그가 재산이 많거나 가문이 좋거나 자신에게 친절하거나 모든 면에서 용기가 있고 행실이 선하기 때문이 아니다. 하나님께서 여자들에게 자기 남편을 사랑하라고 말씀하셨기 때문이다.[23] 우리가 3장에서 요약한 대로, 만일 좋고 적합한 배우자를 선택했다면 주 안에서 사랑하는 사람과 **자유롭게** 결혼할 수 있다. 그리고 동시에 자신과 결혼한 배우자를 사랑해야만 한다.

이 사랑을 유지하는 수단들

구지는 이렇게 경고한다. "만일 부부간의 사랑이 상호적이지 않다면,

---

22   Scudder, 72.
23   Whately, 32.

결혼의 목적과 올바른 사용은 어그러질 것이다. 그리고 결혼은 매우 무겁고 힘든 짐이 될 것이다."[24] 또 로저스는 "가장 뜨거운 사랑도 사랑의 연료가 떨어지면 금방 식는다"면서 독자들에게 이렇게 묻는다. "사랑의 날을 계속 갈지 않는데 그것이 어떻게 계속 날카로운 상태를 유지하겠는가?"[25] 암브로스 역시 독자들에게 이렇게 말한다. "서로의 마음을 녹이는 이러한 상호 사랑이 신선하고 풍성하게 유지될 때, 결혼은 무한히 달콤해지고 아름다워질 것이다."[26]

그러면 결혼의 이러한 상호 사랑은 어떻게 유지되고 지켜질 수 있는가?

첫째, 우리는 남편에게 아내를 사랑하라고 말씀하시고 아내에게 남편을 사랑하라고 말씀하신 하나님의 명령을 계속 생각해야 한다(골 3:19; 딛 2:4). 사랑의 주된 기초를 계속 생각할 때 비로소 우리는 서로에게 약속한 사랑을 유지할 수 있다. 볼턴은 이렇게 말한다. "서로를 사랑하라는 명령의 목적은 마음의 쓰라림과 염증과 불평과 애초에 만나지 않았으면 좋았을 것이라는 생각과 혹은 다시는 얼굴을 보지 않으면 좋겠다는 생각 같은 모든 종류의 나쁜 생각을 쫓아내는 것이다."[27]

둘째, 우리의 영혼과 결혼과 감정을 만드신 하나님께 더 많이 사랑할 수 있게 해달라고, 또 말과 행동으로 그 사랑을 더 잘 표현할 수 있게 해달라고 계속 기도해야 한다. 하나님은 은혜 가운데 명령을 내리신다. 그러므로 우리는 결혼 생활에서 우리가 순종해야 할 규범이나 순종 그 자체를 위해 하나님을 바라볼 수 있다. 우리는 오직 하나님의 은혜와

---

24 Gouge, 163.
25 Rogers, 142.
26 Ambrose, 233.
27 Bolton, 266.

성령으로 결혼을 향한 그의 뜻을 행할 수 있다(빌 2:13; 요 15:4-5). 우리
는 하나님께 우리 마음을 계속해서 지켜달라고, 서로에 대한 만족이 더
커지게 해달라고, 서로의 인격과 미소와 애정과 감촉과 교제와 섬김 안
에서 기쁨이 더욱 넘치게 해달라고 기도해야 한다. 또 배우자에 대한
우리의 사랑이 약화되거나 식거나 거두어지지 않도록 지켜달라고 기도
해야 한다(마 6:13).

셋째, 우리는 솔로몬의 아가에서 그리스도와 교회가 서로에게 사용
하는 애틋한 표현들을 생각해야 한다. 그리스도는 그의 교회에게 다음
과 같은 표현들을 사용한다. "여인 중에 어여쁜 자, 나의 사랑, 내 사랑
아 너는 어여쁘고 어여쁘다, 너는 어여쁘고 아무 흠이 없구나, 내 누이
내 신부야 네가 내 마음을 빼앗았구나, 네 사랑은 포도주보다 진하고
네 기름의 향기는 각양 향품보다 향기롭구나, 내 누이 내 신부 내 동산,
네 눈이 나를 놀라게 하니, 내 비둘기 내 완전한 자는 하나뿐이로구나,
사랑아 네가 어찌 그리 아름다운지 어찌 그리 화창한지 즐겁게 하는구
나." 또 교회는 그리스도에 대해 다음과 같은 표현들을 사용한다. "네 사
랑이 포도주보다 나음이로구나, 내 마음으로 사랑하는 자, 나의 사랑하
는 자, 나의 사랑하는 자야 너는 어여쁘고 화창하다, 내가 사랑하므로
병이 났다, 내 사랑하는 자는 희고도 붉어 많은 사람 가운데에 뛰어나
구나, 그 전체가 사랑스럽구나."[28]

만일 남편과 아내 사이의 사랑이 그리스도와 교회 사이의 뜨거운 사
랑을 반영하는 것이라면, 우리는 서로에게 애틋하고 마음을 녹이는 표
현들을 사용하여 우리의 결혼을 아름답게 만들어야 한다. 그러할 때 서
로를 향한 우리의 사랑은 강력하게 타오르고 유지될 것이다. 입술은 마

---

28 아 1:8, 15; 4:7, 9, 10; 5:1; 6:5, 9; 7:6; 과 아 1:2, 7, 13, 16; 5:8, 10, 16을 참조하라.

음의 출구이다. 그러므로 만일 우리의 마음이 배우자에 대한 사랑으로
차 있다면, 틀림없이 사랑스러운 언어들이 나올 것이다.

넷째, 남편과 아내는 함께 많은 시간을 보내야 한다. 청교도들은 상호
사랑을 유지하는 방편으로 함께 사는 것을 강조했다.[29] 신명기 24장 5절
에서 하나님께서는 이스라엘 백성은 결혼 후 일 년 동안 군대에 가서는
안 된다고 말씀하신다. 그것은 "일 년 동안 한가하게 집에 있으면서 그
가 맞이한 아내를 즐겁게" 하기 위해서였다. 하나님은 남편이 젊어서 취
한 아내를 즐거워하며, 그녀와 함께 만족을 누리며, 그녀의 사랑으로 기
뻐하기를 바라신다(잠 5:18-19). 군대에 가지 않고 아내와 함께 한가하
게 집에 있는 일 년 동안, 그들의 사랑은 견고한 터 위에 굳게 세워질 것
이다(창 2:24; 시 45:10; 벧전 3:7; 고전 7:10, 12 – 13을 참조하라).

남편과 아내가 서로 떨어져서 살고, 떨어져서 먹고, 떨어져서 잠자
는데 도대체 어떻게 사랑의 불꽃이 유지될 거라고 기대할 수 있단 말
인가? 두 사람임에도 불구하고, 그들은 하나님에 의해 한 몸이 되었다.
그러므로 그들은 같은 집, 같은 식탁, 같은 침대를 사용해야 한다. 어쩔
수 없을 때 말고는 서로 떨어져서는 안 된다. 그들은 최대한 많은 시간
을 함께 보내야 한다. 그들은 서로에게 최고의 친구가 되고 가장 가까
운 벗이 되어야 한다. 그들은 많은 대화를 하며 서로의 감정을 공유해
야 한다. 그렇게 할 때 그들의 연합은 더욱 견고해질 것이다. 그들은 그
들 사이에 어떤 종류의 불화가 고착되는 것과 서로 떨어져서 잠자는 것
을 허용하지 말아야 한다. 왜냐하면 그들 사이의 불화는 결국 하나님과
의 불화로 이어지기 때문이다(요일 4:20-21). 그들은 해가 지도록 분을
품어서는 안 된다(엡 4:26). 왜냐하면 마귀에게 그들을 대적하여 역사

---

29   예컨대 Whately, *A Bride-Bush*, 42-54를 보라.

할 기회를 주기 때문이다(27절). 세커는 이렇게 말한다. "남편과 아내는 하나의 촛대에서 함께 불타는 두 개의 촛불 같아야 한다. 그것이 집을 더 밝게 만들 것이다. 또 그들은 하나의 꽃다발 속에 묶여 있는 두 송이의 향기로운 꽃 같아야 한다. 그것이 집을 더 향기롭게 만들 것이다. 또 그들은 두 개의 잘 조율된 악기와 같아야 한다. 그것이 함께 화음을 이루어 더 아름다운 음악을 만들 것이다. 남편과 아내는 두 지류가 합쳐져서 이루어진 하나의 강과 같다. 이렇게 하나로 연합된 그들 사이에서 다툼이 일어나는 광경을 보는 것은 슬픈 일이다."[30]

다섯째, 남편과 아내의 상호 사랑은 영적 생활로 인해 유지되고 증진된다. 하나님과 함께 하며 보낸 시간은 부부간의 사랑을 유지하는 데 큰 도움이 될 것이다. 웨이틀리는 이렇게 말한다. "남편과 아내가 함께 기도하게 하라. 천국에 대해 서로 이야기하게 하라. 함께 시편을 노래하게 하라. 그러면 그들의 마음은 하나님과 더불어 또 서로와 더불어 더 견고하게 연합될 것이다."[31] 그는 계속해서 덧붙인다. "그러면 하나님의 형상의 밝은 빛이 그들을 비출 것이다. 그러면 서로가 사랑스러워 보일 것이며, 이는 그들 안에 있는 거룩의 영을 더 빛나게 하고, 그들의 사랑을 더욱 불타오르게 하고, 하나님에 대한 그들의 믿음을 향상시킬 것이다. 그리고 그 믿음은 사랑으로 역사할 것이다. 그러면 서로가 영적으로 유익함을 느낄 것이며, 그로 인해 영적으로 더욱 고양될 것이다. 그들은 스스로를 한 나라의 나그네로, 한 가정의 종으로, 한 부모의 자녀로, 그리고 한 몸의 지체로 인식할 것이며, 그들의 마음은 서로에게 더욱 굳

---

30 Secker, 259.
31 Whately, *A Bride-Bush*, 49.

게 결속될 것이다."[32]

남편과 아내가 영적 생활을 함께하는 것은 이토록 중요하다. 그들의 사랑이 아무리 뜨겁고 강하다 해도 만일 함께 영적 생활을 하는 데 실패한다면, 그들은 곧 자신들 사이에 큰 틈이 있음을 느끼게 될 것이다. 세속적인 유흥이나 헛된 즐거움 속에서 함께 많은 시간을 보냈는데도 서로의 마음이 멀어지고 애정이 식는 부부를 우리는 많이 본다. 그런 시간은 그들의 결혼에 독과 암이 될 수 있다. 그러나 함께 하나님을 예배하는 데 보낸 시간은 서로에 대한 그들의 사랑을 증진시킬 것이다.

여섯째, 우리는 배우자에게 악이 아니라 선을 행하고자 힘써야 한다 (히 10:24). 만일 남편과 아내가 서로에게 선을 행하고자 애쓴다면, 그들의 마음은 더욱 견고하게 결속되고 그들은 서로에게 더 사랑스러운 배우자가 될 것이다. 백스터는 이렇게 말한다. "배우자 안에 있는 달콤하며 아름다운 향기를 뽑아내라. 그러면 배우자의 허물조차 사랑스럽게 느끼는 당신을 발견할 것이다."[33] 만일 우리가 배우자의 장점에 초점을 맞춘다면, 분명 우리의 사랑은 커질 것이다. 마찬가지로 만일 우리가 배우자의 허물을 보지 않는다면, 우리 마음 안에서 일어날 수 있는 배우자에 대한 혐오감을 막을 수 있을 것이다. 반대로 만일 우리가 매일같이 배우자의 허물을 들추어내고 비난한다면, 배우자의 죄악된 본성을 계속 충동하고 격발하게 될 것이다. 그러므로 우리는 배우자의 허물을 사랑으로 덮으려고 애써야 한다. 그러할 때, 배우자가 더 사랑스러워 보일 뿐만 아니라 우리 역시 배우자에게 더 사랑스러워 보일 것이다. 리처드 백스터는 사랑스럽고 좋은 아내를 만드는 최고의 방법은 자신이 사랑

---

32 Whately, *A Bride-Bush*, 49.
33 Baxter, 129.

스럽고 좋은 남편이 되는 것이라고 말했다. 왜냐하면 남편이 지혜로우며, 겸손하며, 사랑스러우며, 스스로를 부인하며, 오래 참을 때, 아내는 남편의 거룩한 삶의 모범을 본받으려고 할 것이기 때문이다.[34]

결론적으로, 결혼한 사람들은 모두 그들의 상호 사랑이 무엇과도 비교할 수 없는 값진 진주라는 사실을 기억해야 한다. 그들은 그러한 진주를 소중히 여기며 잃어버리지 않도록 잘 간수해야 한다. 또 그러한 사랑의 불꽃이 꺼지지 않도록 잘 돌보며 계속 연료를 공급해야 한다. 특별히 그들은 하나님의 명령을 이루어야 한다. 그러므로 이러한 상호 사랑의 은혜 없이 결혼해서는 안 된다. 일단 결혼했다면, 우리는 매일같이 결혼의 온전함과 보존과 향상을 위해 기도해야 한다. 왜냐하면 우리의 상호 사랑이 그리스도와 교회의 상호 사랑을 나타낼 때 하나님께서 영광을 받으시기 때문이다.

순결과 성적 헌신

두 번째 상호 의무는 이중적인 의무로서 순결과 성적 헌신이다. 순결은 결혼 속에서 스스로를 성적으로 정결하게 지키는 것이고, 성적 헌신은 자신을 배우자에게 즐겁게 성적으로 내어 주는 것이다. 고린도전서 7장 2-3절에서 바울은 이러한 이중적인 책임이 남편과 아내 모두를 위한 것임을 분명히 한다. "음행을 피하기 위하여 남자마다 자기 아내를 두고 여자마다 자기 남편을 두라 남편은 그 아내에 대한 의무를 다하고 아내도 그 남편에게 그렇게 할지라." 한편으로 바울은 죄악된 형태의 성적 행동에 대해 분명하게 경고한다. 또 그는 남편과 아내 사이의 성적 교제가 "의무"임을 인정한다. 마찬가지로 데살로니가전서 4장

---

34 Baxter, 129.

3-4절에서 바울은 "음란을 버리고 각각 거룩함과 존귀함으로 자기의 아내 대할 줄을 알고"라고 말한다. 이러한 훈계는 결혼하지 않고 혼자 사는 사람들과 결혼한 부부 모두를 위한 것이다.

우리는 이러한 두 번째 의무가 어떻게 첫 번째 의무와 연결되는지 이해할 필요가 있다. 사랑은 근본적인 의무로서 남편과 아내를 하나로 결합시키는 접합제이다. 순결은 이러한 뜨겁고 견고한 감정에서 흘러나오는 행동을 특징짓는다. 남편과 아내의 순결은 몸이 더러움으로부터 지켜질 때 마음으로 온전히 사랑할 수 있음을 증명한다.[35] 어느 누구도 남편과 아내 사이에 끼어들 수 없다. 오직 두 사람만이 자유롭게 서로에게 스스로를 내어 줄 수 있다. 이와 관련하여 웨이틀리는 이렇게 쓴다. "하나님에 의해 남편과 아내는 서로에게 스스로를 내어 주며, 서로의 필요에 따라 서로를 즐기도록 규정된다."[36] 그러므로 그들의 상호 사랑은 그들의 순결과 성적 헌신의 **기초**가 된다.

이러한 이중적인 의무에 따라 남자는 자기 아내 이외의 다른 사람에게 성적으로 자신을 내어 주는 것을 금하며, 아내 역시 자기 남편 이외의 다른 사람에게 성적으로 자신을 내어 주는 것을 금한다(이런 이유로 바울은 "남자마다 자기 아내를 두고 여자마다 자기 남편을 두라"고 말한다). 동시에 남편과 아내는 성적으로 서로에게 자신을 내어 주어야 한다(그것을 바울은 "의무"라고 말한다). 그것이 "의무"인 까닭은 결혼 언약이 그들 각자에게 그러한 권리를 부여하기 때문이다. "남편은 그 아내에 대한 의무를 다하고 아내도 그 남편에게 그렇게 할지라 아내는 자기 몸을 주장하지 못하고 오직 그 남편이 하며 남편도 그와 같이 자기 몸을 주장하지 못하

---

35 Rogers, 153.
36 Whately, *A Bride-Bush*, 14.

고 오직 그 아내가 하나니 서로 분방하지 말라"(고전 7:3-5). 또 그것은 부부가 서로에게 선을 행하는 일인데, 이는 곧 서로에게 나타내기로 약속한 사랑의 친밀한 표현이기 때문이다.

순결은 남편과 아내가 그들의 관계 안에 다른 사람이 들어오지 못하도록 문을 굳게 지키는 것이다. 그들이 그렇게 해야 하는 이유는 결혼에 의해 서로에게 배타적으로 속하기 때문이다. 그들은 순결의 문 안에서 결혼에 수반되는 성적 권리를 위해 서로 의지한다. 이와 같이 그들은 결혼 안에서 성적 욕망을 적절하게 만족시키며 순결을 지킨다. 왜냐하면 성적 욕망을 만족시키기 위해 결혼 밖으로 나가고자 하는 유혹이 차단되기 때문이다.

성경의 명령 외에도 우리가 결혼의 순결을 지켜야 하는 이유는 많다. 첫째로 순결의 의무는 결혼 언약에서 흘러나오기 때문이다. 한 남자와 한 여자가 결혼으로 연합할 때, 그들은 서로에게 진실하게 헌신할 것을 약속한다. 그러한 언약은 "언제든 어떤 상황에서든 그들의 몸을 배우자 외의 다른 사람에게 내어 주는 것을 완전히 불법적인 것으로 만든다. 그러므로 성경은 다른 모든 사람들을 '낯선 육체(잠 5:19-20)'[37]라고 부른다".[38] 이러한 언약은 평생 동안 결혼의 순결을 지키는 의무를 부과한다.

둘째로 순결의 의무는 서로에게 속하는 한 남자와 한 여자의 거룩한 연합에서 흘러나오기 때문이다. 어느 누구도 결혼한 부부에게 있는 권리를 갖지 못한다. 왜냐하면 그것은 오직 그들에게만 주어지는 배타적인 권리이기 때문이다. 결혼은 남자에게 그에게만 속하는 아내를 주고, 여자에게 그녀에게만 속하는 남편을 주는 관계이다. 고린도전서 7장

---

37 한글개역개정판에는 '음녀' 혹은 '이방 계집'이라고 되어 있음. -옮긴이 주
38 Whately, *A Bride-Bush*, 3.

2절에서 바울은 이렇게 말한다. "음행을 피하기 위하여 남자마다 자기 아내를 두고 여자마다 자기 남편을 두라." 그러므로 남자와 여자는 서로의 소유가 된다. "아내는 자기 몸을 주장하지 못하고 오직 그 남편이 하며 남편도 그와 같이 자기 몸을 주장하지 못하고 오직 그 아내가 하나니"(고전 7:4).

셋째로 순결의 의무는 최초로 제정된 결혼에서 흘러나오기 때문이다. 하나님은 한 남자와 한 여자가 연합하여 한 몸을 이루라고 말씀하셨다(창 2:24). 만일 하나님의 뜻이 남자가 여러 명의 아내를 갖는 것이었다면, 그는 아담에게 여러 명의 아내를 주셨을 것이다. 마찬가지로 만일 하나님의 뜻이 여자가 여러 명의 남편을 갖는 것이었다면, 그는 하와에게 여러 명의 남편을 주셨을 것이다. 이러한 규례는 구약 교회에서 일부다처제로 인해 오염되었지만, 결혼이 한 남자와 한 여자 의 연합이라는 사실은 최초로 제정된 결혼에서 분명하게 드러날 뿐만 아니라 그리스도께서도 마태복음 19장 8절에서 그것을 확실하게 재확인하셨다("본래는 그렇지 아니하니라").

넷째로 순결의 의무를 성취하면 다른 모든 결함들을 덮을 수 있기 때문이다. 남자는 아내에게서 이런저런 결함들을 발견할 수 있다. 그러나 만일 그녀가 그에게 신실하다면, 그는 그녀의 결함들을 간과할 수 있다. 여자는 남편에게 이런저런 결함들을 지적할 수 있다. 그러나 만일 그가 그녀에게 신실하다면, 그녀는 그의 결함들을 간과할 수 있다. 그러므로 남편과 아내는 순결을 소중히 여기고 유지해야 한다. 왜냐하면 순결은 배우자에게서 발견할 수 있는 결함과 불완전함을 간과하게 해주는 능력이 있기 때문이다.

다섯째로 순결의 의무를 성실하게 지키지 않는 것은 치명적이기 때문이다. 결혼 언약은 남편과 아내에게 순결을 요구하며, 배타적인 관계로 그들을 속박한다. 외도하는 배우자를 갖느니 차라리 결혼하지 않는 편이 낫다. 결혼의 모든 축복은 남편과 아내의 순결에 달려 있다. 설령 우리가 결혼의 모든 존귀와 축복과 은택을 누린다 하더라도, 순결이 지켜지지 않으면 그것들은 아무것도 아닌 게 된다. 여자는 부유한 남편의 축복을 가질 수 있다. 그러나 만일 그가 외도를 한다면, 그것이 그녀에게 무슨 유익이겠는가? 남자는 아름답고 사랑스러운 아내를 가질 수 있다. 그러나 만일 그녀가 외도를 한다면, 그가 그녀를 소중히 여길 수 있겠는가?

여섯째로 순결한 결혼은 모든 곳에서 하나님의 축복을 누릴 수 있기 때문이다. 교회에서든 가정에서든 침실에서든 혹은 모태母胎에서든, 하나님의 축복은 순결을 지키고 존중하는 결혼 위에 임한다(딤전 4:4-5; 딛 1:15; 히 13:4). 순결은 모태에 하나님의 축복을 가져다줄(시 128:3) 뿐만 아니라, 정당한 결혼을 통해 태어나는 자녀들이 하나님의 축복을 합법적으로 상속받도록 한다(창 21:10; 고전 7:14).

일곱째로 순결은 결혼의 모퉁잇돌이기 때문이다. 순결한 남편과 아내는 항상 가족의 필요와 교제와 사랑과 책임에 마음을 쓴다. 그러나 외도하는 남편과 아내의 마음은 가정에서 떠나 있을 것이다.

마지막으로 순결은 결혼을 음행으로부터 보호한다. 사랑의 결여는 비참한 결혼을 만든다. 반면 순결의 결여는 이혼의 문을 활짝 연다(마 19:9). 이와 관련하여 스윈녹은 이렇게 쓴다. "다른 잘못은 그들의 위로를 방해할 뿐이지만 순결의 의무를 지키지 않는 것은 그들의 언약을 깨뜨린다."[39]

음행은 결혼을 무효화하지는 않지만, 결혼의 뿌리를 심각하게 손상

---

39 Swinnock, 1:476.

시킨다. 뿌리가 썩어서 가지에 좋은 열매가 맺지 못할 정도로 말이다. 그와 관련하여 백스터는 이렇게 말한다. "음행은 결혼 언약과 근본적으로 배치된다. 설령 그것이 실제적으로 언약을 해체하고 결혼을 무효화하지는 않는다 하더라도, 그것은 상대방에게 심각한 위해를 가하는 동시에 이혼을 정당화하는 충분한 근거가 된다."[40] 만일 음행한 당사자가 회개하지 않는다면, 무죄한 상대방은 외도한 배우자와 나누어지기를 선한 양심으로 추구할 수 있다.[41] 그러므로 만일 결혼이 온전한 상태로 유지되기를 바란다면, 반드시 순결을 지켜야 한다.

이 두 번째 의무와 관련하여 로저스는 이렇게 말한다. "순결은 가장 아름다운 꽃이며, 화관花冠에 박힌 가장 고귀한 보석이며, 결혼의 면류관이다. 순결이 없으면 결혼은 파괴된다."[42] 이러한 상호 의무로 인해 남편과 아내는 그들의 결혼을 보존하며 향유한다. 그러나 만일 어느 한쪽이나 두 사람 모두 순결의 의무를 깨뜨린다면, 그들은 "영적인 비참함의 지옥을 경험할 뿐만 아니라 결혼의 심장과 힘줄과 생명 자체를 건드리게" 된다.[43]

순결을 지키는 방편들

그렇다면 우리는 결혼 생활에서 순결을 어떻게 지킬 수 있는가? 물론 남편과 아내가 "의무를 다하는" 것이 순결을 지키는 주된 방편이지만, 청교도들은 몇 가지 다른 방편들도 제시했다.

첫째로 우리는 고삐 풀린 망아지 같은 정욕에 대항하여 마음을 지켜

---

40 Baxter, 131.
41 Whately, *A Bride-Bush*, 6.
42 Rogers, 150.
43 Bolton, 267.

야 한다. 잠언 4장 23절은 "모든 지킬 만한 것 중에 더욱 네 마음을 지키라 생명의 근원이 이에서 남이니라"라고 말한다. 마음속에 있는 것이 말과 행동으로 나온다. 만일 우리 마음이 성령의 역사로 말미암아 깨끗하고 정결하게 되었다면, 우리의 눈과 감각과 몸과 지체들은 그런 마음을 따라 음행의 유혹에 즐거워하지 않을 것이다. 우리는 다른 사람에게 마음을 빼앗기지 않고 젊어서 취한 배우자로 만족할 것이다(잠 5:18, 20). 그러나 만일 우리 마음이 패역하여 정욕으로 가득하다면, "우리 몸을 곧 보는 것과 듣는 것과 부정한 무리에게 내어 줄" 것이다.[44]

많은 사람이 음란한 상상을 탐닉하면서도, 실제로 행하지 않으면 별로 해롭지 않을 거라고 생각한다. 그러나 그러한 상상은 음행의 일종일 뿐만 아니라 어리석은 짓이다(마 5:27-28). 더러운 시궁창에서 뒹구는 것은 무죄한 것도 아니고 무해한 것도 아니다. 왜냐하면 마음이 곧 그러한 생각을 따라갈 것이기 때문이다. 야고보는 사람이 자기 욕심에 끌려 미혹을 당한다고 말한다(약 1:14). 스스로를 패역하며 음란한 생각에 내어 주면, 곧 내적인 정욕이 외적인 죄의 행동으로 나아갈 수 있는 길을 발견한다(15절). 우리의 의지는 도둑질한 물을 붙잡으려고 한다(잠 9:17; 5:15-20 참조; 욥 31:7). 로저스는 "그와 같은 내적인 생각의 죄는 외적인 행동의 죄로 나아가는 문을 연다. 설령 어떤 섭리가 억제할지라도, 의지意志는 막무가내로 앞으로 나아간다"고 말한다.[45] 그러므로 순결을 지키고자 한다면, 하나님께 기도해야 한다. 부디 성령으로 우리의 마음과 생각을 정결하게 지켜달라고 말이다. 왜냐하면 내적인 순결이 외적인 순결의 핵심이기 때문이다.

---

44   Rogers, 158.
45   Rogers, 158.

둘째로 우리는 존 번연이 눈문(Eyegate)과 귀문(Eargate)이라고 부른 영혼의 입구를 지켜야 한다.[46] 존 번연이 그렇게 부른 것은 많은 경우 죄의 유혹이 우리의 눈과 귀를 통해 마음 안으로 들어오기 때문이다. 순결을 위한 싸움에 있어 다투는 악한 마음을 갖는 것은 충분히 나쁜 일이다. 우리는 타오르는 유혹의 불에 감각의 연료를 더해서는 안 된다. 다윗은 하나님께 자신의 입에 파수꾼을 세우시고 자신의 입술의 문을 지켜달라고 기도했다(시 141:3). 우리 입에 파수꾼을 세워야 하는 이유는 우리의 악한 마음에서 언제든 죄악된 말이 나올 준비가 되어 있기 때문이다. 마찬가지로 우리는 하나님께 우리의 눈과 귀에도 파수꾼을 세우셔서 우리를 외적인 유혹들로부터 지켜달라고 기도할 필요가 있다. 동시에 우리는 부정한 것이 우리 눈앞에 보이거나 부정한 말이 우리 귀에 들리지 않도록 하기 위해 필요한 조치를 취해야 한다(시 101:2-4; 욥 31:1-4; 엡 5:3-8).

많은 그리스도인이 정욕과 더불어 싸운다고 고백한다. 그들은 정욕이 하나님께 죄악된 것임을 알며, 그것을 이기기 위해 관련 서적을 읽거나 전문가에게 상담을 받는 등 다양한 방법을 시도한다. 그러나 그들은 음란한 생각에 대항하여 싸우는 일에 무력해 보인다. 그리고 종종 은밀하게 인터넷의 음란 사이트를 방문하고자 하는 유혹을 받는다. 그들은 자신의 죄를 혐오하며, 그것을 부끄럽게 여기며, 그것을 이기기 위해 간절히 기도하며, 그것에서 건져지기를 바라며, 그 불을 끄기를 추구한다. 그럼에도 불구하고 승리할 때보다 패배할 때가 훨씬 더 많다. 그리하여 그들은 자신의 구원 여부에 대해 의심하며 절망하기 시작한다.

야고보서 3장 10절은 "내 형제들아 이것이 마땅하지 아니하니라"라

---

46 존 번연의 『거룩한 전쟁』을 참조하라.

고 말한다. 그러나 그들은 자신이 어떻게 눈과 귀를 통해 음란을 마음속으로 초청했는지 생각하지 않는다. 또 그들은 자신이 지금 가고 있는 길이 어떤 길인지 생각하지 않으면서 성적 부도덕으로 자신의 감각을 만족시킨다. 자신의 눈과 귀를 성적 부도덕으로 만족시키는 자들에게 순결의 삶은 불가능하다. 자신의 감각을 만족시키는 자들은 단지 정욕에 불을 붙일 뿐이다. 그러므로 그런 사람들은 자신의 마음에 의해 잘못된 길로 가게 된다. 그들은 자신의 정욕에 복종함으로써 패배를 자초한다.

영화와 텔레비전이 제공하는 오락에 탐닉하는 것은 "거리를 지나 골목 모퉁이로 가까이 하여 음녀의 집 쪽으로 가는" 것과 같다(잠 5:8; 7:8). 그것은 곧 "불을 품에 품고 숯불을 밟는" 것이다(잠 6:27-29). 우리가 죄악된 장소에 가서 죄악된 사람들과 어울리면서 각종 매체가 제공하는 음란의 찌꺼기들로 스스로를 즐겁게 하는 한, 기도와 경건 서적과 교제 모임과 교회와 설교는 순결과 정결에 별 도움이 되지 못한다. 웨이틀리는 이렇게 말한다.

> 만일 어떤 사람이 죄악된 장소를 찾으며 죄악된 부류의 사람들과 어울리기를 좋아한다면, 그 무엇도 그를 죄에서 막아 주지 못할 것이다. 인간의 감각은 자기를 충동하는 것 앞에서 격렬하게 작동한다. 그리고 인간의 마음은 격렬하게 작동하는 감각을 제대로 억제하지 못한다. 그러므로 만일 어떤 사람이 죄를 지을 수 있는 장소로 달려가서 유혹을 자초한다면, 하나님께서 그를 그냥 내버려 두시는 방법으로 징벌하시는 것은 조금도 이상한 일이 아니다. 그는 하나님에게서 몸을 돌려 정욕으로 돌진해 들어간다. 그렇다면 하나님은 공의 가운데 그를 정욕의 손에 넘겨주셔야만 하지 않겠는가? 그러므로 최선을 다해 악의 모든 기회들을 피하라. 특별히 정욕으로 유혹하는 사람들의 무리를 피하라. 불 가까이 가지 말라. 불 가까

이 가면, 차가운 물도 뜨거워지지 않는가?[47]

많은 그리스도인이 스스로를 즐겁게 만드는 방법은 비그리스도인들의 방법과 크게 다르지 않다. 만일 진정으로 순결한 삶을 살기 원한다면, 성결의 삶을 살아 거룩한 제사장으로 성별되고 성령으로 충만해야 한다. 우리는 그 어떤 대가를 치르더라도 우리의 눈과 귀에 파수꾼을 세워야 한다. 그리고 우리의 눈문과 귀문을 우리를 거룩한 믿음으로 세워 주는 자들에게만 열어야 한다. 우리는 다음과 같은 로저스의 충고를 깊이 새길 필요가 있다. "나는 이러한 재앙을 피하고자 하는 모든 사람에게 세 단어를 제시하고자 한다. **속히, 멀리, 느리게**가 그것이다. 당신을 정욕으로 이끄는 기회들로부터 가능한 **속히 멀리** 떠나고, 가능한 **느리게** 돌아가라. 만일 당신의 오른눈과 오른손과 오른발이 당신을 범죄케 하면, 그것을 찍어 버리라. 하나님의 나라와 순결을 위해 스스로를 영적 불구자로 만들라. 만일 당신의 그릇을 존귀하게 보존하고자 한다면, 당신의 몸을 시퍼렇게 될 때까지 쳐서 복종시키라(고전 9:27)."[48]

셋째로 결혼의 순결을 지키기 위해서는 음행을 비롯한 모든 유혹을 배우자를 배반하는 것으로 여기고 혐오해야 한다. 오늘날 우리는 음란과 외설과 악한 본보기들에 둘러싸여 있다. 세상은 음행과 간음이 극도로 달콤한 것이라고 말하는 대중 매체와 잡지와 소설로 우리를 폭격한다. 만일 우리가 성경의 경고에 주의를 기울이며 하나님의 뜻을 생각하지 않는다면, 죄를 좋은 것으로 여기는 오류에 떨어지게 될 것이다. 이

---

47   Whately, *A Bride-Bush*, 12.

48   Rogers, 160-61. 강조 표시.

와 관련하여 스틸은 이렇게 말한다. "최소한의 탈선도 영혼을 곪게 만든다. 그러한 탈선은 노골적으로 음행을 행하는 자리에 이를 때까지 쉬지 않을 것이다. 그리하여 삶의 위로와 양심의 고요함과 가정의 견고함은 큰 타격을 받을 것이다. 참된 회개가 없는 한 그들의 영원한 복은 파선破船한다."[49] 이와 관련하여 백스터는 이렇게 말한다. "그러므로 우리는 가증한 죄의 원인과 구체적인 표현들을 조심해야 한다. 당신의 눈과 생각이 음녀를 따라가도록 내버려 두지 말라. 그리하여 당신의 결혼 언약에 금이 가지 않도록 하라."[50]

그러므로 이 죄가 얼마나 가증한지 생각하라. 구지는 "나는 성경 전체에서 간음만큼 여러 가지 색깔로 추악하게 채색된 죄를 발견하지 못했다"고 말했다.[51] 십계명 외에도, 간음은 삼위일체 각각의 위位와 이웃과 배우자에게 죄를 범하는 것으로 언급된다. 구지가 말한 것처럼 간음은 성부와 성자와 성령께 죄를 범하는 것이다.[52] 성부에게 죄를 범하는 것인 까닭은 그의 율법을 깨뜨리기 때문이다. 성자에게 죄를 범하는 것인 까닭은 간음한 그의 지체가 그의 몸을 더럽히기 때문이다. 성령에게 죄를 범하는 것인 까닭은 성령의 전인 우리의 몸을 더럽히기 때문이다. 또한 간음은 이웃과 배우자뿐만 아니라 간음으로 태어난 자녀들에게도 죄를 범하는 것이다. 그들에게 사생아라는 오명을 남기기 때문이다. 또 그것은 친구들과 가족들에게 죄를 범하는 것이다. 그들에게 수치심을 가져다줄 뿐만 아니라 그들 안에 복수심을 불러일으키기 때문이다. 또

---

49 Steele, *Puritan Sermons*, 2:276.
50 Baxter, 132.
51 Gouge, 159.
52 Gouge, 159-60.

그것은 사회와 도시와 국가에 죄를 범하는 것이다. 왜냐하면 구성원들의 간음 때문에 공동체 전체가 하나님의 심판 아래 떨어지기 때문이다. 또 그것은 하나님의 교회에게 죄를 범하는 것이다. 언약 안에서 합법적으로 태어난 자녀들을 빼앗아가기 때문이다. 그리고 그것은 무엇보다도 자기 자신에게 죄를 범하는 것이다. 자신의 인격과 소유와 영혼을 하나님의 심판에 노출시키기 때문이다. "모든 사람은 결혼을 귀히 여기고 침소를 더럽히지 않게 하라 음행하는 자들과 간음하는 자들을 하나님이 심판하시리라"(히 13:4).

간음은 남편과 아내 사이에 불화를 일으킨다. 그들은 마음으로 서로 멀어진다. 그리고 서로에 대한 애정은 쉽게 회복되지 못한다. 결혼과 가정을 세우는 데 사용되어야 할 돈과 시간과 감정 등의 소유가 간음으로 허비된다. 배신을 당한 배우자는 외도한 그/그녀가 차라리 죽어 버렸으면 좋겠다고 생각할 정도로 분노할 수 있다. 반면 외도한 배우자는 죄책감으로 인해 큰 괴로움을 겪게 된다. 진정으로 회개하지 않는 한 그의 마음은 더욱 강퍅해지고 마침내 그는 죄 가운데 살라질 것이다(롬 1:18-32). 아, 간음의 죄는 얼마나 악독한가!

이제 다음의 두 가지 경고에 주의를 기울이자. 첫 번째 경고는 스쿠더가 제시했다.

> 당신은 배우자 안에서 **스스로를 만족시켜야** 한다(잠 5:18-20). 간음은 가장 가증한 죄이며, 결혼 언약을 깨뜨리는 가장 파괴적인 죄다. 배우자에게 더 큰 악을 행하며, 재산을 더 빨리 탕진시키며, 당신의 이름에 더 크고 혐오스럽고 영원한 흠과 불명예를 가져다줄 수 있는 것은 간음뿐이다. 간음은 당신의 영혼에 멸망을 가져다줄 것이다(잠 6:32). 하나님께서 음행하는 자들과 간음하는 자들을 심판하실 것이기 때문이다(히 13:4). 내부에서든 외

부에서든 어떤 유혹이 당신을 악으로 이끈다면, 분개하며 단호히 쫓아내라. 보디발의 아내에게 유혹을 당했던 요셉처럼 이렇게 말하라(창 39:9). "내가 어찌 이 큰 악을 행하여 나의 배우자에게 악을 행하리이까? 내가 어찌 이 큰 악을 행하여 하나님과 더불어 맺은 언약을 깨뜨리이까? 내가 어찌 이 큰 악을 행하여 하나님께 죄를 지으리이까?"[53]

두 번째 경고는 웨이틀리가 제시했다.

결혼한 사람들은 간음을 멀리하고자 굳게 결심해야 한다. 그것이 그들의 주된 의무이다. 전에 어떻게 살았든지 간에 결혼한 후에는 맹렬한 정욕의 유혹을 받아들여서는 안 된다. 그것이 하나님의 계명과 나라의 국법과 양심의 빛과 결혼 언약과 배우자의 인격과 몸의 존귀와 영혼의 안전을 지키는 길이다. 반면에 그렇게 하지 않으면, 하나님을 거스르며 국법을 지키지 않으며 교회를 실족시키며 배우자에게 악을 행하며 몸을 더럽히며 영혼에 저주를 자초하게 된다. 이 모든 것은 순간적이고 일시적이며 부정하며 야수적이며 감각적인 쾌락을 위한 것이거나 혹은 어리석은 죄이며 부끄러우며 비이성적이며 제어되지 않는 욕정을 만족시키기 위한 것이다. 정욕은 항상 폭군 같은 모습으로 드러날 것이다. 그것은 타오르는 불이다. 그러므로 우리는 그것을 품에 안아서는 안 된다. 불을 품에 안고서도 데지 않을 사람이 있는가? 그것은 뜨거운 숯불이다. 그러므로 우리는 그 위로 걸어가서는 안 된다. 숯불 위로 걸어가면서도 아무 해도 입지 않고 안전하리라고 생각하는 것은 얼마나 어리석은 일인가?[54]

---

53 Scudder, 76-78.
54 Whately, *A Bride-Bush*, 6-7.

마지막으로 우리는 배우자 안에서 즐거워하면서 서로에게 성적 헌신의 의무를 다해야 한다. 구지는 이렇게 결론 내린다. "결혼한 부부들이 음행의 죄에 떨어지지 않도록 처방할 수 있는 최고의 치료제 가운데 하나는 남편과 아내가 서로의 품에서 즐거워하며 정결하고 뜨거운 사랑을 유지하는 것이다. 서로에게 성적 헌신의 의무를 다하는 것은 하나님이 정하신 것으로서 하나님의 말씀에 의해 보증되고 성별聖別되었다. 성적 헌신은 결혼에 수반되는 가장 특유하며 본질적인 행위일 뿐만 아니라 결혼의 일차적인 목적을 위해 꼭 필요한 행위이다. 순결을 지킬 때 세상은 합법적인 자녀들로 번성하며, 부부의 애정은 더욱 견고하게 연결된다."[55]

여기에서 우리는 두 가지를 기억할 필요가 있다. 첫째, 배우자에 대한 우리의 사랑이 상대의 외모에 의존하는 것은 아니지만, 외모에 무관심하며 깔끔한 모습을 갖추는 데 관심을 기울이지 않는 배우자는 유혹의 빌미를 제공할 수 있다. 사탄이 우리로 하여금 그런 배우자에게 불만을 느끼면서 다른 사람을 바라보게 할 수 있는 것이다. 둘째, 물론 우리는 음탕한 행동과 옷차림과 말투로 배우자의 정욕을 불러일으키려고 해서는 안 되지만, 외모와 전체적인 품행에 적절한 관심을 기울여서 배우자에게 매력적인 모습을 보이려고 노력할 수 있다. 우리는 침소를 더럽히지 않기 위해 배우자에게 성적 의무를 다해야 하며, 그와 동시에 배우자를 단지 이기적인 성적 만족을 위한 도구로 바라보아서는 안 된다. 웨이틀리는 이렇게 지적한다. "결혼 안에서 성性을 거룩하며 절제 있게 향유하는 것이 정결한 결혼 생활을 영위하는 주된 방편이다."[56]

55   Gouge, 161.
56   Whately, *A Bride-Bush*, 13.

우리는 양극단을 피해야 한다. 한쪽은 남편과 아내가 스스로를 과도하게 억제하는 것이다. 이는 배우자에 대한 성적 헌신의 의무를 부인하는 것으로서 부부 관계에 사탄이 틈타게 하는 것이라고 구지는 말한다.[57] 바울은 남편과 아내가 스스로를 상대에게 쾌히, 기꺼이, 즐겁게, 모든 애정 표현과 함께 내어 주어야 한다고 가르친다. 그러므로 배우자에게 자신의 몸을 억제하는 것은 죄악된 행동이다. 바울은 기도할 목적으로 서로 동의하여 금욕의 기간을 가질 수 있지만, 그 기간이 너무 길어서는 안 된다고 말한다. 왜냐하면 자칫 사탄이 틈탈 수 있기 때문이다. "서로 분방하지 말라 다만 기도할 틈을 얻기 위하여 합의상 얼마 동안은 하되 다시 합하라 이는 너희가 절제 못함으로 말미암아 사탄이 너희를 시험하지 못하게 하려 함이라"(고전 7:5).

또 다른 한쪽은 다른 책임들을 소홀히 할 정도로 결혼의 침소를 과도하게 사용하는 것이다. 물론 부부 사이의 성性 자체는 죄악된 행동이 아니다. 그러나 다른 적법한 행동이나 자유와 마찬가지로 그것 역시 과도하게 사용되면 불법한 행동이 될 수 있다. 음식은 몸을 위해 꼭 필요한 것으로 그 자체는 선하지만, 탐식은 죄다. 하나님께서는 사랑하는 자들에게 잠을 주시지만, 게으름은 하나님을 거스르는 죄다. 마찬가지로 자신의 일과 기도를 소홀히 할 정도로 결혼의 침소를 사용하는 것은 과도하게 정욕을 추구하는 것으로서 하나님의 선물을 남용하는 것이다. 성에 대한 갈망은 배우자를 지치게 하고 괴롭히며, 육체의 약함이나 질병에도 불구하고 계속될 정도로 도무지 만족을 모른다. 이는 결혼의 침소를 남용하는 것이며, 성을 우상으로 바꾸는 것이다.

---

57 Gouge, 161.

연구 문제

1 청교도들이 상호 사랑을 결혼의 생명이라고 말한 이유는 무엇인가?

2 조지 스윈녹은 "마음의 연합 없는 육체의 연합에는 아무런 은택도 없다"고 말했다. 이것이 부부의 성과 관련하여 함축하는 바는 무엇인가?

3 부부간에 상호 사랑을 세우는 다섯 가지 기초는 무엇인가?

4 상호 사랑을 유지하며 증진시키는 여섯 가지 수단들 가운데 당신의 가정 속에서 가장 강한 것은 무엇이며 가장 약한 것은 무엇인가?

5 부부간의 사랑을 증진하는 데 함께 기도하며 예배하는 것이 중요한 이유는 무엇인가? 결혼 생활에서 그것을 좀 더 효과적으로 행하기 위해 어떻게 서로를 격려할 수 있는가?

6 앞에서 우리는 "순결은 남편과 아내가 그들의 관계 안에 다른 사람이 들어오지 못하도록 문을 굳게 지키는 것이다. 그들이 그렇게 해야 하는 이유는 결혼에 의해 서로에게 배타적으로 속하기 때문이다. 그들은 순결의 문 안에서 결혼에 수반되는 성적 권리를 위해 서로 의지한다"라고 썼다. 당신의 눈에 이것은 부정적인 이미지로 보이는가, 아니면 따뜻하고 아름다운 이미지로 보이는가?

7 하나님의 율법에 더하여 부부가 순결을 지켜야 하는 이유를 어떻게 요약할 수 있는가?

8 잠언 4장 23절은 "모든 지킬 만한 것 중에 더욱 네 마음을 지키라 생명의 근원이 이에서 남이니라"라고 말한다. 성적 유혹에 맞서 싸우는 데 마음을 지키는 것이 가장 기본이며 첫째 되는 일인 이유는 무엇인가?

9 성적 유혹에 대하여 "눈문"과 "귀문"을 지킨다는 것은 무엇을 의미하는가?

10 윌리엄 구지는 간음의 가증함을 보이기 위해 뭐라고 말했는가?

6장

상호 의무 II – 도움과 화평

세 번째 상호 의무는 도움의 의무이다. 청교도들은 이를 멍에를 함께 메는 의무라고 부르는데, 부부는 함께 짐을 지고 부르심을 이루어야 하기 때문이다. 스윈녹은 이렇게 쓴다. "결혼이 멍에로 불리는 이유는 남편과 아내가 그것을 함께 공평하게 끌어야 하기 때문이다. 그럼으로써 그들의 짐은 더 가벼워진다."[1] 여기에 나타나는 개념은 남편과 아내가 몸, 평판, 가정, 직업, 재산 등과 관련한 모든 관심사에 있어 서로 도와야 한다는 것이다.[2]

하나님이 여자를 창조하신 첫 번째 목적은 남편의 돕는 배필이 되는 것이었다(창 2:18).[3] 그리하여 남자는 혼자서는 할 수 없는 일을 할 수

---

1   Swinnock, 1:478.

2   청교도들에 따르면, 상호 도움의 의무와 관련하여 가장 크고 첫째가는 관심사는 서로의 구원이다. 이에 대해서는 나중에 다시 다루고자 한다.

3   이 말씀에 기초하여 많은 청교도들이 도움의 의무를 일차적으로 아내의 의무와 연결했지만, 그와 동시에 상호적인 의무임을 분명하게 제시했다. 이 책을 쓰면서 우리는 그들의 모범을 따르기로 했다. 이 책에서 도움의 의무는 전반적으로 상호 의무로 다루어진다. 부부 모두를 속박하는 많은 이차적인 의무들이 흘러나오는 "큰 의무"이기 때문이

있게 된다(잠 31:12-22). 마찬가지로, 도움을 받는 남자에게도 자기 아내를 도울 의무가 있었다. 왜냐하면 자신의 뼈 중의 뼈요 살 중의 살인 아내를 사랑하고 부양하는 것이 그의 책임이었기 때문이다(잠 31:31; 엡 5:28-29). 우리는 결혼 서약 때 이것을 서로에게 약속한다. 그때 우리는 "병들 때나 건강할 때나 부요할 때나 가난할 때나 즐거울 때나 슬플 때나 서로 사랑하며 서로에게 신실할" 것을 약속한다.

먼저 상호 도움의 의무 속에는 서로의 몸에 대한 상호 돌봄이 포함된다. 우리는 병 혹은 불건강不健康을 일으킬 수 있는 모든 것을 피하고 영양이 풍부한 식사, 필요한 의약품의 사용, 신체적인 운동과 같은 건강에 도움이 되는 것들을 실천해야 한다.[4]

또한 우리는 역경의 때에 서로를 위로하며 지지해 주어야 한다. 인생 행로 가운데 반드시 질병의 날과 시련의 날과 슬픔의 날과 상실의 날이 있을 것이다. 그때 남편과 아내는 서로에게 위로와 도움이 되어야 한다. 슬픔을 위로하며, 고통을 덜어 주며, 두려움을 가라앉히며, 마음을 진정시키며, 비참함을 종식시키기 위해 자신이 할 수 있는 모든 일을 해야 한다.

만일 어떤 남자가 아내의 무거운 짐을 보면서도 그녀를 위로하며 도와주지 않고 그녀의 괴로움을 덜어 주지 않는다면, 그는 남편으로서 마땅히 도와야 할 의무를 행하고 있지 않는 것이다. 마찬가지로 만일 어떤 여자가 남편이 아픈 것을 보면서도 그를 돌봐 주지 않고, 무거운 짐을 지고 있는 것을 보면서도 위로해 주지 않는다면, 그녀는 아내로서

다. 이에 대해서는 아내의 의무에 대해 논의하는 다음 장에서 좀 더 상세하게 다루고자 한다.

4   Whately, *A Bride-Bush*, 66-67.

마땅히 도와야 할 의무를 행하고 있지 않는 것이다. 그러한 행동은 결혼 서약을 깨뜨리며, 결혼의 주된 목적 가운데 하나를 어그러뜨리며, 짐을 더 무겁게 만들며, 슬픔과 고통을 가중시킨다. 욥의 아내를 생각해 보라. 욥이 돕는 배필인 아내를 가장 절실히 필요로 했을 때, 그녀는 가장 싸늘한 태도로 외인外人처럼 행동했다(욥 2:9-10; 19:17). 남편의 마음을 허물어뜨리는 아주 잔인한 태도였다.

역경의 때의 도움과 관련하여 웨이틀리는 우리에게 이렇게 조언한다.

> 병과 육체의 약함은 그 자체로 우리를 충분히 괴롭게 만든다. 거기에 굳이 남편 혹은 아내의 쌀쌀맞음과 무정함과 매정함을 더해서 짐을 더 무겁게 만들 필요가 있는가? 그것은 역경에다 또 하나의 역경을 더하고, 짐에다 또 하나의 짐을 더하는 꼴이다. 아, 얼마나 잔인하며 야만적인 행동인가! 그것은 몸이 쇠미할 때 마음까지도 쇠미하게 만드는 것이다. 그것은 사지四肢와 관절이 아플 때 영혼까지도 아프게 만드는 것이다. 어떻게 가장 가까운 사람이 그렇게 행동할 수 있단 말인가? 도리어 그와 정반대로 행동해야 마땅하지 않은가? 그것은 고도의 살인 행위이다. 그러므로 모든 남편과 아내는 이러한 잘못을 행해서는 안 된다. 배우자에 대한 자신의 태도를 돌아보아야 한다. 특히 배우자가 병이나 슬픔이나 괴로움 가운데 있을 때 말이다.[5]

이러한 조언이 다소 과장 섞인 말처럼 들릴 수 있다. 그러나 형제 사랑과 관련하여 요한이 첫 번째 서신에서 한 말을 생각할 때 이 조언은

---

5   Whately, *A Bride-Bush*, 68-69.

정말로 적실適實하다. "우리는 형제를 사랑함으로 사망에서 옮겨 생명으로 들어간 줄을 알거니와 사랑하지 아니하는 자는 사망에 머물러 있느니라 그 형제를 미워하는 자마다 살인하는 자니 살인하는 자마다 영생이 그 속에 거하지 아니하는 것을 너희가 아는 바라 그가 우리를 위하여 목숨을 버리셨으니 우리가 이로써 사랑을 알고 우리도 형제들을 위하여 목숨을 버리는 것이 마땅하니라 누가 이 세상의 재물을 가지고 형제의 궁핍함을 보고도 도와줄 마음을 닫으면 하나님의 사랑이 어찌 그 속에 거하겠느냐 자녀들아 우리가 말과 혀로만 사랑하지 말고 행함과 진실함으로 하자"(요일 3:14-18). 만일 행함과 진실함으로 서로 사랑하여 하나님의 사랑과 긍휼이 우리 안에 거하는 것을 나타내고자 한다면, 배우자가 슬픔과 괴로움 가운데 있을 때 우리 자신이 의사가 되고 우리의 사랑과 돌봄이 약이 되어야 한다.

아이작 암브로스는 자신이 "가장 기념비적이며 유명한 본보기"라고 부르는 이야기를 소개하면서 역경의 때의 애정 어린 도움에 대해 설명한다.

아름답고 사랑스러운 젊은 처녀가 세월에 시달린 남자와 결혼했다. 결혼 후 그녀는 자기 남편이 매우 끔찍하며 혐오스러운 전염병을 가지고 있다는 사실을 알았다. 그럼에도 불구하고 그녀는 믿을 수 없을 정도의 인내와 오래 참음으로 모든 것을 가장 훌륭하게 견뎠다. 그녀의 친구들과 의사들은 그녀의 남편에게 다가가지 않으면서 그녀에게도 결코 그에게 가까이 가서는 안 된다고 조언했다. 그러나 그녀는 그러한 조언을 무시하고 그들 대신 그의 친구와 의사와 간호사와 어머니와 누이와 딸과 종이 되었다. 그리고 그에게 도움이 되는 일이라면 무엇이든 기꺼이 했다. 이 일에는 많은 비용이 따랐기에 그녀는 자신의 반지와 목걸이와 값비싼 옷과 보석을 팔았다. 그러다가 마침내 남편이 죽었다. 그러자 친구들이 그녀가 과부가 된 것을 슬퍼하기보다 그녀가 끔찍한 수렁에서 벗어난 것을 축하해 주기 위해 찾아왔다. 그녀는 친구들의 그러한 태도를 혐오하며 책망했다. 남편의 목숨을 살릴 수만 있다면, 그녀는 기꺼이 자기 목숨까지도 내어 줄 수 있었다.[6]

암브로스는 이렇게 쓴다. "이 위대한 여인은 남편의 몸이 아니라 영혼과 결혼했다. 남편의 어떤 병과 약함도 그녀의 뜨거운 사랑을 끄거나 약화시킬 수 없었다."[7]

다음으로 남편과 아내는 서로의 이름과 평판을 돌봐 주어야 한다. 자기 마음속으로도 그렇게 해야 하고, 다른 사람들에게 말할 때에도 그렇게 해야 한다. 모든 남편과 아내는 상대방의 신실함, 정직함, 정결함, 성실함, 신뢰성, 사랑을 믿으면서 서로를 좋게 생각하는 마음을 더욱 고양高揚시키고자 힘써야 한다. 디모데전서 5장 19절은 "장로에 대한 고발은 두세 증인이 없으면 받지 말 것이요"라고 말한다. 만일 교회 장로에 대한 나쁜 소문조차 두세 증인 없이는 받아들여지지 않는다면, 하물며 배우자에 대한 나쁜 소문이야 얼마나 더 그렇겠는가? 배우자에 대한 나쁜 소문이 들려도 남편과 아내는 하나님과 사람 앞에서 선한 양심을 가

6   Ambrose, *Works*, 236. 스틸은 *Puritan Sermons*, 2:292에서 이 이야기를 인용하면서 몇 가지 세부적인 묘사를 덧붙인다. 이 이야기를 처음 전한 사람은 스페인의 인문주의자 요아네스 루도비쿠스 비베스였다. 그에 따르면 그녀의 이름은 클라라 세르벤타였으며, 그녀의 남편의 이름은 발도라였다. 그녀의 헌신적이며 애정 어린 돌봄은 10년 동안이나 계속되었다. Juan Luis Vives, *De Institutione Feminae Christianae, Liber Secundus et Liber Tertius*, ed. C. Fantazzi and C. Matheeussen, trans. C. Fantazzi, *Selected Works of J. L. Vives* VII (Leiden: Brill, 1998), 43-47을 보라.

7   Ambrose, *Works*, 236.

지고 기독교의 순종과 덕행으로 살기를 힘써야 한다(고후 1:12; 엡 4:25, 28-29).[8]

또 그들은 나쁜 소문으로 인해 상처 받고 질투심에 사로잡히지 않기 위해 그들의 사랑을 더욱 보양保養하고자 노력해야 한다. 이와 같이 도움의 의무는 사랑에서 솟아오른다. 그리고 남편과 아내는 확실한 증거가 없는 한 배우자에 대해 가장 좋은 쪽으로 생각하고 그렇게 믿도록 노력해야 한다(고전 13:4-7). 질투의 영은 상대의 허물을 찾느라 바쁘며, 상대를 의심하며 억측하며 정죄한다. 반면 도움의 의무는 배우자에 대한 나쁜 소문을 믿거나 근거 없는 참소를 신뢰하는 걸 주저하게 만든다. 이와 같이 남편과 아내는 외부의 나쁜 소문과 그들 내부의 의심에 맞서 서로의 명예와 평판을 지켜주어야 한다.

만일 그들의 관계 속으로 질투심이 들어온다면, 서로에 대한 그릇된 생각에 사로잡히지 않고 스스로를 지키기란 매우 어려운 일이 될 것이다. 웨이틀리가 말한 것처럼 "서로에게 애정 어린 마음을 갖기를 그치게 될" 것이다.[9] 웨이틀리는 계속해서 이렇게 조언한다.

부부 사이에 다툼을 일으키고 불화의 씨를 뿌리는 것들 가운데 질투심보다 더 강력하고 효과적인 것은 없다. 질투심은 마음을 끓어오르게 만들며, 말을 날카롭고 퉁명스럽게 만들며, 표정을 사납고 어둡게 만든다. 그리하여 그들의 모든 행실에 영향을 끼친다. 질투심에 사로잡힌 남자 혹은 여자의 마음에서는 좋은 말과 표정과 몸짓이 나올 수 없다. 오직 날카롭고 냉소적이며, 비꼬며, 다투며, 욕하며, 격노하며, 쓰라린 것들만 나올 뿐이다.

8   Gouge, 179-80.
9   Whately, *A Bride-Bush*, 72.

결혼의 정원에서 이러한 악한 가라지가 자라도록 내버려 두어서는 안 된다. 그대로 내버려 둔다면 그 땅에서 좋은 식물은 결코 자라지 못할 것이다. 악한 가라지가 좋은 식물을 온통 덮어 버리기 때문이다. 그러므로 확실한 증거가 없는 한 모든 남편과 아내는 그들 안에서 일어날 수 있는 배우자에 관한 모든 종류의 나쁜 생각들을 단호히 미워하고 혐오해야 한다.[10]

부부가 서로의 명예와 평판을 돌볼 때, 다른 사람들이 그들에 대해 나쁘게 생각하는 것으로부터 그들 각자를 지키게 될 것이다.[11] 여기에는 두 가지가 포함된다. 첫째, 남편과 아내는 다른 사람들이 상대의 허물을 보지 못하게 그 허물을 감추어 주어야 한다. 세커는 이렇게 말한다. "귀한 보석이 진흙에 떨어졌다고 해서 발로 짓밟을 사람이 있는가? 또 약간의 지푸라기가 있다고 해서 알곡 더미를 내버릴 사람이 있는가? 또 약간의 불순물이 들어 있다고 해서 금덩어리를 무가치하게 여길 사람이 있는가? 아내라는 이름의 장미꽃에는 약간의 가시가 있다. 그러므로 남편은 아내의 허물 위에 사랑의 보자기를 씌워야 한다. 남편과 아내는 서로에게 사랑을 불러일으켜야 한다. 허물이 있음에도 불구하고 서로를 사랑해야 한다."[12]

남편은 하나님과 자신 외에는 누구도 아내의 허물을 보지 못하도록 최선을 다해야 한다. 그는 하나님 외에 어느 누구에게도 아내의 허물을 말해서는 안 된다. 설령 그러한 허물을 고치도록 하기 위해서도 말이다. 마찬가지로 아내 역시도 남편의 허물을 지켜주기 위해 최선을 다해야

---

10 Whately, *A Bride-Bush*, 73-74.
11 Whately, *A Bride-Bush*, 76-81.
12 Secker, 263.

한다. 그녀는 남편의 허물을 위해 기도해야지, 그것을 잡담거리로 만들어서는 안 된다. 또 남편과 아내는 상대의 죄로 인해 놀라서는 안 된다. 왜냐하면 그들 각자가 자신의 죄에 대해 잘 알고 있기 때문이다. 사람들 앞에서 상대의 허물을 드러내며 서로의 얼굴에 먹칠을 하는 것이 누구에게 도움이 되는가? 남편이 자신의 잘못을 고치고 아내가 회개하는 데 도움이 되는가? 사람들 사이에서 배우자의 허물과 약점을 잡담거리로 삼는 것은 분별없는 행동이며, 뒤에서 물어뜯는 행동이며, 어리석은 행동이다. 낯선 사람에게만 짖는 개보다도 못한 행동이 아닌가?[13]

만일 원수의 등 뒤에서 그에 대해 나쁘게 말하는 것이 죄라면, 하물며 자신의 뼈 중의 뼈요 살 중의 살인 배우자의 등 뒤에서 그렇게 말하는 것은 얼마나 더 큰 죄이겠는가? 웨이틀리는 이렇게 말한다. "자기 아내에 대해 큰 소리로 험담하는 남편의 말을 듣는 것은 얼마나 귀에 거슬리는 일인가? 자기 아내의 이마에 불명예스러운 낙인을 찍으며 즐거워하는 꼴 아닌가? 너무나 잔인하며 몰인정한 행동이 아닌가? 마찬가지로 자기 남편의 허물을 잡담거리로 만들어 수다를 떠는 것은 얼마나 꼴사납고 혐오스럽기 짝이 없는 행동인가?"[14]

상대의 허물을 덮어 주는 것은 마치 붕대로 상처를 싸매 주는 것과 같다. 스윈녹은 이렇게 말한다. "고요한 삶을 이루려면 남편은 귀머거리가 되고 아내는 맹인이 되어야 한다. 만일 부부가 평안히 살고자 한다면 남편은 아내에 대해 떠도는 소문을 듣지 말아야 하고 아내는 남편의 허물과 가정의 부족한 것들을 보지 말아야 한다."[15] 만일 남편과 아내가

---

13 Whately, *A Bride-Bush*, 78.
14 Whately, *A Bride-Bush*, 77.
15 Swinnock, 1:476.

그들 사이의 불화를 집 안에서만 간직한다면, 절반은 이미 치료된 것이나 마찬가지다. 그러나 만일 집 밖으로 흘러나가 다른 사람들의 귀에 들어간다면, 그것은 난치성 고질병처럼 될 것이다.[16]

그러므로 우리는 배우자의 허물을 떠벌리는 행동을 삼가야 한다. 왜냐하면 그것은 배우자의 신뢰를 배반하는 악독한 행동이기 때문이다. 그런 행동은 배우자를 대하는 사랑의 태도가 아니라 원수를 대하는 증오의 태도에 더 가깝다. 구지는 "그런 관계에 무슨 상호 사랑이 있을 수 있겠는가?"라고 묻는다. 그러면서 계속해서 이렇게 덧붙인다. "그들의 손은 연합되었는지 모르지만, 그들의 마음은 결코 연합되지 못했다. 차라리 그들이 서로를 알지 못했더라면 더 좋았을 것이다. 주님의 은혜로 그들의 마음이 다시 연합되고 그들의 사랑이 다시 회복되지 않는다면 말이다."[17] 신뢰할 수 있는 가까운 친구에게 배우자의 허물을 알리는 것이 필요할 때도 있다. 기도와 건전한 충고를 받기 위해서다. 그러나 그것은 배우자의 작은 흠과 특이한 성격을 떠벌리며, 불평하며, 잡담거리로 삼는 것과는 전혀 다른 문제다. 이와 관련하여 웨이틀리는 이렇게 말한다. "그러므로 남편들과 아내들아, 이러한 의무를 알고 실천하라. 서로의 얼굴에 침을 뱉지 말라. 서로의 허물을 폭로하지 말라. 진리와 공의가 허용하는 한 그것을 덮어 주고 감추어 주라."[18]

둘째, 상대의 비밀을 지켜 줌으로써 다른 사람들이 상대를 나쁘게 생각하지 못하게 한다. 스쿠더는 이렇게 조언한다. "여러분은 함께 멍에를 메야 합니다. 그리고 상대의 허물과 약점을 떠벌리는 대신 서로의 가슴

16   Swinnock, 1:476.
17   Gouge, 182.
18   Whately, *A Bride-Bush*, 79-80.

에 의지하며 서로의 비밀을 지켜 주어야 합니다. 그럴 때 비로소 여러분은 서로를 신뢰할 수 있게 될 것입니다. 참된 사랑은 많은 죄를 덮을 수 있으며 또 덮을 것입니다(벧전 4:8). 자기 몸에 난 상처를 대하는 것처럼 배우자를 대해야 합니다. 여러분은 자신의 몸에 난 상처를 드러내지 않고, 도리어 붕대로 싸맬 것입니다."[19] 남편과 아내는 자신이 상대에게 맡긴 것이 안전하게 지켜진다고 확신할 수 있어야 한다. 이와 관련하여 웨이틀리는 부부가 "서로에게 좋은 비서가 되어야" 한다고 말했다.[20] 마치 값비싼 보석을 지키는 것처럼 그들은 서로 공유하는 것을 신실하게 지켜야 한다.

그렇지 않으면 어떻게 항상 남편이 아내를 신뢰하고 아내가 남편을 신뢰할 수 있겠는가? 만일 그들이 그들 사이의 "보석"을 아무 생각 없이 다른 사람들에게 준다면, 어떻게 그들이 서로 불화하지 않고 살 수 있겠는가? 자기 아내가 자신의 비밀을 다른 사람들에게 알렸을 때, 삼손이 얼마나 크게 분노했는가(삿 14:18)? 들릴라가 삼손의 원수들을 위해 삼손에게 그 힘의 비밀을 알려달라고 조른 것은 얼마나 가증하며 패역한 행동이었는가(삿 16:16-21)? 그러므로 남편과 아내는 안심하고 자신을 상대에게 맡길 수 있어야 한다. 그들 사이에 공유되는 것이 안전한 것을 확신하면서 말이다.

부부의 상호 도움은 가정으로 확장된다. 만일 하나님이 은혜 가운데 부부에게 자녀를 주신다면, 그들은 함께 주님께 감사드리고 주의 교양과 훈계로 자녀를 양육해야 한다(엡 6:4). 세커는 이렇게 쓴다. "가정에서 자녀들은 마치 배 안에 있는 승객들과 같다. 남편과 아내는 그들을

---

19   Scudder, 78-79.
20   Whately, *A Bride-Bush*, 81.

목적지로 데려가기 위해 움직이는 한 쌍의 노櫓와 같다."[21]

부부는 가정에서 하나님을 예배하며, 자녀들의 마음속에 하나님을 아는 지식과 하나님을 경외하는 믿음과 하나님의 말씀을 심어야 한다. 아무리 부모라 하더라도 자녀들의 마음속에 구원을 일으킬 수 없다(요 3:5). 오직 하나님만이 그렇게 하실 수 있다. 그러나 하나님은 자신이 정한 방법들을 부모가 사용하기를 기대하신다(시 78:5-8; 신 6:7-9). 가정 예배는 남편과 아내 모두의 책임이다. 그들은 경건한 가정을 세우기 위해 함께 힘써야 한다. 왜냐하면 그것은 그들의 충분한 관심과 헌신을 요구하기 때문이다.

첫째, 그들은 정기적이며 습관적으로 자녀들에 대한 그들의 의무를 이행해야 한다. 웨이틀리는 이렇게 쓴다. "이런 목적을 위해 그들은 성경을 읽고, 자녀들과 함께 하나님의 이름을 부르며, 참된 경건의 원리들 속에서 자녀들을 가르쳐야 한다. 그럼으로써 자녀들이 경건의 근본적인 진리들에 대해 무지하지 않도록 해야 한다."[22] 남편의 영적 지도력 아래 온 가족이 함께 이 의무를 행하는 것이 가장 좋다. 그러나 남편이 없을 때에는 아내가 그러한 의무를 다해야 한다(에 4:12-16). 이러한 거룩한 습관을 매일 실천하기 위해 남편과 아내는 그것을 가정의 우선순위에 두고 하나님의 영광과 가정의 영적 축복을 위해 시간을 따로 떼어 놓아야 한다.

가정 속에 그리스도의 나라를 세우는 일과 관련하여 볼턴은 다음과 같은 예화를 제시한다.

---

21 Secker, 260.
22 Whately, *A Bride-Bush*, 89.

하늘의 두 개의 큰 광명이 자연적인 빛으로 이 큰 세계를 주관하는 것처럼, 남편과 아내는 그들의 영적인 빛과 신적인 지식과 지혜로 가정의 작은 세계를 이끌어야 한다. 궁창에 해가 떠 있을 때, 달은 자신의 모든 빛과 아름다움의 근원을 존중하는 마음으로 자신의 광채를 가리고 자신의 빛을 거둔다. 그러나 궁창에서 해가 사라질 때, 달은 스스로를 나타내면서 마치 여왕처럼 빛을 비춘다. 남편이 집에 있을 때 아내는 자녀들의 무지하며 어두운 마음을 밝히는 남편의 일을 뒤에서 도와야 한다. 그러나 남편이 없을 때 아내는 전면에 나서서 자녀들에게 빛을 비춰 추위를 막아야 한다. 그리하여 하나님을 알지 못하는 자들의 머리 위에와 그의 이름을 부르지 않는 가정 위에 확실하게 떨어질 두려운 저주로부터 자녀들을 지켜야 한다(렘 10:25).[23]

우리 안에 가정예배를 소홀히 하는 나태함과 그렇게 하도록 유혹하는 시험이 있다. 그러므로 남편과 아내는 신실함을 위해 서로를 격려할 필요가 있다. 본성적으로 우리는 하나님을 예배하는 일에 적극적이지 않다. 그러나 하나님의 풍성한 축복과 채우심을 생각해 보라. 그렇다면 우리도 마땅히 그를 풍성히 예배해야 하지 않겠는가? 경건한 자녀들을 원하는가? 그렇다면 끊임없이 자녀들을 하나님의 진리로 가르치고 그들을 하나님께 드려야 한다.

특별히 우리는 자녀들을 기독교 신앙으로 가르쳐야 한다.[24] 예배 후 설교에 대해 질문하고, 하나님의 길을 걸으라고 계속 훈계해야 한다(창

---

23 Bolton, 280-81.
24 이를 위한 탁월한 도구는 하이델베르그 요리문답과 웨스트민스터 대요리문답과 소요리문답이다.

18:19; 잠 4:1 – 5; 왕상 2:1 – 2). 이와 관련하여 웨이틀리는 이렇게 말한다.

> 대부분의 가정이 겪는 무질서의 근원은 바로 이것이다. 하나님을 경외하지 않는 가정에 비속함과 불경건 외에 달리 무엇이 있겠는가? 하나님을 경외하는 믿음과 그를 아는 지식을 배우지 않은 사람들이 도대체 어떻게 그분을 알고 경외할 수 있겠는가? 그러한 은혜들이 부재한 곳에 무례함과 강퍅함과 불순종 외에 달리 무엇이 있겠는가? 그러므로 하나님을 경외하는 모든 남편들과 아내들은 주 안에서 한마음이 되어, 가정에서 경건을 연습하는 일에 성공해야 한다.[25]

가족의 예배 생활 속에는 매주 드리는 공예배도 포함된다. 주일은 기독교의 안식일로서 온 가족이 거룩하게 지켜야 한다(출 20:8). 이를 위해 그 전날인 토요일부터 잘 준비해야 한다. 우리는 토요일에 있는 모든 세속적인 일들을 잘 조정하여 안식일을 침해하지 못하도록 해야 한다. 그렇게 함으로써 주일을 비본질적인 일과 유흥으로부터 쉬는 날이 되게 해야 한다(출 20:9-10). 식료품도 미리 구입해 두고, 빨래도 미리 해서 접어 두고, 옷도 미리 다림질해 두고, 자동차 연료도 미리 주입해 두어야 한다. 그러면 우리는 하나님을 예배하는 일로 주일을 온전히 보낼 수 있을 것이다. 그리고 주일에는 예배에 신실하게 동참할 뿐만 아니라 성경공부 반에도 참여하자. 그렇게 함으로써 우리는 안식일을 거룩하게 지킬 뿐만 아니라 자녀들에게도 그렇게 하도록 가르치게 된다(시 78:5-7).

한마디로 모든 남편과 아내는 합심 협력하여 가정에서 참된 경건이

---

25 Whately, *A Bride-Bush*, 93. 렘 10:25을 참조하라.

제대로 세워지고 자라도록 해야 한다. 그리고 그들의 가정이 하나의 교회가 되도록 잘 살펴야 한다(롬 16:5; 시 101:2b). 오로지 죄를 섬기며 쾌락과 성취와 이생의 자랑 외에는 다른 아무 목적도 없는 가정을 갖는 것보다는 차라리 아무 가정도 갖지 않는 편이 더 낫다. 세커는 이렇게 말한다. "당신의 꽃들(자녀들)이 마귀의 정원에서 자라지 않게 하라. 그들을 저주로 양육하지 말라. 당신의 가지들이 아직 어리고 연할 때 하나님을 향하게 하라."[26]

둘째, 남편과 아내는 서로 도와가며 가정을 다스려야 한다. 스쿠더는 "남편과 아내는 서로 도와가며 가정의 길을 감독하고, 인도하고, 다스리고, 관리해야 한다"고 썼다.[27] 또 백스터는 이렇게 조언한다. "결혼을 통해 한 몸이 되어 공동의 관계를 갖게 된 자들은 다스리는 일에 있어서도 공동의 분깃을 가져야 한다. 설령 권세의 차이가 있다 하더라도 말이다. 한 사람은 이 일을 감독하고, 다른 사람은 저 일을 감독할 수 있다. 그러나 각각의 위치에서 그들은 서로 돕고 나누어야 한다."[28] 기도와 성경적인 징계로써 자녀들의 행실 속에 있는 죄를 억제하고 경건을 고취시키기 위해 서로 합력해야 한다(엡 6:4; 욥 11:14).

이것이 남편과 아내 모두의 의무라는 사실은 성경에 분명하게 나타난다. 잠언 31장 27절에서 현숙한 아내는 "자기의 집안일을 보살피는" 것으로 인해 칭찬을 받는다. 또 디모데전서 5장 14절에서 젊은 과부는 "결혼을 해서 아이를 낳고 집을 다스리라는" 권면을 받는다. 또 사무엘상 3장 13절에서 하나님은 엘리가 아들들의 악을 금하지 않았다는 이

---

26 Secker, 259-60.
27 Scudder, 80.
28 Baxter, 148.

유로 그의 집을 심판하신다. 또 창세기 18장 19절에서 하나님은 아브라함에게 "내가 그로 그 자식과 권속에게 명하여 여호와의 도를 지켜 의와 공도를 행하게 하려고 그를 택하였나니"라고 말씀하신다. 아브라함처럼 하나님의 은총을 누리려면 자녀를 의로 가르치고 악의 길로 가지 못하도록 제지해야 한다. 그렇게 할 때 하나님은 그들의 수고가 결코 헛되지 않을 거라고 약속하신다. 하나님께서 그들의 수고를 축복하사 그들의 가정을 굳게 세우실 것이다(욥 8:6; 22:23).

구지는 이렇게 말한다. "남편과 아내는 서로 돕고 협력함으로써 가정에 큰 유익을 가져다줄 수 있다. 남편의 권위는 남편이 아내를 도울 때 더 커진다. 그렇게 할 때 아내는 결코 자기 남편을 무시하거나 가볍게 여기지 않을 것이다. 마찬가지로 아내가 남편을 도울 때, 남편은 아내에게서 새로운 모습을 발견하게 된다.[29]

도움의 의무는 두 사람의 소유로도 확장된다. 그들은 재산을 돌보며 증진시키기 위해 서로 협력해야 한다. 구지는 이렇게 쓴다. "남편과 아내는 상호 유익을 위해 정당한 부와 재산을 축적하고, 지키고, 처분한다. 소유물을 선한 양심으로 최대한 신중하게 관리하는 것은 그들의 필수적인 의무이다."[30] 많은 부부들에게 대부분의 소유는 "남편의 것"이거나 혹은 "아내의 것"이고, 오직 극소수만 "우리의 것"이다. 그러나 하나님은 여자를 창조하시고 그녀를 남자에게 데려가서서 그의 돕는 배필이 되게 하셨다(창 2:22). 이는 남자 역시 여자의 돕는 배필이라는 것을 함축한다. 왜냐하면 그들 모두 서로에게 주어지기 때문이다. 다시 말해서 여자는 남자에게 주어지고, 남자는 여자에게 주어진다. 남편과 아내

---

29   Gouge, 186.
30   Gouge, 182.

사이에서 삶과 일과 돈과 꿈의 많은 부분이 나누어질 때, 서로 돕는 배필이 되는 결혼의 목적은 좌절된다. 그런 부부는 단순한 룸메이트와 거의 다를 것이 없다.

결혼을 통해 하나님을 존귀하게 하고, 신실한 결혼에 하나님이 담아두신 축복을 누리기 위해서는 하나의 집과 하나의 침대와 하나의 식탁과 하나의 지갑과 하나의 재산이 있어야 한다. 요컨대 부부 사이에 두 개의 집과 두 개의 침대와 두 개의 식탁과 두 개의 지갑과 두 개의 재산이 있어서는 안 된다. 모든 것이 공동의 것이어야 한다. 만일 결혼으로 남자와 여자의 마음이 하나가 되었다면, 그들의 손과 재산 역시 하나가 되어야 마땅하지 않겠는가? 그들은 네 개의 손과 네 개의 눈과 두 개의 마음으로 합심 협력하여 같은 목표를 향해 나아간다. 그래야 더 많은 것을 성취하며, 더 멀리 가며, 더 큰 성공을 이룰 수 있지 않겠는가? 스윈녹은 이렇게 쓴다. "남편과 아내는 하나님의 축복을 받아 정직하며 편안한 삶을 살기 위해 배의 양쪽에서 함께 수고하며 노를 젓는 두 명의 사공과 같다. 그리스도인 부부는 마치 두 개의 손처럼 머리와 몸을 지탱하기 위해 함께 일해야 한다. 부러진 뼈처럼 게으름의 침대 위에 누워 있어서는 안 된다."[31]

웨이틀리는 소유와 관련하여 남편은 아내의 도움을 받아야 한다고 말한다. 일과 저축과 계획이 그것이다. "이 세 가지는 규모 있는 살림살이를 이루는 덕이다. 만일 그중 하나라도 결여된다면, 그만큼 살림살이는 완전함에서 멀어지고 또 그만큼 위로와 형통의 삶으로부터 멀어진다."[32]

---

31 Swinnock, 1:475.
32 Whately, *A Bride-Bush*, 83-84.

아내가 가정 밖에서 어느 정도의 시간 동안 일해야 하는가 하는 문제는 많은 기도와 성구 참조와 경건한 조언을 요구한다. 어쨌든 남편과 아내는 하나님 앞에서 품위 있게 살기 위해 부지런함과 신실함으로 함께 일하며 필요한 것들을 얻고 유지한다. 많은 경우 남편의 일은 집 밖에서 이루어지고, 아내의 일은 집 안에서 이루어질 것이다. 또 남편의 일은 얻는 것과 관련되고, 아내의 일은 유지하는 것과 관련될 것이다. 어쨌든 요점은 같다. 그들은 함께 노력하며 함께 멍에를 끌면서 이 일에 동역자가 되어야 한다.

마찬가지로 남편과 아내는 은퇴의 때를 위해, 그리고 삶 속에서 자연적으로 일어나는 예기치 못한 비용을 위해 서로 도와 돈을 저축해야 한다. 그들은 그들의 재정 범위 내에서 살아야 한다. 사치와 낭비로부터 스스로를 지키면서 검소한 삶을 실천해야 한다. 한편 저축을 통해 궁핍한 자들과 그리스도의 몸에 긍휼과 베풂을 나타낼 수 있을 것이다(엡 4:28; 고후 9:11-12과 요일 3:16-18을 참조하라). 그러나 만일 남편이나 아내가 낭비하는 습관이 있다면, 그것이 어떻게 가능하겠는가? 결국 그들의 가계家計는 파산으로 귀결되지 않겠는가? 그러므로 부부는 불필요한 지출과 죄악된 지출을 삼가고 평생 동안 재산을 즐겁게 향유하면서 궁핍한 자들에게 긍휼의 손길을 베푸는 방식으로 그들의 돈을 사용해야 한다.

남편과 아내는 미래의 필요를 함께 계획하고, 불필요한 낭비를 막고, 모든 십자가를 신실하게 감당해야 한다. 그들은 한마음으로 함께 기도하면서 미래에 올 수 있는 재앙의 때나 궁핍의 때를 대비해 계획을 세워야 한다. 하나님 외에는 그 누구도 그러한 때를 미리 내다볼 수 없다. 그러나 성경은 우리에게 그러한 가능성을 예견하라고 가르친다.

끝으로 상호 도움의 영적인 측면을 기억하라. 상호 도움이 결혼한 부부가 하나님 앞에서 행하는 의무라면, 그것은 하나님의 영광을 바라보고 그의 은혜를 완전히 의지하면서 행해져야 한다. 이와 관련하여 백스터는 이렇게 말한다. "남편과 아내의 또 하나의 의무는 세속적인 일과 재산에 있어 서로 돕는 것이다. 세속적인 목적을 위해 세속적인 마음으로 하는 것이 아니라 하나님께 순종하는 마음으로 말이다. 하나님께서는 그들의 기도를 받으시는 것처럼 일용할 양식을 위한 그들의 수고도 받으신다. 하나님은 사람들에게 이마에 땀을 흘려서 양식을 먹고, 6일 동안 일을 하고, 일하지 않으면 먹지도 말라고 하셨다(딤전 5:8; 창 3:19; 출 20:9; 살전 3:10). 그러므로 남편과 아내는 서로 합력하여 그들의 일을 돌봐야 한다. 그들 가운데 누구도 일을 내팽개친 채 게으름 가운데 살아서는 안 된다."[33] 주께 하듯 일을 할 때, 주의 도우심과 부요한 축복을 기대하며 의지할 수 있다는 사실은 얼마나 큰 위로인가(골 3:23; 고전 15:58; 시 84:11; 127:1)? 그러므로 모든 남편과 아내는 그들의 몸, 명예와 평판, 가정, 소유와 관련한 모든 일상적인 문제들에 있어 상호 도움의 의무를 신실하게 이행해야 한다.

이러한 의무를 이행하는 수단들

상호 도움을 위해 남편과 아내는 자기중심주의를 경계해야 한다. 결혼 서약을 할 때 그들은 서로 사랑하며, 서로 소중히 여기며, 서로 채워주며, 서로 돌보며, 서로 앞세워 주겠다고 약속했다. 이러한 상호 도움을 가로막는 가장 큰 장애물이 바로 자기중심주의이다.

바울에 따르면 결혼은 자기 자신을 내어 주는 것이다(고전 7:4). 이것이 바로 자기 부인의 핵심이다. 그러므로 남편은 자기 몸을 사랑하는

---

33 Baxter, 147.

것처럼 아내를 사랑해야 하며(엡 5:28), 아내는 그리스도께 복종하는 것처럼 남편에게 복종해야 한다(5:22-23). 특히 자기 부인은 상호 도움에 꼭 필요하다. 남편과 아내는 사랑으로 서로 섬기며, 머리와 마음과 손으로 모든 것을 함께 해야 한다. 그러므로 그들은 자기 부인을 실천하며, 종의 마음을 가지며, 상호 도움의 의무를 더 잘 깨닫게 해달라고 기도해야 한다.

영적인 일에서의 상호 도움

상호 도움은 또한 영적인 일에서의 의무이기도 하다. 남편과 아내는 구원과 영적 성장을 증진시키는 데 서로를 **최고로** 도와야 한다. 구지는 서로를 위해 그들이 할 수 있는 최고의 일은 "구원을 이루어 나가는 일을 서로 돕는" 것이라고 말했다.[34] 또 스윈녹은 "상호 도움의 의무는 일차적으로 서로의 영혼을 위한 돌봄 속에서 나타나야 한다"고 말했다.[35] 또 백스터는 이렇게 말한다. "설령 남편과 아내가 모든 일상적인 일들에서 서로 신실하게 돕는다 하더라도, 그들이 특별히 서로 도와야 하는 것은 구원을 이루는 일이다."[36] 마찬가지로 암브로스 역시 영적인 일에서의 상호 도움을 "그것이 없을 때 그들의 가정은 사탄과 지옥의 온상이 되므로, 없어서는 안 되는 꼭 필요한 한 가지"라고 불렀다.[37]

가정에 그리스도의 나라를 세우는 일은 부부의 특별한 관심사여야한다. 스틸은 이렇게 말한다. "아내들이여, 당신이 남편을 구원할지 어찌 알겠는가? 남편들이여, 당신이 아내를 구원할지 어찌 알겠는가? 바

---

34 Gouge, 172.
35 Swinnock, 1:479.
36 Baxter, *Works*, 4:234.
37 Ambrose, 236.

로 이것이 당신의 첫 번째 목표가 되어야 한다. 만일 당신이 이 일을 이룰 수 있다면, 당신은 성공한 것이다."[38] 신앙 생활을 도와주고 격려해 주는 배우자와 삶의 모든 기쁨과 슬픔을 함께 나눌 수 있는 것은 가장 큰 축복이다.

영적인 일에서의 상호 도움의 의무는 부부간의 영적 사랑에 기초한다. 영적 사랑은 서로에 대한 영적 목적을 추구한다. 하나님으로부터 나오는 사랑은 무엇보다도 배우자가 하나님과 더 가까워지도록 돕게 만든다. 그런 사랑은 몸보다 영혼을, 능력보다 믿음을, 외적인 육체의 아름다움보다 내적인 경건의 아름다움을 더 가치 있게 여긴다. 그리고 배우자의 영적 유익을 위해 자신이 할 수 있는 모든 일을 할 것이다. 부부간의 사랑은 감정, 아름다움, 부유함 같은 것이 아니라 남편에게 아내를 사랑하라고 말씀하시고 아내에게 남편을 사랑하라고 말씀하신 하나님의 명령에 기초한다(엡 5:25; 딛 2:4).

만일 그들의 사랑이 **영적인** 사랑이라면, 다시 말해서 모든 결혼 생활에 있어 그들이 하나님을 바라보며 그의 뜻을 의지하며 그의 권위에 순복하며 그에게 순종하고자 힘쓴다면, 그들의 연합은 영원하며 영속적일 뿐만 아니라 서로의 영적 유익에 가장 크게 도움이 될 것이다. 그런 사랑은 그들의 몸이 가난이나 질병이나 죽음으로부터 자유로워지는 것보다 그들의 영혼이 하나님의 진노와 죄의 굴레로부터 자유로워지는 것에 더 큰 관심을 기울일 것이다. 진실로 그런 사랑은 이생의 짧은 결혼 후에 이어질 무궁한 영원을 준비하는 일에 가장 큰 관심을 기울일 것이다.

---

38 Steele, *Puritan Sermons*, 2:278-79.

다음과 같은 백스터의 설명을 곰곰이 생각해 보라.[39] 첫째, 어떤 부부가 서로 사랑하면서 상대의 영혼에는 무관심하다면 그것이 얼마나 이상한 일인지 생각해 보라. 사람에게 가장 소중한 것은 바로 그의 영혼이다. "사람이 만일 온 천하를 얻고도 자기 영혼을 잃으면 무엇이 유익하리요 사람이 무엇을 주고 자기 영혼과 바꾸겠느냐"(막 8:36-37).[40] 그러므로 모든 관계에서 가장 큰 관심을 기울여야 하는 것은 바로 영혼이다. 특히 둘이 한 몸이 되는 결혼 관계에서는 더욱 그러하다. 남편과 아내가 서로의 영혼에 가장 큰 관심을 기울이는 것은 너무나 당연하지 않은가? 당신은 배우자의 몸만 사랑하고 그의 영혼은 사랑하지 않을 수 있는가? 당신은 아내를 사랑하면서 그녀를 불신앙의 어둠 가운데 버려 둘 수 있는가? 만일 당신의 아내가 육체적인 고통 가운데 있다면, 당신은 그녀의 고통을 덜어 주기 위해 무엇을 할 것인가? 그녀를 위로해 줄수만 있다면, 당신은 그 무엇도 아끼지 않을 것이다. 그런데 그녀를 영원한 고통에서 건져 내기 위해서는 아무것도 하지 않을 것인가? 백스터는 이렇게 말한다. "만일 당신이 어떤 사람의 구원을 위해 기꺼이 수고하지 않는다면, 그를 사랑한다고 말하지 말라. 영혼을 영원한 고통 가운데 그냥 내버려 두는 것은 결코 사랑이 아니다."[41]

배우자의 구원을 진척시키려 하지 않고 도리어 가끔씩 훼방하는 사람들을 우리는 어떻게 생각하는가(창 3:6; 왕상 11:4; 욥 2:9; 행 5:2)? 백스터는 이렇게 말한다. "만일 당신의 사랑이 배우자의 영혼에 대해서는 무관심한 채 오로지 이생의 즐거움만을 추구한다면, 당신의 호의는 마

---

40 한글개역개정판에는 '영혼' 대신 '목숨'으로 되어 있음. -옮긴이 주
41 Baxter, 138-39.

귀의 호의보다 별로 나을 것이 없을 것이다. 어떤 사람의 구원을 훼방하는 데 그의 배우자가 담당하는 몫은 마귀의 몫에 비해 결코 작지 않다."[42] 스틸은 이렇게 썼다. "만일 배우자가 저주를 받는 것을 참을 수 있다면, 당신의 사랑은 도대체 어디에 있는 것인가?"[43]

둘째, 만일 당신이 배우자의 영혼을 돕지 않는다면, 당신은 결코 결혼의 목적을 성취하지 못할 것이다. 베드로전서 3장 7절은 남편들에게 "생명의 은혜를 함께 이어받을 자로서 너희 아내와 동거하라"고 명령한다. 또 에베소서 5장 25-27절은 남편들에게 자기 아내를 사랑함으로써 그녀가 티나 흠이 없이 온전히 주께 드려질 수 있게 하라고 명령한다. 만일 남편과 아내가 단지 서로의 육체적 필요만을 돌본다면, 들의 짐승과 공중의 새와 별로 다를 게 없을 것이다. 만일 당신의 가장 큰 관심사가 영원을 위해 자신의 영혼을 준비하는 것이라면, 그 관심사는 틀림없이 당신의 뼈 중의 뼈요 살 중의 살인 배우자에게로 확장될 것이다.

남편과 아내가 서로의 영혼을 돕는 일을 소홀히 한 상태로 심판 날에 만났다고 상상해 보라. 얼마나 고통스러운가? 백스터가 말한 것처럼, 자신의 배우자가 다음과 같이 비난하는 것을 듣는다면 얼마나 끔찍할 것인가? "아, 잔인한 남편이여! 아, 무정하고 무자비한 아내여! 하나님은 당신에게 나의 죄와 멸망의 운명에 대해 경고하고 내가 그 가운데 계속 빠져 있지 않도록, 그래서 이토록 끔찍한 고통의 장소에 오지 않도록 지키라고 명령하셨도다. 그러나 당신은 하나님과 나의 구원에 대해 가끔 농담처럼 몇 마디 던진 것 빼고는 한 마디도 더 말하지 않았도다. 만일 우리 집에 불이 났다면, 틀림없이 당신은 내 영혼을 지옥에서

---

42   Baxter, 138-39.

43   Steele, *Puritan Sermons*, 2:279.

건지는 일보다 불을 끄는 일에 더 큰 관심을 기울였을 것이로다. 당신은 나에게 거듭나지 않은 상태의 비참함과 거듭나고 거룩한 삶의 필요성에 대해 말하지 않았도다. 도리어 매 순간 당신이 하는 말은 세상에 속한 것들뿐이었도다. 우리는 구원에 대해 단 한 번도 진지하게 대화해 본 적이 없었도다. 당신은 나에게 심판 날에 대해 말해 준 적도 없었고, 나와 함께 기도한 적도 없었고, 성경과 경건 서적을 읽어 준 적도 없었도다. 당신은 나의 강퍅한 마음을 녹여 그리스도를 믿게 함으로써 나를 멸망에서 구원하고 하나님의 사랑과 거룩함으로 이끌기 위해 어떤 수고도 하지 않았도다. 당신은 나에게 좋은 모범을 보이지 않고 도리어 나쁜 모범을 보여 나를 불경건하며, 육신적이며, 세속적인 삶으로 이끌었도다. 당신은 자신의 영혼도 돌보지 않고 나의 영혼도 돌보지 않았도다. 나 역시도 당신의 영혼과 나 자신의 영혼을 돌보지 않았도다. 세상에 있는 동안 거룩함 가운데 살지 않았기 때문에, 이제 우리가 여기에서 함께 저주를 받는도다."[44] 그러므로 남편과 아내는 천국의 상속자로서 서로의 구원을 격려하면서 함께 살겠다고 지체 없이 결심해야 한다.

남편과 아내는 세상에서 가장 가까운 사이이다. 그러므로 그들은 삶의 모든 문제에서 서로를 설득하며 서로에게 영향을 끼칠 수 있는 기회를 가장 많이 갖는다. 구원의 문제로 서로를 돕는 것이야말로 이러한 이점을 최대로 선용하는 것이다. 그들은 죄에 대해 서로 경고하고, 서로를 믿음과 사랑과 순종으로 격려한다. 배우자인 그들은 서로의 죄를 보지 않을 수 없다. 그럴 때 그들은 상대가 회개하도록 설득해야 할 책임을 느낀다. 이와 관련하여 구지는 이렇게 말한다. "남편과 아내는 죄와

---

44 Baxter, 140.

관련하여 서로 돌봐야 한다. 여기에는 배우자가 죄를 행하기 전에 막아 주는 것과 행하고 난 후에 바로잡아 주는 것 모두가 포함된다."[45] 또 레이너는 이렇게 말한다. "아내는 남편의 **두 번째 양심**이 되어야 한다. 그리고 은밀히 그의 잘못을 말해 주는 **조용한 감독자**가 되어야 한다."[46] 물론 남편도 마찬가지이다.

남편과 아내는 서로의 영혼의 "기질과 특성과 장단점"을 주목해야 한다. 그래서 서로 어떤 죄에 떨어지기 쉬운지를 알아야 한다. 웨이틀리는 이렇게 말한다. "남편과 아내는 죄를 불러일으킬 수 있는 모든 것을 삼가야 한다. 나아가 그들은 그러한 타락을 약화시키고 죄성罪性을 억제함으로써 잘못된 길로 가지 않기 위해 필요한 모든 수단을 사용해야 한다."[47] 마찬가지로 스미스는 이렇게 말한다. "상대의 성격과 감정과 약점을 아는 것은 꼭 필요하다. 왜냐하면 상대의 병을 알지 못하는 상태에서는 상대를 도울 수 없기 때문이다."[48]

다시 말해서 남편과 아내는 어리석게도 상대의 약점을 격발해서는 안 된다. 도리어 시험의 기회가 찾아오지 못하도록 적절한 말과 행동을 사용해야 한다. 만일 남편이 화를 잘 내는 성격이라면, 아내는 그의 화를 격발하지 않도록 자신이 할 수 있는 일을 다 하면서 그의 화에 인내와 온유함으로 대응해야 한다. 만일 아내가 쉽게 두려워하는 성격이라면, 남편은 그녀의 두려움을 막아 주면서 그녀가 하나님의 섭리를 믿는 믿음을 고취할 수 있도록 할 수 있는 일을 다 해야 한다. 이와 같은 방식으로 그들은 서로에게 파수꾼이 되어야 하며(겔 3:17), 서로에게 아론

---

45 Gouge, 173.
46 Reyner, 27.
47 Whately, *A Bride-Bush*, 64.
48 Smith, 1.23. 강조 추가.

과 홀이 되어야 하며(출 17:12), 서로를 회개와 갱신으로 이끌어야 한다 (히 10:24). 만일 부부 사이에 죄가 무시된다면, 그 가정에 성령의 은혜는 곧 질식되고 꺼질 것이다(갈 5:17). 마치 물에 의해 불이 꺼지는 것처럼 말이다. 그러므로 회개하지 않으면 그들 모두에게 하나님의 징벌이 떨어질 것이다.

구지는 이렇게 쓴다. "만일 어떤 사람이 자신의 배우자가 불 속에 있거나 혹은 물에 빠진 것을 보고도 즉시로 달려가 최선을 다해 그/그녀를 건져내려고 하지 않는다면, 그것이 과연 배우자를 사랑하는 올바른 태도일까? 사랑은 고사하고 실제로는 미워하는 마음을 그대로 드러내는 행동이 아닐까? 죄는 마치 불과 물 같다. 죄는 사람들을 멸망 가운데 불태우고 물속에 빠뜨려 죽게 한다."[49] 만일 어떤 남편이 아내가 죄 가운데 잠자고 있는 것을 보면서도 아무 말도 하지 않는다면, 그는 정말로 냉혹하며 잔인한 사람 아닌가? 그것은 결혼 서약을 배반하며 죄에 죄를 더하는 것 아닌가? 그러므로 모든 남편과 아내는 영적인 측면에서 상호 도움의 의무를 이행하는 데 실패하지 않도록 조심해야 한다. 웨이틀리는 이렇게 말한다. "그런 남편과 아내에게 화가 있을진저! 그들이 배우자에게 베푼 도움은 얼마나 빈약한가! 돕는 배필로서 얼마나 빈약한 도움을 베풀었나! 언젠가 그들은 하나님 앞에서 배우자에게 베푼 빈약한 선과 그들에게 가한 큰 해악에 대해 설명해야 할 것이다."[50]

배우자의 죄에 대해 말하는 것은 매우 어려운 일일 수 있으므로 매우 조심스럽게 행해야 한다. 만일 배우자의 죄가 분노의 죄라면, 어떻게 상대의 분노를 격발시키지 않으면서 그에 대해 말할 수 있는가? 만

---

49 Gouge, 175.
50 Whately, *A Bride-Bush*, 66.

일 교만의 죄라면, 어떻게 상대의 반발을 초래하지 않고 그것을 지적할 수 있는가? 만일 불신앙의 죄라면, 어떻게 효과적으로 제거할 수 있는가? 다음의 조언을 마음에 새기라. "죄에 대해 말하기 **가장 좋은 시간을 선택하라**", 즉 배우자의 마음이 성령의 섭리 가운데 가장 부드러워지는 때를 선택하라. 그때가 배우자의 마음이 당신의 조언에 가장 많이 열려 있는 시간이다. 그리고 자신의 약함을 의식하는 겸손한 마음에서 나오는 말을 선택하라. 먼저 긍정적인 격려의 말을 하고 난 후, 온유한 마음으로 견책하라. 그리고 당신의 배우자가 선한 의도와 동기를 가지고 있다고 확신한다는 말과 함께 견책을 마무리하라. 무엇보다도 배우자의 약점을 올바로 볼 수 있는 분별력과 그에 대해 효과적으로 말할 수 있는 지혜와 그것을 고치도록 신실하게 도울 수 있는 능력을 구하라. 레이너는 "하나님께서 서로를 영적 의사로 만드신 부부는 복이 있도다"라고 말한다.[51]

만일 당신의 노력이 효과가 없고 당신의 견책으로 인해 배우자의 마음이 더 강퍅해진 것 같다면, 신뢰할 수 있는 지혜로운 친구들의 도움을 구하라. 당신이 출석하는 교회의 지도자들도 좋을 것이다. 남편이 병에 걸렸는데 아내인 당신이 고쳐 줄 수 없다고 치자. 그러면 당신은 도움을 구하기 위해 의사를 찾아갈 것이다. 마찬가지로 배우자의 죄를 견책하는 일도 영적인 사람들의 도움을 구할 필요가 있다(갈 6:1-2 참조). 그동안 당신은 영혼의 참된 의사이신 하나님께 모든 것을 맡기고 계속 기다리며 기도해야 한다. 그러면 당신은 하나님 앞에서 자신의 의무를 이행한 것이므로, 결과와 상관없이 하나님과 배우자에게 신실하게 행

---

51 Reyner, 27.

한 것으로 인해 위로를 누릴 수 있다.[52]

또한 남편과 아내는 서로를 경건으로 이끌고자 노력해야 한다. 그들은 서로에게 지팡이와 박차가 되어야 한다. 온유한 말과 선한 모범으로 서로를 선행과 영적 의무로 이끌어야 한다. 공적으로, 가정적으로, 개인적으로 하나님을 신실하게 예배하도록 서로를 격려해야 한다. 그들은 함께 여행하는 동료 순례자처럼 행동해야 한다. 요컨대 그들은 오직 남편과 아내만이 가질 수 있는 사랑과 헌신으로 천성을 향해 손을 잡고 함께 걸어가야 한다.

만일 남편이 베푸는 일에 인색하다면, 아내는 온유한 마음으로 남편에게 베풂의 의무를 실천하라고 격려한다. 기독교의 미덕인 베풂의 탁월함과 즐겁게 베푸는 자에게 하나님이 약속하신 큰 상급과 우리 구주께서 보여 주신 모범을 일깨워 주어야 한다. 마찬가지로 만일 아내가 사람들을 대접하는 일을 꺼린다면, 남편은 그리스도께서 그런 수고를 자기에게 행한 것으로 받으신다는 사실을 일깨워 주고 일을 도와주어야 한다. 레이너는 이렇게 쓴다. "남편과 아내 모두 주의 모든 계명과 규례대로 흠이 없이 행한 사가랴와 엘리사벳과 같기 위해(눅 1:6), 두 사람 모두 온전한 믿음의 사람이었던 아브라함과 사라와 같기 위해, 두 사람 모두 하나님을 참으로 예배했던 엘가나와 한나와 같기 위해, 두 사람 모두 그리스도의 일에 동역자였던 아굴라와 브리스길라와 같기 위해 힘써야 한다(눅 16:3-4). 경건한 동반자들은 결혼 자체를 존귀하게 만든다. 그들은 영광 가운데 살고 영광 가운데 죽을 것이다."[53]

또한 남편과 아내는 서로 안에 있는 은혜들을 증진하기 위해 할 수

---

52   Whately, *A Bride-Bush*, 64-65.
53   Reyner, 28.

있는 모든 일을 해야 한다. 우리는 쉽게 냉랭해지고 쉽게 퇴보하는 경향이 있다. 만일 불꽃이 계속해서 유지되고 더 강렬하게 타오르려면, 은혜의 연료가 끊임없이 공급되어야 한다. 구지는 부부가 서로 은혜 안에서 자라 가도록 도울 수 있는 방법을 소개한다. 첫째, 처음의 작은 분량의 은혜에 주목하고 그것이 더 강력하게 불붙도록 노력한다. 둘째, 은혜 안에서 자라는 것과 그러한 은혜가 증진될 수 있는 방법에 대해 자주 대화한다. 셋째, 서로에게 경건의 모범이 되도록 노력한다. 넷째, 가정에서 기도, 찬송, 성경 읽기, 성경 암송, 말씀 묵상, 설교 듣기, 좋은 경건 서적 읽기 등과 같은 경건의 연습을 신실하게 실천한다. 이때 남편이 주도권을 갖고 앞장서고 아내는 함께 합력하는 것이 바람직하다(왕하 4:9-10). 다섯째, 함께 하나님의 집에 가서 설교 말씀을 듣고 성만찬에 참여하는 등 공예배에 적극적으로 동참하도록 격려한다.[54]

스틸은 이렇게 쓴다. "남편과 아내의 일은 믿음과 지혜와 거룩 위에 서로를 세워 주는 것입니다. 마지막까지 시험을 당하지 않도록 서로를 살펴야 합니다. 서로의 기질과 약점을 이해하기 위해, 서로를 부지런히 살피십시오. 그러면 여러분은 속히 해결책을 제시할 수 있을 것입니다. 그리고 '매일 피차 권면하여 죄의 유혹으로 완고하게 되지 않도록' 하십시오(히 3:13). 또 하나님과 하늘의 영원한 기업에 대해 자주 대화하십시오. 그러면 여러분은 하나님이 남편과 아내 각각에게 요구하시는 것을 잘 이룰 것입니다. 아내는 교회가 그리스도에게 복종하듯 남편에게 복종할 것이며, 남편은 그리스도께서 교회를 사랑하듯 아내를 사랑할 것입니다. 그러한 행실을 통해, 여러분이 함께 하늘나라를 향해 나아

54　Gouge, 175.

가는 자들이라는 사실이 분명하게 드러날 것입니다."[55]

이러한 의무를 지키는 방법들

남편들과 아내들이 이러한 큰 축복을 누리도록, 백스터는 다음의 지침들을 제시한다.[56] 지침들 가운데 일부는 앞에서 이미 언급됐지만 여기에서 좀 더 상세하게 설명된다. 이 지침들은 은혜 안에서 서로 자라가도록 재촉하는 강력하면서도 효과적인 박차이다.

1. 만일 당신이 배우자의 영혼을 돕고자 한다면, 먼저 자신의 영혼을 돌보아야만 한다. 자신의 영혼을 소홀히 하는 사람이 어떻게 자기 배우자의 영혼을 제대로 돌볼 수 있겠는가? 자신의 영혼을 돌보는 수고를 감당하지 않는 사람이 어떻게 다른 사람의 영혼을 돌보는 수고를 감당할 수 있겠는가? 자신조차 알지 못하는 문제에 대해 어떻게 배우자에게 진지하게 말할 수 있겠는가? 백스터는 이렇게 썼다. "어떤 조언으로 상대를 설득하기에 앞서 먼저 그 조언이 자신의 마음의 밑바닥에서 나오는 것인지, 자신이 경험으로 체득한 것인지 생각해 보라."[57]

2. 하나님의 일들과 당신의 구원에 대해 상대에게 말하라. 세상적인 일들만을 대화의 주제로 삼지 말라. 하나님과 당신의 영혼이 첫 번째와 마지막 주제가 되게 하라. 일상의 일들에 대해 어느 정도 이야기를 나누었으면, 이제 그것은 제쳐 두고 자기 영혼의 상태와 의무와 하늘의 소망에 대해 이야기하라.

3. 상대가 영적인 일들에 대해 진지하게 이야기할 때, 그 말을 끊어

---

55 Steele, *Puritan Sermons*, 2:279.
56 Baxter, 140-46.
57 Baxter, 141.

서는 안 된다. 그의 말에 집중하고 적절한 질문을 하는 등 당신이 그 주제를 중요하게 생각하고 있음을 나타내야 한다. 무관심, 침묵, 동의하지 않는 말투, 논쟁적인 말투, 산만한 말투 등은 그러한 대화를 끊는 전형적인 방법들이다.

4. 영혼의 상태와 죄와 은혜의 크고 작음을 분별하기 위해 서로의 마음과 삶을 살피라. 그렇게 함으로써 당신은 배우자를 가장 잘 도와줄 수 있게 될 것이다. 모르는 병을 어떻게 고쳐 줄 수 있으며, 모르는 상처에 어떻게 연고를 발라 줄 수 있겠는가?

5. 서로를 칭찬하되, 어리석은 사랑으로 서로에게 아첨하지는 말라. 혈기에 찬 모욕적인 책망으로 서로를 격분하게 하지 말라. 서로의 잘못에 대해 지나치게 못 본 체 하지도 말고, 지나치게 비판하며 책망하지도 말라.

6. 서로의 사랑을 유지하고 서로를 경멸하지 말라. 사랑이 없으면 상대의 훈계와 견책을 무시할 것이며, 결국 아무런 유익도 얻지 못할 것이다.

7. 비틀어진 마음으로 받아들인다거나 무뚝뚝하게 반응한다거나 완악한 태도를 보이는 등의 방법으로 상대의 훈계와 책망을 좌절시키지 말라. 불만스러운 표정이나 무뚝뚝한 태도와 마주할 때, 사람은 자신의 수고가 헛됨을 깨닫고 그 일을 포기한다. 그러므로 당신은 언제든 기꺼이 스스로를 고칠 준비가 되어 있어야 한다. 특히 배우자를 통해서는 더욱 그렇다. 왜냐하면 배우자가 그 누구보다 당신을 가장 잘 알기 때문이다.

8. 함께 경건 서적을 읽으라. 특히 성경을 읽으라. 함께 설교를 듣고, 영적인 사람들과 더불어 대화를 많이 하라.

9. 배우자에게 당신의 영혼의 상태나 허물을 숨기지 말라. 당신과 배

우자는 한 몸으로서 마땅히 한마음을 가져야 한다. 자기 자신의 필요를 알지 못하면 위험한 것처럼, 배우자의 필요를 알지 못하는 것 역시 위험하다.

10. 신앙에 있어 가능한 의견 차이를 피하라. 그렇지 않으면 상대의 도움을 무시하거나 과소평가하려는 유혹을 받게 된다.

11. 의견 차이가 발생하면, 교만과 자기중심적 태도와 다툼이 아니라 거룩함과 겸손과 사랑과 화평으로 그 문제를 다루어라. 무엇보다 그 문제를 하나님의 말씀의 빛에 비추어 보라. 그리고 함께 그의 영광을 목표로 하고 그의 뜻을 행하기를 힘쓰라. 마침내 그 문제가 해결될 때까지 겸손 가운데 서로를 더 낮게 여기며 피차 사랑을 거두지 말라.

12. 상대의 잘못에 대해 맹목적으로 모른 척하거나 혹은 지나치게 비판하지 말라. 그러한 태도는 두 사람 사이에 불화의 불씨를 가져다줄 수 있다. 백스터는 이렇게 말한다. "배우자의 잘못을 아무것도 아닌 것처럼 다루는 것은 그/그녀를 어리석은 방식으로 사랑하는 것이다. 반면 배우자의 잘못을 과도하게 다루는 것은, 시험하는 자가 당신의 사랑의 불을 끄고 상대방에게서 마음을 돌리게 만든다."[58]

13. 설령 불신자와 결혼했다 하더라도 결혼을 위해 사랑을 지키라. 설령 당신의 배우자를 그리스도인으로서 사랑할 수 없다 하더라도, 당신은 그를 남편 혹은 아내로서 사랑할 수 있다(고전 7:12-13). 배우자의 허물이 당신의 그러한 의무를 해제시키지는 않는다.

14. 함께 기도하는 시간을 자주 가지라. 기도하면 하나님의 임재와 위엄을 의식하게 되며, 스스로 절제하고 삼가는 마음을 갖게 된다. 또 서로를 위해 기도하라. 당신이 상대에게 가장 바라는 그 일을 하나님은

---

58 Baxter, 145.

행하실 수 있다.

15. 본보기가 되는 삶을 살아서 서로를 도우라. 상대가 해주기를 기대하는 것을 행하라. 온유와 겸손과 관용과 성실과 부지런함과 자기 부인과 인내를 실천하라. 백스터는 이렇게 말한다. "참된 거룩과 성결과 자기 부인과 온유와 사랑과 절제의 삶은 매우 강력한 효력이 있는 설교이다. 만일 당신이 옆에 있는 사람들 앞에서 그와 같은 방식으로 계속 설교한다면, 그들에게 엄청난 영향을 끼칠 것이다. 사람을 설득하는 일에는 말보다 행동이 더 강력한 힘을 갖는다."[59]

화평과 행복을 위한 노력

결혼의 마지막 상호 의무는 가정의 화평과 행복을 위해 노력하며 분노와 불화를 피하는 것이다. "평안의 매는 줄로 성령이 하나 되게 하신 것을 힘써 지키라"(엡 4:3). 백스터는 이렇게 말한다. "모든 불화를 피하라. 당신이 고칠 수 없는 상대의 약점을 오래 참음으로 감당하라. 혈기에 사로잡히지 말라. 그리고 적법한 일들로 서로를 기쁘게 하라."[60]

화평을 추구해야 하는 이유는 다음과 같다. 첫째, 남편과 아내는 화평이 절대적으로 요구되는 가까운 관계 안에 있다. 결혼 생활에서 불화와 분열은 감당할 수 없을 정도로 힘든 일이다. 남편과 아내를 분열시키는 분노를 허용하면 "한 몸"이 서로 싸우는 것을 허용하는 것이다. 둘째, 불화가 삶의 다른 모든 의무들을 덮어 버린다. 셋째, 불화가 그들의 사랑을 식게 만든다. 만일 불화 때문에 사랑이 식는다면, 그들은 결국 결혼 자체로 인해 고통을 당하게 될 것이다. 백스터는 이렇게 말한다.

---

59   Baxter, 146.

60   Baxter, *Works*, 4:234.

"수도원은 자발적으로 즐겁게 거하는 곳인 반면 감옥은 강제적으로 거하는 곳이다. 평온한 결혼 생활과 평온하지 못한 결혼 생활의 차이 역시 그와 같다."[61] 넷째, 부부간의 불화는 그들이 천국으로 가는 여정에서 서로에게 빚지는 영적 도움과 하나님을 예배하는 일에 적합하지 않다. 그들 안에 분노와 미움이 있는 한, 그들은 남편 혹은 아내로서의 의무를 신실하게 성취할 수 없다. 다섯째, 불화 가운데 있을 때 그들은 가정을 올바로 다스릴 수 없다. 자녀들은 부모의 모범을 따라 서로 다투며, 부모의 말을 무시하고 제멋대로 행할 것이다. 더욱이 그들은 부모의 꾸중을 받아들이지 않을 것이다. 왜냐하면 그들이 볼 때 부모 역시 자신들과 똑같은 잘못을 행하기 때문이다. 마지막으로, 불화는 그들을 사탄의 적의敵意와 유혹에 노출시킨다. 백스터는 "불화하는 부부는 그들이 스스로를 얼마나 많은 죄의 위험에 빠뜨리는지 상상도 못 할 것이다"라고 말한다.[62] 또 구지는 이렇게 결론 내린다. "불화하는 사람들은 함께 있는 것보다 차라리 떨어져서 보지 않는 편이 훨씬 더 낫다. 그러나 남편과 아내는 그렇게 할 수 없다. 그러므로 그들은 화평 가운데 거해야 한다."[63]

화평과 행복을 위해 노력하는 것은 곧 서로를 기쁘게 하기 위해 노력하는 것이다. 웨이틀리에 따르면, "기쁘게 하는" 것은 "정당한 방법으로 서로에게 만족(행복)을 주고자 간절히 바라는" 것을 의미한다.[64] 만일 남편과 아내가 모든 부지런함과 신실함으로 이러한 의무를 이행한다면, 그들 가정 전체가 풍성한 축복을 경험하게 될 것이다. 한 집과 한 침

---

61 Baxter, 134.
62 Baxter, 135.
63 Gouge, 165.
64 Whately, *A Bride-Bush*, 54.

대를 공유하면서 원수처럼 사는 부부는 결코 행복을 누릴 수 없다. 웨이틀리는 이렇게 말한다. "당신의 주된 일은 첫째, 하나님을 기쁘게 하는 것이고 둘째, 서로를 기쁘게 하는 것이다."[65]

예를 들어 옷차림, 태도, 말투, 습관, 취미, 심지어 친구를 선택하는 일에 있어서도 남편은 아내를 기쁘게 하기 위해 그녀의 의견을 중요하게 고려해야 한다. 남편은 스스로를 부인하며, 자신의 바람을 십자가에 못 박으며, 자신의 관심사를 제쳐 놓으며, 자신의 관심사보다 아내의 관심사를 앞세우고자 노력해야 한다. 그가 행하거나 말하거나 입은 어떤 것이 아내를 불쾌하게 한다면, 그는 기꺼이 그것을 바꾸고자 노력해야 한다. 그는 그녀 때문에 잃는 것보다 그녀의 행복과 웃음을 더 중요하게 생각해야 한다. 마찬가지로 아내 역시 옷차림과 요리와 말하기와 자신의 모든 의무들을 이행할 때 항상 남편을 기쁘게 하는 것을 먼저 고려해야 한다. 그것이 불합리하거나 혹은 까다로워 보여도, 죄가 아닌 한 그녀는 모든 원망과 불평을 피하면서 남편이 바라는 대로 행하는 데 모든 노력을 기울여야 한다. 어려울수록 더 큰 칭찬을 받을 것이고, 주님을 더 기쁘게 할 것이며, 그러므로 마지막 날 주님은 그녀에게 더 큰 상급을 주실 것이다.[66]

서로를 기쁘게 하고자 노력하는 이러한 상호 수고는 두 가지를 성취한다. 첫째, 기쁨으로 충만한 남편이 그의 아내를 기쁘게 하는 것과 행복한 아내가 그의 남편을 행복하게 하는 것은 쉬운 일이다. 둘째, 그들은 기쁨과 만족을 즐겁게 주고받을 것이다. 그리하여 둘 사이의 불화는

65 Whately, *A Bride-Bush*, 59.
66 Whately, *A Bride-Bush*, 58.

효과적으로 방지되고 속히 제거될 것이다. 스쿠더는 이렇게 쓴다. "그들은 누가 먼저 상대에게 즐거운 표정을 짓고, 누가 먼저 사랑스럽게 행동하며, 누가 먼저 친절을 나타낼 것인지 경쟁할 것이다. 그러면 그들 사이의 불화는 발붙일 곳이 없을 것이다. 아내는 의무로 먼저 그렇게 해야 하며, 남편은 지혜로 먼저 그렇게 해야 한다. 그리고 한 사람이 먼저 그렇게 하면, 다른 사람은 즐겁게 그에 화답해야 한다."[67] 레이너는 "누가 더 상대를 사랑하고 기쁘게 하는지 경쟁하는 부부의 가정에 큰 축복이 있다"고 말한다.[68]

이러한 조언이 자신들의 상황과는 맞지 않다고 불평하는 사람도 있을 것이다. 자신의 배우자는 도무지 기쁘게 하거나 만족시켜 줄 수 없다는 이유로 말이다. 그러나 그들이 꼭 기억해야 하는 사실이 하나 있다. 다른 사람을 기쁘게 하는 것이 전적으로 사람의 능력 속에 있지 않음에도 불구하고, 모든 사람은 다른 사람을 기쁘게 하는 행동을 할 수 있는 능력을 가지고 있다. 그러므로 다른 사람이 반대로 반응할 때, 우리는 그를 기쁘게 하려고 더욱 힘써야 한다(롬 14:14-21). 배우자도 마찬가지이다. 배우자가 반대로 반응할 때, 우리는 배우자를 위해 더 많이 기도하며 그를 기쁘게 하고자 더욱 힘써야 한다. 웨이틀리는 이렇게 쓴다. "완악한 아내를 가진 남편이나 완악한 남편을 가진 아내는 상대를 기쁘게 하기 위해 더욱 힘써야 한다. 배우자가 너무나 까다롭고 완악해서 도무지 기쁘게 할 수 없다고 말하면서 성급하게 모든 것을 포기해서는 안 된다. 그것은 진실로 고통스러운 일이기는 하지만, 불가능한 일

---

67   Scudder, 86-87.
68   Reyner, 30.

6장 상호 의무 II – 도움과 화평   217

은 아니다."[69] 배우자를 기쁘게 하려는 모든 노력에도 불구하고 배우자
가 그 반대의 반응을 보일 때, 다음과 같은 웨이틀리의 말을 생각하며
스스로를 위로하라. "설령 당신이 배우자를 기쁘게 하는 일에 실패했다
하더라도(배우자가 당신의 행동을 곡해하고 가장 나쁜 의미로 받아들임으로써),
하나님을 기쁘게 하는 일까지 실패한 것은 결코 아니다. 하나님은 당신
의 행동을 가장 좋은 의미로 받아들이실 것이다."[70]

이러한 의무를 성취하는 방편들

남편과 아내가 서로를 기쁘게 하며 화평을 이루고자 노력하지 않는
곳에는 하나님과의 화평도 없다.[71] 이것은 하나님이 남편과 아내 모두
에게 부여하신 의무이다. 남편은 아내가 자신에게 복종하도록 부르심
을 받았다는 이유로 자신의 의무를 부인해서는 안 된다(엡 5:22). 왜냐
하면 그리스도가 교회를 사랑하는 것처럼 아내를 사랑하라는 명령 속
에는 스스로를 부인하고 스스로를 겸비하여 아내를 기쁘게 하라는 명
령이 포함되어 있기 때문이다. 그런 남편은 남편을 기쁘게 하기를 즐거
워하는 아내를 얻을 것이다.

이런 목적을 위해 남편과 아내는 서로 오래 참아야 한다. 스틸은 부
부 싸움보다 더 견딜 수 없는 것은 없다고 말한다.[72] 부부 싸움에서 오
는 유익은 아무것도 없다. 도리어 그것으로 인해 모든 것이 파괴되고
허비될 뿐이다. "사람마다 듣기는 속히 하고 말하기는 더디 하며 성
내기도 더디 하라 사람이 성내는 것이 하나님의 의를 이루지 못함이

---

69 Whately, *A Bride-Bush*, 56.
70 Whately, *A Bride-Bush*, 57.
71 Whately, *A Bride-Bush*, 57.
72 Steele, *Puritan Sermons*, 2:278.

라"(약 1:19-20). 오래 참음은 성령의 열매이다(갈 5:22). 오래 참음의 은혜를 실천할 때, 남편과 아내는 그리스도께서 참으시는 것처럼 서로의 허물을 참게 될 것이다. 또 그러할 때 그들은 그들 앞에 닥친 시련 속에서 서로를 비난하는 대신 서로를 지탱하게 될 것이다. 그리고 은혜 안에서 자라 가는 일에 계속 매진할 수 있게 될 것이다.

레이너는 부부에게 "절대로 같이 화내지 말라"는 규칙을 기억하고 실천해야 한다고 조언한다. 그는 이렇게 말한다. "한 사람이 혈기 가운데 화를 내면 다른 사람은 그것을 참아야 한다. 그러면 잠시 후 누그러질 것이다."[73] 바로 이것이 배우자의 화를 진정시키고 나중에 서로를 더 잘 사랑하게 되는 방법이다. 한 사람의 인내와 오래 참음이 다른 사람의 마음을 실제적으로 정복하는 것이다. 그러나 같이 화를 내며 찌르는 말을 내뱉으면 타는 불에 기름을 끼얹는 격이 된다. "그런 행동은 사랑의 접착제를 녹여서 그들이 서로 떨어지도록 만든다. 그리고 서로 분리됨으로써 하나가 둘이 된다."[74]

스틸은 결혼한 부부에게 화가 가라앉을 때까지 서로에게서 잠시 물러나라고 조언한다.[75] 남편과 아내 모두 자신들이 타락한 아담의 자손이라는 사실을 기억해야 한다. 그리하여 자신들 안에 약점과 불완전함과 혈기가 있음을 예상해야 한다.[76] 그들은 먼저 화평을 이루는 자가 되는 것을 가장 큰 존귀로 여겨야 한다. 자신의 몸인 아내와 싸우는 남편에게 무슨 위로가 있겠는가? 자신의 머리인 남편과 다투는 아내에게 무슨 위로가 있겠는가? 작은 불화를 참아서 큰 싸움을 피하는 것이 더 낫

---

73   Reyner, 29.
74   Reyner, 29.
75   Steele, *Puritan Sermons*, 2:278.
76   Bolton, 268.

지 않겠는가? 마귀에게 틈탈 기회를 주는 것보다 서로 조금씩 양보하는 편이 더 낫지 않겠는가?[77]

남편과 아내는 화로 인해 큰 해惡가 생길 수 있음을 이해할 필요가 있다. 볼턴은 이렇게 썼다. "서로 화를 내고 싸우면 하인들에게 조롱거리가 되고, 이웃들에게 웃음거리가 되고, 그 지역에서 잡담거리가 되고, 그들의 가정에서 골칫거리가 되고, 서로에게 이어 떨어지는 물방울이 될 뿐이다. 화를 내서 얻을 수 있는 것은 아무것도 없다."[78]

그러므로 당신은 최선을 다해서 부부간의 화를 피해야 한다. 첫째로 먼저 당신의 사랑을 계속 뜨겁게 유지하라. 왜냐하면 뜨거운 사랑이 화를 억제하기 때문이다. 자신이 끔찍이 사랑하는 상대에게 화를 낼 수 없다. 또 자신이 기쁘게 해주고 싶은 상대에게 거친 말을 할 수 없다. 둘째로 남편과 아내 모두 그들의 교만을 억제하고, 온유하고 고요한 심령을 위해 기도해야 한다. 교만한 마음은 자신을 거스르는 모든 말이나 행동에 쉽게 격발된다. 또 패역한 마음은 매사를 성급하고 거칠게 판단한다. 백스터는 이렇게 썼다. "먼저 자기 자신과 싸워 이기라. 자기 자신의 혈기와 조급함을 고치라. 그러면 당신은 다른 사람들과 쉽게 화평을 유지하게 될 것이다."[79] 셋째로 우리 모두 허물로 가득한 병든 인생들이라는 사실을 기억하라. 그러므로 상대 안에 있는 허물들이 어떤 형태로든 밖으로 드러날 것이라는 사실을 예상하라. 당신이 죄인과 결혼한 사실을 잊지 말라. 그의 죄들이 매일같이 당신을 시험 속으로 이끌 것이라는 사실을 기억하라. 만일 당신이 아내의 죄를 참을 수 없다면,

---

77 Steele, *Puritan Sermons*, 2:278.
79 Baxter, 135.

당신은 그녀와 결혼하지 말았어야 했다. 그러나 만일 당신이 그녀의 죄를 참기로 결심했다면, 당신은 실제로 그렇게 해야 할 의무가 있다. 넷째로 당신과 배우자가 한 몸이라는 사실을 기억하라. 그러므로 배우자가 잘못했을 때, 당신 자신이 잘못했을 때보다 더 크게 화내지 말라. 도리어 당신이 자기 자신에게 보이는 동정同情과 온유함을 배우자에게 동일하게 보이라. 다섯째로 한 사람이 성내면 다른 사람은 폭풍이 지나갈 때까지 조용히 참고 있기로 사전에 합의하라. 남편과 아내는 서로 치료하며 돕도록 부르심을 받았다. 그러므로 만일 한 사람이 분노의 폭풍 속에 있다면, 다른 사람은 또 다른 분노의 폭풍을 일으키는 대신 그것을 가라앉히고자 힘써야 한다. 여섯째로 남편과 아내는 죽을 때까지 동반자로서 함께 살아야 한다는 사실을 기억할 필요가 있다. 서로를 화나게 만드는 것은 바보 같은 일이다. 일곱째로 당신이 바꿀 수 없는 것에 대한 모든 분노를 피하라. 여덟째로 화내는 것을 피할 수 없다면 최소한 나중에 후회할 말은 하지 않도록 입술을 제어하라. 그렇게 하면 좀 더 빨리 화평을 회복할 수 있을 것이다. 아홉째로 고요한 쪽의 배우자는 폭풍을 잠재우고 이성과 하나님께 대한 순복을 회복시키는 차분하고 지혜로운 말을 하라. 마지막으로 폭풍이 가라앉고 난 후 서로 자신의 잘못을 고백하라. 서로에게 용서를 구하고, 하나님께 용서를 빌고, 또 다시 잘못된 행동을 하지 않도록 하나님께 은혜를 구하라.

연구 문제

1   부부가 서로 돕고자 계속 노력하는 것이 어떻게 결혼 생활을 부요하게 만드는가?

2   병과 곤궁의 때에 오래 참음으로 돕는 것이 강력한 사랑의 표현인 이유는 무엇인가?

3   부부가 서로의 명예를 보호해 주고 거짓 참소로부터 서로를 지켜 주려면 어떻게 해야 하는가? 그리고 그것이 어떻게 그들의 결혼을 지켜 주는지 이야기해 보라.

4   윌리엄 세커는 "귀한 보석이 진흙에 떨어졌다고 발로 짓밟을 사람이 있는가?"라고 묻는다. 배우자의 약점을 어떤 관점으로 보아야 하는지에 대해 이것이 가르치는 바는 무엇인가?

5   남편과 아내는 가정과 재산을 관리하기 위해 서로를 어떻게 도울 수 있는가?

6   마가복음 8장 36-37절은 "사람이 만일 온 천하를 얻고도 자기 목숨을 잃으면 무엇이 유익하리요 사람이 무엇을 주고 자기 목숨과 바꾸겠느냐"라고 말한다. 서로를 영적으로 돕는 일이 모든 도움 가운데 가장 중요한 이유는 무엇인가?

7   남편과 아내가 서로에게 특별한 영적 영향력을 끼칠 수 있는 이유는 무엇인가?

8   영적인 일에서 서로를 도울 수 있는 열다섯 가지 방편들 가운데 당신이 가장 중요하게 생각하는 것은 무엇인가?

9   윌리엄 웨이틀리는 "당신의 주된 일은 첫째, 하나님을 기쁘게 하는 것이고 둘째, 서로를 기쁘게 하는 것이다"라고 말했다. 이것은 옳은 말인가? 그렇다면 그 이유는 무엇인가? 그렇지 않다면 또 그 이유는 무엇인가?

10   부부간에 화내는 것을 피할 수 있는 방법들을 요약해 보라.

7장

아내의 의무

청교도들은 결혼의 의무를 세 가지 범주, 즉 남편과 아내 상호 간의 의무, 남편에게 요구되는 의무, 아내에게 요구되는 의무로 나누었다. 그리고 앞에서 우리는 상호 간의 의무에 대해 살펴보았다. 이제 남편과 아내 각각에게 요구되는 의무에 대해 살펴보고자 한다.

에베소서 5장 22절과 창세기 2장 18절에 따르면, 아내는 자기 남편에게 복종하고 그의 돕는 배필이 되도록 부르심을 받는다. 그러므로 이두 가지 즉, 복종과 도움이 아내의 근본적이며 기본적인 의무이다. 이는 하나님이 아내에게 부여하신 역할 속에 들어있는 의무이다. 따라서 그러한 의무를 거부하는 것은 단지 자기 남편을 거역하는 일일 뿐만 아니라 결혼의 주인이신 하나님을 거역하는 일이다.

복종과 도움은 아내의 역할에 있어 본질적인 부분이다. 어떤 아내가 총명하며, 부유하며, 평판이 좋으며, 아름다우며, 살림을 잘한다고 치자. 그런데 만일 그녀가 자기 남편에게 복종하지 않고 또 그를 돕지도 않는다면, 그 모든 것은 다 헛된 것이 되며 결국 자기의 결혼 서약을 어기게 된다. 스틸은 "설령 어떤 아내가 많은 지혜와 학식과 은혜를 가지

고 있다고 하더라도 만일 자기 남편을 존경하지 않는다면 그녀는 결코 좋은 아내일 수 없다"라고 썼다.[1]

만일 그녀가 하나님 앞에서 남편에게 복종하고 일상적인 일과 영적인 일 모두에서 그의 돕는 배필이 되고자 노력한다면, 나머지 모든 것들은 거의 자동적으로 이루어지게 될 것이다(겔 36:26-27; 빌 2:13). 그리고 다른 모든 의무들은 이러한 두 가지 근본적인 의무들과 연결될 때 쉽게 성취될 것이다. 스틸은 이렇게 쓴다. "아내는 먼저 이 원리를 명심해야 한다. 갈비뼈가 위에 있고 머리가 아래에 있는 사람을 생각해 보라. 얼마나 꼴불견인가! 아내가 이 원리를 굳게 붙잡을 때, 그녀는 즐거운 마음으로 자신의 모든 의무들을 쉽게 성취할 것이다. 지혜로우신 하나님이 그와 같이 정하셨으므로, 그것이 최선이다."[2]

이러한 두 가지 근본적인 의무 즉, 복종과 도움의 의무는 아내들에게 어려워 보일 수 있으며, 특별히 죄악된 본성으로는 불합리하게 보일 수 있다. 그러나 만일 아내들이 먼저 그들의 주님이시며 하늘의 남편이신 그리스도께 스스로를 복종시키면서 그의 뜻으로 만족하는 법을 배운다면, 그들은 주 안에서 기쁨과 즐거움으로 남편에게 복종하며 돕는 배필로서 할 수 있는 것들로 그를 섬길 수 있을 것이다. 아내의 의무는 **하나님에 의해** 규정된 것이며, 그러므로 그것은 **하나님에 대한** 순종의 일부이다. 따라서 그녀는 남편에게 복종하며 순종하기 전에 먼저 하나님께 복종하며 순종하는 법을 배워야만 한다.[3] 이와 관련하여 맨턴은 "여자는 먼저 그리스도께 스스로를 복종시켜야 하며, 그다음으로 그리스도에 대

---

1   Steele, *Puritan Sermons*, 2:290.
2   Steele, *Puritan Sermons*, 2:291.
3   den Ouden, 71-72.

한 사랑 안에서 스스로를 남편에게 복종시켜야 한다"고 썼다.[4] 여자가
먼저 주께 복종할 때 그 마음이 (거역의 씨앗인) 자아와 교만으로부터 정
결하게 된다. 그리하여 주께 하듯 남편에게 복종하는 의무를 감당하기
에 합당하게 준비된다는 사실을 생각한다면 이러한 순서는 매우 중요하
다. 반대로 남편에 대한 아내의 외적인 복종이 그리스도에 대한 내적인
복종보다 선행하면 그것은 기름 없는 등불처럼 금방 꺼질 것이다.[5]

아내의 두 가지 근본적인 의무 가운데 도움의 의무는 앞 장에서 이미
충분하게 다루었다. 그러므로 이제 우리는 복종의 의무에 관심을 집중
하고자 한다.

아내에게 요구되는 복종은 오늘날 많은 사람들에 의해 반박을 받는
다. 그러나 대부분의 경우 복종과 관련하여 그들이 묘사하는 모습은 성
경적이지 않고 풍자만화처럼 우스꽝스럽다. 그들은 성경과 기독교가
아내에게 노예적인 굴종을 요구한다고 상상한다. 그러나 그것은 성경
이 의미하는 바가 아니다. 하나님은 남편을 머리가 되는 권세로 옷 입
히셨다. 그러나 그 권세는 "노예와 하인에게 하듯 사용하라고 주신 전
제군주적인 권세가 아니라, 평생을 함께하는 친구와 동반자로서의 권
세이다."[6] 남편에 대한 아내의 복종과 관련하여 가태커는 이렇게 말한
다. "아내는 하나님이 자기 남편에게 주신 권세와 위치의 탁월함을 진
심으로 인정하며 받아들이고, 그런 마음으로 자신의 의무를 신실하게,
신중하게, 성실하게, 양심적으로 이행해야 한다."[7] 우리는 아내의 복종
의 의무를 존경, 순종, 도움, 정숙 등 네 가지 범주로 나누어 생각할 수

---

4   Manton, 19:438.
5   Rogers, 239.
6   *The New Whole Duty of Man*, 221.
7   Gataker, 190.

있다. 이제 각각의 범주를 살펴보도록 하자.

존경(마음으로 느끼는 깊은 존중)

스틸은 존경을 "모든 아내들의 큰 의무"라고 불렀다. 요컨대 존경은 **좋은** 아내를 구분하는 특별한 자격이다.[8] 존경이 아내의 특별한 의무라는 사실은 여자가 창조될 때 확립되었다. 하와는 아담이 창조된 **후에** 창조되었고(딤전 2:13), 남자**로부터** 창조되었으며(고전 11:8), 남자를 **위해** 창조되었다(창 2:18). 이 모든 것들은 하나님의 뜻에 따라 아내가 남편을 자신의 머리로서 존경하고 존중해야 함을 보여 준다. 이러한 존경은 남편을 자신의 머리로 정하신 하나님의 창조 규례를 인정하며 받아들인다는 것을 의미한다. 이러한 의무를 올바로 알기 위해서는 존경의 성격과 원형原形을 이해할 필요가 있다.[9]

첫째로 존경의 **성격**에 대해 스틸은 "존귀와 사랑과 경외로 구성된 참되며 진실한 존경"이라고 묘사한다. 아내는 자기 남편을 **존귀하게** 여겨야 한다. 그녀는 그의 인격과 그에 관한 모든 것을 최고로 존중해야 한다. 왜냐하면 남편처럼 소중하며 사랑스러운 사람은 없기 때문이다. 그녀가 그와 결혼하기로 동의한 이유는 분명 그를 높이 평가했기 때문일 것이다. 그러므로 그녀는 계속 그를 그렇게 평가해야 한다. 어떤 이유로 더 이상 그의 인격을 존귀하게 여길 수 없게 되어도 자신의 머리로서의 그의 **위치**는 존귀하게 여겨야 한다. 왜냐하면 오르내림이 그의 인격에는 있을 수 있어도 그의 위치에는 있을 수 없기 때문이다. 마찬가지로

---

8 Steele, *Puritan Sermons*, 2:290.
9 Steele, *Puritan Sermons*, 2:291-99. 또한 스틸은 존경의 결과에 대해 언급하는데, 그것은 바로 말과 행동에 있어서의 순종이다.이에 대해서는 다음 단락에서 좀 더 상세하게 살펴보도록 하자.

백스터는 이렇게 조언한다. "무시와 경멸로 남편을 대하지 말라. 설령 그의 인격이 존경받기에 합당하지 않다 해도, 그의 위치는 그렇지 않다."[10] 남편의 인격이 실제로 어떠하든, 다른 사람들이 그를 어떻게 평가하든, 만일 아내가 그를 온전히 존경하고 존귀하게 여긴다면 그녀에게 남편은 유일무이한 사람, 그 탁월함에 있어 누구와도 비교할 수 없는 사람이 된다. 그가 그녀의 남편이라는 이유로 말이다. 홉킨스는 이렇게 말한다. "아내는 자기 남편을 하나님이 무수한 사람들 가운데 자신을 위해 특별하게 선택하신 사람으로 바라보아야 한다. 다시 말해서 하나님이 보시기에 자신의 머리와 인도자로서 가장 적합한 최선의 사람이라고 생각해야 한다."[11]

또한 남편에 대한 아내의 존경에는 **사랑**이 포함된다. 사랑은 남편의 근본적이며 핵심적인 의무이지만, 아내에게도 똑같이 요구된다(딛 2:4). 아내는 기꺼이 자기 부모를 떠나 그와 연합할 정도로 그를 완전하게 사랑해야 한다. 그녀는 그를 진실한 마음과 깊은 애정으로, 또 거기서 흘러나오는 합당한 존경으로 사랑해야 한다. 단순한 호감으로는 충분하지 않다. 만일 그녀가 자기 남편을 존경하고자 한다면 그녀는 실제적으로, 진정으로, 그리고 깊이 그를 사랑해야만 한다. 백스터는 아내들에게 이렇게 조언한다. "여러분의 남편을 특별하게 사랑하십시오. 여러분의 본성은 이 부분에서 강점을 가지고 있습니다. 사랑이 사랑을 자라게 합니다."[12] 남편을 사랑하지 않는 아내는 자신의 모든 의무를 성가시고 괴로운 것으로 여길 것이다. 오직 참된 사랑만이 그녀의 의무를 달콤하며

---

10 Baxter, 156.
11 Hopkins, 1:423.
12 Baxter, 155.

즐거운 것으로 만든다.

남편에 대한 존경의 또 다른 구성 요소는 경외 혹은 두려움이다(벧전 3:2). 이 말은 많은 아내들의 귀에 매우 거슬릴 것이다. 그러한 반응은 우리의 죄악된 마음에 대해 더 많은 것을 말해 준다. 하나님이 아내들에게 요구하시는 두려움은 사랑과 조화되지 않는 노예적인 두려움이 아니라 자유롭고 고결한 두려움이다. 그러한 두려움을 가태커는 이렇게 묘사한다. "그것은 사랑에서 솟아오르는 두려움이며, 사랑과 연합된 두려움이다. 남편을 기쁘게 할 수만 있다면 무슨 일이든 기꺼이 하기를 바라는 마음과 남편을 불쾌하게 만드는 것이라면 무엇이든 피하고자 하는 마음으로 이루어진 두려움이다."[13] 남편을 두려워하는 아내는 남편을 기쁘게 하기 위해 최선을 다할 것이다(고전 7:34). 설령 그것이 세상 전체를 불쾌하게 해도 말이다. 그녀는 남편을 기쁘게 하려는 마음으로 말하고 옷을 입고 행동할 것이다. 그에게 가장 사랑스러운 아내로 보이기 위해서 말이다. 그러므로 만일 어떤 아내가 오로지 자기 자신만을 기쁘게 하기를 추구하면서 남편을 기쁘게 하는 일에는 무관심하다면, 결국 하나님을 거스르며 그의 진노를 격발하는 꼴이 된다. 왜냐하면 하나님을 경외하는 아내라면 마땅히 남편을 경외해야 한다고 하나님 자신이 명령하셨기 때문이다.

둘째로 아내의 의무의 원형原形에 대해 생각해 보도록 하자. 아내는 교회가 그리스도께 복종하는 것처럼, 몸이 머리에게 복종하는 것처럼 남편에게 복종해야 한다(엡 5:22-24). 여기에서 아내의 복종의 원형은 그리스도에 대한 교회의 복종이다. 이런 측면에서 아내에게 두 가지가 요구된다. 첫째, 아내는 "범사에" 자기 남편에게 복종해야 한다(24절).

---

13   Gataker, 191.

남편의 요구가 크든 작든 그것이 불법이거나 죄악된 것이 아니라면, 아내는 남편의 요구에 복종해야 한다. 둘째, 아내는 기꺼이 아낌없이 계속 즐겁게 복종해야 한다. 남편의 의지에 아내가 기꺼이 즐겁게 복종할 때 그들이 오직 하나의 마음, 하나의 의지, 하나의 이해관계를 가지고 있다는 것이 드러난다. 스윈녹은 이렇게 말한다. "남편에 대한 아내의 경외 혹은 두려움은 그리스도에 대한 교회의 그것과 같아야 한다. 아내는 남편의 머리 됨의 권세를 인정하며, 범사에 그를 기쁘게 하기를 바라며, 그를 불쾌하게 하는 것을 두려워해야 한다. 아내는 모든 행동 속에서 남편의 권세를 인정하면서, 어떤 형태로든 그것을 부인하는 일을 두려워해야 한다. 이것이 바로 남편을 경외하고 두려워하는 것이다."[14] 또 스틸은 이렇게 쓴다. "투덜거리는 마음으로 마지못해 하는 복종은 매우 합당치 못하다. 그것은 남편의 마음에는 상처를, 아내의 마음에는 죄책을 남긴다. 왜냐하면 대부분의 경우 그것은 변화되지 않은 교만과 자만의 표적이기 때문이다. 만일 남편의 다스림이 지나치게 가혹하다면, 경멸로 맞대응하기보다 차라리 그를 떠나는 편이 더 낫다."[15]

몸은 머리에게 길을 가르치지 않고 도리어 머리의 지혜에 복종한다. 그와 같이 아내는 남편을 지도하는 대신 도리어 그의 지도를 따라야 한다. 스틸은 이렇게 빈정거린다. "머리는 이쪽 길로 가고 갈비뼈는 저쪽 길로 가는 모습은 얼마나 꼴불견인가?"[16] 고집을 피우며 자기 길로 가는 것보다 남편과 한마음이 되어 그의 지도를 따름으로써 더 사랑스러운 아내가 되는 편이 훨씬 낫지 않은가? 아내의 존경은 곧 남편의 사랑

---

14   Swinnock, 1:505.
15   Steele, *Puritan Sermons*, 2:293-94.
16   Steele, *Puritan Sermons*, 2:294.

을 끌어낼 것이다. 스틸은 이렇게 말한다. "진실로 아내의 존경보다 남편의 사랑을 더 강렬하게 만드는 것은 없다. 그리하여 그의 사랑은 그녀의 존경을 더욱 달콤하고 쉽게 만들 것이다.[17]

순종

베드로전서 3장 4-6절에 인용된 사라의 예에서 분명하게 나타나는 것처럼, 순종은 남편에 대한 아내의 복종의 일부이다. 베드로는 그리스도인 부녀들에게 "사라가 아브라함을 주라 칭하며 순종한 것처럼 스스로를 온유하고 안정한 심령으로 단장하라"고 촉구한다. 또 바울은 디도서 2장에서 젊은 목사 디도에게 성도들을 바른 교훈에 합당하게 살도록 가르치라고 명령하면서(1절), 젊은 여자들에게 자기 남편에게 순종하라고 가르친다(5절). 남편에 대한 아내의 순종은 하나님 앞에서 그녀의 아름다움을 단장하는 값진 보석이자, 결혼 생활에 하나님의 교훈을 장식하는 아름다운 꽃이다.

아내의 순종은 말과 행실 모두에서 나타나야 한다. 마음에 가득한 것이 입으로 나오는 법이다(마 12:34). 그러므로 만일 아내가 진심으로 남편을 존경한다면, 그녀의 말을 통해 그 마음이 드러날 것이다. 아내는 남편을 존귀하게 여기는 마음으로 남편에게 말해야 하며, 그런 마음으로 다른 사람들에게 자기 남편에 대해 말해야 한다(벧전 3:6; 아 5:16). 그녀는 논쟁적이며 까다로운 자가 되지 않도록 스스로를 지켜야 한다. 그리고 자신의 말을 하나님께서 들으실 뿐만 아니라 언젠가 그 앞에서 자신의 말에 대해 설명해야 한다는 것을 기억해야 한다(마 12:36). "여자는 말

---

17   Steele, *Puritan Sermons*, 2:292.

로 말미암아 존귀를 얻지 못한다."[18] 여자는 오직 온유하고 안정한 심령의 썩지 아니할 것으로 남편의 마음도 얻고 주님으로부터 존귀도 얻는다(벧전 3:4-5). 스윈녹은 이렇게 말한다. "경건한 아내는 경건한 남편을 만들 수 있다. 몸의 상태가 좋을 때, 머리의 기능은 훨씬 더 좋아진다. 아내 안에 있는 두려움은 남편 안에 믿음을 만드는 도구가 될 수 있다."[19]

또 아내는 합법적인 모든 일에서 남편에게 순종함으로써 존경을 나타낸다(벧전 3:6; 엡 5:24). 스틸은 이렇게 말한다. "만일 남편이 아내에게 거짓말이나 거짓 증언을 요구하는 등 죄악된 일을 하라고 명령한다면, 아내는 정중하고 단호하게 그것을 거부해야 한다. 만일 남편이 그녀에게 기도를 하거나 성경을 읽거나 주일을 지키는 것 등과 같은 영적 의무를 금한다면, 그녀는 마땅히 사람보다 하나님께 순종해야 한다(행 4:19-20). 그러나 다른 모든 합법적인 경우에 그녀의 순종은 최고의 희생 제물이 될 것이다. 그리고 그녀의 순복은 그녀의 멍에를 가볍게 만드는 수단이 될 것이다."[20]

그러면 아내는 어떤 태도로 남편에게 순종해야 하는가? 아내는 "주께 하듯" 자기 남편에게 순종해야 한다. 그녀는 남편을 기쁘게 하려는 목적뿐만 아니라 주님을 기쁘게 하려는 목적으로 자기 남편에게 순종한다. 왜냐하면 아내는 자기 남편의 권세 안에서 주님의 권세를 보기 때문이다. 홉킨스는 이렇게 말한다. "남편이 요구하는 게 아내가 볼 때는 꼭 필요한 일이 아닐 수도 있다. 그럼에도 불구하고 아내는 그에 순종할 필요가 있다. 만일 그녀가 주님을 기쁘게 하고자 한다면 말이다."[21]

---

18   Steele, *Puritan Sermons*, 2:295.
19   Swinnock, 1:505.
20   Steele, *Puritan Sermons*, 2:296.
21   Hopkins, 1:422.

또한 남편에 대한 아내의 존경은 그녀가 그의 조언과 책망에 복종할 때 드러난다. 성경에서 우리는 경건한 여인들이 남편의 조언에 복종하는 모습을 본다. 자신의 집에 엘리사를 위한 방을 만들고 싶었던 수넴 여인은 그 일에 대해 남편과 상의했다(왕하 4:9-10). 어떤 옷을 입을까 하는 문제든, 어떻게 행동할까 하는 문제든, 어떻게 가정을 관리할까 하는 문제든, 아내는 자신의 인도자로서 남편을 바라보아야 한다. 그렇게 할 때 아내는 남편의 위치를 존귀케 하고 그를 기쁘게 할 뿐만 아니라 자신이 "거룩한 부녀들"의 딸임을 온전히 드러내게 된다(벧전 3:5-6).

여기에서 모든 남편은 아내의 인도자와 조언자로서의 큰 의무를 기억해야 한다. 만일 당신의 아내가 당신의 조언에 주께 하듯 **복종**해야 한다면, 당신은 그녀에게 주님의 뜻에 합당한 조언을 해줄 준비가 되어 있어야 한다. 당신은 하나님의 말씀으로 자신과 가정을 다스릴 준비가 되어 있어야 한다. 그러므로 당신은 주의 뜻과 선악을 잘 분별할 줄 알아야 한다(롬 12:2). 만일 당신이 신실한 인도자가 되어 아내를 신실한 복종과 순종으로 이끌고자 한다면, 당신은 기도로 하나님께 묻는 법과 성경 말씀으로 그의 뜻을 분별하는 법을 알아야 한다(딤후 3:16-17).

아내는 남편의 조언뿐만 아니라 그의 책망에도 순종해야 한다. 이는 그녀의 혈과 육에 가장 힘든 일과 쓴 약이 될 것이다. 특별히 그녀 안에 교만과 다툼의 영이 있는 경우에는 더욱 그럴 것이다. 그러나 그녀는 사랑하고 감사하는 마음으로 남편의 책망을 받아들여야 한다.[22] 그녀에게 남편보다 더 가까운 사람은 없다. 그녀의 남편보다 그녀의 죄와 허물에 대해 더 잘 말해 줄 수 있는 사람은 없다. 더욱이 두 사람은 한 몸이다. 그러므로 어떤 죄가 그녀를 둘러싸고 있다면, 그 죄는 그들의 관

---

22 Steele, *Puritan Sermons*, 2:298.

계 자체를 둘러싸고 그들 모두에게 고통을 가져다준다. 하지만 그러한 죄를 회개하고 끊어 버린다면, 그들 모두가 치유와 기쁨을 얻을 것이다. 만일 아내가 남편을 존경하면서 남편이 사랑으로 자신을 책망한다고 믿는다면, 그녀는 하나님의 축복으로 그 쓴 약을 소화시키고 회개의 열매를 맺을 것이다.[23]

이와 관련하여 가태커는 우리에게 큰 도움이 되는 조언을 제시한다. 그는 이렇게 말한다.

아내는 남편이 책망하는 자신의 잘못을 기꺼이 고치려고 해야 한다. 퉁명스럽게 대답하지 말라. 분개하는 말을 하지 말라. 입술을 삐죽거리거나 불쾌한 표정을 짓지 말라. 도리어 온유하며 겸손한 마음으로 들으라. 남편이 책망할 때, 하나님이 책망하신다고 생각하라. 그의 책망을 들을 때, 하나님의 책망을 듣는다고 생각하라. 남편을 경멸하는 것은 하나님과 하나님이 정하신 규례를 경멸하는 것이다. 설령 남편이 까닭 없이 비난하며 책망한다 하더라도 퉁명스러운 말로 대꾸하지 말고 고요함과 오래 참음으로 받아들이는 것이 지혜롭고 사려 깊은 태도이다. 심지어 잘못이 없을 때에도 자신의 잘못이라고 인정하고 양보하는 것이 지혜로운 태도라는 사실을 기억할 필요가 있다.[24]

아내는 어떤 경우에도 남편에게 조언하거나 책망해서는 안 된다는 뜻이 아니라고 가태커는 말한다.[25] 도리어 지혜로운 아내는 "살아 있는 동안에 남편에게 선을 행하고 악을 행하지 않기" 위하여 그와 같이 하려고 할 것이다(잠 31:12). 남편에게 조언을 하거나 책망을 해야만 할

---

23 Steele, *Puritan Sermons*, 2:298.
24 Gataker, 191-92.
25 Gataker, 192.

때, 아내는 적당한 때에 그의 인격과 위치를 존중하는 마음으로 그렇게 해야 한다. 남편이 조언이나 책망을 기꺼이 받아들이게 하려면 입술이 아닌 마음으로 그렇게 해야 한다. 그녀의 말은 그를 괴롭게 하는 잔소리가 아니라 그를 유익하게 하는 약과 같아야 한다. 마찬가지로 아내는 남편에게 조언할 때 기꺼이 그의 인도에 순종하겠다는 마음으로, 자신의 생각을 받아들일지 말지는 전적으로 그에게 맡겨야 한다. 스윈녹은 이렇게 말한다. "아내는 남편에게 정숙하게 대답해야 한다. 아내는 너그러운 마음으로 남편에게 조언해야 한다. 아내는 겸손한 마음으로 남편에게 충고해야 한다. 아내는 남편에 대해 존귀하게 말해야 한다. 아내는 존경하는 마음으로 남편에게 말해야 한다."[26]

이러한 순종의 의무는 언뜻 어려워 보일 수 있다. 실제로 혈과 육에게는 어려울 것이다. 그러나 주께 하듯 자기 남편에게 순종하는 아내는 하나님의 은총을 받을 것이며, 그녀 자신의 영혼에 위로를 얻을 것이며, 남편의 사랑을 받을 것이며, 많은 사람들 앞에서 좋은 평판을 얻을 것이다. 그러므로 아내여, 하나님이 요구하시는 분량만큼 당신의 남편을 존중하라. 만일 남편 말고 당신 위에 아무도 없다면, 당신은 남편의 다스림을 무시해도 좋다. 그것이 당신을 기쁘게 하지 않는다면 말이다. 그러나 당신 위에는 주님이 계시며, 주님이 당신의 남편을 통해 당신을 다스리신다. 당신의 순종은 남편에게 그럴 만한 자격이 있는지 또는 남편이 당신에 대한 의무를 신실하게 이행하는지 여부에 달려 있지 않다. 그러한 문제는 그냥 주님께 맡기라. 당신은 주님께 하는 것처럼, 주님을 위해, 그리고 주님의 머리 되심을 인정함으로써 의무를 행해야 한다. 주님이 당신의 신실함을 보시고, 약속에 따라 금생과 내생에서 상을 주실

---

26   Swinnock, 1:506.

것이다(딤전 4:8; 골 3:23-24).

도움

아내의 복종의 세 번째 측면은 도움이다. 맨턴은 "여자는 남자의 인도자가 아니라 돕는 자와 동반자다"라고 말한다.[27] 이 의무에 대해 우리는 이미 앞 장에서 살펴보았다. 그러므로 여기에서 그것을 다시 반복할 필요는 없고 대신 짤막하게 요약한 다음 현숙한 아내에 대해 가르치는 잠언 31장을 살펴보도록 하자.

레이너는 아내의 도움과 관련하여 이렇게 말한다. "아내는 범사에 남편을 도와야 한다. 아내는 남편의 몸과 영혼과 가정과 재산을 돌보며 관리해야 한다. 또 남편의 명예와 평판을 지켜 주며, 그의 비밀을 감추어 주어야 한다. 아내는 범사에 남편에게 도움이 되어야 하며, 어떤 일에도 방해가 되어서는 안 된다. 그렇게 하지 않으면 그녀는 여자일지언정 아내는 아니다. 그런 아내를 얻은 자는 결코 복을 얻은 것이 아니다(잠 18:22)."[28] 또 맨턴은 이렇게 말한다. "여자는 장애물이 아니라 도움이 되어야 한다. 또 여자는 주관하는 자가 아니라 돕는 자가 되어야 한다. 여자는 남자의 짐과 근심을 덜어 주는 자가 되어야 한다. 또 여자는 범사에 돕는 자가 되어야 한다. 그녀는 남자의 사회생활의 위로가 되며, 가정을 다스리는 일에 협력하며, 자손을 번성하게 하는 일을 감당해야 한다. 이러한 목적을 위해 하나님은 여자를 창조하셨다."[29]

남편을 돕는 것이 아내에게 얼마나 합당한 일인지를 보여 주기 위해

---

27 Manton, 19:441.
28 Reyner, 17.
29 Manton, 19:440.

레이너는 옷의 비유를 들어 설명한다. "아내는 옷과 같다. 잘 만들어진 옷이라 하더라도 우리에게 맞지 않으면, 그 옷은 우리를 기쁘게 하지 못한다. 그 옷은 어울리지도 않고 편안하지도 않을 것이다. 편안함은 만족을 만든다. 만일 아내가 남편의 목적에 맞지 않고 아무 도움도 되지 못한다면, 그녀는 남편과 가까워지지 못할 것이다. 맞지 않는 옷이 몸과 가까워지지 못하는 것처럼 말이다. 그녀는 남편을 꾸미는 장식품이 되지 못하고 도리어 그의 길을 가로막는 방해물이 될 것이다."[30]

그러므로 아내는 범사에 자기 남편을 도와야 한다. 첫째로 남편의 영혼을 도와야 한다. 아내는 남편을 사랑하는 마음으로 그가 자신의 은혜들을 계발하도록 돕고, 그가 하나님 앞에서 의무들을 — 특히 가정의 영적 지도자로서 그에게 부여된 의무들 — 신실하게 행하도록 촉구해야 한다. 아내의 온유하며 고요한 심령과 경건한 행실은 남편을 그리스도께 데려가는 일과 남편이 경건 가운데 자라 가도록 격려하는 일에 큰 도움이 될 것이다(벧전 3:1-2; 고전 7:16). 둘째로 남편의 몸을 도와야 한다. 아내는 건강할 때나 병들었을 때나 그의 몸을 소중히 여기며 따뜻하게 돌봐야 한다. 그녀는 자기 남편을 자신의 몸처럼 소중히 여겨야 한다. 왜냐하면 하나님이 그녀를 그의 돕는 배필로서 창조하셨기 때문이다. 아내는 자신의 몸을 돌보는 것처럼 사랑으로 남편의 몸을 돌봐야 한다. 셋째로 남편의 명예와 평판을 도와야 한다. 그녀는 집에서나 밖에서나 그에 대해 좋게 말하여 남편의 명예와 평판을 비방과 악평으로부터 지켜야 한다. 넷째로 물질을 도와야 한다. 아내는 주님 앞에서 남편이 가족을 위해 가져다주는 모든 것을 신실하게 관리하는 성실한 청지기가 되도록 노력해야 한다. 이런 아내를 가진 남편은 얼마나 복된가!

---

30 Reyner, 17-18.

"아내를 얻는 자는 복을 얻고 여호와께 은총을 받는 자니라"(잠 18:22).

계속해서 잠언 31장을 살펴보도록 하자. 청교도들은 잠언 31장 10-31절을 모든 선한 아내들이 매일 바라보아야 하는 거울로, 본받아야 할 모범으로, 매일 실천해야 할 규칙으로 삼았다.[31] 잠언 31장은 첫째, 현숙한 아내의 가치를 선언한다. "그의 값은 진주보다 더 하니라"(10절). 다시 말해서 현숙한 아내는 귀한 보석보다 더 가치 있다. 남편에게 현숙한 아내는 측량할 수 없는 가치이다. 둘째, 잠언 31장은 현숙한 아내의 덕행을 제시한다. 그녀는 신중하게 말할 때를 알며, 말해야 할 것과 말하지 말아야 할 것을 안다(26절). 그녀는 관대하고 사랑이 많아서 자신이 가진 것을 궁핍한 사람들에게 아낌없이 나누어 준다(20절). 그녀는 경건하며, 생명의 은혜로 옷 입으며, 그 마음에 은혜가 가득하다 (25절). 그녀는 하나님을 경외하는 자로서 남편과 자녀들과 다른 사람들에게 감사와 칭찬을 받는다(28, 30-31절).[32] 스윈녹은 이렇게 쓴다. "아내가 특별히 조심해야 하는 죄는 교만과 불신앙의 죄다. 교만은 그녀를 사슬처럼 묶으며, 불신앙은 그녀를 옷처럼 뒤덮는다. 그녀의 영광은 은혜이며, 그녀의 아름다움은 경건이다. 경건은 나이와 지옥이 허물어뜨릴 수 없는 그녀의 영예로운 기념비이다."[33] 그녀는 남편의 신뢰를 받기에 합당한 신실한 아내이다. 왜냐하면 남편이 맡긴 것을 잃거나 허비하지 않고 신중하게 관리하기 때문이다(11절). 그녀는 부지런함과 열심으로 모든 가사家事를 잘 관리한다(17-19, 27절). 이는 그녀가 양식과 옷을 준비하는 것에서 잘 나타난다(14-15, 21절). 이와 같이 경건한 아

---

31   예컨대 Reyner, 18; Swinnock, 1:512.

32   Swinnock, 1:512-16.

33   Swinnock, 1:503.

내는 평생 동안 자기 남편에게 선을 행하고 악을 행하지 않는다(12절). 그녀는 평생 동안 자신의 모든 의무를 신실하게 행하며, 남편의 인격을 존귀하게 여기며, 남편의 지도력에 복종함으로써 자기 남편에게 선을 행할 것이다. 그녀의 선은 잠깐 밝게 비추다가 금방 구름 뒤로 숨어 버리는 아침 해와 같지 않을 것이다. 도리어 그것은 어떤 상황 속에서도 항상 벽에 붙어 있는 담쟁이덩굴과 같을 것이다.

정숙

아내의 네 번째 의무는 정숙하게 옷을 입는 것이다. 디모데전서 2장 9-10절에서 바울은 이렇게 말한다. "이와 같이 여자들도 단정하게 옷을 입으며 소박함과 정절로써 자기를 단장하고 땋은 머리와 금이나 진주나 값진 옷으로 하지 말고 오직 선행으로 하기를 원하노라 이것이 하나님을 경외한다 하는 자들에게 마땅한 것이니라." 베드로도 그리스도인 부녀들에게 같은 원칙을 제시한다. "너희의 단장은 머리를 꾸미고 금을 차고 아름다운 옷을 입는 외모로 하지 말고 오직 마음에 숨은 사람을 온유하고 안정한 심령의 썩지 아니할 것으로 하라 이는 하나님 앞에 값진 것이니라"(벧전 3:3-4). 그러므로 정숙은 모든 여자들, 특히 결혼한 여자들을 위한 성경의 명령이다.

만일 어떤 여자의 마음이 하나님 앞에서 올바르지 않다면, 그녀의 모든 외적인 단장과 장식은 무익하다. 또 그녀의 모든 외적인 단장이 자기 남편의 지도력을 대적하는 마음을 나타낸다면, 그것은 죄악된 것이다. 만일 그녀가 자신의 심령을 은혜로 채우는 일에는 무관심한 채 오로지 사람들의 눈에 띌 목적으로 옷을 입는다면, 그녀는 자기 남편에게 축복이 되지 못하며 하나님 앞에서도 신실하지 않은 것이다. 그러므로 아내에게 있어 가장 값진 최고의 장식은 먼저 하나님 앞에서 자기 심령을 은혜로 장식하고, 그다음에 남편과 다른 사람들 앞에서 자기 심령을 선행으로 장식하는 것이다(딤전 2:10; 벧전 3:5).

레이너는 이러한 정숙의 의무가 금과 은과 보석을 착용하지 말라는 게 아니라, 다만 특정한 범주로 제한되어야 한다는 것을 의미한다고 말한다.[34] 그러한 범주에는 다음과 같은 것들이 포함된다. 첫째, 그녀는 책임 있는 재정적 청지기직을 넘어서는 장신구를 착용해서는 안 된다. 둘째, 그녀는 사치와 방종과 최신 유행에 대한 갈망을 드러내는 옷을 입어서는 안 된다. 셋째, 그녀는 허영심을 따라 무절제하게 혹은 교만으로 옷을 입어서는 안 된다. 마치 더 나은 옷을 입었다고 하나님 앞에서 더 나은 사람이라도 된 것처럼 말이다. 넷째, 무엇보다도 그녀는 내적으로 스스로를 단장하려고 노력해야 한다. 그녀는 비싼 옷과 보석이 아니라 은혜와 선행으로 스스로를 더 보배롭게 만들려고 노력해야 한다. 그리고 자신의 외적인 아름다움보다 내적인 그리스도의 형상을 더 소중하게 여겨야 한다.

그러므로 정숙은 그리스도의 아름다움이 자신의 마음과 영혼을 풍성하게 장식하기를 바라는 열망에서 시작되어야 한다. 외적인 옷차림과 장신구와 꾸밈이 그러한 내적인 아름다움과 어울리며 또 그것을 반영하도록 말이다. 다시 말해서 실제적인 삶 속에서 경건을 추구하는 태도와 어울리는 옷을 입는 것이 그리스도인 여인들의 목표가 되어야 한다(마 5:16). 그런 여인은 자신과 그리스도의 관계를 모호하게 하는 방식으로 옷을 입지 않을 것이다.

지금까지 우리는 옷 입는 방식에 대한 바울과 베드로의 훈계를 중심으로 정숙에 대해 이야기했다. 그렇다면 이러한 정숙의 의무는 일곱째

---

34 Reyner, 19-20.

계명과는 어떤 관련이 있을까? 여자는 다른 사람들을 정욕으로 유혹하는 방식이 아니라 하나님과 남편 앞에서 자신의 내적인 순결을 표현하는 방식으로 옷을 입어야 한다. "거룩함과 존귀함으로 자기 배우자를 대하라"는 주님의 명령과 "간음하지 말라"는 하나님의 계명 속에 정숙하게 옷을 입는 의무가 들어 있지 않은가(살전 4:4; 출 20:14)?

윌리엄 퍼킨스와 빈센트 알소프가 정숙에 대해 말한 것을 생각해 보자. 퍼킨스는 일곱째 계명이 요구하는 영혼과 몸의 순결을 보존하기 위해 필요한 두 가지 덕 중 하나로 정숙을 가르쳤다(다른 하나는 절제이다).[35] 퍼킨스는 정숙이 사람의 표정과 눈빛과 말과 옷차림을 거룩한 예법에 맞게 하여 순결을 보존한다고 말한다.[36]

사람의 눈빛이 마음의 정욕을 표현하거나 불러일으키지 않을 때, 우리는 그의 표정 혹은 용모가 정숙하다고 말한다. 욥은 이런 의미에서 정숙을 실천했다. "내가 내 눈과 약속하였나니 어찌 처녀에게 주목하랴"(욥 31:1). 그는 자신의 눈을 마음의 정욕을 배출하는 배출구로 사용하지 않겠다고 결심했다. 반대로 시온의 딸들은 음탕한 눈으로 다녀서 책망을 받았다. "시온의 딸들이 교만하여 늘인 목, 정을 통하는 눈으로 다니며 아기작거려 걸으며 발로는 쟁쟁한 소리를 낸다 하시도다"(사 3:16). 그들의 눈은 남자들을 정욕으로 충동하여 자신들을 따라오도록 유혹하는 음탕한 방식으로 사용되었다. 베드로는 "음심이 가득한 눈"을 가진 악인들에 대해 경고하며(벧후 2:14), 솔로몬은 젊은 남자를 붙잡고 그에게 입을 맞추는 음녀의 "부끄러움을 모르는 얼굴"에 대해 묘사한다(잠 7:13). 그러니 먼저 당신의 표정에 당신의 순결하고 정결한 마음이

---

35 5장을 참조하라.
36 Perkins, 60-61.

나타나게 하라. 그러면 당신은 순결을 보존할 수 있을 것이다.

또 정숙은 더러운 말, 어리석은 말, 희롱하는 말을 삼가게 한다. 이러한 말들은 음란한 마음에서 나오는 전형적인 것들이다. "음행과 온갖 더러운 것과 탐욕은 너희 중에서 그 이름조차도 부르지 말라 이는 성도에게 마땅한 바니라 누추함과 어리석은 말이나 희롱의 말이 마땅치 아니하니 오히려 감사하는 말을 하라"(엡 5:3-4). 그렇게 해야 하는 이유는 무엇인가? 이어서 5절을 보면 "음행하는 자나 더러운 자나 탐하는 자 곧 우상 숭배자는 다 그리스도와 하나님의 나라에서 기업을 얻지 못할" 것이기 때문이다. 그러므로 우리의 말은 정결한 마음을 반영하며 거룩한 행실과 어울려야 한다. 하나님의 백성들 사이에 외설적이고 음탕하며 경박한 대화가 있을 자리는 없다. 왜냐하면 사도 바울이 말한 것처럼 "음행하는 자와 더러운 자는 그리스도와 하나님의 나라에서 기업을 얻지 못할" 것이기 때문이다.

정숙은 또한 거룩한 예법에 맞게 옷을 입도록 만든다. 알소프는 "거룩한 마음의 제단 위에서 타오르는 순결의 불은 정결한 말과 행동과 옷차림과 몸치장으로 빛나야 한다"고 말한다.[37] 이는 정숙하지 못한 옷차림이 정욕의 죄를 표현하고 충동하는 반면, 정숙한 옷차림은 마음의 경건과 절제와 성실을 표현한다는 것을 의미한다.[38]

우리와 다른 사람들의 순결을 보호하기 위해 우리의 알몸은 가려져야 한다.[39] 하나님은 간음을 금하는 일곱째 계명에서 이를 명령하신다. 간음을 금하는 것은 동시에 순결을 명령하는 것이다. 알소프는 이렇게

---

37   Alsop, 120.
38   Perkins, 61.
39   Perkins, 61.

말한다. "하나님이 순결을 명령하신 것은 그와 동시에 순결을 가능하게 하고, 조장하고, 촉진하는 모든 것을 명령하신 것이다. 마찬가지로 순결을 위태롭게 하고, 해치고, 약화시키고, 손상시키는 모든 것을 금하신 것이다."[40]

이는 정숙하지 못한 옷차림 자체에 문제가 있는 것이 아니라 그것을 바라보는 자의 죄악된 마음에 문제가 있는 것이라고 주장하는 사람들의 반론을 침묵시킨다. 이런 사람들은 부정숙不貞淑의 책임을 부정숙한 옷을 입은 사람에게 돌리지 않고 그를 음탕한 눈으로 바라보는 사람들에게로 돌린다. 그러나 일곱째 계명의 적극적인 요청에 따르면, 하나님은 우리의 말과 행동과 옷차림에서도 순결과 정결을 요구하신다. 만일 우리가 다른 사람들의 정욕과 음심을 충동하는 방식으로 옷을 입는다면, 죄를 짓는 사람은 바로 우리 자신이다. 그러므로 우리가 어떻게 옷을 입느냐 하는 것은 매우 중요한 문제이다. 그리스도인들은 하나님 앞에서 "악은 어떤 모양이라도 버리고자" 힘써야 한다(살전 5:22).[41] 다시 말해서 "그리스도인들은 악으로 가는 모든 길을 피하며, 화려한 장신구로 스스로를 단장하는 것을 삼가며, 다른 사람들의 정욕을 자극하는 몸짓을 멀리해야 한다. 그렇지 않으면 그들 자신이 교만의 유혹에 떨어지거나 다른 사람들을 육체의 정욕으로 유혹할 수 있다."[42]

마찬가지로 바울은 데살로니가전서 4장 3절에서 우리를 위한 하나님의 뜻은 스스로 음란을 삼가는 것이라고 말한다. "하나님의 뜻은 이

---

40 아담과 하와의 몸이 짐승의 가죽으로 가려진 것은 그들의 전반적인 죄성을 가리시는 하나님의 행동과 무관하지 않다. 하나님이 그들을 위해 마련하신 가죽 옷은 오직 그만이 그들의 죄책을 가릴 수 있으며 오직 그를 통해서 구원의 옷과 의의 옷을 찾아야 한다는 사실을 보여 준다.
41 Alsop, 120.
42 *The New Whole Duty of Man*, 396.

것이니 너희의 거룩함이라 곧 음란을 버리고." 음란을 삼가는 것의 의미는 엄격하게 절제하고 "하나님을 모르는 이방인처럼 색욕을 따르는" 대신 거룩과 존귀 가운데 스스로의 몸을 지키는 것이다(5절). 이와 관련하여 알소프는 이렇게 조언한다. "우리는 마음을 지키기 위해 마음 앞에 경건한 두려움을 파수꾼으로 세워야 한다. 그래서 우리 자신의 마음과 다른 사람들의 마음을 더럽힐 수 있는 그 어떤 것도 들어오지 못하게 해야 한다. 또 우리는 자신의 마음과 다른 사람들의 눈을 계속 살펴야 한다. 자신과 다른 사람들의 순결을 위협하는 미끼나 덫을 놓지 않기 위해서 말이다."[43]

청교도들은 설령 문화에 따라 정숙한 옷차림과 정숙하지 못한 옷차림의 기준에 다소 차이가 있다 해도 최종적인 권위는 응당 하나님의 말씀이어야 한다고 믿었다. 문화는 성경을 특별한 상황에 적용하는 데 도움을 줄 수 있지만, 성경을 밟고 올라서서는 결코 안 된다. 더욱이 문화는 도덕적으로 받아들여질 수 있는 한계를 확장하기도 하는데, 그러한 한계의 최일선에서 살려고 하지 않고 항상 어느 정도 떨어진 상태로 성경의 명백한 경계 안에 남아 있으려고 노력하는 것이 그리스도인의 지혜이다.

그러므로 문화에서 비롯된 옷 입는 방식을 받아들일 수 있는 경우는 오직 정숙하게 옷을 입어야 한다는 성경의 명령과 합치될 때뿐이다. 요컨대 우리의 옷차림은 마음의 정결한 생각과 의도를 반영하며, 정욕과 음심을 삼가며, 모든 모양의 악을 피하며, 다른 사람들을 실족시키지 않는 방식이어야 한다.

오늘날의 문화는 지나치게 짧은 치마나 지나치게 꼭 끼는 옷, 속살이

---

43 Alsop, 121.

비치는 옷 등으로 노출을 극대화하는 경향이 있다. 또 극단적인 노출을 자랑으로 여기면서 모든 형태의 수치심을 내팽개치고자 애쓰는 경향이 있다. 또한 오늘날의 옷 입는 방식은 성경의 규범에 의해 정해지는 것이 아니라, 정욕을 표현하고 자극하고자 하는 자신의 육체적 소욕에 의해 정해지는 경향이 있다. 그러므로 만일 정숙하게 옷을 입어서 자신과 다른 사람들의 순결을 보호하고자 한다면, 세상에서 돌이켜 성경으로 돌아와야 한다. 우리가 옷을 입는 동기와 우리의 옷장과 우리가 특정한 옷을 선택하는 이유 모두 주 되신 그리스도의 통치 아래 있어야 한다. 만일 당신이 일곱째 계명의 이런 측면을 진지하게 받아들인다면, 옷 입는 방식에 분명한 변화가 생길 것이다.

이제 정숙한 옷차림을 위한 성경의 지침들을 생각해 보도록 하자. 첫째, 정숙과 절제와 경건과 어울리지 않는 것은 무엇이든 부적합하다. 베드로전서 3장 2-5절에 따르면 우리가 본받아야 할 표준은 하나님을 경외했던 구약의 거룩한 부녀들이다. 알소프는 이렇게 말한다. "우리가 본받아야 할 대상은 요란하게 화장한 이세벨이나 춤추는 디나나 화려한 버니게가 아니라 거룩한 사라와 경건한 리브가와 신중한 아비가일이다."[44] 둘째, 하나님이 남자와 여자 사이에 두신 구별을 위반하는 것은 무엇이나 부적합하다. "여자는 남자의 의복을 입지 말 것이요 남자는 여자의 의복을 입지 말 것이라 이같이 하는 자는 네 하나님 여호와께 가증한 자이니라"(신 22:5). 하나님은 사람을 창조하실 때 남자와 여자를 구별하셨다. 그러므로 우리는 그러한 구별에 합당하게 옷을 입어서 하나님의 지혜를 존귀하게 해야 한다. 셋째, 옷의 기본적인 목적 즉, 벗은 몸을 가리는 목적을 깨뜨리는 옷차림은 다 부적합하다(사 47:2-3). 사회

---

44 Alsop, 121.

가 노출을 어떻게 받아들이는지는 중요하지 않다. 또 노출이 심한 옷을 부끄럽게 여기는지 아닌지 여부도 중요하지 않다. 사회 전체가 정숙하지 못한 옷차림을 충분히 받아들일 만한 것으로 여긴다 해도, 중요한 것은 하나님이 벗은 몸을 가리기 위해 옷을 주셨다는 사실과(창 3:21) 옷차림과 관련한 일곱째 계명의 내용과(출 20:14) 정숙함의 본보기를 보여주는 거룩한 부녀들의 옷차림이다(벧전 3:3-6). 그러므로 우리는 성경의 진리와 어울리게 옷을 입어야 한다(엡 4:17-21; 고전 6:9-11 참조). 넷째, 옷차림은 과하지도 않고 부족하지도 않은 일종의 중용을 지키는 것이 안전하다. 알소프는 그것을 "시기심을 불러일으키지도 않고 부끄럽지도 않은 옷차림"이라고 표현한다.[45] 다섯째, 디모데전서 2장 9-10절은 "여자들이 그들의 영광을 비추어 볼 수 있는 신적 거울"을 제시한다.[46] "이와 같이 여자들도 단정하게 옷을 입으며 소박함과 정절로써 자기를 단장하고 땋은 머리와 금이나 진주나 값진 옷으로 하지 말고 오직 선행으로 하기를 원하노라 이것이 하나님을 경외한다 하는 자들에게 마땅한 것이니라." 그들의 영광은 첫째, 스스로를 정숙한 옷차림으로 단장하는 데 있다. 외적 옷차림은 내적인 순결을 드러내야 한다. 그들의 영광은 둘째, 그들의 정숙한 용모 즉 정숙한 마음과 정숙한 옷차림에 어울리는 얼굴에 있다. 그들의 영광은 셋째, 스스로를 절제로 단장하는 데 있다. 그들은 스스로를 과시하기 위해 옷을 입지 않는다. 그들은 정욕의 대상이 되기 위해 옷을 입지 않는다. 그들은 자신들의 성적 욕망을 표현하기 위해 옷을 입지 않는다. 도리어 그들은 욕망에 굴레를 씌우며 절제하는 방식으로 옷을 입는다. 그들의 영광은 넷째, "하나님을 경외한다 하는

---

45   Alsop, 129.
46   Alsop, 138-39.

자들에게 마땅한" 선행으로 스스로를 단장하는 데 있다. 알소프는 이렇게 말한다. "경건이 당신의 재단사와 재봉사이다. 어떤 옷감을 살지, 어떤 스타일의 옷을 만들지, 그렇게 만든 옷을 언제 어디에서 어떻게 입을지 등에 대해 경건에게 물어야 한다."[47] 그는 계속해서 말한다. "영혼의 내적인 옷차림이 하나님에게 합당하도록 하라. 그리고 몸의 외적인 옷차림과 품행이 선한 사람들 사이에서 좋은 평판을 받게 하라."[48]

마지막으로 알소프는 옷차림과 관련한 몇 가지 유익한 지침을 제시한다.[49]

1. 유행을 가장 먼저 따르려는 욕심을 버리라. 선한 그리스도인은 "이 상했던 것이 익숙한 것이 되고 눈에 거슬렸던 것이 받아들일 만한 것이 될 때, 그것에 좀 더 가까이 다가갈 수 있다. 만일 그것이 하나님과 본성과 예법에 의해 규정된 경계를 넘어서는 것이 아니라면 말이다. 정숙한 그리스도인은 다른 사람의 뒤를 따라가는 것이 지혜롭지 못한 일이라고 생각하지 않을 것이다."[50]

2. 유행의 산꼭대기에 오르려고 애쓰지 말라. 뒤로 물러나 안전한 지역에 머무르라.

3. 유행을 지나치게 빨리 따르지도 말고, 재정적인 파탄을 초래할 정도로 따르지도 말라. "먼저 그것이 합법적인 것인지 양심에게 물으라. 그러고 나서 그것이 실용적인 것인지 자신의 지갑에게 물으라."[51] 하고

---

47 Alsop, 139.
48 Alsop, 143.
49 Alsop, 151-59.
50 Alsop, 152.
51 Alsop, 152.

싶은 것을 모두 다 할 수는 없다.

4. 만일 당신이 합법적인 유행을 따르고자 결심한다면, 경건과 거룩함에 있어 당신과 비슷한 부류의 사람들과 보조를 맞추라. 당신과 함께 생명의 은혜를 유업으로 받을 자들, 당신과 함께 동일한 보배로운 믿음에 참여하는 자들, 당신과 함께 동일한 구원의 소망을 가진 자들 말이다(벧전 3:7; 벧후 1:1; 유 3). 이 땅에서 단지 나그네와 외인일 뿐인 우리는 마치 악한 자의 권세 아래 있는 이 타락한 세상이 본향인 것처럼 옷을 입어서는 안 된다(요일 5:19; 히 11:10, 16).

5. 다양한 장신구가 달려 있어서 입고 벗는 데 많은 시간이 소요되는 형태의 옷은 가능한 가까이 하지 말라. 그런 옷으로 몸을 단장하느라 얼마나 많은 시간을 허비하는가? 그 시간에 차라리 영혼을 단장하는 편이 훨씬 낫지 않은가?

6. 하나님의 섭리의 날과 어울리는 옷을 입으라. 다시 말해서 애곡의 날에는 애곡을 위한 옷을 입고, 기쁨의 날에는 기쁨을 위한 옷을 입고, 예배의 날에는 예배를 위한 옷을 입으라. 음행을 위한 옷을 입는 음행의 날은 없다.

7. 시기심을 불러일으킬 정도로 고급스러운 옷이나 부끄러울 정도로 저급한 옷 모두를 피하고, 그 사이의 적당한 위치에서 중용을 취하라. 대부분의 경우 덕德은 양극단의 중간에 위치한다. 품위 있는 옷차림도 마찬가지다.

8. 속사람의 아름다운 덕으로 겉사람을 단장하라. "영혼을 몸의 척도로 삼으라. 어떤 은혜와 탁월함과 덕으로 당신의 영혼을 단장할지 생각하라. 그리고 그와 같은 것들로 당신의 몸을 단장하라."[52]

---

52 Alsop, 156.

9. 먼저 마음을 정결하게 하라. 그러면 정결한 마음이 옷차림을 정결하게 할 것이다. 먼저 마음의 정욕과 교만에 할례를 행하라. 그러면 할례 받은 마음이 옷차림의 허영과 음심에 할례를 행할 것이다(마 12:33; 23:26).

10. 다른 사람들의 옷차림이 당신의 영혼을 유혹할 때, 그런 종류의 옷차림은 무엇이든 피하라. 모든 죄인들은 그 마음 안에 동일한 죄의 씨앗이 있다. 당신 안에 정욕과 교만을 불러일으키는 것은 거의 틀림없이 다른 사람들에게도 그렇게 할 것이다.

11. 사소한 것들도 모두 경건의 인도와 통치를 따라 결정하라. "하나님의 영광과 상의하여 무엇을 먹을지 무엇을 마실지 무엇을 입을지 결정하라. 어떤 일을 결정할 때 스스로를 부인하며 삼가는 법을 가르쳐 줄 것이다(고전 10:31; 골 3:17)."[53]

12. 사소한 것들은 사소하게 여기라. 옷은 우리를 하나님 앞에 내세우지 못한다(고전 8:8). 그러므로 옷차림에 지나친 의미를 부여할 필요가 없다. 더욱이 우리는 종종 하나님과 세상이 서로 동의하지 않음을 기억해야 한다. 사람들 사이에서 높이 평가되는 것이 하나님이 보실 때는 가증한 것인 경우가 결코 드물지 않다. "너희 마음을 하나님께서 아시나니 사람 중에 높임을 받는 그것은 하나님 앞에 미움을 받는 것이니라"(눅 16:15).

13. 무엇보다 하나님으로부터 오는 존귀를 구하라. 우리의 구원이나 정죄는 세상이 아니라 하나님으로부터 온다(롬 14:4). 그러므로 악한 세상의 인정과 존귀를 받기 위해서가 아니라 하나님의 칭찬과 존귀를 받기 위해서 옷차림을 선택하자. 하나님은 악한 세상에서 우리를 분리하

---

53 Alsop, 158.

여 자기에게로 이끄셨다(고후 6:14-7:1).

　네 가지 의무 즉, 존경과 순종과 도움과 정숙이 어떻게 아내의 복종의 의무를 구체화하는지 이제 분명해졌다. 신실하게 이러한 의무들을 행하는 아내는 전적으로 하나님의 은혜에 의존한다. 아내는 자신의 본성적인 교만과 자기중심주의를 억제하여 하나님을 경외하는 여자로 변화되고 악에서 떠나 하나님의 계명의 길로 달려가기 위해서는 하나님의 은혜가 절대적으로 필요하다는 사실을 깨달아야 한다. 자신의 헛됨을 깨닫고, 하나님의 은혜로 말미암아 그리스도의 충만함으로 살기를 추구해야 한다. 아내는 진실한 마음으로 자신의 의무를 행할 수 있도록 **진실함**을 구해야 한다. 또 진정으로 남편을 사랑하면서 그를 기쁘게 하는 걸 즐거워할 수 있도록 **사랑**을 구해야 한다. 또 기꺼이 즐겁게 자발적으로 충분히 그를 섬기며, 모든 일에 있어 돕는 배필이 되고자 힘쓰며, 범사에 그의 위로와 기쁨이 될 수 있도록 **자기 부인**을 구해야 한다. 그리고 무엇보다 **성령 충만**을 구해야 한다. 오직 성령만이 육체의 악한 행실을 죽이고 아내로서 하나님의 기쁘신 뜻을 행할 수 있는 권능을 부어 줄 수 있기 때문이다.

연구 문제

1   아내의 두 가지 근본적인 의무는 무엇인가? 성경을 통해 증명해 보라.

2   남편에 대한 아내의 존경은 어떻게 구체화되어야 하는가?

    · 남편의 인격과 위치의 영광으로 인해

    · 다른 모든 지상의 관계들을 넘어서는 특별한 사랑으로 인해

    · 남편을 기쁘게 하고자 하는 그녀의 바람과 열망으로 인해

3   아내들에게 남편에게 순종하라고 명령하는 성경 구절은 어디에 있는가?

4   아내가 "주께 하듯" 자기 남편에게 순종한다는 것은 무엇을 의미하는가?

5   아내는 자기 남편을 책망하면서도 여전히 순종하는 상태로 남아 있을 수 있는
    가? 그 방법은 무엇인가?

6   성경에서 남편을 돕는 아내를 상세하게 묘사하는 부분은 어디인가? 그것을 요
    약해 보라.

7   아내의 정숙한 옷차림은 하나님과 남편에 대한 그녀의 마음을 어떻게 반영하
    는가?

8   정숙을 위한 지침들 가운데 어느 것이 가장 중요하다고 생각하는가?

9   본 장에서 제시된 것들 중에 동의하지 않는 것이 있는가? 그렇다면 당신은 어
    떤 성경적 근거로 그에 동의하지 않는가?

8장
남편의 의무 I – 사랑

청교도들은 에베소서 5장 23절, 25-30절에 근거하여 남편의 두 가지 근본적인 의무가 **권세**와 **사랑**이라고 가르쳤다. 남편은 머리의 권세를 가지며, 아내는 그러한 권세에 교회가 그리스도께 복종하는 것처럼 복종해야 한다(23절). 또 남편은 자기 아내를 그리스도가 교회를 사랑하는 것처럼 사랑해야 한다(25-30절). 암브로스는 이 두 가지가 아내에 대한 남편의 모든 의무라고 말하면서 다음과 같이 쓴다. "남편은 자기 아내를 진정으로 사랑하면서 그녀에 대한 자신의 권세를 지혜롭게 사용해야 한다."[1]

남편들은 사랑이 결여된 엄격한 권세만을 휘두르거나 권세를 내려놓은 유약한 사랑에만 매몰되려는 유혹에 떨어질 수 있다. 그러나 하나님은 남편에게 이러한 두 가지 의무를 모두 행하라고 말씀하신다. 이와 관련하여 백스터는 이렇게 말한다. "남편은 권세와 사랑을 온전히 연합시켜야 한다. 어느 하나도 빠지거나 가려지지 않도록 말이다. 남편은 권

---

1   Ambrose, 234.

세와 사랑 모두를 유지하고 실행해야 한다. 권세는 포기한 채 사랑만 무분별하게 행해서는 안 된다. 마찬가지로 사랑은 외면한 채 마치 전제 군주처럼 권세를 행해서도 안 된다. 아내에 대한 남편의 사랑은 권세 위에 세워진 사랑이어야 한다. 마찬가지로 아내에 대한 남편의 권세는 사랑 위에 세워진 권세여야 한다."[2] 스틸은 남편의 권세가 사랑과 직접적으로 연결된다고 하면서, 권세는 사랑의 직접적인 결과들 가운데 하나라고 지적했다.[3] 또한 스틸은 남편이 자신의 권세를 지혜롭게 유지하며 온유함 가운데 사용하는 것은 사랑의 행동이라고 말한다. "그의 권세가 지나치게 전제군주적일 때, 그의 사랑은 파괴된다. 마찬가지로 그의 사랑이 무분별하게 표현될 때, 그의 권세는 사라진다. 그러면 그는 하나님이 맡기신 일을 할 수 없게 될 뿐만 아니라 자신의 가정을 올바르게 이끌 수 없게 된다."[4]

그러므로 청교도들은 그러한 두 가지 의무를 불가분리적인 것으로 보았다. 둘은 함께 간다. 구지는 남편의 권세가 그의 사랑의 일부라고 썼다.[5] 스쿠더는 남편이 사랑으로 자신의 위치를 지키며 자신의 권세를 사용해야 한다고 조언했다.[6] 보스턴은 남편의 사랑이 그의 권세를 부드럽게 한다고 말했다.[7] 또 로저스는 머리로서 자기 아내 앞에서 행하는 것이 남편의 의무라고 가르쳤다.[8]

그러므로 도움이 아내의 기본적인 의무인 복종의 일부인 것처럼, 권

---

2   Baxter, 152.
3   Steele, *Puritan Sermons*, 2:289.
4   Steele, *Puritan Sermons*, 2:290.
5   Gouge, 254.
6   Scudder, 88.
7   Boston, 4:213.
8   Rogers, 186.

세는 남편의 기본적인 의무인 사랑의 일부이다. 바울은 23절에서 남편이 아내의 머리라고 말한다. 그러나 남편의 의무를 가르치는 25절에 이르면, 남편들에게 아내를 "다스리라"고 말하는 대신 "사랑하라"고 말한다. 이와 같이 남편은 사랑으로 다스리는 자이면서 동시에 권세를 가지고 사랑하는 자이어야 한다. 아내의 복종과 도움이 하나로 연합되어야 하는 것처럼, 남편의 사랑과 권세 역시 하나로 연합되어야 한다.

남편들아 아내를 사랑하라

아내를 사랑하라는 부르심 속에는 하나님 앞에서 남편이 아내에게 빚진 다른 모든 의무들이 포함된다. 만일 남편이 진정으로 자기 아내를 사랑한다면, 그는 그녀를 가장 기쁘게 하는 방식으로 말하고 행동하고 감정을 공유하고자 노력할 것이다. 그리고 그의 모든 말과 행동에는 온유함과 부드러움과 따뜻함과 이해의 색조가 가미될 것이다. 자기 아내를 사랑하는 남편은 아내를 괴롭게 하지 않을 것이다(골 3:19). 그 이유를 스틸은 이렇게 말한다. "사랑이 큰 톱니바퀴이기 때문이다. 그것이 회전하면 우리의 내적인 감정과 외적인 행동의 다른 모든 톱니바퀴들도 돌아간다."[9] 바이필드 역시 사랑 안에 남편의 모든 의무가 포함된다고 말했다.[10] 스틸도 사랑은 남편의 큰 의무로서 그 안에 다른 모든 의무들이 포함된다고 말했다.[11] 그렇다면 아내를 사랑한다는 것의 의미는 무엇일까? 이를 이해하기 위해 우리는 남편의 사랑의 세 가지 측면 즉, 그것의 근거와 모범과 열매를 살펴볼 필요가 있다.

---

9   Steele, *Puritan Sermons*, 2:282.
10   Byfield, *Colossians*, 353.
11   Steele, *Puritan Sermons*, 2:282.

남편의 사랑의 **근거**는 다섯 가지이다. 첫째, 하나님이 그것을 요구하신다. 골로새서 3장 19절은 "남편들아 자기 아내를 사랑하라"고 명령한다. 이러한 명령은 에베소서 5장에서 최소한 세 번 반복된다(25, 28, 33절). 다른 모든 것들이 오르내릴 때, 이것은 동일하게 남아 있다. 다른 모든 것들이 떨어질 때, 이것은 확실하게 남아 있다. 다른 모든 것들이 흔들릴 때, 이것은 그대로 남아 있다. 설령 아내가 마음에 들지 않아도, 여전히 그는 그녀를 사랑해야 한다. 설령 아내에 대한 그의 느낌이 예전 같지 않아도, 여전히 그는 그녀를 사랑해야 한다. 설령 아내가 그에게 해를 끼치고 상처를 준다 하더라도, 여전히 그는 그녀를 사랑해야 한다.

둘째, 남편 자신의 맹세가 그것을 요구한다. 만일 하나님의 명령이 위에서 그를 속박한다면, 혼인 서약은 아래에서 그를 속박한다. 그와 아내의 결혼은 하나님 앞에서의 언약이다(말 2:14). 그 언약 속에서 그는 그녀를 사랑하며 소중히 여기겠다고 약속했다. 그녀 안에 있는 어떤 것 때문이 아니라 그녀가 그의 아내라는 이유로 말이다. 사랑은 단순한 감정 훨씬 이상의 무엇이다. 이는 마음과 손과 말과 행동으로 매일같이 실행해야 할 서약이다.

셋째, 아내가 남편과 가장 가까운 관계라는 사실이 그것을 요구한다. 남편에게 아내보다 더 가까운 사람은 없다. 그러므로 남편의 사랑에 대해 아내보다 더 큰 권리를 가진 사람은 없다. 하나님은 이웃을 자기 자신처럼 사랑하라고 명령하셨다(레 19:18). 남편에게 그의 아내보다 더 가까운 이웃이 있는가? 아내는 남편과 함께 집과 식탁과 침대와 자녀들을 공유한다. 남편은 아내를 위해 부모를 떠났다. 그리고 자기 아내와 불가분리적으로 연합하여 한 몸이 되었다(창 2:24). 만일 그가 이웃을 자기 자신처럼 사랑해야 한다면, 하물며 자기 아내는 얼마나 더 사랑해야 마땅하겠는가? "이와 같이 남편들도 자기 아내 사랑하기를 자기 자신과 같이 할지니 자기 아내를 사랑하는 자는 자기를 사랑하는 것이라"(엡 5:28). 부모와 자녀 사이의 천부적인 유대는 깊고 강하다. 그러나 남편과 아내 사이의 유대는 부모와의 유대를 떠날 정도로 훨씬 더 깊고 강하다. "이러므로 남자가 부모를 떠나 그의 아내와 합하여 둘이 한 몸을 이룰지로다"(창 2:24). 가태커는 이렇게 썼다. "자녀는 부모라는 강에서 발원하여 제각기 흘러가는 지류들과 같다. 반면 남편과 아내는 각각의 두 지류가 합쳐져 하나의 물결을 이루는 것과 같다. 두 지류는 서로 나누어질 수 없는 하나의 물결이 된다. 또 남편과 아내는 에스겔의 두 막대기와 같다. '그 막대기들을 서로 합하여 하나가 되게 하라 네 손에서 둘이 하나가 되리라'(겔 37:17)."[12]

넷째, 남편의 위로와 행복이 아내를 사랑하는 것에 달려 있다는 사실이 그것을 요구한다. 결혼의 매듭을 만드는 것이 사랑인 것처럼, 계속되는 결혼 생활을 쉽게 만드는 것 역시 사랑이다. 홉킨스는 이렇게 쓴다. "결혼 생활이 비틀어지거나 어그러지지 않도록 지켜 주는 것은 사랑밖에 없다. 설령 사랑의 결여가 결혼 언약 자체를 해체하지는 않는다 하더라도, 결혼 생활의 기쁨과 위로를 해체하는 것은 분명하다."[13] 이와 관련하여 테일러는 이렇게 선언한다. "자기 아내를 사랑하라는 하나님의 모든 명령은 결국 우리에게 기쁨을 가져다주는 필수적인 조건이다. 사랑받는 아내는 평안으로 채워지며, 사랑하는 남편은 기쁨으로 채워진다. 사랑은 모든 좋은 것들을 합친 것이다. 그 안에 만족과 안식과 신

---

12   Gataker, 200-201.
13   Hopkins, 1:414.

뢰가 들어 있다."[14]

다섯째, 남편의 다른 의무들이 그것을 요구한다. 남편의 다른 모든 의무들은 사랑으로부터 흘러나와야 한다. 그렇지 않으면 남편은 다른 의무들을 제대로 이행할 수 없다. "너희 모든 일을 사랑으로 행하라"(고전 16:14). 아내는 남편이 행하는 모든 것 안에서 그의 사랑을 보고 느껴야 한다. 다시 말해서 아내는 그의 돌봄과 그의 인도와 그의 훈계와 그의 권세와 그의 보호를 구별할 수 있어야 한다. 그가 그 모든 것들에 표시해 놓은 사랑으로 말이다.

남자가 진정으로 사랑하지 않고 또 사랑할 수 없는 여자와 결혼하지 않는 것은 얼마나 중요한 일인가! 스틸은 이렇게 말한다. "하나님의 허락 안에서 선택할 수 있는 많은 여자들 가운데 굳이 사랑할 수 없는 여자를 선택하는 것은 얼마나 어리석은 일인가!"[15] 결혼의 행복은 서로를 완전하고 신실하게 사랑하는 것에 달려 있다. 결혼 생활의 위로는 함께 일하며, 정직하고 투명하게 소통하며, 서로를 기쁘게 섬기는 것에 달려 있다. 이와 관련하여 가태커는 결혼한 부부들에게 이렇게 훈계한다. "도랑을 뛰어넘기 전에 먼저 자신이 충분히 뛰어넘을 수 있는지 유심히 보라. 오직 한 번만 결정할 수 있는 문제라면, 오랫동안 신중하게 숙고하고 다른 사람들의 조언에 귀를 기울일 필요가 있다."[16]

사랑할 수 없는 여자임에도 불구하고 성급하게 결혼한 어떤 남자를 생각해 보라. 나중에 그가 하나님께 자기 아내를 사랑하며 섬길 수 있게 해달라고 간구하는 것은 얼마나 힘들고 어려운 일이겠는가! 가태커

---

14   Taylor, 27.
15   Steele, *Puritan Sermons*, 2:283.
16   Gataker, 202.

는 이렇게 쓴다. "자유로운 상태에 있을 때는 자기 마음대로 선택할 수 있다. 그러나 선택한 후에는 자신의 선택에 책임을 져야 한다. 이전에 그는 행동을 감정에 맞출 수 있었다. 그러나 이제 그는 감정을 행동에 맞추려고 노력해야 한다."[17] 또 어떤 청교도는 이렇게 말한다. "어떤 법도 남자가 결혼하도록 강제하지 않는다. 그러나 남편은 자신이 아내로 선택한 여자를 사랑하도록 강제당한다."[18]

남편의 사랑의 두 번째 측면은 그것의 **모범**이다. 일단 남자가 결혼하면, 그는 하나님 앞에서 두 가지 방식으로 아내를 사랑하라는 의무를 부여받는다. 첫째로 그는 그리스도께서 교회를 사랑하신 것처럼 자기 아내를 사랑해야 한다. 이 사랑은 에베소서 5장 25-29절에 분명하게 묘사되어 있다.[19]

25절에 따르면 그리스도는 교회를 **희생적으로** 사랑하셨다. "남편들아 아내 사랑하기를 그리스도께서 교회를 사랑하시고 **그 교회를 위하여 자신을 주심 같이** 하라." 그리스도께서는 교회를 위해 자신을 주셨다. 요한복음 15장 13절에서 그리스도는 "사람이 친구를 위하여 자기 목숨을 버리면 이보다 더 큰 사랑이 없나니"라고 말씀하셨다. 그는 교회를 위해 실제로 그렇게 하셨다. 그는 교회를 사기 위해 어떤 비용도 아끼지 않으셨다. 도리어 자기 목숨이라는 가장 비싼 값을 치르셨다. 이와 같이 남편은 자기 아내를 희생적으로 사랑해야 한다. 아내의 유익을 위해서라면 어떤 비용도 아끼지 말아야 한다. 요컨대 그녀를 위해 자기 목숨을 내어 주며, 자기보다 그녀를 앞세우며, 자신의 유익보다 그녀의 유익을

---

17   Gataker, 202.

18   *The New Whole Duty of Man*, 228.

19   4장의 그리스도와 교회의 원리를 참조하라.

먼저 구하며, 그녀의 유익을 위해 일하며, 그녀를 부양해야 한다.

또 그리스도는 교회를 **마음으로** 사랑하셨다. 그는 교회를 진실하며 참된 사랑으로 사랑하셨다. 그의 사랑은 단순히 말뿐인 사랑도 아니고, 피상적이며 외적인 사랑도 아니다. 그것은 마음으로 하는 사랑이며, 행함과 진실함으로 하는 사랑이다. 그의 사랑은 우리의 필요를 채우시는 행동으로 증명되는 사랑이다. 만일 어떤 남편이 이러한 모범을 따른다면, 그의 사랑은 틀림없이 외식 없는 마음의 진실한 사랑일 것이다. 그의 사랑은 단순히 말뿐인 사랑이어서는 안 된다. 그의 사랑은 깊고 실제적이어야 한다. 만일 우리가 그의 마음을 볼 수 있다면, 틀림없이 거기에 그의 아내의 이름이 적혀 있을 것이다.[20]

또 그리스도는 교회를 **값없이** 사랑하셨다. 교회가 그를 사랑하기 전에 먼저 교회를 사랑하셨으며, 교회에게 어떤 대가도 바라지 않으셨다. 그는 교회에게 오직 자신의 값없는 사랑의 열매만을 주고자 하셨다. 그의 사랑은 전적으로 자신에게서 나온 것이며, 그는 그 사랑을 값없이 교회에게 주셨다(신 7:7-8; 요일 4:19). 교회는 그의 사랑을 받거나 유지할 수 있는 자격이 없었다. 이와 같이 남편은 아내를 값없이 사랑해야 한다. 그가 그녀를 사랑해야 하는 이유는 단순히 그녀가 아내이기 때문이다. 그녀가 그에게 무엇인가를 주었거나 혹은 그를 위해 무엇인가를 행했기 때문이 아니다. 다만 그가 그녀를 사랑하기로 약속했기 때문이다. 아내를 값없이 사랑하는 남편은 아내가 그를 위해 할 수 있는 것보다 그가 그녀를 위해 할 수 있는 것을 더 많이 찾는다.

26절에 따르면 그리스도는 교회를 **거룩하게** 사랑하신다. "이는 곧 물로 씻어 말씀으로 깨끗하게 하사 거룩하게 하시고." 그의 사랑은 교회

---

20 Steele, *Puritan Sermons*, 2:284.

의 거룩함을 추구하는 사랑이며, 교회를 말씀의 물로 씻어 깨끗하게 하도록 고무하는 사랑이다. 그의 사랑은 거룩한 마음에서 흘러나오는 사랑이며, 교회의 거룩함을 성취하도록 역사役事하는 믿음이다. 그러므로 아내에 대한 남편의 사랑 역시 이와 같아야 한다. 남편의 사랑은 그 자신의 마음에서 흘러나와야 한다. 그의 사랑은 정욕에 의해 더럽혀지지 않고 외식에 의해 나누어지지 않은 사랑이어야 한다. 그의 사랑은 그녀의 영적 복리福利를 추구하는 사랑으로서 그녀를 향해 흘러가야 한다. 물론 남편은 그리스도께서 교회를 사랑하신 것처럼 거룩하게 자기 아내를 사랑할 수 없다. 그러나 그는 아내를 은혜 가운데 자라게 하시는 그리스도의 도구가 될 수 있으며 또 마땅히 그렇게 되고자 해야 한다.

27절에 따르면 그리스도는 교회를 **영원히** 사랑하신다. "자기 앞에 영광스러운 교회로 세우사 티나 주름 잡힌 것이나 이런 것들이 없이 거룩하고 흠이 없게 하려 하심이라." 교회의 행로에는 수많은 좌절과 퇴행이 있을 것이다. 그럼에도 불구하고 그리스도는 자신의 교회를 티나 주름 잡힌 것 없는 영광스러운 교회로 아버지 앞에 세우실 것이다. 그의 사랑은 교회가 최종적으로 완전하게 될 때 충분하게 실현될 것이다(요 13:1). 교회의 냉랭함과 완악함과 퇴행에도 불구하고 그리스도의 계획은 좌절되지 않을 것이다. 교회는 종종 그런 상태 가운데 떨어지곤 한다. 그럼에도 불구하고 그리스도는 교회를 포기하거나 그의 사랑을 거두지 않고 자신의 언약에 따라 계속 교회를 위해 일하신다(삼하 7:15). 뿐만 아니라 그는 교회의 약한 부분에 그의 완전한 긍휼과 사랑을 나타내기를 기뻐하신다(사 30:18; 렘 31:20; 고후 12:9). 만일 어떤 남편이 이러한 모범을 따른다면, 그는 아내의 모든 허물과 약점에도 불구하고 그녀를 변함없이 사랑할 것이다. 그의 사랑은 틀림없이 매일 동일하게 흘러나오는 사랑일 것이다. 그의 사랑은 오늘은 뜨겁게 타오르다가 내일은 싸늘하게 식어 버리거나, 오늘은 후하게 주어지다가 내일은 빈약하게 주어지거나, 오늘은 즐겁게 주어지다가 내일은 마지못해 주어지는 사랑이 아닐 것이다. 그의 사랑은 틀림없이 그녀의 모든 잘못과 허물을 이해하고, 동정하고, 오래 참음으로 감당하는 사랑일 것이다. 그는 사랑 가운데 선으로 악을 이기고자 애쓸 것이며, 자신이 할 수 있는 것은 고치고 자신이 할 수 없는 것은 받아들이고자 노력할 것이다.[21]

마지막으로 29절에 따르면 교회에 대한 그리스도의 사랑은 **풍성한 결실**로 이어진다. "누구든지 언제나 자기 육체를 미워하지 않고 오직 양육하여 보호하기를 그리스도께서 교회에게 함과 같이 하나니." 왜냐하면 그리스도는 교회를 "양육하며 보호하기" 때문이다. 그는 교회의 필요에 주목하시고, 그의 풍성함으로 그것을 채우실 것이다. "나의 하나님이 그리스도 예수 안에서 영광 가운데 그 풍성한 대로 너희 모든 쓸 것을 채우시리라"(빌 4:19). 그는 교회의 고난을 주목하시고, 고난으로부터 교회를 건져내시거나 보호하실 것이다(막 4:38-39). 그는 파선破船의 위기 가운데 있는 교회를 주목하시고, 자기 이름을 위해 그 교회를 위기에서 구원하실 것이다(사 43:1-5). 그의 사랑은 교회의 필요를 아는 사랑이며, 그러한 필요 가운데 교회를 그냥 내버려 두지 않는 사랑이며, 그러한 그의 관심을 교회에게 확신시켜 주는 사랑이다.

그러므로 아내에 대한 남편의 사랑 역시 이와 같아야 한다. 그는 아내의 필요에 주목하고, 그것을 채우기 위해 자신이 할 수 있는 일을 해야 한다. 그는 아내의 고통에 주목하고, 그것을 경감시켜 주기 위해 자신이 할 수 있는 일을 해야 한다. 그는 아내의 문제에 주목하고, 그것을 해결해 주기 위해 자신이 할 수 있는 일을 해야 한다. 아내가 지지와 격

---

21 Ambrose, 235.

려를 필요로 할 때, 그는 그녀에게 단순한 친구 이상의 존재가 되어야 한다. 아내가 병들었을 때, 그는 그녀에게 단순한 간호사 이상의 존재가 되어야 한다. 이와 같이 그의 사랑은 아내의 필요를 적극적으로 채워 주는 사랑이어야 한다. 그러할 때 그의 아내는 그 모든 것이 자신을 향한 남편의 사랑의 증표라고 말할 수 있게 된다.

앞에서 이야기한 것처럼 남편의 사랑의 모범은 두 가지이다. 남편은 그리스도께서 교회를 사랑하신 것처럼 아내를 사랑해야 할 뿐만 아니라, 자기 자신을 사랑하는 것처럼 아내를 사랑해야 한다. 28-29절에서 바울은 이렇게 말한다. "이와 같이 남편들도 자기 아내 사랑하기를 자기 자신과 같이 할지니 자기 아내를 사랑하는 자는 자기를 사랑하는 것이라 누구든지 언제나 자기 육체를 미워하지 않고 오직 양육하여 보호하기를 그리스도께서 교회에게 함과 같이 하나니."

그리스도의 모범은 어떤 것도 더할 수 없을 정도로 완전무결하다. 그 어떤 남편도 그리스도께서 교회를 사랑하신 것보다 더 많이 아내를 사랑할 수 없고, 더 많이 사랑할 필요도 없다. 그러나 에베소서 본문은 그리스도께서 교회를 사랑하신 것처럼 아내를 사랑하라는 말과 함께 자기 자신을 사랑하는 것처럼 아내를 사랑하라는 말을 덧붙인다. 에베소서 본문이 그리스도의 사랑의 모범에 또 하나의 모범을 덧붙인 이유는 무엇인가? 그것은 구지가 지적한 것처럼 우리가 그리스도의 모범을 충분히 이해하고 올바로 본받기 어렵기 때문이다.[22]

그리스도께서 교회를 사랑하신 것처럼 자기 아내를 사랑하라는 말씀에 따라 우리의 사랑을 그의 사랑의 틀에 맞추고자 한다면, 먼저 그리스도의 사랑의 높이와 깊이와 길이와 넓이가 어느 정도인지 생각해야

---

22 Gouge, 303.

한다. 그러나 자기 자신을 사랑하는 것처럼 아내를 사랑하라는 말씀은 추가적인 설명이 필요하지 않을 정도로 분명하다. 우리는 모두 자기 자신을 사랑하는 것이 무엇인지 안다. 우리는 모두 자연스럽게 그것을 느끼며 표현한다. 따라서 자기 자신을 사랑하는 것처럼 아내를 사랑하라는 모범에서 우리는 두 가지를 추측할 수 있는데, 그것은 바로 애틋함과 즐거움이다.[23] 사람은 자기 자신을 **애틋하게** 사랑한다. 어떤 사람이 다쳤거나 아픈 상태에 있다고 하자. 그런 상황에서 그 자신보다 그에게 더 애틋한 마음을 가질 수 있는 사람은 없다. 그는 가장 애틋한 보살핌으로 자신의 상처를 어루만지며, 또 다른 고통을 초래하는 일을 최대한 피하며, 고통을 경감시키기 위해 자신이 할 수 있는 모든 일을 한다. 바울이 말한 것처럼, 그는 스스로를 양육하며 보호한다. 그는 자신의 허물과 약점을 오래 참음으로 견딘다. 그는 새로운 기술을 습득하거나 자신의 효능을 증진하기 위해 계속해서 노력한다. 그는 잦은 실수를 하면서도 별 불평 없이 자기 자신에게 같은 교훈을 계속 반복한다. 누가 자기 자신에게 거칠게 말하는가? 누가 자기 자신과 더불어 싸우는가? 누가 자기 자신을 포기하는가? 누가 자기 자신을 거부하는가? 설령 그가 스스로에게 실망한다 해도, 그는 곧 자기 자신과 화해하며 다시 시작할 준비를 갖춘다. 이와 같이 남편은 자기 자신을 사랑하는 애틋함으로 아내를 사랑해야 한다.

또한 사람은 자기 자신을 **즐겁게** 사랑한다. 우리는 어떤 사람에게 스스로를 돌보며 보양하라고 설득할 필요가 없다. 사람은 그 일을 기쁨과 즐거움으로 한다. 그는 항상 스스로를 섬길 준비가 되어 있다. 심지어 가장 어렵거나 위험한 상황 가운데서도 그는 기꺼이 그 짐을 짊어지고

---

23 Gouge, 303-4; Steele, *Puritan Sermons*, 2:285-86.

자기 자신의 유익을 위해 헌신할 준비가 되어 있다. 그러므로 남편은 이와 같은 방식으로 아내를 사랑해야 한다. 그의 귀와 손과 마음이 자신의 필요를 채워 줄 준비가 되어 있는 것처럼 아내의 필요를 채워 줄 준비가 되어 있어야 한다.[24] 그는 자신의 부모와 친구들과 자녀들보다 아내를 더 즐겁게 섬겨야 한다. 왜냐하면 자기 자신을 섬기는 것처럼 아내를 섬겨야 하기 때문이다. 그는 아내를 위해 행동하기를 간절히 바라며 사모해야 한다. 자기 자신을 위해 행동할 때처럼 말이다. 이와 같이 남편들은 자기 자신에 대한 자연적인 관심과 아내에 대한 관심을 항상 동일 선상에 놓아야 한다. 왜냐하면 그와 그녀는 결혼으로 인해 한 몸이 되었기 때문이다. 지금까지 우리는 남편의 사랑의 두 가지 모범에 대해 이야기했다. 하나는 교회에 대한 그리스도의 완전한 사랑이며, 다른 하나는 자기 자신에 대한 자연적인 사랑이다.

남편의 사랑의 마지막 측면은 그것의 **열매**이다. 스틸은 아내에 대한 사랑이 남편의 모든 의무의 기초이면서 총체라고 말했다. 그는 이렇게 말한다. "만일 남편의 마음이 이 사랑에 고정되어 있다면, 틀림없이 그의 마음은 온유함과 존귀와 보살핌과 친절로 가득 찰 것이다. 이러한 것들은 그저 태양에서 흘러나오는 빛과 참된 사랑의 뿌리에서 나오는 열매들일 뿐이다."[25] 또 스윈녹은 이렇게 말한다. "사랑은 모든 의무의 문을 여는 열쇠이며, 모든 율법의 완성이다."[26]

남편이 아내를 사랑하면 어떤 열매들이 나오는가? 첫째, 아내 안에서 큰 기쁨과 즐거움을 발견하게 된다(잠 5:18-19). 그리스도가 사랑으로

---

24 Steele, *Puritan Sermons*, 2:286.
25 Steele, *Puritan Sermons*, 2:282.
26 Swinnock, 1:489.

인해 교회 안에서 만족하며 기뻐하시는 것처럼, 그 사랑은 남편을 아내 안에서 만족하며 기뻐하도록 만들 것이다(사 53:11; 잠 8:31; 요 10:28). 그는 다른 누구보다 아내와 함께 있는 것을 기뻐하면서 그녀와 떨어지는 걸 바라지 않을 것이다. 왜냐하면 그녀와 함께 있는 시간을 즐기기 때문이다. "네 헛된 평생의 모든 날 곧 하나님이 해 아래에서 네게 주신 모든 헛된 날에 네가 사랑하는 아내와 함께 즐겁게 살지어다 그것이 네가 평생에 해 아래에서 수고하고 얻은 네 몫이니라"(전 9:9). 그녀와 떨어져 있을 때, 그는 자신의 반쪽을 잃었다고 느낀다. 그리고 다시 그녀와 함께 있을 때, 그는 전체가 되었다고 느낀다. 그 사랑 안에서 그는 아내를 가장 사랑스러운 동료이자 가장 가까운 친구로 여긴다. 그는 그녀를 포옹하는 것에서 가장 큰 즐거움을 취하며, 그녀의 미소로 인해 자신의 마음이 따뜻해지는 것을 느끼며, 그녀의 웃음 안에서 기뻐하며, 그녀와 함께 있는 것으로 만족하며, 그녀의 사랑으로 황홀해하며, 그녀와의 성적 연합 안에서 완전히 충만해진다. 그의 마음은 언제나 그녀에게로 향한다. 그는 오직 그녀만을 사랑하고 오직 그녀 안에서 기쁨과 즐거움을 취한다. 그렇기 때문에 다른 모든 여자들은 외인으로 간주되며 그의 마음을 붙잡지 못한다(잠 5:20). 이와 관련하여 스윈녹은 "아내를 가지는 것이 아니라 아내를 사랑하는 것이 순결한 남편을 만든다"고 말한다.[27]

둘째, 아내에게 다정히 말하게 된다(골 3:19). 야고보는 혀에 대해 이렇게 말한다. "혀는 곧 불이요 불의의 세계라 혀는 우리 지체 중에서 온몸을 더럽히고 삶의 수레바퀴를 불사르나니 그 사르는 것이 지옥 불에서 나느니라 여러 종류의 짐승과 새와 벌레와 바다의 생물은 다 사람이

---

27 Swinnock, 1:492.

길들일 수 있고 길들여 왔거니와 혀는 능히 길들일 사람이 없나니 쉬지 아니하는 악이요 죽이는 독이 가득한 것이라"(약 3:6-8). 이와 같이 혀는 쉬지 아니하는 악이요, 불의의 세계요, 지옥의 불이다. 그러므로 우리는 혀를 정결케 하며 거룩케 하는 하나님의 은혜가 절실하게 필요하다. 남편의 혀 역시 다를 것이 없다. 도리어 가까운 사람일수록 그의 말이 마음을 더 깊이 찌르며 더 큰 상처를 준다. 그중에서도 가장 큰 고통을 가져다주는 말은 단연 배우자의 말이다. 시편 55장 12-14절은 유다의 배반이 그리스도에게 큰 고통을 가져다준 이유는 그가 가까운 친구였기 때문이라고 말한다(마 26:49-50 참조).

유약한 아내의 마음은 남편의 온유하며 따뜻한 말에 쉽게 녹으며, 남편의 입술에서 나오는 사납고 거친 말에 쉽게 깨어진다. 남편이 찌르는 말로 꾸짖을 때, 아내는 큰 고통을 느낀다. 가장 사랑스러운 동반자의 입에서 천박하고 거친 말이 나오는 것을 고요함과 오래 참음으로 감당하는 일은 너무나 어렵다. 남편의 거친 말투에 사랑스럽게 대답하는 것은 너무나 어려운 일이다. 그녀가 결혼한 사랑스러운 남자는 도대체 어디로 가 버렸는가?

사랑은 남편이 사납고 거친 말을 모두 버리고 다정하고 친밀한 말을 하도록 만든다(엡 4:34; 골 3:19). 사랑은 아내를 향한 남편의 마음을 부드럽고 달콤하게 만들고, 그런 마음은 아내를 향한 남편의 말을 부드럽고 달콤하게 만든다(마 15:19). 그런 남편은 사랑스러운 아내에게 상처 주기를 바라지 않을 것이다. 그는 온유한 말로 훈계하며, 부드러운 마음으로 조언할 것이다. 만일 아내에게 어떤 허물이 있다면, 그는 부드러움과 온유함으로 그녀를 바로잡아 줄 것이다. 그는 남들이 자기에게 해주었으면 하는 대로, 이 모든 일을 조심스럽게 행할 것이다. 뿐만 아니라 그 사랑은 그의 눈을 열어 그녀의 선한 행실을 보게 하고, 그의 마음을 열어 그것을 인정하게 할 것이다. 그리하여 그는 거리낌 없이 입을 열어 아내를 칭찬하게 될 것이다(잠 31:28).

홉킨스는 남편의 거친 말에 대해 이렇게 말한다. "같은 멍에를 멘 동반자임에도 불구하고 서로 물고 뜯는 가정은 정말로 비참하다. 만일 아내가 주의 깊게 자신의 의무를 이행한다면, 남편은 마땅히 부드럽고 사랑스러운 반응과 함께 칭찬과 찬사를 보내야 한다. 설령 그녀가 실수하더라도, 그녀를 가혹하게 책망해서는 안 된다. 도리어 온유함으로 훈계하는 것이 합당하다. 계속적인 말다툼은 좋은 효과를 내기는커녕 더 큰 말다툼을 만들 뿐이다. 그 결과 그들의 삶은 더 쓰라리고, 그들의 삶의 모든 위로는 사라진다."[28] 이와 같이 사랑은 남편이 아내에게 온유하고 부드럽게 말하도록 만든다. 그리하여 아내는 자신에 대한 남편의 사랑을 추호도 의심하지 않게 된다. 도리어 그녀는 남편이 무슨 말을 하든 항상 사랑의 체에 치고 말하는 것처럼 느낀다. 그런 아내가 남편에게 다시 사랑을 돌려주는 것은 너무나 당연한 일 아닌가?

셋째, 아내에게 아무것도 숨기지 않게 된다(아 1:7). 그는 그녀를 외인처럼 대하지 않을 것이다. (외인을 대할 때는 항상 감추는 것이 있게 마련이다.) 그는 자신의 마음을 그녀의 마음속에 쏟을 것이며, 그들은 마음을 나눈 친구들처럼 함께 살 것이다. 생각하는 것과 소망하는 것과 두려워하는 것과 바라는 것과 꿈꾸는 것을 서로 공유하면서 말이다. 그는 그녀를 자신의 마음속으로 기꺼이 받아들이고 그녀와 함께하는 것을 기뻐할 것이다. 그는 계획을 세우고 의사결정을 할 때 그녀의 지혜와 통찰력을 찾을 것이다.

28　Hopkins, 1:417-18.

넷째, 아내의 연약함까지도 애틋한 마음으로 받아들이게 된다(벧전 3:7). 스틸은 "아내를 대하는 남편의 태도는 애틋함과 사랑과 동정同情으로 가득해야 한다"고 말한다.[29] 그러므로 남편은 아내가 줄 수 없는 것을 아내에게 요구하지 않을 것이다. 도리어 오래 참음으로 기다릴 것이다. 가사家事와 자녀들로 인해 하루 종일 수고한 그녀가 적절한 쉼과 지지와 도움을 받고 있는지 살필 것이다. 그는 그녀의 일이 아무것도 아닌 것처럼 여기지 않고, 그녀의 수고를 잘 이해해 줄 것이다.

더욱이 사랑은 남편으로 하여금 아내를 위로하게 만들 것이다. 아내가 시련 가운데 있을 때 남편이 큰 위로가 될 것이다. 그녀에게 그보다 더 가까운 사람은 없다. 그러므로 그가 옆에 있는 것보다 더 든든한 것은 없다. 그와의 접촉보다 더 달콤한 것도 없고, 그의 말보다 더 즐거운 것도 없고, 그의 도움보다 더 위로가 되는 것도 없다. 남편의 사랑은 고난 가운데 있는 그녀를 위로해 주고, 괴로워하는 그녀를 동정해 주고, 역경 가운데 있는 그녀에게 새 힘을 불어넣어 줄 것이다.[30] 한마디로 남편은 아내에 대한 사랑으로 부드러움을 나타낼 것이다. 그가 항상 그리스도에게 기대하고 누리는 부드러움 말이다. 그리고 그리스도의 부드러움은 그가 아내를 대할 때 모범과 규칙이 될 것이다.[31]

다섯째, 아내를 위협하는 모든 위험으로부터 그녀를 보호하기 위해 할 수 있는 모든 일을 하게 될 것이다. 자신의 두 아내가 아말렉 사람들의 포로가 되었을 때, 다윗은 더 이상 울 기력이 없을 정도로 소리 높여 울었다(삼상 30:4). 그리하여 그는 600명의 전사들과 함께 아말렉 사

---

29 Steele, *Puritan Sermons*, 2:288. 강조 추가.
30 Swinnock, 1:489.
31 Rogers, 221.

람들을 뒤쫓아 가 마침내 그들 모두를 구원했다(18절). 이와 같이 남편의 사랑은 그의 용기에 불을 붙여 위험과 정면으로 맞서게 할 것이다. 보아스가 룻을 위해 그렇게 했던 것처럼(룻 3:9), 그리고 하나님이 그의 백성들을 위해 그렇게 하시는 것처럼(룻 2:12: 겔 16:8), 그는 그녀 위에 보호의 옷자락을 펼 것이다. 그는 그녀의 명예를 보호하고 그녀의 정결을 지키기 위해 자신이 할 수 있는 모든 것을 할 것이다(룻 3:14). 그는 그녀를 두르는 보호의 울타리가 될 것이므로, 그녀를 노리는 자는 먼저 그를 쓰러뜨려야만 할 것이다.

성경에서 아내는 보호받고 지지받기 위해 담장에 매달린 무성한 포도나무로 비유된다(시 128:3). 홉킨스는 이렇게 쓴다. "포도나무는 약하고 부드러운 식물로서 지탱할 것을 필요로 한다. 이와 같이 남편은 아내를 지탱해 주는 담장이 되어야 한다. 첫 여자는 첫 남자의 가슴속에 있는 갈비뼈로 만들어졌다. 가슴의 역할은 지키며 보호하는 것이다. 이와 같이 남편은 모든 위험과 해악으로부터 아내를 보호해야 한다."[32] 스틸도 이렇게 쓴다. "그러므로 아내를 사랑하는 남편은 유혹으로부터 그녀의 영혼을, 해악으로부터 그녀의 몸을, 비방으로부터 그녀의 명예를, 모욕으로부터 그녀의 인격을 보호하기 위해 최선을 다해야 한다. 왜냐하면 그녀가 자기의 모든 친구들을 버리고 스스로를 그의 돌봄과 사랑 안으로 던졌기 때문이다. 그런 아내를 버리고 배신하는 것은 정말로 잔인한 행동이 아닐 수 없다."[33]

여섯째, 아내의 필요를 신실하게 채우게 된다(출 21:10). 맨턴은 이렇게 쓴다. "남편들은 그리스도의 돌보심과 채우심을 본받아 아내가 필요

---

32 Hopkins, 1:416.
33 Steele, *Puritan Sermons*, 2:288.

로 하는 모든 것들, 요컨대 음식과 의복 등 건강에 도움이 되는 것들과 품위를 지키기 위해 필요한 것들을 채워 주어야 한다. 왜냐하면 그리스도는 그의 배필을 위해 모든 것들, 요컨대 영혼을 위한 양식과 알몸을 가리는 구원의 옷과 병을 고쳐 주는 치유의 은혜를 채워 주시기 때문이다. 남편들도 아내를 위해 그와 같이 해야 한다."[34] 바울은 노모老母의 필요를 채우지 않는 사람은 불신자보다 더 악한 자라고 말한다. "누구든지 자기 친족 특히 자기 가족을 돌보지 아니하면 믿음을 배반한 자요 불신자보다 더 악한 자니라"(딤전 5:8). 하물며 자기 아내의 필요를 채워 주지 않는 남편은 얼마나 더 악하겠는가? 만일 어떤 남편이 "믿음을 배반한 자요 불신자보다 더 악한 자"라는 책망을 받지 않고 싶다면, 아내의 필요를 신실하게 채워 주어야 한다. 사랑과 위로뿐만 아니라 먹을 것과 마실 것과 입을 것 등 삶의 필수품들을 채워 주어야 한다(엡 5:29).

여자는 결혼과 동시에 부모의 양육과 친구들의 위로에서 떠난다. 그런 그녀를 위해 남편이 아무것도 채워 주지 않는다면, 도대체 그녀는 누구에게 가야 한단 말인가? 그 모든 것을 자기 남편에게 구하고 찾을 권리가 그녀에게 없단 말인가(창 2:24; 출 21:10; 룻 1:9)? 로저스는 이렇게 말한다. "아내를 사랑하는 남편은 아내의 모든 필요를 신실하게 채워 줄 것이다. 그것은 아내를 위한 것이면서 동시에 자기 자신을 위한 것이다."[35] 뿐만 아니라 그는 하나님이 능력 주시는 범위 안에서 자기 사후死後에도 아내가 어느 정도 안정된 생활을 유지할 수 있도록 최선을 다할 것이다. 이와 관련하여 스윈녹은 이렇게 말한다. "남편은 아내를 사랑하는 마음으로, 자신이 죽은 뒤에도 아내가 어느 정도 편안한

34　Manton 19:472.
35　Rogers, 227.

삶을 유지할 수 있도록 준비해야 한다. 그는 자신이 아버지라는 사실보다 남편이라는 사실을 먼저 생각해야 한다. 그는 가지보다 먼저 뿌리에 대해 생각해야 한다."[36]

마지막으로, 그 사랑은 아내의 영적 복리福利를 증진하도록 이끌 것이다(고전 7:16; 벧전 3:1 참조).[37] 여기에서는 마지막 자리에 배치되었지만 이는 마땅히 남편이 첫 번째로 바라는 것이어야 한다. 왜냐하면 이것이 없으면 나머지 모든 것들은 아무것도 아니기 때문이다. 반면 이것을 얻거나 최소한 이것을 얻고자 진지하게 기도하면 다른 모든 것들은 하나님의 축복으로 이미 손안에 있게 될 것이다. 예수 그리스도는 그의 백성들을 "말씀의 물로 씻어 깨끗하게 하사 티나 주름 잡힌 것이 없는 거룩한 교회로 자기 앞에 세우기" 위해 오셨다(엡 5:26-27). 바로 이것이 그리스도의 첫 번째 목적이었다. 그러므로 이것은 또한 남편의 첫 번째 목적이 되어야 한다(28절).

그린햄은 한 결혼식 설교에서 신랑에게 이렇게 당부했다.

형제여, 당신은 그리스도께서 그의 배필인 교회를 사랑하신 것처럼 당신의 아내를 사랑하는 법을 배워야 합니다. 우리 구주 예수 그리스도는 교회에 대해 오래 참으십니다. 그는 조금씩 점진적으로 교회의 타락을 씻어 깨끗하게 합니다. 그러므로 당신도 그와 같이 해야 합니다. 당신은 오래 참음으로 아내의 허물이 고쳐지기를 기다려야 합니다. 그러므로 하나님과 그의 천사들 앞에서 당부합니다. 당신의 아내가 구원 가운데 자랄 수 있도록 당신의 의무를 게을리하지 마십시오. 그래서 마지막 날 그녀가 정

---

36 Swinnock, 1:496.
37 5장을 참조하라.

결하고 흠 없이 예수 그리스도께 드려지게 하십시오.[38]

　남편은 항상 아내의 영적 복리를 마음에 두어야 한다. 바로 그것이 아내를 위해 행하는 모든 것의 나침반과 척도이다. 다른 모든 의무들은 그 나침반이 가리키는 방향을 따라가야 한다. 그것이 결혼의 존귀를 지키는 확실한 길이다. 그러므로 신실한 남편은 함께 구원에 참여할 자로서 아내와 일평생 동행하며, 그들의 결혼이 기독교적 결혼으로 드러날 수 있게 애쓸 것이다. 그의 일차적인 목적은 결혼을 통해 하나님을 존귀케 하는 것이다. 그는 이 땅에서 은혜의 동반자이자 장차 하늘에서 동일한 영광에 참여할 자인 아내와 함께 그 목적을 이루려고 애쓸 것이다.[39] 이런 측면에서 신실한 남편은 자기 아내에게 선한 모범이 되고자 애쓸 것이다(잠 2:17). 그는 경건과 관용과 지혜와 양선으로 자기 아내를 이끌 것이며, 이는 그가 그녀에게 줄 수 있는 가장 효과적인 교훈일 것이다. 이와 관련하여 스틸은 이렇게 썼다. "그의 기도가 그녀의 기도를 가르칠 것이며, 그의 공의와 절제와 관용이 그녀의 공의와 절제와 관용을 만들 것이다. 만일 그가 무신론자, 탐식자, 바리새인이라면 그녀를 파멸로 이끌 것이다. 일반적으로 그와 그녀는 함께 갈 것이다. 그녀는 그를 지옥에도 따라가고 천국에도 따라갈 것이다."[40]

　만일 남편의 사랑의 근거와 모범과 열매가 지금까지 우리가 묘사한 바와 같다면, 그리고 이와 같이 결혼이 남자에게 완전한 의무를 지운다면, 의문의 여지없이 이 모든 것을 충족하는 남자는 단 한 사람도 없을

38　Greenham, 281.
39　Gataker, 208.
40　Steele, *Puritan Sermons*, 2:288.

것이다. 결혼을 준비하는 남자는 먼저 자신이 하나님과 결혼했음을 확신해야 한다. 남편의 만족은 오직 하나님 안에 있다. 그리고 결혼의 모든 결실은 전적으로 그분의 축복에 의존한다(신 28:8-14).[41] 그러므로 결혼의 존귀를 지키고자 하는 남자라면 하나님 앞에서 자신이 선택한 여자를 아내로서 거룩하게, 완전하게, 영원히, 뜨겁게 사랑할 수 있다고 확신할 수 있을 때까지 결혼을 미루어야 한다. 또 결혼을 통해 어떤 여자를 아내로 받아들인 남자라면 자신의 사랑이 다른 여자에게 향하지 않도록 스스로를 살펴야 한다. 왜냐하면 남편에게 요구되는 사랑은 너무나 크고 완전해서 복수複數의 여자들에게 나누어질 수 없기 때문이다. 또 아내가 있는 남자는 스스로를 살펴서 아내를 자연인이 사랑하는 것처럼 사랑하지 말고 그리스도인이 사랑하는 것처럼 하나님의 은혜로 사랑해야 한다. 왜냐하면 자연인의 사랑은 하나님이 정하신 모범에 크게 못 미치기 때문이다. 또 선한 양심의 증언과 신앙고백의 진정성과 결혼의 즐거움과 위로와 존귀와 영원한 복리複利가 모두 거기에 달려 있기 때문이다.

---

41   3장을 참조하라.

연구 문제

1 남편의 두 가지 근본적인 의무는 무엇인가? 성경으로 증명하라.

2 남편의 사랑에 대한 다섯 가지 근거는 무엇인가?

3 그러한 근거들 가운데 당신의 마음을 가장 강력하게 설득하는 것은 무엇인가?
   그 이유는 무엇인가?

4 그리스도의 사랑이 어떻게 남편의 사랑의 모범이 되는가?

5 청교도들은 "남편은 아내를 은혜 가운데 자라게 하시는 그리스도의 도구가 될
   수 있으며 또 마땅히 그렇게 되려고 해야 한다"고 믿었다. 그렇다면 남편은 어
   떻게 그와 같은 도구가 될 수 있는가?

6 남편은 자기 자신을 사랑하는 방식에서 어떻게 아내를 사랑하는 법을 배울 수
   있는가?

7 남편의 거친 말이 아내에게 큰 고통을 주는 이유는 무엇인가?

8 남편의 사랑의 열매들은 무엇인가?

9 위의 열매들 가운데 당신의 결혼 생활에서 가장 두드러지게 나타나는 것은 무
   엇인가?

10 남편의 사랑의 열매들 가운데 당신의 결혼 생활에서 가장 증진되어야 할 것은
   무엇인가?

9장

남편의 의무 II - 권위

남편이 아내를 주관하는 권세를 갖는 것은 에베소서 5장 22-24절에 명백하게 나타난다. "아내들이여 자기 남편에게 복종하기를 주께 하듯 하라 이는 남편이 아내의 머리 됨이 그리스도께서 교회의 머리 됨과 같음이니 그가 바로 몸의 구주시니라 그러므로 교회가 그리스도에게 하듯 아내들도 범사에 자기 남편에게 복종할지니라." 이와 같이 아내가 남편에게 복종해야 하는 것은 하나님이 그에게 머리의 권세를 주셨기 때문이다. 그러므로 남편은 청지기직의 일부로서 그러한 권세를 아내에게 사용해야 한다.

그러나 슬프게도 남편에게 부여된 이러한 청지기직 혹은 머리의 책임은 오랫동안 많은 우여곡절을 겪었다. 어떤 남편들은 그들의 권세를 폭정으로 바꾸었다. 그들은 아내를 난폭한 말과 위협과 저주와 고함과 공갈과 심지어 육체적 학대로 다스렸다. 하나님이 남편에게 권세를 주신 것은 아내에게 선을 행하게 하기 위해서였다. 그러나 그들은 그러한 권세를 자기 아내에게 악을 행하는 데 사용함으로써 그것을 왜곡시켰다. 어떤 남편들은 자신의 위치와 청지기직을 외면하고 포기했다. 그들은 자기 아내를 마치 머리 없이 남겨진 몸처럼 방치했다. 그리하여 그들의 아내는 사랑받지 못하고 보호받지 못하는 상태로 그냥 남겨졌다. 남편들은 자신에게 기대되는 의무를 충분히 알 수 있었다. 그러나 그들은 자신의 의무와 부르심을 무시했다. 그러므로 결혼의 선善과 남녀를 부부로 연합시키시는 자의 명예를 위해서는 남편의 머리 됨에 대한 성경적인 관점을 회복하는 일이 매우 중요하다.

1. 남편에게 위임된 권세는 무엇인가?

에베소서 5장이 아내에 대한 권세를 **획득할** 필요성에 대해 아무 말도 하지 않은 것은 매우 주목할 만하다. 남편의 머리 됨의 권세는 남편의 위치와 불가분리적으로 얽혀 있다. 결혼과 동시에 남편의 역할을 떠맡는 순간, 그는 자기 아내의 머리가 된다.

그러므로 머리 됨의 권세는 결혼과 분리될 수 없다. 이는 머리 됨의 권세가 결혼과 함께 시작되기 때문이 아니다. 도리어 남편의 머리 됨의 권세는 결혼을 제정하시고 남편과 아내에게 각각의 역할과 책임을 부여하신 하나님과 함께 시작된다. 진실로 모든 권세는 하나님에게서 나온다. 그러므로 하나님에게서 권세를 위임받지 않는 한 어떤 피조물도 스스로 권세를 자임해서는 안 된다. 로마서 13장에서 바울은 이렇게 말한다. "각 사람은 위에 있는 권세들에게 복종하라 권세는 하나님으로부터 나지 않음이 없나니 모든 권세는 다 하나님께서 정하신 바라 그러므로 권세를 거스르는 자는 하나님의 명을 거스름이니 거스르는 자들은 심판을 자취하리라"(1-2절). "모든 자에게 줄 것을 주되 조세를 받을 자에게 조세를 바치고 관세를 받을 자에게 관세를 바치고 두려워할 자를 두려워하며 존경할 자를 존경하라"(7절).

이처럼 아내에 대한 남편의 권세는 실제적으로 하나님의 대리자인 남편에게 위임된 하나님 자신의 권세이다. 아내가 남편에게 "주께 하듯" 복종해야 하는 것은 그것이 주께 대한 복종의 일부이기 때문이다. 아내가 남편의 합법적인 권세를 부인하는 것은 곧 하나님의 권세를 부인하는 것이다. 남편은 자신의 권세를 포기할 수도 있고 소홀히 할 수도 있고 남용할 수도 있고 더럽힐 수도 있지만, 그것으로부터 벗어나는 것은 절대 불가능하다. 왜냐하면 남편의 권세는 남편이 되는 것이 의미하는 바의 일부이기 때문이다. 그는 자신에게 위임된 권세를 신실하게 사용해야 한다. 그렇지 않으면 결국 하나님 앞에서 책임을 지게 될 것이다. 왜냐하면 그는 하나님으로부터 책임과 권세를 위임받았기 때문이다.

이처럼 남편에게 부여된 신적 위임 속에는 남편의 권세를 올바로 이해하는 데 필요한 몇 가지 함의가 담겨 있다. 첫째로 남편의 권세는 **청지기직**이다. 그러므로 남편은 권세의 사용과 관련한 모든 것을 임의로 결정할 수 없다. 오직 하나님만이 권세의 범위와 권세를 사용하는 방식을 결정하실 수 있다. 남편은 하나님에 의해 부르심을 받았으며, 하나님을 위해 행동해야 한다. 그러므로 남편이 자신에게 위임된 권세를 아내에게 사용할 때는 그 자신 역시 권세 아래 있음을 분명하게 나타내는 방식으로 해야 한다. 둘째로 남편의 권세는 **책임**이다. 남편은 자신에게 위임된 권세에 책임을 져야 한다. 웨이틀리는 이렇게 썼다. "주님은 그의 말씀 속에서 남편에게 머리의 권세를 주셨다. 머리는 어깨 아래 있어서는 안 된다. 하나님이 세우신 자리 아래로 내려가는 것은 죄다."[1] 심판 날, 남편 된 자가 자신에게 맡기신 달란트에 대해 설명하기 위해 하나님 앞에 설 때, 그 설명의 대부분은 (설령 가장 큰 부분은 아니라 하더라

---

1   Whately, *A Bride-Bush*, 98.

도) 아내의 머리로서 어떻게 행동했는지가 될 것이다. 셋째로 남편의 권세는 하나님으로부터의 **위임**이다. 하나님은 자신의 자녀 가운데 한 사람을 한 남자의 아내로서 그에게 맡기셨다. 그리고 그녀를 보호하며, 그녀의 필요를 채워 주며, 그녀를 인도하는 권세를 그 남자에게 위임하셨다. 하나님이 그녀에게 그를 주신 이유는 그가 그녀의 성화聖化를 위한 하나님의 도구가 되게 하기 위해서이다. 그는 그리스도의 돌보심을 나타내는 도구로서 그녀를 돌봐야 한다. 또 그는 그녀가 그리스도의 머리 되심을 더 잘 이해할 수 있는 방식으로 그녀의 머리가 되어야 한다. 아, 이것은 얼마나 놀라운 위임인가! 이와 같이 아내에 대한 남편의 권세는 하나님이 그에게 주신 청지기직이며, 책임이며, 위임이다. 하나님은 남편들이 사용해야 하는 권세의 창시자이자 본보기이시다. 그러므로 남편들은 자신에게 주어진 권세에 대해 하나님 앞에서 직접적으로 책임져야 한다.

2. 남편은 어떻게 자신의 권세를 지켜야 하는가?

아내를 주관하는 권세를 신실하게 사용하는 것이 남편의 의무라면, 마땅히 남편은 모든 일에서 자신의 권세를 잃지 않는 방식으로 행동해야 한다. 물론 하나님 앞에서는 잃을 수 없지만, 그의 아내 앞에서는 잃을 수 있다.

만일 남편이 남편으로서 올바로 처신하는 데 실패한다면, 그는 아내의 존경과 존중과 기꺼이 복종하고자 하는 마음을 잃을 수 있다. 만일 그가 우매한 자처럼 행동한다면, 그의 아내는 그를 경멸하면서 아무렇게나 대할 것이다. 만일 그가 짐승처럼 행동한다면, 그의 아내는 그를 짐승처럼 대할 것이다. 설령 아내가 그의 앞에서 움츠린다 해도, 그의 노예적인 두려움은 아내에게 요구되는 복종이 아니며 남편에게 아무런 유익도 가져다주지 않는다. 그러므로 남편이라면 자신에게 위임된 머리의 권세를 지키기 위해 어떻게 행동해야 하는지 꼭 알아야 한다. 그래야 하나님 앞에서 깨끗한 양심으로 자신의 권세를 사용할 수 있고, 그의 아내 역시 기꺼이 그의 권세에 복종할 수 있다. 이와 관련하여 로저스는 다음과 같은 경구를 제시한다. 그리고 자신의 존귀를 지키고자 하는 남편이라면 이 경구를 가슴에 새기라고 조언한다. "당신의 아내가 당신을 경멸하게 하지 말라. 아내가 마음으로 자기 남편을 경멸할 때, 결혼의 전체적인 건물은 허물어진다."[2]

베드로전서 3장 7절에 따르면, 남편이 "지식을 따라" 이해理解의 사람으로서 아내와 함께 살 때 권세가 유지된다. "남편들아 이와 같이 지식을 따라 너희 아내와 동거하고 그를 더 연약한 그릇이요 또 생명의 은혜를 함께 이어받을 자로 알아 귀히 여기라." 아내에게 요구되는 복종의 의무에 대응되는 것이 바로 이러한 앎과 이해이다. 아내가 복종의 방식으로 남편과 사는 것처럼, 남편은 앎과 이해의 방식으로 아내와 살아야 한다(엡 5:22). 로저스는 이렇게 말한다. "남편은 아내의 마음속에 그의 인격과 머리 됨에 대한 존경심과 존중심을 불러일으키는 방식으로 행동해야 한다. 그는 신중하며 사려 깊은 행실로 그녀의 삶을 이끌어야 한다. 그러면 그녀는 진심으로 '내 남편은 정말로 이해의 사람이야'라고 생각하게 될 것이다."[3] 만일 그가 거만한 마음으로 아내를 함부로 대한다면, 자기 자신을 다스리는 지혜조차 없음을 스스로 나타내는 꼴이 된다. 그럼 아내는 그의 머리 됨의 권세에 대해 의문과 회의를 갖게 될 것이다.

---

2   Rogers, 186.
3   Rogers, 186.

그러므로 남편은 아내가 그의 지도력과 인도와 다스림에 기꺼이 복종하는 마음을 갖게 하는 방식으로 그녀와 함께 살아야 한다.[4] 첫째, 자신의 지혜를 부인하면서 하나님 앞에서 겸비해야 한다. 결혼 생활을 훌륭하게 관리할 수 있는 능력이 자신에게 없음을 하나님 앞에서 겸손하게 인정해야 한다. 남편으로서 자신의 무능과 결함을 인정하고 자신의 지혜가 아무것도 아님을 고백하면서 눈을 들어 주님을 바라보아야 한다(잠 30:2). 그럴 때 그의 아내는 그를 더 사랑하게 될 것이다. 남편이 전적으로 하나님을 의지할 때 그녀는 더 기꺼이 그에게 복종할 것이다. 아내에 대한 책임과 청지기직을 이행하기 위해 자신의 지혜를 거부하고 온전히 주님의 은혜를 바라보는 남편이 아내의 눈에 얼마나 사랑스럽겠는가?

둘째, 그리스도의 머리 되심에 복종해야 한다. 남편은 자신도 권세 아래 있으며 자신의 권세가 그의 권세에 종속된다는 사실을 깨달아야 한다. 설령 남편이 아내의 머리라 해도, 그는 그리스도의 종이다. 그의 아내는 하나님의 형상을 가졌다는 측면과 구원과 생명의 은혜를 함께 이어받는다는 측면에서 그와 동일하다(벧전 3:7). 아내가 남편 역시 그리스도에게 복종하는 동일한 멍에를 지고 있다는 사실을 알면, 그녀가 진 결혼의 멍에는 훨씬 가벼워질 것이다.

셋째, 결혼의 책임을 소홀히 해서는 안 된다. 남편은 결혼의 축복과 하나님이 주시는 풍성한 위로와 존귀로 인해 감사해야 한다. 그러나 동시에 그는 자신에게 부여된 의무, 특별히 아내의 영적 복리福利를 증진하는 데 헌신해야 한다. 그는 그녀를 그리스도께 인도해야 한다. 왜냐하면 오직 그만이 그녀를 거룩하게 할 수 있기 때문이다(시 110:3). 남편의

---

4   Rogers, 189-90.

가장 큰 관심사가 아내의 영적 복리라는 것을 알았을 때, 그리고 그가 그 일을 위해 최선을 다해 헌신하는 것을 알았을 때, 어떤 아내가 자기 남편을 기꺼이 따르지 않겠는가?

넷째, 철저히 하나님의 사람이 되어야 한다. 남편은 하나님의 말씀의 인도하심을 받으며, 성령으로 충만하며, 모든 행실 속에서 성령의 거룩하심을 드러내야 한다. 로저스는 이렇게 말한다. "그런 사람은 먼저 개인적인 경건의 길과, 하나님 앞에서의 양심과 언어 생활과, 사람들 앞에서의 모든 행실을 바르게 한다. 그러고 나서 자기 아내 앞에서 지혜롭게 행한다. 그는 다른 사람을 다스리기에 앞서 먼저 자기 자신을 다스리려고 한다."[5]

이 주제에 대한 웨이틀리의 조언은 매우 유용하다. 그는 남편의 머리 됨과 관련하여 남편에게 두 가지가 요구된다고 말했다. 첫째는 그가 그것을 올바로 지켜야 한다는 것과, 둘째는 그가 그것을 존귀하게 사용해야 한다는 것이다.[6] 웨이틀리는 위압적인 태도로 고함을 치는 많은 남편들의 폭력적인 행태를 상정한다. 그러면서 그는 남편들이 힘과 폭력 대신 지혜와 기술을 사용해야 한다고 말한다. 그는 이렇게 썼다. "모든 남편들은 자신의 권세를 지키려면 폭력이 아니라 기술을 사용해야 한다는 사실을 알 필요가 있다. 남편들은 강한 힘과 억센 손으로 자신의 권세를 사용해서는 안 된다. 오직 부드러움과 온유함과 지혜로운 행동으로 그렇게 해야 한다. 여기에서 우리는 지혜가 가장 귀한 것이라는 솔로몬의 말을 기억할 필요가 있다. 우리는 어떤 사람이 우리에게 위압적인 표정을 지으며, 거친 말을 내뱉으며, 폭력적인 행동을 하는 것을

---

5   Rogers, 190.
6   Whately, *A Bride-Bush*, 97.

바라지 않는다. 마치 사나운 개가 작은 강아지에게 그렇게 하는 것처럼 말이다. 남편과 아내 사이도 마찬가지이다. 남편들은 자기 아내에게 좀 더 부드럽고 온유하게 대해야 한다.[7] 이와 함께 웨이틀리는 남편들에게 세 가지 주된 오류를 피해야 한다고 조언한다.

첫째, 남편은 모든 종류의 칭찬할 만한 덕德으로 스스로를 단장하고 특히 선함에 있어 자기 아내를 능가하고자 노력해야 한다.[8] 마찬가지로 홉킨스는 이렇게 말한다. "자신의 권세를 지키는 가장 효과적인 방법은 신중함과 진지함과 위엄과 경건과 모범적인 삶이다. 그러한 삶의 방식은 아내와 자녀들의 마음에 존경과 흠모를 불러일으킬 것이다."[9] 웨이틀리의 다음과 같은 말은 정말로 가슴에 새길 만하다.

> 아내가 남편 안에서 겸손과 경건과 지혜를 보게 하라. 그래서 그녀가 그 안에 정말로 존경할 만한 것이 있다고 진심으로 고백하게 하라. 남편으로 하여금 그리스도인답게 정직하고 경건하며 진실하게 행함으로써 모든 가족들에게 선한 본보기가 되게 하라. 그러면 그의 아내는 그의 인격의 탁월함을 인정하면서 기꺼이 그의 권세에 복종하게 될 것이다. 은혜와 하나님의 형상에 있어 낮은 자는 높은 자에게 스스로를 굽힐 수밖에 없다. 덕이 높은 남자는 가장 악한 여자도 존귀하게 여긴다. 존경을 받을 만한 자격을 갖춘 사람은 존경을 받을 것이다. 자신보다 인격적으로 더 훌륭한 사람 앞에 스스로를 굽히는 것은 어려운 일이 아니다. 경건하며 지혜로운 행실은 사람들에게서 기꺼이 존경하려는 마음과 복종하려는 마음을 끌어

---

7   Whately, *A Bride-Bush*, 99-100.
8   Whately, *A Bride-Bush*, 100.
9   Hopkins, 1:419.

낸다. 그러나 인격적으로 저급한 남편은 결코 그의 아내에게서 그런 마음을 끌어낼 수 없다. 어떤 왕이 어떤 겁쟁이에게 장군의 자리를 맡겼다고 하자. 그러면 그의 병사들은 곧 그가 겁쟁이라는 사실을 알아채고 그를 경멸할 것이다. 그러나 만일 그가 장군으로서 충분한 자격과 용기를 가진 사람이라면, 병사들은 기꺼이 그를 존경하고 따를 것이다. 최고의 남편을 둔 아내가 제정신이 아니면 자기 남편을 무시하며 제멋대로 행할 수도 있다. 그러나 그런 상태가 지나가고 제정신이 돌아오면, 그녀는 자기 남편의 의로움을 인정하면서 스스로를 정죄할 것이다. 그러면 그는 그의 권세를 되찾고 모든 것은 전화위복이 될 것이다. 그러므로 덕과 선한 행실을 따라 사는 것이 당신의 권세를 지키는 최고의 방법이라는 사실을 확신하라. 그러한 삶의 방식은 사람들의 마음에 존경하는 마음과 흠모하는 마음을 불러일으킨다. 그러므로 당신 자신을 경건한 사람으로 만드는 일에 최선을 다하라. 바로 그것이 스스로를 존경받을 만한 사람으로 만드는 가장 확실한 방법이다.[10]

이처럼 남편에게 첫 번째로 요구되는 것은 남편으로서 신실하게 행하여 아내의 존경과 복종을 받을 만한 자격을 갖추는 일이다. 물론 남편이 머리로서 얼마나 신실하게 행동하는지와 상관없이 하나님께서 아내의 복종을 요구하시는 것은 사실이다.[11] 그러나 남편은 범사에 신실하게 행함으로써 아내가 그에게 복종하기 쉽도록 만들어야 한다. 그는 자기 아내가 육체로 복종할 뿐만 아니라 영과 모든 즐거움으로 그렇게 할 수 있도록 힘써야 한다. 마치 교회가 그리스도께 복종하는 것처럼

---

10   Whately, *A Bride-Bush*, 100-1.
11   7장을 참조하라.

말이다. 볼턴은 이렇게 말한다. "남편의 가벼운 행실과 저급한 품행보다 그의 존귀와 권세와 덕망을 더 빨리 잃게 만드는 것은 없다. 안에서 흘러나오는 은혜와 경건은 모든 형태의 외적인 존귀와 화려함보다 훨씬 더 큰 사랑과 존경과 흠모를 낳는다."[12] 마찬가지로 홉킨스 역시 이렇게 말한다. "지혜와 경건은 사람들의 마음에 존경하는 마음과 흠모하는 마음을 불러일으킨다. 만일 어떤 남편이 지혜와 경건의 사람이라면, 그의 아내와 모든 가족이 그를 존경하며 본받을 것이다."[13]

둘째, 남편은 자신을 저급하며 비루하게 보이게 만드는 세 가지 악을 피해야 한다. 그 세 가지 악은 괴롭힘과 허랑방탕함과 경박함이다. 남편은 그러한 죄들을 버려야 한다. 왜냐하면 그의 아내가 볼 때 그러한 것들은 그를 매우 저급하며 비루하게 만들기 때문이다. 그는 자신의 옷을 시궁창에 던지는 대신 기독교의 덕德들로 옷 입어서 아내가 그에게 진심으로 복종하도록 만들어야 한다. 그녀는 그런 남편을 기쁨으로 따르며 기꺼이 스스로를 맡겨서 그의 보호와 인도를 받으려 할 것이다.[14]

첫 번째 악은 골로새서 3장 19절에 나오는 **괴롭힘**이다. "남편들아 아내를 사랑하며 괴롭게 하지 말라." 바울은 남편들에게 자기 아내를 괴롭게 하지 말라고 명령하는데, 이런 행동은 그에게 요구되는 사랑과 반대되기 때문이다. 이와 관련하여 스틸은 "남편은 거만함과 오만함과 계속적인 괴롭힘이 자신의 권세를 올바르게 지키고 올바르게 사용하는 방법이라고 생각해서는 안 된다"고 말한다.[15] 괴롭힘은 날카롭고 까다롭고 상처를 주는 행동과 고함을 지르고 욕을 하고 책망하고 격노하는

---

12 Bolton, 270.
13 Hopkins, 1:419.
14 Whately, *A Bride-Bush*, 101.
15 Steele, *Puritan Sermons*, 2:290.

말로 행해진다. 괴롭히는 말은 상대의 마음을 찌르며 상처를 준다. 괴롭히는 말 속에는 분노와 미움이 담겨 있다. 괴롭힘은 분개와 함께 행해지며, 그 뒤에 경멸의 흔적을 남긴다. 이와 같이 아내를 괴롭히는 행위는 남편 스스로 경멸을 자초하고 자신의 권세를 손상시키는 것이다. 왜냐하면 그의 아내가 그의 가혹한 권세에 점점 지쳐 갈 것이기 때문이다.[16] 그렇게 되면 남편의 권세는 견딜 수 없는 것이 된다.[17] 그러므로 남편은 아내를 괴롭히지 말고 그녀가 자신의 반쪽이라는 사실을 기억해야 한다. 세상에 자기 자신을 미워하는 사람이 도대체 어디 있단 말인가?(엡 5:28-29).

두 번째 악은 **허랑방탕함**이다. 이는 자신에게 맡겨진 것을 허비하며 탕진하는 행위로서, 특별히 잠언에서 우매한 자와 연결되어 자주 묘사된다. 모든 사람이 마찬가지지만, 특별히 남편은 허랑방탕함의 악에 떨어지지 않도록 주의해야 한다. 왜냐하면 그의 가정 전체가 그의 신중한 관리와 검소함에 달려 있기 때문이다. 남편이 피해야 하는 허랑방탕함에는 술 취함과 도박과 악한 교우 관계가 포함된다. 술에 취하면 남편의 지혜와 이성理性이 흐려진다. 마음이 어두워지며, 길을 보는 눈이 희미해진다. 이렇게 지혜와 이성이 흐려진 남편이 어떻게 자기 아내를 올바로 인도하며 다스릴 수 있겠는가? 또 도박은 그의 재물을 탕진시키며, 그와 가족의 필요를 채워 주는 곳간을 비운다. 하나님이 아내와 가족의 유익을 위해 그에게 주신 것을 탕진해 버리는 것이다. 아버지가 준 모든 것을 허랑방탕하게 허비한 탕자처럼 말이다(눅 15장). 자신의 모든 재물을 탕진한 남편이 어떻게 결혼 서약대로 아내를 보호하고 그

16 Whately, *A Bride-Bush*, 102.
17 Ambrose, 235.

녀의 필요를 채워 줄 수 있겠는가? 또 악한 교우 관계는 그의 인격을 파
탄 내고 그의 명예를 땅에 떨어뜨린다(고전 15:33). 뿐만 아니라 악한 친
구들의 사고방식을 받아들여서 곧 그들의 길이 바른 길인 줄 알고 편
안한 마음으로 그 길을 따르게 될 것이다(시 1:1). 이렇게 판단력이 마
비되고 양심이 무디어지고 인격이 파탄 난 남편이 어떻게 자기 아내를
바른 길로 인도하고 그녀의 잘못된 행동을 고쳐 줄 수 있겠는가(고전
14:35; 히 5:12)? 이와 관련하여 웨이틀리는 이렇게 말한다.

> 허랑방탕함의 악을 따르는 자는 결국 지혜와 재물과 존경을 잃게 될 것
> 이다. 자신의 무절제한 욕구를 만족시키기를 추구하고 육욕 가운데 이성
> 을 매몰시켰으므로, 경멸이 속히 그에게 임할 것이며 가난이 그의 영혼과
> 몸과 명예와 가정과 자녀들을 파괴할 것이다. 허랑방탕한 자는 돈은 말할
> 것도 없고 자신의 지위도 지키지 못한다. 존귀와 재물이 그에게서 속히
> 떠난다. 스스로를 무가치하게 만드는 자를 도대체 누가 존경하겠는가? 우
> 리 영국인들은 검소함을 미덕으로 여기고 검소한 남편을 좋은 남편이라
> 고 부른다. 검소함을 남편의 주된 의무 중 하나로 여기는 것이다. 그러므
> 로 만일 당신이 가족들과 이웃들로부터 사랑과 존경을 잃지 않으려면 술
> 취함과 도박과 악한 교우 관계를 멀리해야 한다.[18]

남편이 피해야 할 세 번째 악은 **경박함**이다. 이것은 일과 개인적인 책
임에는 거의 무관심한 채 오로지 놀기만 좋아하는 일종의 철없는 행동
이다. 물론 휴양은 몸과 마음을 재충전하기 위해 필요한 것으로서 성경
이 보증한다. 우리에게는 긴장을 풀고 스스로를 재충전하는 시간이 필

---

18 Whately, *A Bride-Bush*, 103-4.

요하다. 그러나 휴양이 일상을 위해 써야 하는 시간까지 잠식할 때, 우리는 경박함의 죄에 떨어지게 된다. "그런즉 너희가 어떻게 행할지를 자세히 주의하여 지혜 없는 자 같이 하지 말고 오직 지혜 있는 자 같이 하여 세월을 아끼라 때가 악하니라"(엡 5:15-16). 웨이틀리는 괴롭힘과 허랑방탕함과 경박함에 대한 그의 경고를 다음과 같은 말로 마무리 짓는다. "그런 사람들은 곧 스스로 허물어질 것이다. 그러므로 모든 경건한 백성들은 그러한 악들을 미워하고 모든 행실에 있어 거룩함을 추구하고자 힘써야 한다. 그럼으로써 그들은 진정으로 다른 사람들을 다스리는 자가 될 수 있으며, 그들의 탁월함은 흔들리지 않고 굳게 설 것이다. 그리고 그들은 어느 누구에게서도 경멸과 무시를 당하지 않을 것이다."[19]

3. 남편의 권세의 목적은 무엇인가?

하나님이 남편들에게 아내를 다스리는 권세를 주신 까닭은 무엇인가? 아내는 스스로를 다스릴 수 있는 능력이 없는가? 우리가 이 문제를 올바로 이해하는 것은 매우 중요하다. 남편이 자신의 권세를 올바르게 사용하는 것과 아내가 남편에게 올바르게 복종하는 것 모두 여기에 달려 있다.

한마디로 남편의 권세는 **아내의 유익**을 위한 것이다. 여자가 남자보다 더 열등한 것은 아니다. 여자는 남자와 마찬가지로 하나님의 형상을 따라 창조되었으며, 남자와 함께 영생을 유업으로 받는다(창 1:27; 벧전 3:7). 이와 관련하여 맨턴은 이렇게 말한다. "설령 기독교가 주인과 종 사이의 구별과 남자와 여자 사이의 구별을 폐하지 않는다 하더라도, 그

---

19 Whately, *A Bride-Bush*, 104.

들 모두 그리스도의 동일한 공로와 은혜에 참여한다. 그들은 하나의 신비한 영의 몸을 이룬다. 그리스도 자신이 그 몸의 머리가 되시며, 그들은 동일한 생명의 은혜를 함께 유업으로 받는다(벧전 3:7). 그와 같이 남편과 아내는 영원한 영적 특권에 동등하게 참여하기 때문에, 하나님 앞에서 아내는 남편보다 덜 사랑스럽지 않다."[20]

분명 우리는 다음의 근거들로 남편의 머리 됨을 정당하게 논증할 수 있다. 첫째로 창조의 순서, 즉 남자가 먼저 창조된 사실에서(딤전 2:13). 둘째로 창조의 방법, 즉 여자가 남자로부터 창조된 사실에서(고전 11:8). 셋째로 창조의 이유, 즉 여자가 남자를 위해 창조된 사실에서(창 2:18; 고전 11:9). 넷째로 하와가 독립적으로 행동함으로써 먼저 미혹된 사실에서(창 3:4-5; 딤전 2:14). 이 모든 것들은 아내에 대한 남편의 머리 됨의 권세를 확증하는 성경적인 근거들이다. 그러나 우리는 남편의 머리됨을 남자와 여자 사이의 불평등으로 논증해서는 안 된다. 다만 하나님이 남편을 아내의 머리로 세우기를 기뻐하셨다는 단순한 사실에서 출발해야 한다(창 3:16; 고전 11:3). 그럴 때 비로소 우리는 남편의 머리 됨을 부인하는 모든 반론과 반박에 대해 올바르게 대응할 수 있다. 만일 남편이 머리 됨의 권세를 가지고 아내를 다스리는 것을 하나님께서 기뻐하신다면, 하나님의 뜻대로 행하기를 바라는 부부들 역시 마땅히 기뻐하지 않겠는가?

우리의 은혜로우신 하나님은 휘장을 열고 자신이 그것을 기뻐하는 이유를 보여 주신다. 그것은 다름 아닌 아내의 유익을 위해서이다. 하나님은 자신의 무한한 지혜와 측량할 수 없는 사랑 안에서 아내를 유익하게 하기 위해 그녀를 남편의 권세 아래 두시고, 그녀에게 범사에 주께

---

20 Manton, 19:469.

하듯 남편에게 복종할 것을 명하셨다(엡 5:24). 이와 관련하여 웨이틀리는 이렇게 말한다. "남편의 권세의 목적은 자기 아내의 유익이다. 그녀를 더 복되게 하고, 그녀가 이 땅에서 위로를 얻고 장차 하늘에서 구원을 누리도록 돕는 것이다. 남편은 그녀에게 남편이 없었을 때보다 더 나은 방법으로 그렇게 해야 한다."[21]

그러므로 본 단락을 시작할 때 던졌던 첫 질문 즉, "하나님이 남편들에게 아내를 다스리는 권세를 주신 까닭은 무엇인가?"라는 질문이 의미하는 바는 매우 단순하다. 그리스도는 교회의 구주로서 그의 머리 됨의 권세를 교회의 영원한 유익을 위해 사용하셨다. 그러므로 남편도 그의 머리 됨의 권세를 자기 아내의 유익을 위해 사용해야 한다.

나아가 에베소서 5장 25-29절에서 우리는 남편의 머리 됨의 권세가 사랑의 울타리 안으로 제한되는 것을 본다. 바울은 남편들에게 아내를 다스리라고 명령하는 대신 아내를 사랑하라고 명령한다. 요컨대 바울은 남편의 권세에 사랑의 굴레를 씌우고 있는 것이다. 거기에 폭정과 압제와 강압을 위한 여지는 전혀 없다. 이와 같이 남편의 머리 됨의 권세는 아내의 유익을 위한 것이다. 그러므로 남편은 그러한 권세를 부인하지 않고 그것을 올바로 사용하여 그녀에 대한 자신의 사랑을 표현한다. 그리고 아내는 남편의 머리 됨의 권세로 인해 더 나빠지는 것이 아니라 더 좋아진다. 로저스는 이렇게 쓴다. "남편에게 머리의 권세가 주어진 것은 아내를 낙망시키고 파멸시키기 위함이 아니라 그녀를 올바르게 인도하고 유익케 하며 세우기 위함이다."[22] 남편에게 위임된 능력

21 Whately, *A Bride-Bush*, 109.
22 Rogers, 218-19.

과 권세는 맨턴이 말한 대로 "위대한 섬김"이다.[23] 왜냐하면 그것은 그의 아내에게 큰 유익을 가져다주기 때문이다.

웨이틀리는 남편의 다스림이 가져다주는 큰 유익에 대해 이렇게 썼다.

모든 통치자들은 하나님으로부터 권세를 받는다. 그러나 그 권세는 그들 자신의 안일과 쾌락과 유익을 위한 것이 아니고, 그들 자신의 욕망을 이루기 위한 것도 아니다. 도리어 그들이 다스리는 자들의 유익을 위한 것이다. 왕은 백성들이 자신의 왕권으로 인해 더 큰 행복을 누리도록 해야 한다. 또 모든 방백들은 자기 아래에 있는 백성들의 안전과 복리福利를 위해 그들의 위치를 지켜야 한다. 마찬가지로 목사들은 자기 양 떼들의 영적 유익을 위해 자신의 영적 권한을 사용해야 한다. 이와 같이 남편들은 자신에게 위임된 권세의 목적을 올바로 이해해야 한다. 그렇지 않으면 올바르게 다스리지 못할 뿐만 아니라 그 권세가 자신과 아내에게 무거운 짐이 된다. 잘못된 표적을 향해 당겨진 화살은 올바른 표적에 명중하지 못한다. 잘못된 길로 가는 사람은 목적지에 도달하지 못한다. 그러므로 남편은 반복적으로 스스로에게 이렇게 말할 필요가 있다. "내가 우리 집의 가장이 된 이유가 무엇인가? 나의 어깨 위에 통치권이 부여된 까닭이 무엇인가? 안일하게 살며, 스스로의 욕망을 이루며, 원하는 대로 행동하기 위함인가? 결코 그렇지 않다. 몸의 머리를 생각해 보자. 머리가 창조된 것은 머리 자체를 위함인가? 절대로 그렇지 않다. 오로지 자신의 유익만을 위하는 통치자와 목사는 악한 통치자와 악한 목사가 아닌가? 나는 우리 가족의 가장이다. 내가 더 지혜롭게 행하고 더 수고하고 더 많은 덕을 나타내면 모든 가족이 더 나은 삶을 누릴 수 있다. 그들이 나로 인해 더 온전

___
23   Manton, 19:430.

하고 안락한 삶을 누릴 수 있다. 특별히 나의 아내가 더 많은 고요함과 더 풍성한 은혜를 누릴 수 있다. 이처럼 아내에 대한 나의 머리 됨의 권세는 그녀의 위로와 행복을 위한 것이다." 이와 같이 반복적으로 자신의 통치 권의 목적을 되새긴다면 더 잘 다스릴 수 있게 될 것이다.[24]

이러한 남편의 머리 됨의 목적은 남편의 사랑의 모범과 열매에 대해 이야기할 때 이미 다룬 바 있으므로 여기에서 또다시 반복할 필요는 없 다. 사랑과 권세는 서로 불가분리적으로 얽혀 있다. 그러므로 남편의 사 랑은 권세의 기초 위에 세워진 사랑이며, 남편의 권세는 사랑의 기초 위에 세워진 권세이다. 따라서 남편의 사랑의 범위와 한계에 대해 논의 하든, 남편의 권세의 범위와 한계에 대해 논의하든, 우리는 동일한 지점 에 도달한다.

우리는 여기에서 다음과 같은 사실에 주목할 필요가 있다. 남편의 사 랑은 그로 하여금 아내에게 선을 행하도록 이끌고, 그의 권세는 그것을 가능하게 만든다. 요컨대 그의 머리 됨이 그의 사랑에게 권능을 부여하 는 것이다. 이런 의미에서 구지는 남편의 권세를 사랑의 가지(branch)로 묘사했다.[25] 그는 이렇게 썼다. "만일 남편이 그의 권세를 포기한다면, 그는 아내에게 선을 행할 수도 없고 사랑의 열매를 나타낼 수도 없다. 반대로 그가 그의 권세를 남용하는 것은, 칼을 엉뚱하게 사용하는 것과 같다. 칼로 자기 아내를 보호하는 것이 아니라 그녀의 심장을 겨누는 것이다. 그리하여 그는 사랑보다 미움을 더 많이 나타낸다."[26] 남편의

---

24   Whately, *A Bride-Bush*, 109-11.

25   Gouge, 254.

26   Gouge, 254.

권세는 그가 아내를 사랑하도록 만드는 하나님의 수단이다. 그러므로 성경은 먼저 남편을 아내의 머리라고 선언하고 난 후에 비로소 그에게 아내를 사랑하라고 명령한다(엡 5:24-25). 아내를 주관하는 권세가 없는 남편은 그에게 부여된 의무들을 신실하게 이행할 수 없다. 그리스도께서 교회를 사랑하신 것처럼 아내를 사랑하라는 명령 속에 함축된 의무들 말이다. 감사하게도 주님은 권세와 사랑을 하나로 연합하셨다.

4. 남편은 어떻게 그의 권세를 사용해야 하나?

청교도들은 남편의 권세의 또 다른 차원을 인식했다. 그것은 바로 남편들이 그들의 권세를 사랑으로, 그러나 신실하게 사용해야 한다는 것이다. 분명 그들의 아내는 자녀나 종처럼 다루어져서는 안 된다. 그러나 동시에 남편은 아내의 머리로서 하나님 앞에서 그녀에 대한 책임을 갖는다. 남편이 그리스도께서 교회를 사랑하신 것처럼 자기 아내를 사랑해야 한다면, 그 의무에는 분명 그녀를 의의 길로 이끌고 악의 길에서 지키는 것이 포함된다. 그러면 이것은 **어떻게** 행해져야 하는가? 이 질문에 대한 대답으로 청교도들은 **인도와 보상**이라는 이중적인 의무를 제시한다.

먼저 우리는 그러한 의무가 하나님 앞에서 범사에 남편에게 복종해야 하는 아내의 책임과 대응한다는 사실을 기억할 필요가 있다(엡 :24; 골 3:18). 만일 아내가 범사에 복종해야 한다면, 남편의 권세 역시 범사에 펼쳐져야 한다. 그러면 남편은 주의 말씀과 상관없이 자기가 원하는 것을 명령할 수 있으며 아내는 그에 복종해야 하는가? 그의 위치가 그녀를 자기 마음대로 다스릴 수 있는 권세를 부여하는가? 주님이 그의 머리가 되신다는 사실과 상관없이 말이다. 그러나 만일 그의 권세가 그녀의 영적 복리를 아우른다면, 그는 그녀가 그릇된 길로 갈 때 아무 말도 하지 않고 가만히 서 있을 수 있을까? 만일 하나님이 그에게 그녀를 올바른 길로 인도할 책임을 부여하셨다면, 그녀가 죄의 길로 갈 때 아무 말도 하지 않고 가만히 있을 수 있을까? 또 그녀가 올바른 길로 행할 때 사랑하는 마음으로 그녀를 칭찬하고 격려하지 않을 수 있을까?

청교도들은 앞의 의무와 관련하여 이러한 질문들을 제시했다. 한편으로 그들은 남편이 권세를 남용하는 것을 막고자 했다. 만일 남편에게 아내를 주관하는 권세가 부여되었다면, 그는 그것을 하나님의 영광을 위해 사용해야 한다. 다른 한편으로 청교도들은 남편을 가정의 머리와 통치자로서 구비시키고자 했다. 다시 말해서 남편은 아내가 모든 악에서 떠나도록 돕고 모든 덕을 실천하도록 인도하여 그녀를 실제적으로 유익하게 해야 한다.

웨이틀리는 이 주제를 매우 광범위하게 다루었다. 그는 이 의무 뒤에 있는 청교도들의 의도를 다음과 같이 묘사했다. "우리는 남편들이 아내 속에 있는 모든 타락을 약화시키고 모든 덕을 강화시켜 그들의 삶을 열 배나 더 거룩하고 행복하게 만들고, 그래서 그들의 결혼을 통해 하나님께 영광을 돌리는 방법을 가르치려고 한다."[27] 만일 우리가 이러한 칭찬할 만한 의도를 마음에 품을 수 있다면, 남편의 의무와 관련한 청교도들의 이와 같은 기여寄與에 감사할 뿐만 아니라 그들의 조언을 결혼에 더 잘 적용하여 더 풍성한 은택을 거둘 것이다.

이제 이중적인 의무의 첫 번째 부분, **인도** 혹은 **지도**를 살펴보도록 하자. 우리는 아내를 인도하는 남편의 권세와 관련하여 세 가지를 주목할 필요가 있다. 첫째, 남편은 절대적인 통치자가 아니라 하나님의 권세 아래 있는 자로서 자기 아내를 인도하는 법을 배워야 한다. 그는 아

---

27   Whately, *A Bride-Bush*, 112.

내가 그에게 빚지는 복종보다 그가 하나님께 빚지는 복종이 훨씬 더 크다는 사실을 기억해야 한다. 그러므로 그에게는 하나님의 권세에 반하는 것을 자기 아내에게 요구할 수 있는 권리가 없다. 왜냐하면 그것은 그의 권세를 남용하는 것이기 때문이다. 웨이틀리는 이렇게 말한다. "하나님이 명하시는 것을 남편이 금해서는 안 된다. 하나님이 금하시는 것을 남편이 명해서는 안 된다."[28] 하나님이 금하시는 것을 아내에게 요구하여 자신의 권세의 범주를 넘어서는 경우, 남편은 아내가 자신의 요구에 굴복할 것을 기대할 수 없다. 아내에게는 어리석은 남편이, 하나님에게는 패역한 청지기가 될 뿐이다. 이와 관련하여 웨이틀리는 이렇게 조언한다. "그러므로 남편은 상천하지의 하나님께서 자신과 자기 아내 위에 계시며 그들 모두 똑같이 그분께 복종해야 함을 잊어서는 안 된다. 그러므로 그는 자신의 권세를 그분의 절대적인 권세 아래 놓아야 한다. 그리고 자신의 잘못된 요구로 인해 아내가 그분의 권세에 불순종하는 죄에 떨어지지 않도록 주의해야 한다."[29]

만일 어떤 남편이 자신의 평판을 지키기 위해 아내에게 거짓말을 하라고 명령하거나 혹은 자신의 금전적인 이익을 위해 주일을 지키지 못하게 하거나 혹은 사기에 동참하라고 요구한다면, 그것은 그의 권세의 한계를 넘어서는 것이다. 그러므로 만일 그의 아내가 그에게 복종한다면, 그녀 역시 그의 죄책을 공유하게 된다. 마찬가지로 만일 어떤 남편이 아내가 기도하는 것을 금하거나 혹은 주일에 예배와 성례에 참여하지 못하게 하거나 성경을 읽지 못하게 한다면, 그것 역시 그의 권세를 남용하는 것이다. 웨이틀리는 다음과 같은 말로 첫 번째 요지를 마무리

28　Whately, *A Bride-Bush*, 114.
29　Whately, *A Bride-Bush*, 115.

한다. "그러므로 남편들이여, 자신이 아내에게 하는 말이 하나님의 말씀과 합치되는지 살펴보라. 만일 하나님의 말씀과 합치되지 않는다면, 그것은 자신의 권세를 정당하게 사용하는 것이 아니라 폭군처럼 사용하는 것이다. 그런 경우에는 당신의 말에 불순종하는 것이 최고의 순종이다. 그리고 아내가 당신의 잘못된 지시를 따르지 않는 것은 당신의 위치와 권세와 인격에 복종하기를 거부하는 것이 아니라 당신의 죄와 정욕과 타락에 복종하기를 거부하는 것이다."[30]

둘째, 남편은 위로부터의 지혜와 함께 자신의 권세를 사용해야 한다. 그러면 아내의 성향에 맞게 권세를 사용하게 될 것이다. 이를 위해 남편은 먼저 아내의 기질과 성격을 잘 알아야 한다(벧전 3:7). 예를 들어 만일 아내가 쉽게 성내는 기질이라면, 그녀의 감정을 격발하지 않도록 조심할 필요가 있다. 만일 아내가 가사家事와 자녀 양육의 짐에 쉽게 짓눌리는 경향이 있다면, 주말에는 그녀의 짐을 덜어 주기 위해 애쓸 필요가 있다. 어쨌든 요지는 자기 아내를 잘 알고 이해해야 한다는 것이다. 그럼으로써 남편은 그의 권세를 그녀의 성향에 맞추어 사용할 수 있다. "대부분의 남자들은 다른 남자들이 행하는 대로 하면서 자신의 집을 분쟁과 다툼으로 채운다. 많은 남자들이 자신의 기분과 혈기대로 행하면서 가정의 평안을 완전히 뒤엎는다. 그들은 아내의 성향에 맞게 말하지도 않고 행동하지도 않는다. 오로지 자기 자신의 기분에 따라 말하고 행동한다."[31] 그러므로 볼턴은 남편들에게 "자기 아내의 기질과 감정과 약점과 혈기와 불완전함을 아는" 지식을 따라 그녀와 동거하라고

---

30   Whately, *A Bride-Bush*, 116.

31   Whately, *A Bride-Bush*, 132.

조언한다.[32]

셋째, 남편은 자신의 권세를 해로운 방식으로 사용하지 않도록 주의해야 한다. 먼저 그는 사소하고 중요하지 않은 일들까지 세세하게 통제해서는 안 된다. 많은 일들은 아내의 관리와 돌봄 아래 있어야 한다. 그녀는 그에게 돕는 배필로 주어졌다(창 2:18). 그러므로 만일 그가 그녀를 돕는 배필로 인정하지 않는다면(특히 가정에서), 그것은 그녀를 무시하는 처사로서 결국 그 해害가 자신에게 돌아가게 될 것이다. 이와 관련하여 웨이틀리는 이렇게 말한다. "만일 그가 남편도 되고 주부도 되어 음식도 하고 빵도 굽고 빨래도 하고 온갖 종류의 가사를 한다면, 결국 그의 아내는 어떤 일에도 돕는 배필이 될 수 없을 것이다."[33] 그는 계속해서 말한다. "그러므로 그러한 일들은 아내가 관리하고 돌보도록 허락해야 한다. 그럼으로써 그는 가정의 복리福利를 위해 좀 더 중요한 일을 처리할 수 있게 될 것이다. 그리고 그러한 일들 가운데 어떤 문제가 발견된다면, 명령하고 지시하기보다 조언하고 충고하는 것이 지혜로운 행동일 것이다."[34]

다음으로 남편은 불합리하고 엉뚱한 일을 지시해서는 안 된다. 그는 신중함과 사려 깊음을 나타내는 방식으로 그의 권세를 사용해야 한다. 범사에 주께 하듯 남편에게 복종하기를 바라는 아내라면, 합법적이면서 그를 기쁘게 할 수 있는 것이라면 무엇이든 기꺼이 하고자 할 것이다. 따라서 남편은 오로지 자신의 머리 됨의 권세를 나타내기 위한 목적으로 아내에게 어떤 일을 지시해서는 안 된다. 이런 방식으로 자신의

---

32   Bolton, 273.
33   Whately, *A Bride-Bush*, 151.
34   Whately, *A Bride-Bush*, 151-52.

권세를 사용하는 것은 남편이 아내의 마음을 얻는 데에는 무관심하고 오로지 그녀의 몸을 지배하는 일에만 관심을 기울인다는 것을 보여 준다. 반면 만일 그가 지시하는 것이 아내에게 합리적일 뿐만 아니라 하나님의 권세를 나타낸다면, 그녀는 가장 기꺼운 마음으로 그것을 행할 것이다.

이러한 조언을 오해하지 않게 하기 위해, 웨이틀리는 그의 독자들에게 두 가지를 경고한다. 첫 번째 경고는 명령조의 말은 가능한 적게 사용하라는 것이다. 그는 이렇게 말한다. "자주 입는 옷은 곧 닳는다. 남편의 권세 역시 과도하게 사용하면 쉽게 닳을 것이다. 그러므로 가능한 권세의 사용을 자제하라."[35] 특별히 아내에게 어떤 행동을 명령하거나 혹은 금해야 할 때, 그는 그녀가 자신의 사랑에 대해 의문을 품게 만드는 방식으로 자신의 권세를 사용해서는 안 된다. 도리어 그의 사랑이 분명하게 드러나는 방식으로 해야 한다. 스쿠더 역시 명령조의 말은 가능한 한 적게 사용하라고 충고하면서 이렇게 덧붙인다. "남편과 아내 사이는 어느 정도의 암시만으로도 충분하다. 남편이 아내에게 부탁하는 것은 결코 잘못된 태도가 아니다. 도리어 일반적으로 명령하는 것보다 더 큰 효과를 갖는다. 그러나 명령조의 말을 자주 사용하면 남편의 권세는 아내에게 무겁고 괴로운 짐이 된다. 그러면 그에 대한 그녀의 사랑과 존경은 크게 떨어질 것이다."[36]

두 번째 경고는 이것이다. 남편은 아내에게 무엇인가를 명령하거나 지시할 때, 모든 가혹함과 엄격함을 피해야 한다. 도리어 그는 그리스도처럼 **온유함**으로 그렇게 해야 한다. 웨이틀리는 이렇게 말한다. "온유함

---

35 Whately, *A Bride-Bush*, 154.
36 Scudder, 94-95.

혹은 부드러움은 남편의 권세 위에 뿌려진 달콤한 양념이다. 그것은 아내의 마음이 시큼해지거나 씁쓸해지는 것을 막아 준다. 또 그것은 남편의 권세의 멍에를 부드럽게 만들어 주는 안감으로서 멍에의 거친 느낌을 막아 줄 것이다. 온유함으로 남편의 권세가 부드러워지지 않으면 아내는 그것을 제대로 감당할 수 없다."[37] 만일 목회자가 온유함으로 자신을 거역하는 자들을 훈계해야 한다면, 하물며 남편은 아내에게 얼마나 더 그렇게 해야 마땅하겠는가(딤후 2:24-25)? 만일 우리가 범사에 모든 사람에게 온유함을 나타내야 한다면, 하물며 남편은 아내에게 얼마나 더 그렇게 해야 마땅하겠는가(딛 3:2)?

이러한 온유함이 남편이 명령하는 내용과 태도와 어떻게 연결되는지 생각해 보자. **내용**과 관련하여 남편의 온유함은 두 가지 방식으로 나타나야 한다. 첫째, 그는 자신의 권세의 사용을 지나치게 확장해서는 안 된다. "아내의 은사와 능력과 사랑을 신뢰한다면, 매사에 지시하며 명령하는 등 자신의 권세를 지나치게 엄격하게 사용해서는 안 된다. 도리어 그는 범사에 기꺼이 아내를 기쁘게 해주고자 힘써야 한다. 그래서 그녀가 자신에게 마지못해 복종하는 것이 아니라 즐거운 마음으로 복종하도록 해야 한다."[38]

특별히 남편은 아내가 그녀에게 맡겨진 일들을 관리하며 다스리도록 기꺼이 허락해야 한다. 그가 기꺼이 그렇게 할수록, 그녀 역시 기꺼이 맡겨진 일들을 하며 그에게 복종할 것이다. "강압적인 방식이 아니라 온유함과 부드러움으로 자신의 권세를 사용할 때, 남편은 아내가 열 배나 더 잘 순종하는 것을 발견하게 된다. 강압적인 순종을 강요받지 않

---

37 Whately, *A Bride-Bush*, 156.
38 Whately, *A Bride-Bush*, 157-58.

는 아내는 남편에게 훨씬 더 고요하게 순종할 것이다."[39] 마침내 웨이틀리는 이렇게 결론짓는다. "남편들은 나발이 그의 아내에게 대했던 것처럼 거칠고 무뚝뚝하게 아내를 대해서는 안 된다. 도리어 그들은 온유함의 거룩한 모범을 따라야 한다. 그러한 태도는 즉시 사랑과 존경을 낳을 것이다. 모든 일에 있어 주인이 되고자 하는 남편은 권세의 줄을 길게 늘인다. 그러면 그 줄은 쉽게 끊어지고, 마침내 그는 그 어떤 일에도 주인이 되지 못할 것이다."[40]

둘째, 남편은 아내에게 그녀가 하기 어렵고 곤란한 일을 요구하지 않음으로써 온유함을 나타내야 한다. 쉽고 즐겁게 할 수 있는 일이 있는가 하면 매우 힘들고 곤란한 일도 있다. 또 자신이 할 수 없어서 다른 사람에게 부탁할 필요가 있는 일도 있다. 이러한 사실을 남편은 항상 마음에 새길 필요가 있다. 아내에게 온유함과 부드러움으로 자신의 권세를 행사할 때, 그녀가 할 수 없는 일이나 매우 힘들고 곤란한 일을 요구하거나 강요하지 말아야 한다. 스쿠더는 이렇게 말한다. "남편은 아내에게 아무 일이나 요구해서는 안 된다. 그녀의 힘과 능력의 범위 안에 있는 일을 요구해야 한다. 그는 그의 힘으로 그녀의 약함을 지탱하고, 그의 지혜로 그녀의 결함을 보충해야 한다."[41] 웨이틀리도 같은 취지로 말한다. "남편은 아내에게 지나치게 힘들고 곤란한 일을 요구하여 순종의 의욕을 꺾지 않도록 주의해야 한다."[42]

한편 **태도**와 관련하여서는, 남편은 오만하며 위세를 부리는 태도가 아니라 온유하며 부탁하는 태도로 아내에게 지시하거나 요구해야 한

---

39   Whately, *A Bride-Bush*, 158.
40   Whately, *A Bride-Bush*, 159.
41   Scudder, 91.
42   Whately, *A Bride-Bush*, 160.

다. 그러면 아내는 자신의 일을 무거운 짐으로 여기지 않고 즐거운 마음으로 할 수 있을 것이다. 웨이틀리는 이렇게 말한다. "어떤 일을 요구해야 할 때, 남편은 명령조의 말과 강압적인 태도가 아니라 사랑스러운 설득과 친밀한 부탁으로 해야 한다."[43]

아내가 찌뿌둥한 표정으로 마지못해 복종하는 것처럼 보이는 경우도 있다. 그런 경우 남편은 자신의 권세를 시위하기 위해 고함을 치거나 문을 쾅 하고 닫기 쉽다. 그러나 그때 만일 그가 온유하고 부드러운 태도로 대한다면, 그는 아내의 불편한 마음을 좀 더 효과적으로 무마하면서 더 큰 행복을 발견하게 될 것이다. 왜냐하면 "그와 같은 태도야말로 아내에게 훨씬 더 남편다운 태도이기" 때문이다.[44] 웨이틀리는 이렇게 말한다. "남편이 위세를 부리지 않으면 아내가 맞서 다툴 일이 없다. 성난 마음을 어루만질 때, 모든 일이 가장 잘 이루어진다. 남편이 큰소리로 '이렇게 해'라고 말할 때, 아내의 손과 마음은 따로 움직인다. 겉으로는 순종하는 것처럼 보일지 모르지만, 그 마음은 불평과 불순종으로 가득 차 있을 것이다. 만일 그녀의 순종이 마음으로부터 나오는 것이 아니라면, 과연 언제까지 지속되겠는가? 그러므로 거만한 말로 지시하지 말고 온유하고 부드러운 말로 부탁하는 것이 최선의 방법이다."[45] 때로 강압적으로 요구해야만 하는 경우도 있을 것이다. 그런 경우에도 남편은 온유한 태도로 다음과 같이 말해야 한다. "여보, 이 일 좀 해줘, 꼭 좀 부탁해."[46] 이런 말들은 그의 가정과 결혼 생활과 아내를 더 행복하게 만들 것이다.

---

43 Whately, *A Bride-Bush*, 161.
44 Whately, *A Bride-Bush*, 162.
45 Whately, *A Bride-Bush*, 162-63.
46 Whately, *A Bride-Bush*, 163.

이제 이중적인 의무의 두 번째 부분, **보상**을 살펴보도록 하자. 보상에는 두 가지 측면이 있다. 아내가 잘한 것에 대해 칭찬하는 적극적인 측면과 아내가 잘못한 것에 대해 부드럽게 책망하는 소극적인 측면이다. 첫째로 남편은 아내의 좋은 행동에 대해 칭찬과 감사로 보상해야 한다. 잠언 31장을 보면 현숙한 아내는 남편에게 칭찬을 받고, 성문에서 사람들로부터 칭찬을 받는다(28-29, 31절). 물론 그녀의 선한 행위로 인한 영광은 그녀 안에서 역사하시며 선한 뜻을 이루시는 하나님께 돌려야 한다(빌 2:13; 엡 2:10). 그러나 남편이 그녀의 신실함과 선한 행실을 인정하며 칭찬한다고 해서 하나님의 영광이 가려지는 것은 결코 아니다. 만일 그가 그녀의 신실함을 인정하고 칭찬하면서 그녀에게 감사를 표현하지 않는다면, 어떻게 그녀가 그의 마음을 알 수 있겠는가?

그러므로 남편은 아내가 자신을 기쁘게 했을 때 마땅히 칭찬하며 감사해야 한다. 그러한 칭찬은 그녀에게 큰 기쁨이 될 것이다. 왜냐하면 그로 인해 그녀는 자신이 남편에게 선을 행했음을 알게 되기 때문이다. 뿐만 아니라 그러한 칭찬은 그녀가 계속해서 선을 행하도록 격려할 것이다. 그리고 실제로 그녀는 계속 그에게 선을 행할 수 있는 방법을 찾을 것이다. 이와 같이 남편의 칭찬은 아내의 섬김과 복종을 더욱 고양하며, 다른 모든 사람들을 능가하는 훌륭한 아내가 되도록 격려한다(잠 31:29-30).

웨이틀리는 이러한 의무를 이렇게 묘사한다. "남편은 아내의 선한 행동에 만족하고 있음을 인정하며 감사해야 한다. 그리고 그녀가 가장 기뻐하는 선물을 주는 등 특별한 행위를 통해 그녀의 신실함을 더욱 고양하며 격려해야 한다. 남편의 행복한 표정과 감사가 담긴 선물은 아내에게 하나님의 은총 다음으로 큰 만족을 가져다준다."[47]

아내의 선한 행동에 대해 보상할 때, 남편은 올바른 태도로 해야 한다. 예컨대 만일 그가 냉랭한 태도로 칭찬하거나 마지못해서 선물을 준다면, 그녀는 곧바로 그의 냉랭함을 느낄 것이다. 그러한 보상은 그들의 관계에 아무런 유익도 가져다주지 못할 뿐만 아니라 도리어 정반대의 결과를 가져다줄 것이다. 그러므로 웨이틀리는 남편들에게 이렇게 경고한다. "잘못된 태도로 당신의 사랑의 열매를 깨뜨리지 말라. 달콤한 것에 쓸개즙을 타서 쓰게 만들지 말라."[48]

이제 보상의 소극적인 측면을 생각해 보도록 하자. 남편은 아내를 사랑하는 마음으로 아내가 잘못한 것에 대해 책망해야 한다. 언뜻 볼 때 이것은 적절하지 못한 것처럼 보일 수 있다. 남편은 큰 사랑으로 아내의 모든 허물을 덮고 그녀를 하나님의 손에 맡기는 것이 마땅하지 않은가? 이러한 반론은 매우 타당하게 들리지만, 거기에는 남편의 사랑의 중요한 요소가 빠져 있다. 마태복음 18장에 따르면, 우리를 향한 큰 사랑 때문에 그리스도는 아흔아홉 명을 버려두고 길을 잃은 한 명을 찾으러 나선다(10-14절). 또 형제에 대한 우리의 사랑은 형제가 잘못했을 때 찾아가 권고하도록 만든다(15절). 그가 회개함으로써 교제가 회복될 수 있도록 말이다. 마태복음 18장이 가르치는 요지는 분명하다. 사랑은 형제를 죄 가운데 그냥 내버려두지 않는다. 사랑은 잘못한 상대를 용서하는 마음으로 뒤쫓아 가게 만든다. 사랑은 잃은 자를 되찾기를 추구하며, 깨어진 관계를 회복하기를 추구한다. 형제를 죄 가운데 그냥 내버려두는 것, 형제가 길을 잃은 것을 보고도 아무 말도 하지 않는 것, 형제가

---

47 Whately, *A Bride-Bush*, 125.
48 Whately, *A Bride-Bush*, 164.

죄를 범하여 스스로를 해롭게 하는 것을 보면서도 그를 돌이키고자 노력하지 않는 것, 형제가 위험 가운데 있는 것을 보면서도 아무 일도 하지 않는 것은 그를 사랑하는 것이 아니라 미워하는 것이다.

요한일서 3장 14-18절에서 요한은 이렇게 선언한다. "우리는 형제를 사랑함으로 사망에서 옮겨 생명으로 들어간 줄을 알거니와 사랑하지 아니하는 자는 사망에 머물러 있느니라 그 형제를 미워하는 자마다 살인하는 자니 살인하는 자마다 영생이 그 속에 거하지 아니하는 것을 너희가 아는 바라 그가 우리를 위하여 목숨을 버리셨으니 우리가 이로써 사랑을 알고 우리도 형제들을 위하여 목숨을 버리는 것이 마땅하니라 누가 이 세상의 재물을 가지고 형제의 궁핍함을 보고도 도와줄 마음을 닫으면 하나님의 사랑이 어찌 그 속에 거하겠느냐 자녀들아 우리가 말과 혀로만 사랑하지 말고 행함과 진실함으로 하자." 잘못한 형제에 대한 기독교적 사랑은 선한 목자의 사랑과 선한 사마리아인의 사랑과 같다. 그 사랑이 있으면 동정하는 마음으로 잘못한 형제를 뒤쫓아 간다. 형제를 죄에서 일으키고자 하는 마음으로 그에게 도움의 손을 내민다 (유 23). 넘어진 자를 그냥 내버려두기를 거부한다. 형제의 죄를 죄로 다루며, 죄를 죄라고 부르며, 죄를 버리라고 촉구한다. 동시에 형제를 형제로 다루며, 그의 회복을 돕기 위해 자신이 할 수 있는 모든 일을 한다 (마 18:15-17, 21-22).

만일 형제들 사이에서 이와 같이 해야 한다면, 하물며 남편과 아내는 서로에게 얼마나 더 그렇게 해야 마땅하겠는가? 남편과 아내는 한 몸으로 연합되지 않았는가? 남편이 아내를 사랑하는 것은 곧 자기 자신을 사랑하는 것 아닌가? "남편들도 자기 아내 사랑하기를 자기 자신과 같이 할지니 자기 아내를 사랑하는 자는 자기를 사랑하는 것이라"(엡 5:28). 설령 형제가 잘못된 길로 가는 것은 그냥 내버려둘 수 있다 해도,

자기 아내가 잘못된 길로 가는 것은 그냥 내버려둘 수 없다. 남편은 그리스도께서 교회를 사랑하신 것처럼 자기 아내를 사랑해야 한다. 그리스도께서는 교회가 잘못된 길로 갈 때 가차 없이 뒤쫓아 가셨다(호 2:5-7, 14-15). 그러므로 남편이 이러한 권세와 책임을 가졌느냐는 문제가 되지 않는다. 그러한 권세와 책임을 **어떻게** 실행하느냐가 문제다. 이와 관련하여 볼턴은 남편들에게 이렇게 조언한다. "거룩한 분별력과 신중함과 사랑하는 태도로 자신이 고칠 수 있는 것은 고치고, 오래 참음으로 인내하며, 혈기와 성급함으로 행하지 않고 기도하면서 하나님의 때를 기다리라."[49]

청교도들은 이 의무를 올바로 이행하는 일에 큰 관심을 기울이면서 다섯 가지 지침을 제시했다. 첫째, 남편은 아내가 잘못한 것이 없을 때 책망해서는 안 된다. 책망의 목적은 잘못한 자가 자신의 잘못을 깨닫고 고치게 하는 것이다. 웨이틀리는 이렇게 말한다. "어떤 의사도 상처 없는 부위에 반창고를 붙이지 않는다. 그것은 쓸데없는 일일 뿐만 아니라 대부분의 경우 위험하다. 왜냐하면 어떤 약은 멀쩡한 살을 쓰라리게 만들기 때문이다. 이와 같이 남편은 잘못이 없는 곳에서 잘못을 찾아서는 안 된다."[50] 물론 남편은 아내가 하나님을 노엽게 할 때 책망할 수 있지만, 특별한 잘못이 없는데 책망할 권세는 없다. 스쿠더는 남편들에게 다음과 같이 강력하게 경고했다. "남편은 아내에게 큰 잘못이 있는지 분명하게 확인해야 한다. 큰 잘못이 없으면 결코 책망해서는 안 된다. 사소한 잘못들은 스스로 고치거나, 간단히 일깨워 줌으로써 고쳐질 수 있다."[51]

49 Bolton, 273.
50 Whately, *A Bride-Bush,* 120.
51 Scudder, 95-96.

둘째, 남편은 아내가 이미 고친 것을 가지고 아내를 책망해서는 안 된다. 고친 잘못은 용서받아야 하고 잘못이 아닌 것처럼 다루어져야 한다. 왜냐하면 그것은 고침으로써 소멸되었기 때문이다. 이미 회개와 개심改心으로 고쳐진 것을 가지고 아내를 책망하거나 고치려고 든다면, 그들의 결혼 관계는 큰 손상을 입을 것이다. 이와 관련하여 웨이틀리는 이렇게 말한다.

> 회개하고 버린 죄는 죽어 장사된다. 무덤에서 죽은 시체를 끌어내어 서로에게 해를 끼칠 까닭이 도대체 무엇이란 말인가? 같은 잘못을 되풀이할 때는 정당하게 과거의 잘못을 언급할 수 있다. 그러나 아내가 같은 잘못을 되풀이하지 않는데도 남편이 되풀이하여 책망하는 것은 부당한 처사가 아닐 수 없다. 하나님께서는 죄인이 죄악된 행동을 회개하고 버린다면 그것을 기억하지 않고 바닷속 깊은 곳에 묻어 버리겠다고 약속하셨다. 하나님이 기억하시지 않는 것을 도대체 왜 남편이 기억한단 말인가? 그러므로 의심할 여지없이, 하나님께서 깊은 심연 속에 묻어 버린 것을 다시 끄집어내는 것은 나쁜 기억이다. 마찬가지로 하나님께서 다시 언급하지 않겠다고 약속하신 것을 자꾸 반복해서 말하는 것은 분명 나쁜 언급이다. 회개하는 죄인을 대놓고 공격하는 것은 명백한 죄다.[52]

셋째, 남편은 아내가 잘못한 정도에 비례하여 책망해야 한다. 남편이 자신의 기분이나 혈기에 따라 혹은 자신이 입은 손실이나 고통에 따라 아내를 책망하는 것은 자기 아내에게 악을 행하는 것이며 또한 책망의 목적을 잊은 것이다. 반창고의 크기는 상처의 크기에 비례해야 하며,

---

52   Whately, *A Bride-Bush*, 121-22.

약의 양은 병의 정도에 비례해야 한다. 부지중에 행한 죄를 고의적으로 행한 죄와 동일한 분량으로 책망해서는 안 된다. 아무 말도 하지 않고 그냥 눈감아 주어야 하는 죄도 있다. 그러나 노골적인 죄는 사소하거나 대수롭지 않은 것처럼 간과되어서는 안 된다.

이와 관련하여 웨이틀리는 이렇게 조언한다. "약을 조제하는 규칙을 확실하게 알고 싶다면 이렇게 하라. 작은 잘못은, 설령 그로 인해 큰 손실이 야기되었다 하더라도 가볍게 간과되어야 한다. 큰 잘못은, 설령 그로 인해 이익이 생겼다 하더라도 훨씬 더 중하게 다루어져야 한다. 남편의 책망이 그의 기분이나 이해利害에 달린 것이 아니라 하나님의 말씀에 달린 것처럼, 책망의 정도 역시 하나님의 말씀을 거스른 정도와 비례해야 한다."[53] 백스터도 이렇게 말한다. "남편은 인내와 오래 참음에 있어 강한 자가 되어야 한다. 하나님에 대한 죄는 중하게 다루어야 하지만, 자신에 대한 잘못은 지나치게 중하게 다루어서는 안 된다. 그래야 결혼의 사랑과 평안을 지킬 수 있다."[54] 요약하면, 잘못이 없는 곳에 책망도 없어야 한다. 그러나 잘못한 것에는 마땅히 책망이 따라야 한다. 책망의 분량은 잘못의 분량에 비례해야 하며, 잘못의 분량은 사람이 아니라 하나님께 가해진 정도에 의해 측량되어야 한다.[55]

넷째, 아내를 책망해야 할 때 남편은 **적당한 때**와 **적당한 장소**를 지혜롭게 선택해야 한다. 부모나 형제가 적당한 때에 우리의 잘못을 책망하면, 우리는 그들의 사랑에 감사하는 마음을 갖게 된다. 우리 모두는 부적당한 때에 받은 책망으로 인해 겪었던 마음의 괴로움을 기억한다. 그

53　Whately, *A Bride-Bush*, 124.
54　Baxter, 154.
55　웨스트민스터 소요리문답 83번을 참조하라.

러므로 아내를 책망해야 할 때, 남편은 주의 깊게 적당한 때와 적당한 장소를 찾아야 한다. 그렇지 않으면 문제를 고치려고 했던 그의 노력이 도리어 문제를 더 악화시킨다. 그가 책망할 준비가 되어 있고 그의 아내가 책망 받을 준비가 되어 있을 때가 바로 적당한 때이다. 이와 관련하여 웨이틀리는 두 가지 규칙을 제시한다.

규칙 1 남편은 생각과 말을 흐리게 할 수 있는 분노나 슬픔 같은 격한 감정에서 자유로워야 한다. 마음이 분노로 차 있는 동안에는 아내를 책망하지 말아야 한다. 웨이틀리는 이렇게 말한다. "분노로 불타는 남편은 분별력을 상실하여 책망할 거리조차 안 되는 것까지 책망할 것이다. 그는 상스럽고 불쾌한 말과 몸짓으로 상황을 최악으로 만들 것이다."[56] 그는 계속해서 말한다. "분노 가운데 있으면 경우에 합한 말이 아니라 혈기와 격정에 합한 말을 할 것이다. 그는 상황에 맞게 말하지 않고 자신의 격앙된 마음이 이끄는 대로 말할 것이다. 만일 어떤 사람이 그런 식으로 사업을 한다면, 그는 결코 지혜로운 사람일 수 없다. 지혜가 가장 필요한 순간 모든 지혜를 잃은 것이다. 분노로 불타는 남편은 잠깐 제정신이 아닌 상태인 것이다. 그런 사람이 어떻게 그의 권세를 올바르게 사용할 수 있겠는가?"[57] 그러므로 만일 마음속에 분노가 불타는 것을 느낀다면, 다른 사람을 책망할 준비가 전혀 되어 있지 않은 것이다. 그러므로 남편은 자기 아내를 책망하려고 하기 전에 먼저 하나님 앞에서 회개하여 그 불을 꺼야 한다. "노하기를 더디 하는 자는 크게 명철하여도 마음이 조급한 자는 어리석음을 나타내느니라"(잠 14:29). 그는 자신의 분노와 쓴 뿌리와 용서할

---

56 Whately, *A Bride-Bush*, 135.
57 Whately, *A Bride-Bush*, 136.

줄 모르는 옹졸한 마음과 씨름해야 한다. 그렇지 않으면 그러한 것들이 판단력의 수레바퀴를 막아 스스로 자신의 권세를 허물어뜨릴 것이다. 아내가 아무런 잘못도 하지 않았는데 가혹하게 책망하거나 자기 눈에 있는 들보는 보지 못하고 아내의 눈에 있는 티를 빼겠다고 날뛰는 등의 행동을 하면서 말이다(마 7:1-5).

규칙 2 남편은 아내가 기꺼이 책망을 받아들일 수 있는 때를 선택해야 한다. 그녀 역시 분노와 슬픔 등의 격한 감정에서 자유로운 때여야 한다. 분노 가운데 있는 남편이 올바르게 책망할 수 없는 것처럼 분노 가운데 있는 아내는 남편의 책망을 올바르게 받아들이지 못한다. 스쿠더는 이렇게 말한다. "아내를 책망하며 훈계할 때, 당신은 그렇게 하기에 적당한 때와 장소를 찾아야 한다. 당신 자신이나 당신의 아내가 격한 감정 가운데 있을 때는 안 된다. 왜냐하면 당신의 상태는 책망하기에 적합하지 않고, 당신 아내의 상태는 책망 받기에 적합하지 않기 때문이다. 사람들이 격한 감정 가운데 휩싸여 있을 때는 제정신이 아니다."[58]

그러면 아내가 남편의 책망을 받아들일 준비가 전혀 안 되어 있을 때, 남편은 어떻게 해야 하는가? 이에 대해 웨이틀리는 이렇게 조언한다. "두 사람이 어리석게 말하는 것보다 여자 혼자 말하도록 내버려두는 편이 더 낫다. 격한 감정의 소용돌이에 같이 휘말리는 것보다 아내 혼자 말하도록 내버려두는 편이 더 낫다. 솔로몬은 '노를 품는 자와 사귀지 말며 울분한 자와 동행하지 말라'고 말했다(잠 22:24-25). 그의 행

---

58 Scudder, 96-97.

위를 본받게 되기 때문이다."[59] 지혜는 남편이 아내를 책망하기에 적합한 때를 선택하도록 할 뿐만 아니라, 그들에게 아무 말도 하지 말아야 할 때도 가르쳐 준다. 지금 어떤 남편이 아내의 격앙된 감정까지도 받아 줄 준비가 되어 있다고 하자. 하지만 만일 그가 자신의 입술을 제대로 다스리지 못하는 미련한 자가 되고 싶지 않다면, 아내의 감정이 격앙되어 있는 동안 스스로를 오래 참음과 고요함 가운데 지켜야 한다. 웨이틀리는 이렇게 말한다. "세상의 모든 것들은 무엇이든 담기에 적합하게 되어 있다. 병은 술을 담기에 적합하며, 땅은 씨앗을 담기에 적합하며, 상자는 옷을 담기에 적합하며, 집은 손님을 담기에 적합하다. 그러므로 아내를 책망하거나 훈계하기에 앞서, 먼저 그녀의 마음이 그러한 가르침을 담기에 적합한지 주의해서 보라. 지금 그녀의 마음속에 그러한 것들을 담을 만한 공간이 있는지 주의해서 보라. 지금 그녀의 마음이 분노나 슬픔 같은 격한 감정 가운데 있지 않고 고요하며 평온한 상태에 있는지 주의해서 보라. 격한 감정 가운데 빠져 있는 사람은 모두 미련한 자가 된다. '미련한 자의 귀에 말하지 말지니 이는 그가 네 지혜로운 말을 업신여길 것임이니라'는 솔로몬의 말을 기억하라(잠 23:9)."[60]

남편은 또한 책망하기에 가장 좋은 장소를 선택해야 한다. 일반적으로 가장 좋은 장소는 은밀한 곳이다. 이와 관련하여 그리스도께서 직접 말씀하신 규칙을 들어 보라. "네 형제가 죄를 범하거든 가서 너와 그 사람과만 상대하여 권고하라"(마 18:15). 다른 사람들 앞에서 공개적으로 책망하는 경우와 은밀한 장소로 데려가서 조용하고 부드럽게 책망하는

---

59 Whately, *A Bride-Bush*, 142.
60 Whately, *A Bride-Bush*, 143-44.

경우를 비교해 보라. 그 효과는 비교조차 되지 않을 것이다(잠 16:21).

만일 남편이 다른 사람들 앞에서 아내를 책망한다면, 그녀는 그가 자신을 수치스럽게 만들었다고 생각하며 분개할 것이다. 그러나 만일 그가 그녀를 조용한 곳으로 데려간다면, 그녀는 훨씬 쉽게 자신의 잘못을 깨닫고 돌이킬 것이다. 왜냐하면 남편의 그러한 행동에서 그가 진심으로 자신의 명예를 지켜 주고 자신의 잘못을 일깨워 주고 싶어 한다는 사실이 분명하게 드러나기 때문이다. 암브로스는 이렇게 썼다. "만일 남편이 아내를 책망하고자 한다면, 그는 적당한 때가 올 때까지 기다려야 하며 다른 사람들 앞에서는 아내를 책망하지 말아야 한다. 그리고 사랑과 온유함의 영으로 말해야 한다."[61] 백스터 역시 이 주제와 관련하여 남편들에게 한 가지 규칙을 제시한다. "남편은 자신들의 문제가 다른 사람들에게 알려지지 않도록 주의를 기울여야 한다. 무엇보다도 아내를 책망하며 훈계하는 일은 대부분의 경우 은밀하게 행해야 한다."[62]

다섯째, 남편은 **온유함**으로 아내를 책망해야 한다. 우리는 앞에서 남편이 아내를 인도할 때, 온유함으로 해야 한다고 말했다. 그것은 아내를 책망할 때도 마찬가지이다. 책망의 내용과 태도 모두 온유함의 특징을 가져야 한다. **내용**과 관련하여서는, 모든 사소한 잘못들까지 샅샅이 찾지 않는 것에서 그의 온유함이 드러난다. 좁은 골목길에서 두 사람이 서로 어깨를 부딪치지 않고 지나가기란 매우 어려운 일이다. 그와 같이 결혼처럼 밀착된 관계에서는 서로 부딪치는 일이 많다. 이런 경우 사소한 마찰로 생긴 사소한 상처들은 대부분 스스로 고쳐지며, 쉽게 간과할 수 있다. 그러므로 만일 큰 잘못이 아니라면, 남편은 사랑하는 마음으로

---

61   Ambrose, 235.
62   Baxter, 154.

그것을 간과해야 한다(고전 13:7). 그럼에도 불구하고 아내를 책망해야 만 할 때, 남편은 가능한 한 그것을 피하고자 하는 마음을 가져야 한다 (애 3:33 참조). 웨이틀리는 이렇게 말한다. "어머니의 따뜻한 사랑이 자녀들의 사소한 잘못들을 간과하는 것처럼, 남편도 아내에게 그렇게 해야 한다. 아내의 모든 허물에 대하여 하나님께 기도하라. 그녀의 모든 덕을 인정해 주고 칭찬해 주어라. 그러나 사소한 허물과 약점은 간과하고, 책망하지 말라. 당신이 가능한 잘못을 보지 않고 책망하지 않으려고 할 때, 아내는 기꺼이 스스로를 살피며 스스로를 고치려고 할 것이다."[63]

또 **태도**와 관련하여서는, 자신의 책망이 온유함 가운데 행해지는지 살펴야 한다. 웨이틀리는 이렇게 말한다. "아내를 책망할 때 남편의 말투와 몸짓은 온유하며 부드러워야 한다. 요컨대 거기에는 짙은 사랑과 동정하는 마음이 배어 있어야 한다. 책망은 마치 반창고처럼 사용되어야 한다. 비난하는 마음이 아니라 사랑하는 마음으로 행해져야 한다. 아내를 책망해야만 하는 경우, 남편은 자신의 몸의 상처를 부드럽게 보듬는 것처럼 해야 한다. 책망은 그 자체가 소화하기 어려우므로 거기에 가혹함을 더해서 더 소화하기 어렵게 만들 필요는 없다."[64] 병자가 펄펄 끓는 뜨거운 탕약을 마실 수 있겠는가? 마찬가지로 아내가 귀를 찌르는 뜨거운 책망의 말, 다시 말해서 불타는 표정과 노려보는 눈과 위협하는 몸짓과 쓰라린 말을 감당할 수 있겠는가? 그런 책망은 그녀의 마음에 도달하지 못하고 도리어 정반대의 결과를 가져올 것이다. "온순한 혀는 곧 생명 나무이지만 패역한 혀는 마음을 상하게 하느니라"(잠 15:4). 스쿠더는 이렇게 말한다. "거칠고 뜨거운 책망의 말은 너무나 뜨거워 마

---

63   Whately, *A Bride-Bush*, 166-67.
64   Whately, *A Bride-Bush*, 167.

실 수 없는 탕약과 같다. 아내는 그것을 마시지 못하고 도리어 남편의 얼굴에 내뱉을 것이다."[65] 그러므로 아내를 책망해야만 한다면, 남편은 사랑과 온유함으로 해야 한다(잠 15:1-2; 16:23-24).

이제 두 청교도의 조언과 함께 본 장을 마무리하도록 하자. 첫 번째 청교도는 스틸이다. 그는 이렇게 조언한다.

> 남편은 아내가 잘못했을 때 그녀를 온유함으로 책망하여 자신의 사랑을 나타내야 한다. 실제로 그는 그녀의 많은 결함들을 간과해야 한다. 왜냐하면 "사랑은 허다한 죄를 덮기" 때문이다. 자주 사용하는 칼은 쉽게 무디어지는 법이다. 그와 같이 남편의 책망은 자주 반복될수록 그 효력이 약화된다. 그렇지만 꼭 필요한 때에 책망하지 않는 것도 아내를 사랑하는 것이 아니다. 그는 상상할 수 있는 모든 지혜와 온유함으로 그녀를 책망해야 한다. 그리고 그 전에 먼저 그녀가 잘한 것을 칭찬해 주어야 한다. 그러면 그의 책망은 이성的理性的인 책망이 될 것이다. 요컨대 그는 책망의 몰약에 온유함의 향유를 섞어야 한다. 만일 그가 아내에게 지나치게 뜨거운 탕약을 준다면, 그녀는 그것을 거의 마실 수 없을 것이다. 그러면 약효는 고사하고 도리어 부작용만 낳을 것이다. "하나님을 욕하고 죽으라"고 말하면서 남편을 날카롭게 공격한 욥의 아내를 생각해 보라(욥 2:9). 그에 대해 욥은 "그대의 말이 한 어리석은 여자의 말 같도다"라고 부드럽게 책망했다(10절). 이러한 온유한 책망은 얼마나 칭찬할 만하며 탄복할 만한가? 얼마 후 그녀가 제정신을 차리면, 그녀는 감사하는 마음으로 자신의 잘못을 고칠 것이다.[66]

---

65   Scudder, 96.
66   Steele, *Puritan Sermons*, 2:287.

스틸은 계속해서 말한다.

남편의 사랑은 그가 그의 권세를 온유함으로 사용할 때 효과적으로 나타
난다. 창세 때 하나님은 남자를 권세로 옷 입히셨으며, 그러한 권세의 옷
은 타락과 함께 벗겨지지 않았다(창 2:23; 3:16). 뿐만 아니라 그것은 자연
의 빛과 복음에 의해서도 확증된다(에 1:22; 고전 11:3). 교만하며 무지한
여자들 외에는 아무도 그것을 반박하지 않을 것이다. 남편의 사랑은 그러
한 권세를 지혜롭게 지키고 온유함으로 사용할 때 드러난다. 첫째, 남편은
경건하며 남자다운 행실로 자신의 권세를 지켜야 한다. 바로 이것이 그
의 권세를 지탱하는 가장 주된 버팀목이며 요새이다. 아내가 하나님을 경
외하지 않는 남편을 존경하기란 매우 어려운 일이다. 만일 남편의 행실이
가볍다면, 그의 아내도 그를 가볍게 여길 것이다. 만일 그가 나약하다면,
그의 아내도 그를 그렇게 취급할 것이다. 그는 진정으로 경건하며 남자다
워야 한다. 그럴 때 그의 권세가 유지되고 지켜질 것이다. 둘째, 남편은 모
든 온유함과 부드러움으로 그의 권세를 사용하여 자신의 사랑을 나타내
야 한다. 남편은 자신이 아내보다 우월한 위치에 있다 하더라도 그들의
영혼은 동등하며, 아내를 자신의 동반자로 여겨야 한다는 사실을 기억해
야 한다. 마치 왕이 그 백성들을 다스리는 것처럼 아내를 다스려서는 안
된다. 오직 머리가 몸을 다스리는 것처럼 해야 한다. 그는 아내가 자신의
머리나 발에서 나온 것이 아니라 자신의 옆구리에서 나온 것을 기억해야
한다. 그러므로 그의 표정은 부드러워야 하며, 그의 언어는 달콤해야 하
며, 그의 행실은 자상해야 하며, 그의 다스림은 절제되어야 하며, 그의 책
망은 온유해야 한다. 그는 비굴해서도 안 되고, 고압적이어서도 안 된다.
만일 그의 다스림이 지나치게 전제적專制的이라면, 그의 사랑은 파괴된다.
만일 그의 사랑이 무분별하게 표현된다면, 그의 왕권은 사라진다. 그렇게

되면 그는 하나님과 가정의 선善을 이룰 수 없다. 오만함과 무례함과 가혹함이 자신의 권세를 올바르게 지키고 사용하는 방법이라고 생각해서는 결코 안 된다. 성령께서는 "남편들아 아내를 사랑하며 괴롭게 하지 말라"고 분명하게 말씀하신다(골 3:19). 만일 지혜의 온유함조차 아내에게 효과가 없다면, 당신은 이 세상에서 아무런 희망이 없다. 더욱이 당신의 아내는 앞으로 올 세상에서 아무런 희망이 없다.[67]

두 번째 청교도는 웨이틀리이다. 그는 이렇게 조언한다.

오른쪽 눈과 왼쪽 눈을 동시에 사용해야 하는 것처럼, 남편은 격려의 의무와 책망의 의무를 동시에 행해야 한다. 남편은 아내의 잘못한 행동은 고쳐 주고, 잘한 행동은 칭찬해 주어야 한다. 악은 억제하고, 덕은 격려해야 한다. 하나님께서도 모든 정직함과 신실함은 격려하시고, 죄는 책망하시지 않는가? 그리스도 역시 말씀과 성령의 위로로 교회를 격려하시고, 필요할 때는 여러 가지 징벌로 교회를 징계하시지 않는가? 남편으로서 올바르게 다스리기 위해서는 하나님과 그리스도를 본받아야 한다. 그렇게 하지 않으면 아내와 함께 결코 평안하게 살지 못할 것이다. 도리어 자신의 삶과 아내의 삶 모두가 힘들어질 것이다. 왜냐하면 항상 책망하는 것은 항상 책망을 당하는 것 못지않게 힘든 일이기 때문이다. 남편이 아내의 잘못에 지친 나머지 의도적으로 왼쪽 눈과 왼쪽 손만 사용해서 제대로 보지 못하거나 제대로 느끼지 못하는 경우, 또는 남편이 아내가 행한 선에 대해 인정해 주거나 보상해 주지 않는 경우, 또는 남편이 아내가 행한 선을 볼 수 있는 여유가 없는 경우에 그들의 가정은 끝없는 불만으로 가

---

67 Steele, *Puritan Sermons*, 2:289-90.

득 찰 것이다. 그러면 남편은 사랑하기를 그칠 것이고, 아내의 사랑도 그칠 것이다. 이제 그는 범사에 무뚝뚝하고 퉁명스러운 사람이 될 것이며, 그의 아내는 선을 행하는 데 별로 마음을 두지 않을 것이다. 왜냐하면 선을 행한다고 해서 남편이 인정해 주거나 칭찬해 주지 않기 때문이다. 그리고 마침내는 자포자기의 마음으로 아무렇게나 행할 것이다. 왜냐하면 그녀가 선을 행하든지 악을 행하든지 어차피 남편은 늘 찌푸린 얼굴로 퉁명스럽게 말하기 때문이다. 그러면 그들의 결혼 생활에 단맛은 사라지고 쓴맛만 가득할 것이다. 결국 그들 사이에 사랑은 사라지고, 계속해서 불화와 불신과 불만과 반감만 남을 것이다. 그러므로 만일 행복한 결혼 생활을 하고 싶다면, 당신은 모든 종류의 선한 덕들을 보양保養하면서 은혜의 싹들이 마르지 않도록 계속 물을 주고 잘 돌봐야 한다. 당신은 아내로 인해 큰 유익을 누릴 수도 있고 큰 괴로움을 겪을 수도 있다. 그녀는 당신에게 위로를 줄 수 있을 뿐만 아니라 고통도 줄 수 있으며, 덕행을 보일 수 있을 뿐만 아니라 악행도 보일 수 있으며, 유익을 가져다줄 수 있을 뿐만 아니라 손실도 가져다줄 수 있다. 여기서 당신이 전자前者들을 극대화하고 후자後者들을 극소화할 수 있다는 사실을 기억하라. 가능한 좋은 것들을 더 많이 바라보고 더 많이 기억하라. 아내의 약점보다 장점을 더 많이 바라보라. 그녀의 허물을 책망하기보다 그녀의 선을 인정하고 더 많이 칭찬해 주어라. 달콤한 채소는 햇빛 속에서 가장 잘 자라는 법이다. 만일 남편이 아내 안에 있는 작은 선善의 싹을 보고 그것이 잘 자라도록 보양하며 물을 준다면, 틀림없이 그녀는 좋은 아내가 될 것이다.[68]

---

68 Whately, *A Bride-Bush*, 126-28.

연구 문제

1   남편들이 정당한 권세를 행사하는 데 실패하는 두 가지 주된 방식은 무엇인가?

2   남편의 권세가 청지기직이라는 것은 무엇을 의미하는가?

3   남편이 자신의 권세를 올바르게 지키고 존귀하게 사용하는 방법에 대해 윌리엄 웨이틀리가 적극적으로 제시한 조언은 무엇인가?

4   남편이 아내의 존귀를 지켜 주려면 어떤 잘못을 피해야 하는가?

5   남편의 권세의 목적은 무엇인가? 또 그러한 목적은 남편이 권세를 사용하는 데 어떤 영향을 끼치는가?

6   구지는 남편의 권세를 아내를 보호하기 위해 주어진 칼로 비유했다. 남편은 어떻게 그 칼을 떨어뜨릴 수 있는가? 남편은 어떻게 그 칼로 자기 아내를 "찌를" 수 있는가?

7   남편이 아내를 격앙시키거나 압제하지 않고 자신의 권세를 지혜롭게 사용하기 위해서 따라야 할 실제적인 지침들은 무엇인가?

8   아내를 지나칠 정도로 세세하게 통제하는 것에 대해 웨이틀리는 뭐라고 경고하는가?

9   잠언 31장 28-31을 읽으라. 이 구절이 남편의 의무에 대해 가르치는 바는 무엇인가? 그것이 아내와 가정과 사회에 중요한 이유는 무엇인가?

10 남편이 아내의 잘못을 어떻게 고쳐야 하는지 또 어떻게 고쳐서는 안 되는지에 대해 청교도들이 제시한 지침들을 요약해 보라. 서로의 잘못을 고쳐 주는 것을 통해 결혼 생활이 어떻게 변화되어야 하는지 말해 보라.

10장
맺는 말

우리는 이 책을 시작하면서 오늘날 우리 사회에서 결혼이란 신적 규례가 많은 공격을 받고 있으며, 그것을 본래의 자리로 회복시키기 위해서는 무엇인가를 해야만 한다고 지적했다. 그리고 그 문제를 해결하는 유일한 치료책은 성경에 계시된 하나님의 가르침으로 온전히 돌아가는 것이라고 우리의 확신을 표현했다. 하나님은 자신의 영광과 인간의 유익을 위해 결혼을 만드셨다. 그러므로 오직 그분만이 결혼에 존귀와 축복의 관을 씌우실 수 있으며, 결혼한 사람들을 그의 손에서 나오는 존귀와 풍성으로 이끄실 수 있다.

그러한 확신을 증명하기 위해, 우리는 계속해서 성경과 청교도들을 통해 하나님께서 창조의 한 부분으로서 결혼을 제정하셨고 결혼에 매우 특별한 존귀를 두셨다는 것을 보여 주었다. 그러고 나서 결혼의 다양한 목적들과 은택들을 묘사하고, 결혼이 단순히 존귀한 규례일 뿐만 아니라 풍성한 은택을 가진 흠모할 만한 규례라는 사실을 보여 주었다. 또 그와 같은 결혼의 존귀는 오직 결혼에 올바로 들어가야 얻을 수 있다고 설명했다. 사람은 주 안에서 결혼해야 한다. 다시 말해서 사람은 먼저 구원으로 그리스도와 연결되어야 하며, 그 후에 자신과 마찬가지로 그리스도와 연결된 다른 사람과 결혼해야 한다.

그러나 아무리 좋은 보화라도 금방 잃어버리면 소용이 없다. 영속적으로 누리는 보화가 참된 보화이다. 그래서 우리는 주 안에서 결혼하여 얻은 존귀는 결혼의 제반 의무들을 신실하게 이행함으로써 계속 유지되어야 한다고 설명했다. 결혼은 하나님 앞에서의 언약이며 의무가 따른다. 그러므로 결혼이 가져다주는 축복의 강은 오직 그러한 의무를 신실하게 이행하고자 애쓰는 사람들의 삶 속으로만 흘러간다. 그래서 우리는 많은 지면을 할애하여 아내의 의무들과 남편의 의무들과 두 사람 모두의 의무들을 설명했다. 이제 우리는 결혼하지 않은 사람들과 결혼한 사람들에게 몇 가지 결론적인 조언을 제시하고자 한다.

결혼하지 않은 사람들에게

결혼하지 않은 사람들 중에는 할 수만 있으면 당장이라도 결혼하고 싶어 하는 사람이 있는가 하면 결혼할 생각이 전혀 없는 사람도 있다. 특히 후자는 결혼을 위한 준비를 전혀 하지 않는다. 결혼을 통해 인생의 좋은 기초를 세울 수 있음에도 불구하고 그렇게 하지 않고 여러 가지 번민으로 스스로를 괴롭힌다. 우리는 당신이 가슴에 새길 필요가 있는 여섯 가지 지침들을 제시하고자 한다. 만일 이러한 지침들을 잘 따른다면, 당신은 존귀하게 결혼 속으로 들어갈 것이며 결혼 생활의 의무들을 위해 훌륭하게 준비될 것이다.

첫째, 데살로니가전서 4장 4절에 있는 바울의 훈계에 주의하라.[1] 바

---

1   Steele, *Puritan Sermons*, 2:299.

울은 독신으로 있을 때 그 행실을 거룩하고 존귀하게 하라고 훈계한다.[2] 결혼 생활에는 배우자와 성적으로 연합되는 특권이 포함되며(히 13:4; 잠 5:18-19), 이러한 특권은 정욕을 방지하는 역할을 한다(고전 7:2). 그러나 만일 당신이 독신일 때 정욕의 죄를 억제하는 방법을 배우지 않는다면, 당신의 결혼 침상은 그 죄를 불붙게 할 것이며 마침내 당신의 결혼 침상은 더럽혀질 것이다. 정욕에 사로잡힌 남자는 도무지 만족을 모르기 때문이다. 심지어 그의 아내와 더불어서도 마찬가지이다. 그런 남자에게 아내는 자신의 정욕을 만족시키는 도구 이상의 의미를 갖지 못한다. 그런 남자는 머지않아 아내에게 싫증을 느끼고 다른 여자를 찾게 된다. 그러므로 하나님이 결혼을 주신 이유는 정욕으로 가득 찬 마음을 정숙하게 만들기 위해서가 아니라, 정숙한 마음을 유지하며 만족시키기 위해서라는 사실을 이해해야 한다. 만일 당신이 결혼하기 전에 정욕을 따라 행한다면, 당신의 결혼은 결코 온전한 결혼이 되지 못할 것이다. 그러므로 당신을 정욕으로 이끄는 것들을 경계하라. 예컨대 저속한 친구들과의 교제, 자극적인 미디어, 게으름 등과 같은 것들 말이다. 그리고 위의 것을 생각하고 바라보며 정결한 생각과 열망을 계발하라(골 3:1-3; 빌 4:8). 참된 신자로서 그리스도의 정결한 신부처럼 행동하라(사 54:5). 그리고 그러한 정결함을 당신의 결혼 생활로 가져가라. 그러면 젊어서 취한 아내로 만족하면서 정결함을 지킬 수 있을 것이다.

둘째, 주님이 내게 좋고 적합한 배우자를 주실 때까지 기다리라. 조

---

2 한글개역개정판에는 "각각 거룩함과 존귀함으로 자기의 아내 대할 줄을 알고"라고 되어 있음. 참고로 흠정역은 "That every one of you should know how to possess his vessel in sanctification and honour"라고 되어 있음. -옮긴이 주

급함으로 성급하게 결혼 속으로 뛰어든 많은 사람들이 얻은 결과는 괴로움과 후회뿐이었다. 그들이 결혼한 배우자는 대부분 기대보다 훨씬 못 미치는 사람으로 드러났다. 그들이 좀 더 시간을 갖고 지혜로운 사람들의 조언을 참고하면서 상대의 믿음과 성품을 살폈더라면 얼마나 좋았겠는가? 주님이 좋은 배우자를 주실 때까지 기다릴 수 있도록 오래 참음의 은혜를 구하라. 그분은 당신이 충분하게 준비된 때와 당신에게 가장 적합한 상대를 아신다. 그러므로 자신을 그분의 선하시며 지혜로우신 섭리의 손에 맡기고, 그분께서 당신과 당신의 배우자를 이끄실 때까지 기다리라. 그리고 그때까지 다음의 두 가지 일에 전념하라. 먼저 주님께서 당신을 위해 준비하고 계시는 배우자를 위해 기도하라. 주님께서 그/그녀의 몸과 영혼을 거룩하게 하시기를 위해 기도하라. 그리고 다음으로 당신 자신이 좋은 배우자가 되기 위해 힘써 노력하라. 그리고 그렇게 하기 위해 은혜의 수단들을 부지런히 사용하라.

셋째, 때가 되면 당신은 배우자를 지혜롭게 선택해야 한다.[3] 만일 그리스도와 당신 사이의 관계가 견고하다면, 이것은 당신에게 가장 중요한 조언이 될 것이다. 결혼 생활에 수반되는 많은 고난들은 애초에 배우자를 지혜롭게 선택하면 충분히 피할 수 있다. 경건은 제일 마지막에 고려하고 재산, 아름다움, 호감 따위를 먼저 고려하는 사람들은 말 앞에 마차를 매는 꼴이다. 그들의 마차는 멀리 가지 못하고 약간의 시험과 위기를 만나면 곧 멈출 것이다. 당신의 감정이 외적인 유혹들에 기울어지지 않도록 해야 한다. 배우자를 선택할 때 경건을 첫 번째 기준으로 삼으라. 그게 바로 하나님을 인정하는 것이다. 그러면 하나님께서 당신의 선택을 인도하실 것이다. "너는 마음을 다하여 여호와를 신뢰하고

---

3   Whately, *A Care-Cloth*, 71 이하.

네 명철을 의지하지 말라 너는 범사에 그를 인정하라 그리하면 네 길을 지도하시리라"(잠 3:5-6). 만일 당신이 경건한 배우자를 선택한다면, 당신은 자신의 선택에 자부심을 갖게 될 것이다.

그러므로 당신은 하나님의 말씀과 은혜의 교훈을 굳게 붙잡는 그리스도인과 결혼해야 한다(고전 7:39). 경건하며, 선한 행실을 따라 살며, 성령의 열매를 맺으며, 주변 사람들이 경건한 사람이라고 인정하는 그런 그리스도인 말이다. 자기 부인의 은혜를 배운 그리스도인이라면 결혼 생활 속에서 기꺼이 당신을 사랑하며 섬길 준비가 되어 있을 것이다. 그리스도인은 그리스도의 충만 가운데 살며, 능력과 만족과 은혜를 위해 그리스도를 바라본다. 그리스도인은 결혼에 수반되는 의무들을 알고 그것을 신실하게 지킬 것이다. 그리스도인은 진심 어린 마음으로 성경의 교훈과 훈계와 책망에 주의를 기울이며, 결혼 생활 중에 행한 잘못들을 회개하며, 경건한 결혼을 위해 주어진 은혜들을 계발할 것이다. 그에게 불신자와 비교해서 부족한 것이나 결여된 것이 있을 수 있다. 그러나 그는 어떤 불신자도 갖지 못한 것을 가지고 있다. 그는 당신을 적극적으로 사랑하며, 매일같이 자기 자신에 대하여 죽고 하나님께 대하여 사는 은혜를 가지고 있다. 만일 어떤 그리스도인이 최고의 남편이나 아내가 되지 못한다면, 그것은 경건의 결여 때문이다. 이런 의미에서 웨이틀리는 그리스도인 배우자를 "고쳐질 수 있는" 배우자라고 불렀다.[4] 그/그녀 안에 믿음과 회개로 고칠 수 없는 것은 없기 때문이다.

넷째, 당신은 결혼을 현실적으로 바라봐야 한다. 많은 사람들이 결혼을 고통은 하나도 없고 오로지 행복만 가득한 상태로 잘못 상상한다. 그래서 그들은 결혼 생활에서 만나는 고통과 도전을 참을 수 없는 것으

---

4   Whately, *A Care-Cloth*, 72.

로 받아들인다. 앞에서 우리는 결혼이 존귀한 상태임을 논증했다. 또 주 안에서 결혼하고 그에 수반되는 의무를 신실하게 행하는 자들은 결혼의 존귀가 가져다주는 큰 축복과 행복과 기쁨을 진정으로 알게 된다고 단언했다. 그러나 결혼 생활에는 위로만 있는 게 아니라 십자가도 있으며, 기쁨만 있는 게 아니라 슬픔도 있다(고전 7:28). 레이너가 말한 것처럼, 결혼은 오직 단맛만 있는 순정 꿀이 아니라 그 안에 어느 정도의 쓴맛이 섞여 있는 혼합 꿀이다.[5] 그 이유는 단순하다. 남자와 여자가 결혼 속으로 가지고 갈 수 있는 모든 경건에도 불구하고 그들의 결혼 역시 "해 아래" 있기 때문이다. 그러므로 결혼 역시 다른 모든 지상의 것들과 마찬가지로 헛됨과 괴로움에 종속된다(전 1:13-14; 9:9). 다시 말해서 결혼은 현재의 때를 위한 지상의 규례이며, 그러므로 그것이 가져다주는 위로와 기쁨 속에는 지상의 것들에 필연적으로 따르는 십자가와 슬픔이 섞여 있다. 지상의 샘은 언젠가 마르는 법이다. 지상의 장미에는 항상 가시가 섞여 있으며, 지상의 낮은 항상 밤으로 바뀐다. 이것은 필연적이다. 그렇지 않으면 누가 하늘을 사모하겠는가? 만일 이생의 축복이 모든 고통에서 완전히 자유롭다면, 누구도 내생의 삶을 사모하지 않을 것이다. 그러므로 결혼 생활에 대해 현실적으로 생각하라.

다섯째, 결혼에 대한 현실적인 관점을 가지고, 죄로 인해 불가피하게 생길 고통에 대비하라.[6] 스스로에게 다음과 같이 말하라. "하나님께서는 내가 결혼하기를 원하시며, 나는 그의 뜻을 따라 살기를 원해. 그러나 동시에 하나님께서는 결혼 생활 속에 고통이 따른다고 미리 경고하시며, 나는 그의 말씀을 믿어. 나는 하나님의 도우심을 의지하면서 결혼

---

5   Reyner, 49.

6   Whately, *A Care-Cloth*, 74-78; Reyner, 49-72를 참조하라.

생활에 수반되는 고통을 고요한 마음으로 감당할 거야. 그리고 그러한 고통에 은혜로 응답하고, 그것을 그리스도 안에서 성장하는 데 도움이 되는 것으로 바라볼 거야. 나는 그를 바라보고 그를 의지하면서 그의 섭리 안에서 스스로를 위로할 거야. 오직 그럴 때에만 비로소 나는 그의 축복을 확신할 수 있어." 성경의 빛 안에서 스스로에게 이렇게 말하는 사람은 결코 결혼 생활에 수반되는 십자가에 아연실색하지 않을 것이다. 그리고 그것을 하나님의 영광과 자기 자신의 유익을 위해 선용할 것이다.

마지막으로, 결혼이 결코 가벼운 일이 아니라는 사실을 확신하라. 당신의 손에는 곧 다양한 의무들이 가득할 것이다. 먼저 당신의 마음을 하나님의 은혜로 채우고 당신의 생각을 하나님의 지혜로 채우지 않는다면, 그것은 매우 무겁게 느껴질 것이다.[7] 당신은 아내와 자녀들을 하나님의 길로 이끌며 올바로 다스릴 수 있는 은혜를 가지고 있는가? 당신은 남편의 권세에 복종하며 주 안에서 자녀를 양육할 수 있는 은혜를 가지고 있는가? 당신은 먼저 그리스도로부터 이러한 은혜들을 받고 그것을 효과적으로 계발해야 한다. 그렇지 않으면 결혼은 당신에게 훨씬 더 큰 대가를 요구할 것이다. 그리고 당신이 기대했던 것보다 훨씬 더 작은 만족과 행복만을 가져다줄 것이다. 웨이틀리는 이렇게 말한다. "짧은 막대기로 큰 도랑을 뛰어넘는 사람은 중간에 떨어지고 말 것이다. 마찬가지로 은혜 없이 결혼 속으로 들어가는 사람은 고통과 번민의 수렁에 빠질 것이다."[8] 그러므로 결혼이 요구하는 것을 위해 스스로를 준비하라. 자신의 무력함을 깨닫고, 그리스도의 충만 가운데 사는 법을 배우

---

7   Whately, *A Bride-Bush*, 216-17.
8   Whately, *A Bride-Bush*, 217.

라. 오직 그의 은혜만이 결혼의 의무들을 올바로 행하게 하고 또 결혼의 행복을 온전히 누릴 수 있게 해준다는 사실을 깨달으라. 그때 비로소 당신은 하나님을 경외하는 가운데 당신의 의무를 분명하게 인식하고, 하나님의 영광을 위해 그것을 이행하겠다고 확고히 결심하게 될 것이다. 그리고 당신의 결혼 언약에 진정으로 동의할 수 있게 될 것이다.[9]

결혼한 사람들에게

하나님의 부요하시고 풍성하신 은혜로 인해 그리스도 안에서 결혼한 사람들은 자신이 가장 복된 상태 가운데 있음을 발견한다. 왜냐하면 그들은 그리스도와 교회 사이의 관계를 나타내기 위해 하나님이 직접 제정하신 규례 안에 있기 때문이다. 그러한 규례 속에서 그들은 충족한 은혜와 만날 뿐만 아니라, 그러한 은혜를 전적으로 의지하라는 높은 부르심과도 만난다. 만일 당신이 결혼으로 하나님을 존귀케 하기로 결심했다면, 다음과 같은 여섯 가지 지침에 주의할 필요가 있다. 만일 그렇게 한다면, 당신은 결혼의 존귀를 지킬 수 있을 뿐만 아니라 마지막까지 후회와 부끄러움 없이 큰 기쁨과 평안으로 당신의 결혼 생활을 유지할 수 있을 것이다.

첫째, 당신의 결혼에 대해 하나님께 감사하라. 만일 당신이 복되고 사랑스러운 배우자와 함께 산다면, 당신은 누구에게 감사의 빚을 진 것인가? 하나님 아닌가? 만일 당신이 결혼 생활에서 다른 사람들에 비해 상대적으로 많은 위로와 적은 고통을 경험한다면, 하나님께 감사해야 마땅하지 않겠는가? 만일 당신의 배우자가 기꺼이 당신을 섬길 준비가 되어 있으며, 기꺼이 회개하고 고칠 준비가 되어 있으며, 기꺼이 선을

---

9   Baxter, 47.

위해 모든 어려움까지도 선용할 준비가 되어 있다면, 당신은 그런 배우자를 주신 분께 감사하지 않겠는가(잠 18:22; 19:14)? 만일 당신을 사랑하며 기쁘게 하며 격려하며 돕는 배우자가 있다면, 당신은 그런 배우자를 주신 하나님께 감사와 찬미를 돌리지 않겠는가? 우리는 감사하지 않아서 주님의 축복을 잃는다. 진실로 주님의 축복은 십자가의 공로에서 흘러나오며, 그렇기 때문에 결코 마르지 않는다. 그러나 우리가 감사하는 걸 잊을 때, 주님은 우리에게 감사를 가르치기 위해 축복을 거두신다. 그러므로 당신의 행복한 결혼에 대해 하나님께 감사하라. 당신의 입술을 그에 대한 찬미로 채우라. 온갖 좋은 은사와 온전한 선물을 주시는 자에게 전심으로 감사하라(약 1:17).

둘째, 당신의 마음을 당신의 배우자에게 충분히 고정하라. 배우자가 아닌 다른 곳으로 마음을 돌리게 하는 유혹이 많이 있을 것이다. 마귀는 그리스도와 그의 신부를 나눌 수 없는 대신 남편과 아내를 나누려고 애를 쓴다. 그리스도의 결혼의 영광을 훼손할 목적으로 말이다. 그러므로 당신은 배우자를 충분히 사랑함으로써 그러한 유혹들에 맞서야 한다. 만일 당신이 배우자를 충분히 사랑한다면, 갑자기 솟아오르는 분노를 좀 더 잘 참을 수 있을 것이며 상대의 잘못을 좀 더 기꺼이 용서할 수 있을 것이다. 그리고 상대의 단점보다 장점을 더 빨리 볼 것이며, 상대의 의무보다 자신의 의무에 더 큰 관심을 기울일 것이다.

그러나 고정되지 않은 마음은 사람을 "담장 위에" 올려놓는다. 그러면 그는 상대의 동기動機와 행동에 의심을 품으며, 부당한 취급을 받았다고 분개하며, 필요한 경우에는 복수할 생각까지도 하게 된다. 그러므로 당신은 당신의 마음을 배우자에게 충분히 고정시켜야 한다. 그러면 당신은 배우자에게 모든 선을 행하고 모든 악에서 스스로를 지킬 수 있을 것이다. 바로 이것이 행복한 결혼을 위한 튼튼한 기초이다.

셋째, 결혼의 의무들을 철저히 숙지하고, 그리스도를 위해 그 의무들에 진정으로 헌신하라.[10] 당신이 결혼의 의무들을 성실하게 지켜야 하는 이유는 그 의무들이 본질적으로 하나님과의 약속이기 때문이다. 그러한 의무들을 당신의 어깨 위에 올려놓으신 분이 바로 하나님이시다. 그러므로 당신은 그것을 하나님의 명령으로 받아들이고, 그것에 헌신하기로 결심하라. 그럼에도 불구하고 너무나 많은 남편들이 자신의 의무에 착념하기보다 자기 아내의 의무에 착념한다. 마찬가지로 너무나 많은 아내들이 자신의 의무에 착념하기보다 자기 남편의 의무에 착념한다. 그로 인해 그들 모두 자신의 의무를 다 지키지 못하고, 그들 사이에 자기중심과 다툼과 불평이 끊이지 않는다. 그러므로 배우자의 의무보다 당신 자신의 의무에 더 주의를 기울이라.

당신의 의무를 아는 것만으로는 충분하지 않다. 아는 것에 실천을 더하라. 만일 당신이 당신의 의무에 신실하게 헌신하지 않는다면, 당신은 하나님을 기쁘게 할 수도 없고 배우자에게 축복이 될 수도 없다. 당신의 의무를 발로 차는 것은 하나님을 대적하는 일이며, 이는 당신 자신과 배우자 모두에게 말할 수 없는 고통을 가져다준다. 마찬가지로 의무의 멍에를 신실하게 메지 않으면 결혼의 축복과 존귀를 알 수 없다. 하나님의 축복과 존귀를 누리는 것이 무엇인가? 두 죄인이 한 지붕 아래서 고요하게 살며 한 침대 안에서 고요하게 잠자는 결혼 생활을 성령 안에서 이루어지는 거룩하며 복된 기독교적 결혼 생활과 비교할 수 있는가? 그리스도의 축복이 머물며 하나님이 영광과 존귀를 받으시는 그런 결혼 생활 말이다. 그러므로 당신의 의무를 잘 숙지하고, 그것에 충분하게 헌신하라. 그러면 당신에게 그러한 의무를 지우신 하나님이 당신의 마음

---

10 Steele, *Puritan Sermons*, 2:301.

을 은혜로 채우셔서 그것을 잘 성취할 수 있도록 도우실 것이다.

넷째, 배우자의 잘못보다 당신 자신의 잘못을 먼저 주목하고 고치라. 너무나 많은 남편들과 아내들이 자신의 의무보다 배우자의 의무에 더 착념하는 것처럼, 그들은 또한 자신의 잘못보다 배우자의 잘못을 먼저 주목한다. 그들은 배우자의 잘못에 대해 불평하면서 정작 자신의 잘못은 보지 못한다. 웨이틀리는 이런 경우 남편들과 아내들이 서로에게 "나쁜 주인"이 된다고 말한다.[11] 자신이 주어야 할 급료에 대해서는 무관심한 채 일꾼들이 열심히 일하지 않는다고 불평만 하는 주인 말이다. 그러면서 그는 이렇게 마무리한다. "이것은 얼마나 어리석은 일인가? 당신을 그리스도인이라고 증명하고, 당신을 시험 가운데 위로하고, 당신을 죽음 앞에서 기쁘게 하고, 당신을 심판 자리에서 견고히 서게 하는 것은 상대에게 의무 이행을 요구하는 태도가 아니라 자신의 의무를 알고 그것을 신실하게 이행하는 태도라는 사실을 깨달으라."[12]

다섯째, 결혼 생활을 하면서 가능한 한 많은 고난들을 막으라.[13] 아래의 다섯 가지 지침이 도움이 될 것이다.

1. 하나님을 경외하고 그의 길로 행하라. 왜냐하면 하나님의 축복은 항상 그를 경외하며 그의 계명을 따라 행하는 자들에게 임하기 때문이다(잠 14:27: 22:4). 바울의 말처럼 경건이 범사에 유익하다면, 결혼에 있어서도 그러할 것이다(딤전 4:8). 경건은 당신에게 하나님의 축복을 가져다줄 수밖에 없다. 우리에게 고난을 허락하시는 하나님의 통상적인 목적이 무엇인지 생각해 보라. 그것은 우리가 죄를 회개하고 거룩함 가

---

11   Whately, *A Bride-Bush*, 218.
12   Whately, *A Bride-Bush*, 219.
13   Whately, *A Care-Cloth*, 77-85.

운데 그분께 더 가까이 나아가도록 하기 위함이다. 그러므로 하나님을 경외하면 결혼 생활에서 많은 불필요한 고난들이 사라질 것이다. 경건이 고난의 기회를 제거하기 때문이다.

2. 가족들에게 하나님을 경외하는 법을 가르치라. 만일 당신이 경건한 교훈과 모범으로 자녀들에게 하나님 경외하는 법을 힘써 가르친다면, 거의 틀림없이 그들은 성령의 은혜로 가정에 많은 행복을 가져다 줄 것이다. 하나님을 경외하며 그분께 순종하는 법을 배움으로써 그들은 또한 당신에게 순종하며 당신을 존귀케 하는 법을 배울 것이다. 설령 당신의 자녀들이 당신의 가르침을 배척하며 당신의 모범을 무시하며 하나님의 길을 거스르는 걸 선택한다 하더라도, 최소한 당신의 양심은 당신의 의무와 관련하여 거리낌이 없을 것이다. 당신이 당신의 의무에 신실하게 헌신하면, 소망 가운데 주님께 뜨겁게 기도할 수 있는 훌륭한 근거를 얻을 것이다. 그리고 주님은 마침내 풍성한 열매를 거두게 하실 것이다.

3. 자주 함께 기도하고 서로를 위해 기도하라. 함께 기도하고 서로를 위해 기도하면 하나님과의 교제가 유지되고 결혼의 고난과 시험에서 당신을 지킬 수 있다. 많은 부부들이 미래의 어려움을 막아 주는 최고의 안전장치는 은행 계좌에 가득한 충분한 돈이라고 생각한다. 그러나 미래의 어려움이 돈으로 대체될 수 없는 것이라면 어떻게 하겠는가? 당신을 모든 어려움으로부터 지켜 주는 최고의 안전장치는 주님 안에 있다. 당신이 직면한 시험에 필요한 능력이 그분 안에 있다. 당신이 고난에 올바르게 대처하기 위해 필요한 은혜가 그분 안에 있다. 하나님과의 활발한 교제가 결혼의 시험들을 막아 주지는 않을 것이다. 그러나 당신이 시험들을 올바른 방식으로 대처하는 데 큰 힘이 될 것이다.

4. 당신의 마음은 세상을 삼가게 하고, 당신의 손은 세상에서 부지런

하게 하라. 당신이 세상에 속한 것들을 느슨하게 붙잡아야 하는 이유는 그것이 속히 지나가기 때문이다. 그것이 당신을 떠나거나, 아니면 당신이 죽어서 그것을 떠날 것이다. 이 세상에 속한 것들에 맹목적으로 마음을 두어서는 안 된다. 그것이 가져다주는 축복과 행복 때문에 그것을 사랑할 수는 있지만, 하나님이 당신의 소유所有로 주신 것은 그의 아들밖에 없다는 사실을 한순간도 잊어서는 안 된다. 당신이 가진 모든 것은 빌린 것이다. 그는 자신이 준 것을 언제든 되돌려 받으실 수 있다. 만일 그가 보실 때 어떤 것이 당신에게 없는 게 좋다면, 그는 거의 틀림없이 그것을 당신에게 주시지 않을 것이다. 땅의 것들에 대해 삼가는 마음을 가질 때, 당신은 그것들과 훨씬 더 쉽게 떨어질 수 있을 것이다. 그것들이 당신에게서 떠나든 당신이 그것들에게서 떠나든 상관없이 말이다. 그때 당신은 바울처럼 이렇게 말할 수 있을 것이다. "내가 궁핍하므로 말하는 것이 아니니라 어떠한 형편에든지 나는 자족하기를 배웠노니 나는 비천에 처할 줄도 알고 풍부에 처할 줄도 알아 모든 일 곧 배부름과 배고픔과 풍부와 궁핍에도 처할 줄 아는 일체의 비결을 배웠노라"(빌 4:11-12).

만일 삼가는 마음이 모든 상황에 만족함을 가져다준다면, 부지런한 손은 모든 상황에 풍족함을 가져다준다. 성경과 경험 모두 게으름과 태만이 우리에게 많은 고난을 가져다준다고 가르친다. "게으른 자는 마음으로 원하여도 얻지 못하나 부지런한 자의 마음은 풍족함을 얻느니라"(잠 13:4). 만일 어떤 남자가 이러한 게으름을 그대로 가지고 결혼한다면, 많은 고난이 생길 것이다. 부지런함은 게으름이 불러들이는 많은 불필요한 고난을 막는다. 그러므로 범사에 부지런한 손을 가지라. 그러면 당신은 수고의 열매와 주님의 축복을 누리게 될 것이다(잠 10:4; 벧후 3:14).

5. 결혼 생활에 고난이 올 때 오래 참음으로 인내하라. 당신과 당신의 가정이 하나님을 경외하며 주님 앞에서 행한다고 하자. 또 당신이 자녀들에게 하나님을 경외하는 법을 가르치며, 배우자와 함께 기도하며, 하나님과 교제하는 가운데 세상을 삼가는 마음과 부지런한 손을 가지고 산다고 하자. 그렇다면 당신이 결혼 생활 가운데 만나는 고난 앞에서 낙망할 까닭이 무엇이란 말인가? 당신이 모든 희망을 포기하고 절망에 빠질 단 하나의 이유라도 있는가? 도대체 무엇 때문에 당신이 주 안에 있는 기쁨을 모두 빼앗긴 채 슬픔에 압도되어야 한단 말인가? 그러한 고난을 허락하신 분 역시 하나님이지 않은가? 하나님께서는 당신에게 가장 좋은 것이 무엇인지 아시지 않는가? 당신이 그러한 고난을 감당하기에 그의 은혜가 족하지 않단 말인가? 당신은 그러한 고난을 오래 참음으로 견뎌야 한다. 고난을 올바로 바라보게 하고 고난을 유익으로 바꾸고 고난을 통해 그를 찬미하게 하는 은혜를 구하며 그를 기다려야 한다.

마지막으로, 당신의 배우자와 분리될 때를 바라보라.[14] 당신과 당신의 아내가 부부로 함께 사는 시간은 짧을 수밖에 없다. 왜냐하면 인생 자체가 "잠깐 보이다가 없어지는 안개"와 같기 때문이다(약 4:14; 욥 14:1). 스쿠더는 이러한 관점이 세월을 아끼도록 만든다고 말하면서 이렇게 덧붙인다. "할 수 있는 동안 서로를 즐거워하며, 서로에게 선을 행하라. 그렇지 않으면 하나님이 그들에게 주신 좋은 기회를 놓치고, 혼자 남은 배우자의 마음에 큰 슬픔이 남을 것이다."[15]

그러므로 당신은 결혼의 끝이 곧 온다는 사실을 항상 기억해야 한다. 죽음이 서로를 분리할 때 당신은 배우자를 어떻게 대했는지 하나님께

---

14   Baxter, 47-48.
15   Scudder, 108.

보고해야만 한다. 당신과 배우자 모두 죽음으로 가는 길을 따라 여행하고 있으며, 두 사람 모두 조만간 더 이상 결혼이 존재하지 않는 영원한 상태 속으로 들어갈 것이다. "부활 때에는 장가도 아니 가고 시집도 아니 가고 하늘에 있는 천사들과 같으니라"(마 22:30). 당신은 조만간 하나님 앞에 서서 당신의 결혼 서약에 대해 대답하게 될 것이다. 당신은 조만간 결혼 생활의 의무와 관련하여 심판을 받게 될 것이다. 당신은 조만간 당신이 가졌던 큰 특권 즉, 결혼을 통해 그리스도와 교회 사이의 관계를 세상에 나타내는 특권에 대해 설명하게 될 것이다. 당신이 남편으로서 혹은 아내로서 서로 도우며 살았는지 보라. 당신과 배우자가 한 몸으로 서로 섬기며 지지해 주었는지 보라. 당신의 영혼의 유익을 위해 믿음으로 그리스도를 굳게 붙잡으라. 당신의 부르심의 유익을 위해 서로를 전심으로 사랑하라. 당신의 양심의 유익을 위해 서로를 신실하게 섬기라. 웨이틀리가 말한 것처럼 "오직 그럴 때에만 당신의 사랑은 확실해지고, 당신의 마음은 편안해지고, 당신의 모범은 칭찬할 만한 것이 되고, 당신의 집은 평안해지고, 당신의 자아는 즐거움으로 넘치고, 당신의 삶은 기쁨으로 가득해지고, 당신의 죽음은 복된 것이 되고, 당신의 기억은 영원히 행복한 것이 될 것이다."[16]

결론

지금까지 우리는 17세기 영국 청교도들의 관점을 중심으로 결혼에 대해 살펴보았다. 분명 많은 사람들이 이 책이 제시하는 표준이 너무 높다고 느낄 것이다. 그래서 자신의 결혼이 실패했다고 느끼거나 혹은 결혼 속으로 들어가는 걸 주저할 것이다. 그러나 다음의 내용을 고려하라.

---

16 Whately, *A Bride-Bush*, 220.

첫째, 우리는 결혼에 대한 성경의 교훈과 관련하여 어느 누구도 청교도들보다 더 포괄적이며 실제적인 관점을 제시하지 못했다고 확신한다. 우리가 기독교적 결혼에 대하여 위의 이상理想을 제시하는 이유는 그것이 "청교도들의 관점"이기 때문이 아니라 청교도들이 성경의 관점을 분명하게 보여 주었기 때문이다. 청교도들은 교회의 개혁이 활발하게 이루어지던 시기에 살았다. 그때 교회는 특별한 질문들에 대답해야 할 절대적인 필요 가운데 있었다. 하나님께 기도하며 성경을 참조하면서, 청교도 목회자들은 그러한 질문들에 분명하게 대답하고자 했다. 결혼이란 주제에 이르렀을 때, 그들은 모든 관심 영역을 다루면서 성경의 빛과 진리로부터 그와 관련한 모든 의무들을 요약하고 설명하고자 했다. 성경적인 결혼에 대해 그들이 제시한 것은 너무나 본질적인 것이어서 시대와 장소를 초월한다. 그러므로 오늘날 우리는 그들이 제시한 것에 새롭게 귀를 기울일 필요가 있다.

우리는 단순히 "결혼에 대한 청교도적 관점"을 제시하지 않고, 그들의 저작물들에서 성경에 기초한 결혼관을 추출하여 정리하고자 노력했다. 그러므로 우리는 결혼에 대한 성경의 관점을 새롭게 붙잡아야 할 필요가 있다는 이 시대의 요구에 이 책이 효과적으로 부응할 것이라고 믿는다. 우리는 이미 너무나 많은 기초를 잃었다. 오늘날 대부분의 사람들은 분명한 결혼관 없이 결혼한다. 그들은 결혼에 수반되는 의무들에 대해 무지하며 무관심하다. 또 오직 주 안에서 결혼하고 결혼 생활을 할 때 얻을 수 있고, 누릴 수 있고, 유지할 수 있는 하나님의 축복과 존귀에 대해 무지한 상태로 결혼한다. 이 책에 요약된 원리들을 자신의 결혼 생활에 적용하고자 노력하는 사람들은 틀림없이 기독교적 결혼에 속하는 많은 축복들을 풍성하게 누리게 될 것이다.

둘째, 당신의 결혼이 이 책이 제시하는 원리들에 미치지 못한다고 생각하며 낙망할 필요가 없다. 이 책이 제시하는 원리들은 결혼에 대한 성경의 이상理想이다. 그것을 낮추는 것은 우리에게 아무런 유익을 가져다주지 못할 뿐만 아니라 도리어 큰 해를 끼칠 것이다. 양심의 평안과 유익을 위해 그것을 굳게 붙잡으라. 그리고 당신의 결혼이 그러한 이상에 미치지 못한다고 느끼는 그 마음이 그리스도를 바라보도록 이끌 것이다. 그리스도 안에 당신의 허물을 위한 사하심과, 당신의 부르심을 위한 은혜와, 그를 기쁘게 하고자 하는 당신의 진지한 노력을 위한 상급이 있다. 사랑하는 신자여, 당신은 이미 구원받아 그리스도 안에 감추어져 있다는 사실을 잊지 말라. 당신의 의인 됨을 위한 그의 순종의 공로를 바라보라. 그러면 당신을 거룩하게 하는 성령의 역사도 바라볼 수 있게 될 것이다(빌 2:12-13; 살전 5:23-24).

우리는 다니엘 로저스가 그의 책『결혼의 존귀』를 마무리하면서 제시한 조언으로 이 책을 끝내려고 한다. 그는 사람이 어떻게 결혼의 존귀를 얻고 또 유지할 수 있는지에 대해 다뤘는데, 그것은 또한 우리의 책 전체를 가로지르는 주제이기도 하다. 부디 당신이 그의 조언을 통해 신실한 결혼 생활을 가능케 하시는 하나님을 보게 되기를 바란다.

일부 독자讀者들은 자신의 결혼이 이 책에 서술된 바에 크게 못 미친다고 생각하며 낙망할 수 있다. 당신의 그러한 허물에 대해 주님께 긍휼을 구하라. 그러면 주님은 당신의 허물은 작게 보시고 당신의 정직한 노력은 크게 보실 것이다.

하나님이여 도우소서! 이 책이 제시하는 기준은 대부분의 사람들의 실제적인 모습보다 훨씬 더 높나이다. 우리는 가련하고 부족하며 불충분하나이다. 그러나 우리는 고의적으로 거스르지는 않나이다. 비록 보잘것없는 노력이라도, 하나님은 우리의 노력을 받으실 것이나이다. 주여, 당신이 가르치시고 명하신 대로 행할 수 있는 능력을 주옵소서!

주여, 말씀하옵소서. 주께서 말씀하시는 것을 우리가 가감 없이 듣겠나이다. 비록 둔한 귀와 둔한 마음으로 인해 애통하지만, 당신의 종들은 기꺼이 듣고 순종하기를 갈망하나이다. 우리의 것을 보지 마옵소서. 그것은 악하나이다. 우리 안에 있는 당신의 것을 보옵소서. 그것은 선하며 보배롭나이다![17]

---

17 Rogers, 299.

연구 문제

1   결혼하기를 바라는 사람들은 다음의 것을 어떻게 계발할 수 있는가?

· 성적 순결

· 인내와 하나님의 뜻으로 만족하기

· 좋은 배우자를 선택하는 분별력

· 결혼 생활에 수반되는 어려움을 감당할 준비

2   결혼한 사람들은 다음의 것을 어떻게 계발할 수 있는가?

· 배우자에 대한 감사와 애정

· 배우자보다 스스로에 대해 더 엄격한 겸손

· 가족들과 함께하는 기도와 성경공부와 예배

· 세상 것들에 대한 절제와 고난에 대한 오래 참음

3   "자신의 의무를 아는 것에 실천을 더하는" 게 중요한 이유는 무엇인가? 만일 당신이 이 책을 읽고 아무것도 실천하지 않는다면, 무슨 일이 일어날까?

4   결혼의 특별한 의무 세 가지는 무엇인가? 당신은 그 가운데 어느 것을 먼저 실천하려고 노력할 것인가?

5   우리는 결혼에 대한 성경의 높은 이상으로 인해 낙심할 수 있다. 그럴 때 우리는 어떻게 대응해야 하는가?

남편과 아내를 위한
조지 스윈녹의 기도

조지 스윈녹은 그의 유명한 책 『그리스도인의 부르심*The Christian Man's Calling*』에서 부부의 상호 의무와 아내의 의무와 남편의 의무를 다루는 각각의 장章을 매우 긴 기도와 함께 끝마친다. 그 기도는 매우 장황하고 다소 기묘하기도 하다. 그러나 여기에 그것을 부록으로 싣는 이유는 많은 남편과 아내에게 큰 도움을 줄 수 있기 때문이다. 이 기도는 틀림없이 그들이 각자의 의무를 위해 더욱 힘써 기도하도록 고무하고 격려할 것이다.

부부의 상호 의무를 위한 기도

모든 관계들을 인도하시는 주여, 부디 우리에게 부부 관계에 합당한 마음을 허락하소서. 부부 관계인 우리의 전체적인 행실이 주 예수와 결혼한 그리스도인답게 하소서. 우리가 아브라함과 사라처럼 믿음으로 유명한 사람이 되게 하소서. 이삭과 리브가처럼 가장 애틋한 사랑으로 함께 살게 하소서. 사가랴와 엘리사벳처럼 주의 모든 계명과 규례대로 흠 없이 행하게 하소서 우리가 인생행로의 동반자로서 영생으로 가는 길을 더 즐겁게 걸어가게 하소서.

결혼이 아버지께서 낙원에서 친히 제정하시고, 아들이 가나의 혼인 잔치에 참석하여 확증하시고, 성령이 그의 영광스러운 빛으로 인 치신 신적 규례임을 생각할 때, 우리는 우리의 부부 관계가 풍성한 위로로 채워지기를 바라나이다. 우리는 하나님으로 인해 우리의 부부 관계를 소중히 여기나이다. 우리의 부족하고 거룩하지 못한 행실이 결코 결혼을 손상시키거나 혹은 더럽히지 못한다는 것을 믿나이다. 왕에 의해 존귀함을 입은 자들은, 만일 그들이 정직한 자들이라면, 자기 자리에서 왕을 존귀케 하기를 추구할 것이나이다. 아, 그러나 우리는 얼마나 다르게 행동하나이까? 주여, 당신은 우리를 존귀케 하셨나이다. 부디 우리도 당신을 존귀케 하게 하소서. 우리가 당신의 영광을 가리지 않게 하소서. 설령 어떤 사람들이 당신에 의해 존귀함을 입었음에도 불구하고 당신을 발로 밟고, 당신으로부터 많은 도움을 받았음에도 불구하고 당신을 모독한다 하더라도, 부디 우리는 그렇게 하지 않게 지키소서. 당신의 선하심으로 말미암아 우리가 당신의 영광을 더욱 높이게 하소서. 당신의 거룩하심처럼 우리도 거룩하게 하소서. 우리를 부부로 부르신 당신은 범사에 거룩하시나이다.

우리는 서로의 허물을 생각하면서 서로에게 더 큰 신실함으로 행하기를 원하나이다. 죽음이 다음으로 쏘는 화살이 우리 중 어느 한 사람에게 맞을 수 있으며, 그럴 때 우리의 관계는 종결될 것이나이다. 지금은 즐거운 마음으로 함께 인생행로를 걸어가지만, 이는 조만간 끝나고 다시 회복되지 못할 것이나이다. 그러면 우리는 서로의 영혼을 유익하게 하며 서로의 구원을 진척시켜줄 수 있는 기회를 더 이상 가질 수 없게 될 것이나이다. 그것을 생각할 때 우리는 지금 서로를 위해 더 뜨겁게 그리고 더 자주 기도해야겠다는 마음을 갖게 되나이다. 왜냐하면 조만간 우리가 서로를 위해 기도해 줄 수 없는 때가 올 것이기 때문이나이다. 또 우리는 지금 더 진지하며 간절한 마음으로 서로에게 조언하며 훈계해야겠다는 마음을 갖게 되나이다. 왜냐하면 조만간 그렇게 할 수 없는 날이 올 것이기 때문이나이다. 또 우리는 지금 더 열심히 각자의 자리에서 우리를 세상에 보내신 자의 일을 해야겠다는 마음을 갖게 되나이다. 왜냐하면 조만간 일할 수 없는 밤이 올 것이기 때문이나이다. 주여, 우리로 하여금 우리의 죽음에 대해 깊이 생각하게 하소서. 그럴 때 우리는 우리의 의무를 좀 더 신실하게 이행할 수 있게 될 것이나이다. 당신의 영광과 우리의 영원한 평안을 위해 할 수 있는 일은 무엇이든, 우리가 힘을 다해 하게 하옵소서. 왜냐하면 우리가 조만간 가게 될 무덤 안에는 지식도 없고, 지혜도 없고, 계획도 없을 것이기 때문이나이다.

우리 두 사람이 하나님과 천사들과 사람들 앞에서 엄숙하게 맺은 언약이 유대인들이 하나님과 맺었던 "잊을 수 없는 영원한 언약"처럼 되게 하소서(렘 50:5). 만일 우리가 하나님을 잊고 그의 언약을 배반한다면, 하나님은 반드시 그것을 찾아내실 것이나이다. 왜냐하면 하나님은 우리 마음의 은밀한 것을 아시기 때문이나이다. 어째서 우리가 정부情夫처럼 굳은 약속을 하고는 죽음의 사자가 우리를 붙잡아 지옥에 던질 때까지 그 약속에 대해 신경조차 쓰지 않겠나이까? 어째서 우리가 음녀淫女처럼 하나님의 언약을 잊고 스스로를 파멸로 이끌겠나이까? 만일 사람의 언약을 깨뜨리는 것이 하늘로부터 보응을 부르는 위험한 일이라면, 하물며 하나님의 언약을 깨뜨리는 것은 얼마나 두려운 일이겠나이까? 하나님의 언약을 깨뜨린 부부들에게 하나님의 저주가 임할 것 아니겠나이까? 그들에게 하나님은 옛적에 이스라엘에게 말씀하셨던 것처럼 이렇게 말씀하시지 않겠나이까? "네가 나의 교훈을 미워하고 내 말을 네 뒤로 던지면서 어찌하여 내 언약을 네 입에 두느냐"(시 50:16-17). 주여, 우리를 도우소서. 우리로 하여금 정직한 자가 되게 하소서. 하나님 앞에서 맺은 언약을 항상 기억하고 지키기를 힘쓰는 자들이 되게 하소서. 그래서 세상과 육체가 우리를 정죄하며 공격하지 못하게 하소서.

우리는 결혼하여 부모의 돌봄에서 떠났나이다. 전에 우리는 부모의 돌봄의 항구에 있었지만, 이제 이 세상의 바다로 출항했나이다. 이 세상의 바다는 비바람과 폭풍으로 출렁거리나이다. 그러므로 우리가 하나님을 인도자로 삼고, 성경을 나침반으로 삼게 하소서. 그러면 우리가 망하지 않을 것이나이다. 육체 가운데 사는 자들은 성령을 따라 살 필요가 있나이다. 만일 우리 머리 위에 맑은 하늘이 펼쳐져 있지 않다면, 우리의 항해는 얼마나 힘들겠나이까? 우리 머리 위에서 폭풍이 몰아침에도 불구하고 피할 곳이 없다면 얼마나 슬프겠나이까? 심한 멀미가 생겼음에도 불구하고 멀미약이 없다면 얼마나 슬프겠나이까? 우리 집에 병과 괴로움과 심지어 죽음이 있는데도 불구하고 거기에 모든 위로의 하나님과 생명의 주님이 계시지 않는다면 얼마나 슬프겠나이까? 설령 우리가 걸어가는 땅의 길이 돌과 진흙과 온갖 더러운 것들로 가득하다 하더라도, 우리는 하늘에서 비추는 찬란한 햇빛을 즐기며 걸을 수 있나이다. 주여, 우리로 하여금 형통 가운데 있을 때에나 역경 가운데 있을 때에나 항상 주를 인정하게 하소서. 우리로 하여금 선한 양심을 지키게 하소서. 모든 상황 가운데 우리의 위로가 되소서. 우리를 앞서 가시면서 낮에는 구름기둥이 되고 밤에는 불기둥이 되소서. 그래서 광야와 같은 우리의 인생길을 가나안 땅까지 인도하소서.

우리가 남편과 아내로서 서로 가까운 관계인 것처럼 우리의 마음 또한 서로 가깝게 하소서. 당신은 우리를 당신 자신의 복된 손으로 단단히 묶으셨나이다. 그러므로 우리가 그것을 느슨하게 만드는 생각과 말과 행동을 하지 않게 하소서. 우리는 한 몸이나이다. 그런데 어째서 우리가 한 영을 갖지 않겠나이까? 화염으로 불타는 집은 얼마나 두렵고 끔찍한가! 사랑으로 불타는 가정은 얼마나 복되고 행복한가! 종들이 서로 부딪히며 쨍그랑거릴 때, 그 소리는 얼마나 거슬리며 시끄러운가! 반면 종들이 음률에 맞춰 울릴 때, 그 소리는 얼마나 조화롭고 듣기 좋은가! 아, 우리 가정이 하나의 교회가 되게 하소서. 그리고 그 이름은 필라델피아 즉, 형제 사랑이 되게 하소서. 특별히 우리 가정의 두 기둥인 우리가 예루살렘 같게 하소서. 우리 사이에 완전한 연합이 있게 하소서. 서로에 대한 우리의 모든 생각이 사랑으로 달콤해지게 하소서. 서로에 대한 우리의 모든 말이 사랑으로 조미調味되게 하소서. 서로에 대한 우리의 모든 행동 속에 사랑이 있게 하시고, 그 사랑이 우리의 모든 행동에 맛과 풍미를 가져다주게 하소서. 우리에게 이러한 교훈을 주시고 모범으로서 자신을 내어 주신 우리 구주는 사랑이시나이다. 그의 이름은 사랑이시며, 그의 본질은 사랑이시나이다. 그의 세례는 사랑의 인印이며, 그의 성찬은 사랑의 잔치이나이다. 그의 영은 사랑의 보증이며, 그의 성경은 그의 사랑의 편지이며, 그의 섭리는 모두 사랑의 언어로 씌어졌나이다. 그는 우리에게 "내가 너희를 사랑한 것같이 너희도 사랑 가운데서 행하라"고 명령하셨나이다(엡 5:2). 아, 그렇다면 우리가 서로를 어떻게 사랑해야 마땅하겠나이까? 하나님이 직접 한 몸으로 연합시킨 우리가 서로를 얼마나 뜨거운 애정으로 끌어안아야 마땅하겠나이까? 이러한 사랑의 띠는 분명 쉽게 끊어질 수 없을 것이나이다. 사랑은 온전하게 매는 띠가 아니나이까? 그것은 우리의 모든 의무들과 은혜들을 함께 묶는 온전한 띠이나이다. 그것이 없을 때 모든 것들은 산산이 흩어질 것이나이다. "보라 남편과 아내가 연합하여 동거함이 어찌 그리 선하고 아름다운고 머리에 있는 보배로운 기름이 수염 곧 아론의 수염에 흘러서 그의 옷깃까지 내림 같고 헐몬의 이슬이 시온의 산들에 내림 같도다 거기서 여호와께서 복을 명령하셨나니 곧 영생이로다"(시 133편). 그 사랑이 우리의 힘이며, 그 사랑으로 우리는 서로의 짐을 질 수 있나이다. 그 사랑이 우리의 옷이며, 그 사랑으로 우리는 서로의 허물을 덮어 줄 수 있나이다. 그 사랑은 마치 엘리야의 갈멜산의 불처럼 우리 사이에 일어날 수 있는 모든 불화의 물을 핥을 수 있나이다. 사랑의 하나님이시여, 당신의 영으로 인해 우리 마음에 이러한 하늘의 불이 불붙게 하소서. 그러면 우리가 그 사랑 안에서 항상 당신께로 올라가면서 동시에 거짓 없는 사랑으로 서로에게 다가갈 수 있을 것이나이다. 많은 사람들이 끊임없이 서로 다투며 불화하면서 살고 있나이다. 그들은 욥이 자신의 생일을 저주한 것처럼 자신들이 결혼한 날을 저주하며, 그가 죽기를 바란 것처럼 자신들이 이혼하기를 바라나이다. 그러나 우리의 삶은 사랑으로 달콤해지게 하소서. 그리고 사랑의 위로를 통해 장차 우리가 하늘에서 당신과 만나는 것을 더욱 사모하게 하소서.

신실함이 우리의 허리를 매는 띠가 되기를 원하나이다. 그러한 신실함의 띠는 우리를 각자의 의무에 더 단단히 결박할 것이나이다. 그것은 우리를 나누려는 육체와 마귀의 모든 시도를 좌절시킬 것이나이다. 우리는 한 몸이나이다. 우리는 이익도 함께 하고, 손실도 함께 하나이다. 우리는 함께 흥하고, 함께 망하나이다. 한 사람이 흥하면 다른 사람도 흥하는 것이고, 한 사람이 망하면 다른 사람도 망하는 것이나이다. 한 사람은 흥하고 한 사람은 망하는 경우는 결코 없나이다. 우리는 마치 한마음으로 기업을 유지하고 발전시키기를 바라는 공동 창업자와 같나이다. 그런데 어째서 우리가 자기 자신으로부터 재물이나 명예를 훔치는 것과 같은 어리석은 일을 행하겠나이까? 자기 자신으로부터 무엇인가를 훔치는 것은 얼마나 부자연스러운 일이나이까? 주여, 당신이 우리에게 참된 보화를 마음 놓고 맡길 수 있도록, 우리로 하여금 불의한 맘몬에 대해 신실하게 하소서. 또 우리로 하여금 서로의 명예와 평판을 자신의 눈동자를 보호하는 것보다 더 세심하게 보호하게 하소서. 그리고 우리가 주님을 본받아 서로의 허물을 덮어 주고 용서하게 하소서. 우리의 몸이 불결한 하수구가 아니라 거룩한 성전이 되게 하소서. 우리의 몸을 존귀함과 거룩함으로 소유하는 방법을 가르쳐 주소서. 그리고 정직하지 않은 생각을 죽음보다 더 두려워하게 하소서. 어째서 우리가 당신의 성전을 사탄의 소굴로 만들겠나이까? 어떻게 우리 구주께서 불결한 몸에 임하시리라고 상상할 수 있겠나이까? 우리의 몸은 마지막 날 하늘의 영광과 정결 가운데 해보다 더 밝게 빛날 것 아니나이까? 그런데 그것이 지금 더러운 시궁창 같겠나이까? 우리가 당신을 떠나 음부에게 가겠나이까? 결코 그럴 수 없나이다. 우리 몸의 모든 지체들이 죄의 도구가 아니라 의의 병기가 되게 하소서. 우리 영혼의 모든 기능들이 당신을 섬기기 위해 구별되게 하소서. 그리고 지금부터 영혼과 육체 모두 주의 구원으로 만족하며 즐거워하게 하소서.

우리는 머리와 몸으로서 서로의 복리福利를 위해 협력하기를 원하나이다. 우리는 한 몸이나이다. 그러므로 우리는 한마음으로 그러한 한 몸의 참된 위로와 참된 만족을 구할 수 있나이다. 만일 우리가 함께 수고한다면, 가사의 짐은 훨씬 더 가벼워질 것이나이다. 만일 우리가 서로 돕는다면, 개인적인 어려움들은 훨씬 더 쉬워질 것이나이다. 가장 쓴 약도 함께 마시면 쉽게 마실 수 있을 것이나이다. 인생의 동반자로서 우리는 쓰든 달든 항상 같은 음식을 먹을 것이나이다. 함께 여행하는 자로서 우리는 참된 낙원의 안식에 들어갈 때까지 서로에게 힘을 북돋워 줄 것이며, 그럴 때 우리의 여행은 훨씬 더 즐거워질 것이나이다. 머리와 몸은 서로 불화하며 다투지 않나이다. 그리스도와 그의 교회는 서로 무장을 하고 전쟁을 벌이지 않나이다. 주여, 우리로 하여금 함께 멍에를 멘 자들처럼 살게 하소서. 그리고 범사에 서로의 짐을 지게 하시고, 그럼으로써 그리스도의 법을 이루게 하소서.

무엇보다도 우리는 가장 큰 신실함으로 서로의 영혼을 도우며 섬길 수 있기를 바라나이다. 설령 많은 부부들이 아나니아와 삽비라처럼 하나님을 시험하기 위해 서로 공모한다 하더라도, 우리는 성령과 경건을 따라 살기 위해 서로 공모하기를 원하나이다. 그렇게 사는 것이 우리에게 가장 큰 유익을 가져다주는 것 아니겠나이까? 또 우리는 은혜의 보좌 위에 세워진 두 그룹처럼 서로 바라보기를 원하나이다. 두 그룹 사이에 앉아 계신 주여, 지금 우리와 만나 교제하소서. 그리고 우리는 장차 하늘의 은혜의 보좌에서 주를 만날 것이나이다. 잠깐 빛이 있는 동안 우리는 함께 기도할 수 있고, 함께 금식할 수 있고, 함께 성경을 읽을 수 있나이다. 그러나 조만간 저녁의 그림자가 우리를 덮을 것이며, 그때는 더 이상 낮이 아닐 것이나이다. 우리가 오로지 먹고 자는 것에만 관심을 기울이는 짐승들처럼 되지 않게 하소서. 항상 하나님 앞에 서서 그의 무한한 완전하심을 찬미하는 천사들처럼 되게 하소서. 우리로 하여금 헤롯과 헤로디아처럼 함께 연합하여 당신의 성도들을 대적하지 않게 하소서. 우리로 하여금 헤롯과 빌라도처럼 함께 연합하여 우리 구주를 대적하지 않게 하소서. 그 결과가 무엇이겠나이까? 영원히 꺼지지 않는 불 속에서 함께 불타는 것 아니겠나이까? 우리로 하여금 함께 지혜로운 훈계를 받게 하소서. 우리로 하여금 함께 하나님의 집에 가게 하소서. 우리로 하여금 함께 은혜의 보좌 앞에 담대히 나아가게 하소서. 우리를 도우사 우리의 집이 벧엘, 즉 하나님의 집이 되게 하소서. 우리 사이의 단단한 띠가 죽음으로 인해 풀어질 때, 우리는 주님께 더 단단히 연합될 것이나이다. 그곳에서는 장가가는 것도 없고 시집가는 것도 없고 모두가 천사와 같을 것이나이다. 그곳에서 우리의 영혼은 주의 즐거움의 강에서 목욕하고 주의 품에서 안식할 것이나이다. 만일 이 땅의 결혼에 이토록 큰 축복이 있다면, 하물며 주의 사랑하는 아들과 결혼하는 하늘에는 얼마나 더 큰 축복이 있겠나이까? 만일 혈과 육과 더불어 교제하는 것에 그토록 큰 위로가 있다면, 하물며 주님 자신과의 영원한 교제 속에는 얼마나 더 큰 위로와 무한한 기쁨이 있겠나이까? 어린 양의 혼인 잔치에 초대받은 자들은 복이 있나이다.

주여, 우리(남편과 아내)는 해와 달처럼 빛을 비추고, 우리 자녀들과 종들은 별처럼 빛을 비추게 하소서. 우리의 집이 거룩함의 빛으로 영광스럽게 빛나는 주의 작은 천국이 되게 하소서. 각각의 관계 속에서 주의 영광을 선포하며, 모든 교제 속에서 주께서 하신 일을 나타내게 하소서. 그리하여 우리의 달려갈 길을 마쳤을 때, 우리의 빛이 결코 흐려지지도 않고 가려지지도 않을 더 높은 하늘로 올라가게 하소서. 거기에서 달빛은 햇빛같이 될 것이며, 햇빛은 일곱 배로 더 밝게 빛날 것이나이다. 모든 관계들 속에 있었던 십자가들과 장애물들은 제거될 것이며, 오직 참된 위로만이 남을 것이나이다. 그러하오이다. 모든 관계들의 빛은 하나님과의 관계의 더 큰 빛 속으로 삼켜질 것이나이다. 마치 별들의 희미한 빛들이 태양의 거대한 빛 속으로 삼켜지는 것처럼 말이나이다. 거기에서는 낮의 해의 비침도 쓸데없고, 밤의 달의 비침도 쓸데없을 것이나이다. 왜냐하면 하나님의 영광이 비치고 어린 양이 그 등불이 될 것이기 때문이나이다. "그 성은 해나 달의 비침이 쓸데없으니 이는 하나님의 영광이 비치고 어린 양이 그 등불이 되심이라." 아멘.[1]

아내의 의무를 위한 기도

영원하시며 살아 계신 하나님, 당신은 신묘막측한 지혜 가운데 나를

---

1   Swinnock, 1:481-87.

더 약한 그릇인 여자로 창조하시고 아내가 되도록 부르시기를 기뻐하셨나이다. 나는 당신이 나에게 부여하신 위치를 기쁘게 받아들이나이다. 나는 결코 당신의 지혜에 의문을 품지 않으며, 당신의 섭리와 더불어 다투지 않으며, 창조에 두신 당신의 목적과 존귀를 왜곡하기를 바라지 않나이다. 나는 스스로를 땋은 머리와 보석과 금과 값비싼 옷으로 꾸미기를 원하지 않나이다. 도리어 당신이 보시기에 지극히 값진 경건과 수줍음과 부패하지 않은 속사람과 온유함과 고요한 심령으로 스스로를 꾸며서 당신의 복음이 드러나기를 원하나이다(딤전 2:9-10; 벧전 3:4-5). 주여 나의 마음이 루디아의 마음처럼 당신의 말씀에 활짝 열리게 하옵소서. 또 나의 손이 도르가의 손처럼 선행으로 가득 차게 하시고, 아내로서의 나의 전체적인 행실이 성경의 교훈과 일치되게 하소서. 그래서 마침내 나의 주 예수 그리스도께 순결한 처녀로 드려지게 하소서.

아내에게 따르는 십자가를 기억하게 하소서. 그리고 그러한 십자가로 말미암아 나의 모든 행실이 모든 위로의 하나님을 더 기쁘게 만들도록 하소서. 내가 아내로서 마셔야만 하는 십자가의 쓴 물을 달게 만드는 소금은 오직 경건이나이다. 만일 내가 평안한 복음의 신을 신지 않는다면, 나는 나에게 주어진 가시밭길과 돌밭길을 즐겁게 걸어갈 수 없나이다. 나는 얼마나 많은 비참함을 겪어야만 하나이까! 자녀를 잉태할 때, 나는 슬픔을 잉태하나이다. 태중에서 괴로움이 수시로 나를 덮치나이다. 다가오는 산고産苦를 생각할 때, 나는 두려움으로 떠나이다. 극심한 산통이 덮칠 것을 생각하며 걱정하나이다. 그리고 출산하는 과정에서 어떤 위험이 닥칠지 알 수 없나이다. 산고를 겪고 자녀를 낳은 후에도 아이들을 기르는 과정에서 많은 어려움을 겪을 것이나이다. 아이들이 제멋대로 행하고, 종들이 신실하지 않을 수 있나이다. 마땅히 나의 가장 큰 위로가 되어야 할 남편조차 나의 가장 큰 십자가가 될 수 있나이다. 어떤 개인적인 우환과 가정의 우환과 사회의 우환과 자연의 우환을 겪을지 모르나이다. 만일 경건이 나의 힘과 능력이 아니라면, 내가 어떻게 그러한 것들에 직면할 수 있겠나이까? 그러한 것들이 닥칠 때, 내가 나의 하나님께 가지 않으면 어디로 가겠나이까? 만일 내가 외인이요 행악자라면, 어떻게 하나님께서 나를 아실 수 있겠나이까? 풍랑이 몰아칠 때 오직 주님만이 나의 인생 배가 피할 수 있는 항구가 되실 것이나이다. 주여, 나로 하여금 정결하게 행할 수 있는 능력을 주소서. 세상에서 환난을 만날지라도, 오직 주 안에서 나는 평안을 누릴 수 있나이다. 나는 환난 가운데서도 즐거워할 수 있나이다. 나는 나의 모든 환난을 당신께 맡김으로써 나의 마음을 편안하게 할 수 있으며, 하늘의 산 소망 가운데 그것을 감당할 수 있나이다. 나는 그 모든 환난 가운데 결코 파선破船할 수 없음을 확실히 아나이다. 왜냐하면 주의 은혜로우시며 전능하신 손이 나를 도우실 것이기 때문이나이다.

나는 음란한 여자처럼 젊어서 취한 남편을 버리며 나의 하나님의 언약을 잊지 않기를 원하나이다(시 78:57). 어째서 내가 옛 이스라엘 백성들처럼 나의 마음을 다른 곳으로 돌이키겠나이까? 어째서 내가 나의 엄숙한 약속의 화살들이 표적을 벗어나 엉뚱한 곳으로 날아가게 하겠나이까? 그러면 결국 그 화살들이 내 머리 위에 떨어져 나의 멸망이 될 것 아니나이까? 아, 그것은 얼마나 어리석은 일이나이까? 옛 유대인들은 엄숙한 언약을 맺을 때 짐승을 둘로 쪼갠 후 그 사이를 지나갔나이다(렘 34:18). 그들은 그러한 의식을 통해 만일 자신이 언약을 깨뜨린다면 자신도 그와 같이 쪼개지기를 바라는 마음을 표현했나이다. 그들의 맹세 속에는 동시에 저주가 포함되어 있었나이다(느 10:29). 그런데 어떻게 내가 엄숙한 언약을 배반하고도 어떤 저주도 받지 않을 거라고 기대할 수 있겠나이까? 만일 내가 언약을 깨뜨린다면, 하나님은 나를 아끼지 않을 것이나이다

(신 29:20-21). 도리어 하나님은 당신의 전능하신 팔로 나를 치실 것이나이다. 가장 뜨거운 불보다 더 뜨거운 그의 진노가 나를 덮칠 것이며, 모든 납덩어리보다 더 무거운 그의 저주가 나에게 임할 것이나이다. 또 주님은 생명책에서 나의 이름을 지우실 것이며, 나에 대한 모든 기억을 악취 나는 시체처럼 고약하게 만들 것이나이다. 또 주님은 나를 율법책에 기록된 대로 언약의 모든 저주에 따라 악의 손에 붙이실 것이나이다(마치 짐승을 도살자의 손에 붙이는 것처럼 혹은 악인을 사형 집행자의 손에 붙이는 것처럼). 만일 내가 하나님의 언약을 깨뜨린다면, 나의 영혼에 두려운 불과 격노와 사망이 덮칠 것이나이다. 주여, 나의 영혼으로 하여금 주의 이름을 경외하게 하소서. 나로 하여금 주의 위엄을 두려워하게 하시고, 주의 언약으로부터 떠나지 않게 하소서. 그리고 주의 계명의 길을 따라 계속 행하게 하소서.

내가 하나님을 경외하는 것이 남편을 경외하는 것을 통해 드러나고 증명되기를 원하나이다. 달은 하늘의 모든 별들보다 더 밝게 빛남에도 불구하고 일단 해가 뜨면 휘장으로 스스로의 영광을 가리나이다. 그와 같이 설령 나에게 가정의 모든 자녀들과 종들을 주관하는 권세가 있다 하더라도, 항상 남편의 권세와 위치를 인정하며 높일 수 있기를 원하나이다. 만일 사회에 하극상이 만연하다면, 그 사회는 얼마나 혼란스럽겠나이까? 그 사회는 결국 멸망으로 떨어지고 말 것이나이다. 만일 우리의 어깨가 머리 위에 있다면, 그것은 얼마나 꼴불견이겠나이까? 하나님은 나에게 복종의 의무를 주셨나이다. 그러므로 나로 하여금 그러한 복종의 의무를 최고의 영광으로 여기게 하소서. 어떤 아내들은 스스로를 높이면서 남편을 주관하며 자신들의 머리를 발로 밟기를 기뻐하나이다. 그러면서 그들은 자신들의 목을 부러뜨리며 자신들의 영혼을 잃는 위험을 자초하나이다. 그러나 나는 남편을 경외하며, 겸손으로 옷 입으며, 하나님이 부르신 아내의 위치로 만족하나이다. 주여, 나로 하여금 남편 안에서 당신의 권능을 볼 수 있는 지혜를 주소서. 나로 하여금 기꺼이 남편에게 복종하게 하시고, 그럼으로써 남편이 나의 정결한 행실을 보고 주의 진리 가운데 굳게 서게 하소서(벧전 3:2).

나는 남편을 나의 머리로서 경외할 뿐만 아니라 나의 심장으로서 사랑하기를 원하나이다. 남편의 권세를 경외하는 만큼 그를 사랑하는 마음 역시 커지기를 원하나이다. 그를 경외하는 마음으로 인해 그를 사랑하는 마음이 추호라도 작아지지 않게 하소서. 나의 마음이 그를 품을 수 있을 만큼 커지게 하소서. 들릴라가 삼손에게 그랬던 것처럼, 남편에게 교활한 앙탈을 부리지 않게 하소서. "당신의 마음이 내게 있지 아니하면서 당신이 어찌 나를 사랑한다 하느냐"(삿 16:15). 만일 내가 원수를 사랑하지 않는다면, 나는 구원을 받을 수 없을 것이나이다. 그런데 하물며 남편을 사랑하지 않는다면, 나의 분깃이 무엇이겠나이까? 만일 세리들과 죄인들이 친구들을 사랑한다면, 하물며 그리스도인이라고 고백하는 나는 세상에서 가장 큰 친구인 남편을 얼마나 더 사랑해야 마땅하겠나이까? 나로 하여금 남편을 사랑하는 일에 결코 게으르지 않게 하소서. 하물며 내가 미친 사람처럼 내 자신의 몸을 미워하겠나이까? 결코 그럴 수 없나이다. 주님은 나에게 남편을 사랑하라고 명령하셨나이다. 그런데 감히 내가 만왕의 왕의 명령에 불순종하겠나이까? 만일 내가 그의 법을 대적한다면, 그것은 스스로를 반역자로 선포하는 것이나이다. 하나님은 당신의 섭리로 말미암아 나를 남편의 아내로 부르셨나이다. 나는 신적 섭리로 그와 한 몸이 되었나이다. 그런데 내가 그와 한마음이 되지 않겠나이까? 나는 나의 사랑을 선택하였나이다. 그런데 내가 나의 선택을 사랑하지 않겠나이까? 나는 모든 면에서 그와 한 몸으로 연합하였나이다. 그런데 그와 한 몸으로 연합한 내가 그와 한마음을 갖지 않겠나이까? 만일 내가 내 사랑을 부인한다면, 그것은 내가 주님과 더불어 다투는 것이나이다. 나의 하나님은 나에게 생생한 본보기를 보여 주셨나이다. 교회가 예수 그리스도를 얼마나 뜨겁게 사랑하나이까? 교회에게 예수 그리스도는 사랑하는 자, 가장 아름다운 자이나이다. 교회는 그와의 관계 외에 다른 모든 관계들을 미워하나이다. 그와 비교할 때 다른 모든 것들은 아무것도 아니나이다. 그와 비교할 때 세상 전체는 화려한 배설물일 뿐이나이다. 주여, 나로 하여금 교회와 같게 하소서. 남편과 비교할 때 세상의 다른 것들은 아무것도 아닌 것이 되게 하소서.

나는 교회가 그리스도께 복종하는 것처럼 범사에 남편에게 복종하기를 원하나이다. 만일 내가 범사에 남편에게 복종하지 않는다면, 그것은 내가 주님의 명령에 순종하지 않는 것이나이다. 자연법은 나에게 이러한 교훈을 가르쳐 주나이다. 몸은 머리의 통치를 받나이다. 사회법 역시도 그러하나이다. 다른 사람으로부터 보호를 받는 사람은 그에게 복종해야 하나이다. 사탄이나 나의 강팍한 마음이 어떤 반론을 제기할지라도, 그것은 결국 불순종을 정당화하는 그럴듯한 핑계일 뿐이나이다. 무화과나무 잎을 엮어 만든 옷으로 어떻게 나의 벌거벗음을 가릴 수 있겠나이까? 설령 나의 남편에게 나를 올바르게 다스릴 수 있는 지혜가 부족하다 하더라도, 내가 자발적으로 그를 나의 인도자로 선택하지 않았나이까? 만일 그에게 그러한 지혜가 있다면, 어째서 내가 그의 다스림을 부인하겠나이까? 따라서 그에게 그러한 지혜가 있든지 없든지 상관없이, 나에게는 주 안에서 그에게 순종할 의무가 있나이다. 만일 내가 그에 대해 불평을 한다면, 그것은 내가 나를 지으신 자와 더불어 다투는 것이 될 것이나이다. 만일 남편이 나를 사랑하지 않는 등 나에 대한 그의 의무를 제대로 이행하지 않는다면, 그것은 나의 고통이 될 것이나이다. 그래서 만일 내가 그에게 복종하지 않는 등 그에 대한 나의 의무를 제대로 이행하지 않는다면, 그것은 나의 죄가 될 것이나이다. 전자는 쓴 약이 될 것이고, 거기에 후자가 섞이면 맹독猛毒으로 바뀔 것이나이다.

악을 악으로 갚고 욕을 욕으로 갚아서 자신의 집을 정신병원으로 만드는 아내들이 있나이다. 부디 나로 하여금 그런 아내가 되지 말게 하소서. 부디 나의 남편이 오직 하나님의 뜻과 부부 관계에 합한 것들만 요구하고 명령하게 하소서. 그가 하나님의 가르침에 따라 자신의 권세보다 선함을 더 기꺼이 나타내기를 바라는 자가 되게 하소서. 그의 온유함으로 말미암아 그에게 순종하고자 하는 나의 마음이 더욱 불 일 듯 타오르게 하소서. 그러나 그의 인격이나 행실이 어떻든지 간에, 나로 하여금 주를 기쁘게 하는 것 다음으로 힘써 그를 기쁘게 하게 하소서.

나는 하나님의 부르심대로 범사에 남편의 돕는 배필이 되기를 원하나이다. 나로 하여금 어떤 일에도 그의 방해물이 되지 않게 하소서. 부디 라멕의 아내 씰라처럼 되지 않게 하소서. 남편이 오직 쾌락과 자신의 이익만을 위해 취한 아내처럼 되지 않게 하소서. 잠언 31장의 현숙한 아내의 모범을 따라 부지런히 가정을 살피며 돌보는 아내가 되게 하소서. 이를 위해 하나님의 계명을 지키면서 부지런히 가정을 돌보는 자가 되게 하소서. 나로 하여금 할 일 없이 여기저기 돌아다니다가 결국 몸을 더럽히고만 디나처럼 되지 말게 하소서. 도리어 항상 장막에 거하면서 가사家事를 살폈던 사라처럼 되게 하소서. 주여, 당신은 나를 보호하기 위해 항상 주의를 기울이시나이다. 그와 같이 나로 하여금 당신을 기쁘게 하는 데 항상 주의를 기울이게 하소서. 당신의 섭리에 의심을 품거나 당신이 나에게 맡기신 자들을 소홀히 다루지 않게 하소서.

무엇보다 우리 가정의 머리인 남편에게 항상 따뜻한 애정과 존경의 마음을 품게 하소서. 어떤 아내들은 자기 남편에게 슬픈 십보라와 같고, 쓴 마라와 같나이다. 그러나 나는 남편에게 즐거운 나오미가 되기를 원하나이다. 하나님은 내가 남편에게 위로자가 되기를 원하시나이다. 그러나 만일 내가 거친 말과 찌푸린 표정으로 항상 그와 다툰다면, 그것은 나를 창조하신 자의 목적을 직접적으로 거스르는 행동이나이다. 만일 모든 악독과 노함과 분냄과 떠드는 것과 비방하는 것을 버리고 친절하며 불쌍히 여기는 마음을 갖는 것이 그리스도인의 의무라면, 분명 그것은 남편에 대한 나의 의무이기도 할 것이나이다(엡 4:31-32).

주여, 나를 도우소서. 나로 하여금 루디아처럼 당신의 제자들을 섬기게 하시고, 뵈뵈처럼 당신의 모든 종들의 종이 되게 하소서. 병든 자든 건강한 자든 모든 자들을 섬기는 자가 되게 하소서.

나는 경건함에 있어 마리아가 되고 부지런함에 있어 마르다가 되기를 원하나이다. 나로 하여금 여러 가지 일로 마음이 나누어지지 않게 하소서. 그래서 꼭 필요한 한 가지 일을 게을리하지 않도록 하소서. 이 세상의 모든 일을 처리할 때, 세상의 종처럼 하지 말고 세상의 주인처럼 하게 하소서. 무엇보다도 더 나은 세상인 영원한 하늘의 복과 소망을 가진 자처럼 하게 하소서. 나로 하여금 미갈처럼 남편의 경건을 조롱하는 자가 되지 않게 하소서. 또 이세벨이나 욥의 아내처럼 남편을 악으로 이끄는 자가 되지 않게 하소서. 도리어 사랑의 줄로 남편을 영광의 주님께로 잘 이끄는 자가 되게 하소서. 나의 마음과 삶 가운데 항상 거룩과 경건이 우선순위가 되게 하소서. 자녀들과 종들을 대하는 나의 태도 속에 기독교의 향기가 풍기게 하소서. 특별히 남편을 향한 내 사랑 속에 남편의 마음을 하늘로 향하게 역사하는 강한 힘이 있게 하소서. 아, 하나님이여! 지금 나의 마음이 믿지 않는 남편으로 인해 심히 무겁나이다. 나의 절반이 지옥에 떨어지는 날을 생각하면 심히 두려워하지 않을 수 없나이다. 모든 남종들과 여종들에게 성령을 부어 주겠다고 약속하시고 당신의 자녀들이 예언할 것이라고 말씀하신 주여, 부부 관계 속에서의 나의 모든 잘못을 용서하여 주소서. 당신의 여종에게 은혜의 기름을 부으소서. 그래서 나로 하여금 엘리사벳처럼 성령으로 충만한 자가 되게 하시고, 막달라 마리아처럼 당신을 뜨겁게 사랑하게 하소서. 그리고 유니게처럼 자녀들에게 당신을 경외하는 법도를 가르치게 하시고, 브리스길라처럼 남편에게 당신의 달콤한 향기를 나타내는 자가 되게 하소서. 나의 경건한 행실로 인해 사람들의 양심과 특별히 남편의 양심에 복음의 진리가 효과적으로 증거되게 하소서. 주여, 사탄의 간교한 책략으로 여자가 먼저 범죄했던 것처럼, 주의 풍성한 긍휼로 여자가 주 예수 그리스도의 부활의 첫 번째 증인이 되었나이다. 부디 어떤 경우에도 하와처럼 남편을 저주로 이끄는 자가 되지 말게 하소서. 도리어 남편을 구원으로 이끄는 자가 되게 하소서.

주여, 복된 구주께서는 우리처럼 죄악된 피조물들과 결혼하기를 기뻐하셨나이다. 나는 주의 거룩하신 임재 앞에서 놀랄 수밖에 없나이다. 설령 당신이 흠 없는 처녀들이나 혹은 천사들과 결혼하셨다 하더라도, 그조차 스스로를 무한히 낮춘 것이나이다. 그런데 당신은 더러운 티끌과 재와 같은 자들과 결혼하셨으며, 추하고 흉하고 비천한 자들과 더불어 혼인 언약을 맺으셨나이다. 이러한 당신의 무한한 낮추심을 생각할 때, 나는 놀라며 감탄할 수밖에 없나이다. 그러나 거룩하신 아버지여, 아버지께서는 그렇게 하기를 기뻐하셨나이다. 뿐만 아니라 내가 주님을 알지 못할 때, 주님이 먼저 나를 아셨나이다. 내가 주님께 가지 않을 때, 주님이 먼저 나에게 오셨고 나를 찾으셨나이다. 그리고 주님이 나에게 구혼하셨나이다. 얼마나 끈질기게 구혼하셨나이까? 자신의 청혼이 거짓이 아님을 설득하기 위해 너무나 값비싼 증표를 보여 주셨나이다. 나로 하여금 그리스도를 진정으로 나의 주님과 남편으로 영접하게 하소서. 나로 하여금 다른 모든 사랑하는 것들과 작별하게 하소서. 오직 그분 한 분만을 붙잡게 하소서. 나의 모든 죄와 슬픔과 약함이 그의 것이 될 것이며, 그의 모든 예복과 부요함과 긍휼과 공로와 삶과 죽음이 나의 것이 될 것이나이다. 당신은 나를 은혜로 장식하셨나이다. 마치 멋진 신랑 옆에 서기에 부끄럽지 않도록 신부를 아름다운 보석들로 장식하는 것처럼 말입니다. 나로 하여금 세상의 다른 모든 것들보다 그를 사랑하며 존귀하게 하며 기쁘게 하며, 그에게 순종하게 하소서. 나로 하여금 먼저 그를 기쁘게 하고, 다음으로 지상의 남편을 기쁘게 하게 하소서. 더러운 세상을 걸어 다니는 동안 정결한 처녀처럼 자신의 예복을 깨끗하게 지키게 하소서. 또 지혜로운 처녀처럼 주님의 오심을 준비하면서 등에 기름을 채우게 하소서. 죽음이 지상의 남편과 나 사이에 이혼 증서를 주면 하늘의 남편에게 더 가까이 나아가 그를 더 풍성하게 누릴 수 있게 하소서. 그 무엇도 나의 구주와 나의 영혼 사이를 끊을 수 없나이다. 그때 나의 누더기는 영광스러운 예복으로 바뀔 것이며, 나의 벌거벗은 몸은 완전한 의로 가려질 것이나이다. 그때 나의 사랑하는 자는 나에게 가장 충만한 의미로 "내 누이, 내 신부야, 네가 내 마음을 빼앗았구나. 나의 사랑 너는 어여쁘고 아무 흠이 없구나"라고 말씀하실 것이나이다. 신랑이 신부로 인해 기뻐하는 것처럼, 나의 하나님께서 나로 인해 기뻐하실 것이며 나는 그 안에 영원히 거할 것이나이다. 아멘.[2]

남편의 의무를 위한 기도

남편인 나는 아내의 머리이나이다. 머리가 몸을 위하는 것처럼, 아내의 위로와 복리福利를 돌보는 것이 나의 의무이나이다. 나로 하여금 머리의 권세와 아내를 돌보는 의무를 잊지 말게 하소서. 머리의 권세에 지

---

2   Swinnock, 1:522-28.

나치게 몰두한 나머지 하나님이 남편에게 부여하신 의무를 잊지 않기를 원하나이다. 하나님은 나를 아내보다 높은 존귀의 자리에 세우셨나이다. 그러한 만큼 거룩함에 있어서도 그녀보다 높게 하소서. 그녀를 신실하게 가르치며 거룩함과 행복의 길로 인도할 수 있게 하소서. 주여, 나로 하여금 세상일에 지나치게 분주한 나머지 하늘에 대해서는 무관심한 자가 되지 말게 하소서. 이생의 일들과 관련해서도 그녀를 돕겠지만, 특별히 그녀가 빛 가운데 성도의 기업을 얻을 수 있도록 최대로 도울 수 있게 하소서. 하나님은 나와의 언약에 항상 신실하시나이다. 그와 같이 나도 하나님과의 언약에 항상 신실하게 하소서. 당신의 모든 길은 긍휼과 진리이나이다. 당신의 신실하심은 결코 떨어지지 않나이다. 천지는 없어질지라도 당신의 말씀은 일점일획도 없어지지 않고 다 이루어질 것이나이다. 당신의 모든 말씀은 확실한 말씀이며, 당신의 모든 약속은 다윗의 확실한 은혜이나이다. 그런데 내가 그토록 신실하신 당신께 거짓을 행하겠나이까? 만일 나를 속이는 자를 속이는 것이 죄라면, 하물며 그토록 신실하신 하나님께 거짓을 행하는 것은 얼마나 더 큰 죄이겠나이까? 만일 거짓말을 하는 자가 천국에 들어가지 못한다면, 하물며 하나님께 거짓을 행하는 자는 얼마나 더 확실하게 지옥에 떨어지겠나이까? 주여, 아내와 더불어 결혼 언약을 맺을 때 당신이 우리의 증인이 되셨나이다. 그리고 그 언약이 오늘날까지 당신의 손안에 있나이다. 주여, 내가 그 언약을 배반하여 당신의 공의의 법정에 서지 않도록 하옵소서.

주여, 나로 하여금 죽음에 대해 생각하게 하옵소서. 그러한 생각은 남편의 역할을 더 신실하고 거룩하게 감당하도록 만들 것이나이다. 나는 조만간 죽어 그녀를 떠날 것이나이다. 이를 생각할 때 살아 있는 동안 그녀에게 더 큰 선을 행하고, 그녀로부터 더 큰 선을 받을 수 있을 것이나이다. 아, 나의 인생은 한 점 시간 같을 뿐이나이다. 나의 인생의 조수潮水

는 썰물처럼 조금씩 빠져나가다가, 마침내 영원의 대양大洋으로 나아갈 것이나이다. 나는 지금은 살아 있지만 조만간 죽을 것이나이다. 그때 나는 남편으로서 내가 취한 행실에 대해 당신 앞에서 설명해야 할 것이나이다. 이를 생각하는 것은 나를 더 나은 경건으로 이끌 것이나이다. 그리고 남편으로서 아내에게 좀 더 합당하게 행하도록 이끌 것이나이다. 왜냐하면 나는 조만간 죽을 것이기 때문이나이다. 주여, 나는 수일 내에 남편의 옷을 벗을 것이나이다. 지금 그 옷은 나의 위로이며 영광이나이다. 성령으로 하여금 그 옷을 은혜로 장식하게 하소서. 그리하여 내가 몰약과 침향과 계피의 향기를 풍기게 하소서. 그리고 그 옷을 벗을 때, 내가 벗은 자로 발견되지 않고 하늘로부터 임하는 집을 입은 자로 발견되게 하소서.

나는 사랑이 부부 관계의 모든 영역 속에서 활발하게 역사하기를 바라나이다. 나의 사랑이 아내에 대한 나의 모든 행동 속에 분명하게 드러나기를 바라나이다. 설령 바울이 빌레몬에게 그랬던 것처럼 그리스도 안에서 내가 아내에게 매우 담대하게 명할 수 있다 하더라도, 사랑이 담긴 부드러운 말로 부탁하기를 원하나이다(몬 1:8). 그녀는 원죄로 인해 슬픈 상태 가운데 있나이다. 그녀는 한나처럼 "나는 마음이 슬픈 여자라"라고 말할 수 있나이다. 그녀는 슬픔과 함께 잉태하고, 많은 고통과 함께 해산하나이다. 그리고 자녀를 기르는 가운데 많은 어려움을 겪나이다. 밤에는 두려움이 그녀를 떨게 하고, 낮에는 근심거리가 그녀를 어지럽히나이다. 그녀의 아들들은 베노니 곧 슬픔의 아들이며, 그녀의 종들은 바라바 즉 혼돈의 아들이나이다. 그녀의 목에 평생 동안 복종의 멍에가 있나이다. 그런데 내가 그녀를 가혹함으로 다스리겠나이까?(말 2:13). 고통에 고통을 더하고, 상처에 상처를 더하겠나이까? 그녀의 멍에로 인해 그녀를 탄식하게 만들겠나이까? 내가 주의 제단을 눈물과 애곡으로 두르겠나이까? 나 때문에 그녀의 부르짖음이 하늘로 올라가게 하겠나이까? 하나님은 고통 받는 과부들과 마찬가지로 압제 받는 아내들을 불쌍히 여기시나이다. 그러므로 하나님은 당신의 언약을 이행하지 않는 나를 심판으로 보응하실 것이나이다. 부디 나로 하여금 나발처럼 아내를 압제하며 짓밟지 않게 하소서. 나로 인해 아내가 마라에 머물던 이스라엘 백성들처럼 원망하며, 불평하며, 애곡하며, 부르짖지 않게 하소서. 부디 그녀를 에스겔의 아내와 같게 하소서. 교회가 그리스도에게 그러한 것처럼, 그녀가 내 눈을 기쁘게 하는 자가 되고 내 마음을 황홀하게 하는 자가 되게 하소서(애 4:9). 그리하여 그리스도께서 교회를 대하는 것처럼 항상 그녀를 뜨거운 마음으로 사랑하고 가장 소중히 여길 수 있게 하소서.

내 삶의 위로는 아내를 향한 내 사랑에 추호도 달려 있지 않나이다. 만일 내가 라멕처럼 포악하게 행한다면, 설령 아내가 어린 양처럼 온유하다 하더라도 나의 집은 야만인과 굶주린 짐승들이 거하는 우리와 같을 것이나이다. 항상 싸우며, 다투며, 저주하는 집은 지옥과 얼마나 비슷하나이까? 만일 바이올린의 현들이 서로 불화한다면, 그것이 내는 소리가 얼마나 귀에 거슬리겠나이까? 어째서 내가 혈기를 부려 마땅히 벧엘이 되어야 할 나의 집을 혼돈의 바벨로 바꾸겠나이까(왕상 19:11)? 나의 하나님은 폭풍 가운데서도 자신을 나타내기를 기뻐하지 않으시고, 지진 가운데서도 자신을 나타내기를 기뻐하지 않으시나이다. 오직 세미한 음성 가운데 자신을 나타내기를 기뻐하시나이다. 만일 내가 아내에게 포악하게 행한다면, 나의 집은 불화의 화염 가운데 싸일 것이나이다. 그것은 내가 스스로를 망하게 만드는 것이나이다. 그러나 만일 내가 사랑과 화평 가운데 산다면, 사랑과 화평의 하나님이 나와 함께 계실 것이나이다. 하나님은 결혼의 거룩한 규례를 제정하셨나이다. 그것은 당신의 백성들이 하늘에서 당신과 더불어 누릴 완전한 교제를 예표하는 것이나이다. 당신이 나에게 베푸신 사랑을 알게 하소서. 내가 언젠가 당신 안에서 누릴 즐거움을 알게 하소서. 내가 그 사랑과 즐거움으로 당신이 내 품에 두신 아내를 품게 하소서. 당신은 나에게 그리스도께서 교회를 사랑하신 것처럼 아내를 사랑하라고 명령하셨나이다. 나의 구주의 사랑은 정결한 사랑이나이다. 거기에는 부정한 것이 조금도 없나이다. 또 그의 사랑은 변함없는 사랑이나이다. 그는 자기 백성들을 사랑하시되 끝까지 사랑하시나이다. 죽음조차도 그의 사랑의 줄을 끊을 수 없나이다. 또 그의 사랑은 뜨거운 사랑이나이다. 그는 사랑의 불덩어리이나이다. 그의 모든 즐거움은 그의 백성들 안에 있나이다. 그는 다른 모든 것들을 마치 쐐기풀과 가시처럼 지나치나이다. 그러나 그의 백성들은 샤론의 수선화와 골짜기의 백합화이나이다. 나의 영혼은 범사에 나의 구주의 모범을 따르기를 원하나이다. 하나님은 나에게 자신을 사랑하는 것처럼 아내를 사랑하라고 말씀하셨나이다. 나는 나 자신을 뜨겁게 사랑하나이다. 나는 나 자신을 세상의 다른 어떤 것보다 더 사랑하나이다. 병에 걸렸을 때, 나는 스스로를 얼마나 애틋하게 대하나이까? 고통 가운데 빠져 있을 때, 나는 스스로를 얼마나 긍휼히 여기나이까? 허물을 발견했을 때, 나는 스스로를 얼마나 오래 참나이까? 나는 나 자신을 진심으로 사랑하나이다. 아무도 자기 자신을 거짓으로 사랑하지 않나이다. 주여, 나를 도우소서. 아내에 대한 나의 사랑을 완전하게 하소서. 나의 마음이 그녀와 연결되게 하소서. 내 자신의 영혼을 사랑하는 것처럼 그녀를 사랑하게 하소서. 그녀는 나를 위해 자신의 부모와 형제들을 떠났나이다. 그러므로 그녀가 내 안에서 그들의 사랑보다 훨씬 더 큰 사랑을 발견하게 하소서. 또 나의 사랑이 변함없는 사랑이 되게 하소서. 금방 뜨거워졌다가 금방 싸늘하게 식는 학질 걸린 사람의 몸처럼 되지 말게 하소서. 도리어 태양처럼 항상 따뜻하게 비추게 하소서. 또 나의 사랑이 정욕이나 이익을 위한 사랑이 아니라 순수한 사랑이 되게 하소서. 설령 다른 사람들은 재산을 사랑할지라도, 나는 아내를 사랑하게 하소서. 설령 다른 사람들은 지참금과 미모를 사랑할지라도, 나는 그녀의 인격과 경건을 사랑하게 하소서. 왜냐하면 당신이 나에게 그렇게 하라고 명령하셨기 때문이나이다.

나는 그리스도께서 교회를 사랑하신 것처럼 아내를 사랑하기를 원하나이다. 나의 첫 번째 노력을 그녀가 거룩해지고 정결해지는 데 쏟게 하소서. 그래서 마침내 그녀를 점이나 주름 잡힌 것 없이 온전히 거룩한 모습으로 하늘의 복된 신랑에게 드리게 하옵소서. 나의 구주께서는 그의 교회의 거룩함과 정결함을 위해 얼마나 부지런히 애쓰시나이까? 그의 교회가 거룩해지는 것을 얼마나 간절히 바라시나이까? 그의 교회의 거룩함을 위해 아버지께 얼마나 뜨겁게 간구하시나이까? 그는 교회의 부정함을 씻어 내기 위해 기꺼이 찔림을 받으시고 피를 쏟으셨나이다. 그는 교회의 거룩함을 위해 물 붓듯이 영을 부으셨나이다. 그의 탄생으로 그의 교회가 거룩하게 다시 태어났나이다. 그의 생애는 그의 교회에게 거룩함의 본을 보이기 위한 것이었나이다. 그의 죽음은 그의 교회를 새로운 거룩함으로 사기 위한 것이었나이다. "그가 우리를 대신하여 자신을 주심은 모든 불법에서 우리를 속량하시고 우리를 깨끗하게 하사 선한 일을 열심히 하는 자기 백성이 되게 하려 하심이라"(딛 2:14).그의 가르침, 그의 기도, 그의 눈물, 그의 피, 그의 탄생, 그의 생애, 그의 죽음, 그의 부활, 그의 중보 모두 그의 교회의 거룩함과 정결함을 위한 것이나이다.

그가 예수라 일컬어지는 것은 자기 백성들을 죄에서 구원할 자이기 때문이나이다. 그는 자신의 몸이 하늘에 있게 될 때까지 스스로를 완전하다고 생각하지 않나이다. 나의 영혼이 이러한 사랑의 모범을 본받기를 원하나이다. 아내가 정결해지기를 위해 뜨겁게 기도하며 힘쓰기를 원하나이다. 가장 사랑하는 사람이 하나님의 미움과 격노의 대상이 되는 것은 얼마나 가슴 아픈 일이나이까? 젊어서 취한 동반자가 마귀의 동반자가 되는 것은 얼마나 끔찍한 일이나이까? 사랑하는 아내가 유황 불못에 떨어지는 것은 얼마나 두려운 일이나이까? 사랑하는 아내가 멸망의 길에서 지옥으로 달려가는 것을 어떻게 그냥 보고만 있겠나이까? 어떻게 그녀에게 위험을 경고하지 않을 수 있겠나이까? 어떻게 그녀에게 그 길에서 나오라고 간청하지 않을 수 있겠나이까? 아, 나의 동정심이 어디에 있나이까? 주여, 당신은 나를 머리로 부르셨나이다. 그러므로 내가 아내를 진심 어린 훈계로 지도하며 이끌 수 있도록 도우소서. 아버지의 집에 큰 잔치가 열렸나이다. 그 집은 아직 가득 차지 않고, 여전히 빈자리가 남아 있나이다. 그러니 마땅히 내가 아내를 그곳으로 이끌어야 하지 않겠나이까? 아내가 지식이 없어서 굶주리는 것을 내가 그냥 바라보기만 하겠나이까? 결코 그럴 수 없나이다. 부디 당신의 선하심을 통해 내가 아내를 설득할 수 있게 하옵소서. 그녀가 당신의 선하심을 맛보고 알게 하옵소서.

나는 남편으로서 아내에게 사랑의 달콤한 꿀을 주기를 원하지만, 죄의 문제에 있어서는 단호하기를 원하나이다. 그런 경우에는 따끔한 책망이 그녀를 악에서 건져낼 것이나이다. 만일 내가 그녀의 육체적인 병을 그대로 둔다면, 그녀의 몸을 죽이는 꼴이 될 것이나이다. 만일 내가 그녀의 영적인 병을 그대로 둔다면, 그녀의 영혼을 저주하는 꼴이 될 것이나이다. 그런데 내가 맹목적인 사랑으로 그녀를 꺼지지 않는 불로 이끌겠나이까? 주여, 나로 하여금 그녀의 허물을 덮어 주고 감추어 줄 뿐만 아니라 그녀가 그것을 분명히 깨닫고 버릴 수 있도록 돕게 하소서. 주여, 그녀가 나의 충고에 귀를 기울일 뿐만 아니라 내가 그녀의 거룩한 충고에 귀를 기울일 수 있도록 도우소서. 그녀를 통해 당신이 말씀하시는 것을 들을 수 있도록 도우소서. 그러나 아담이 하와의 악한 조언을 받아들여서 타락한 것을 생각하고, 아내의 악한 조언은 결코 받아들이지 말게 하소서.

어떤 남편들은 마치 짐승처럼 오로지 육신적인 소욕과 정욕을 만족시키기 위해 아내와 동거하나이다. 그러나 나는 범사에 아내를 돕는 자가 되기를 원하나이다. 그녀가 건강할 때에는 위로가 되게 하시고, 그녀가 병들었을 때에는 힘이 되게 하소서. 그리고 모든 상황 가운데 온전한 방식으로 그녀를 섬기는 자가 되게 하소서. 하나님이 그 자신을 내 영혼에 주셨을 때, 자신이 가진 모든 것도 함께 주셨나이다. 그러면서도 하나님은 그것이 과하다고 생각하지 않으셨나이다. 그런데 내가 아내에게 과도한 은덕을 베푼다고 생각하겠나이까? 하나님이여, 나는 한나의 남편인 엘가나와 같은 남편이 되기를 원하나이다. 열 아들보다 더 나은 남편이 되게 하소서. 주여, 살아 있는 동안 내가 성실하며 부지런한 자가 되게 하소서. 그래서 그녀의 몸에 먹을 것과 입을 것이 부족하지 않고, 그녀의 영혼에 하늘의 양식과 그리스도의 의의 옷이 부족하지 않게 하소서. 내가 죽은 후에도 그렇게 되게 하소서. 내가 하늘에서 행복할 때, 나의 반쪽 역시 이 땅에서 행복하게 하소서. 그녀가 궁핍함 가운데 고통을 당하지 않게 하소서. 만일 내가 가난한 채로 죽는 것이 당신의 기쁘신 뜻이라면, 나는 그러한 궁휼 또한 그대로 받아들일 것이나이다. 내가 그렇게 할 수 있는 것은 나의 기업이 이생에 있지 않기 때문이나이다. 나는 아버지 없는 자녀들과 과부가 된 아내를 당신께 맡길 수 있나이다. 주여, 노하지 마옵시고 아내를 위해 한 마디만 더 하게 하옵소서. 내가 가난한 채로 이 세상을 떠난다면, 아내에게 가난한 레위인의 기업을 남기게 하소서. 주님께서 그녀의 기업이 되어 주소서. "너는 이스라엘 자손의 땅에 기업도 없겠고 그들 중에 아무 분깃도 없을 것이나 내가 이스라엘 자손 중에 네 분깃이요 네 기업이니라"(민 18:20).

주여, 티끌과 먼지 같은 내가 어찌 주께 말할 수 있나이까? 그러나 주여, 노하지 마옵시고 나로 하여금 한 번만 더 말하게 하옵소서. 각종 훈장들로 장식한 신랑처럼, 당신은 나를 남편의 역할에 합당한 은혜들로 장식하셨나이다. 내가 남편의 역할을 마칠 때, 나는 신부 곧 어린 양의 아내가 되는 것이 무엇인지 알게 될 것이나이다(호 2:19). 이 땅에서는 단지 당신과 더불어 의와 인애와 긍휼 가운데 약혼했을 뿐이나이다. 육체 가운데 있는 동안, 나는 주와 떨어져 있나이다. 그러나 장차 하늘에서 나는 당신과 영원히 결혼할 것이나이다. 당신의 달콤한 입술로 내게 입 맞추소서. 당신의 품에 나를 밤새도록 품으소서. 거기에 기쁨과 즐거움의 음성, 참된 신랑과 참된 신부의 음성이 있을 것이나이다. 거기에 "만군의 여호와를 찬송하라 그는 선하시며 그의 인자하심이 영원함이로다"라고 노래하는 자들의 음성이 있을 것이나이다. 아멘.[3]

💬 **독자 여러분들께 알립니다!**
'**CH북스**'는 기존 '**크리스천다이제스트**'의 영문명 앞 2글자와
도서를 의미하는 '**북스**'를 결합한 출판사의 새로운 이름입니다.

크리스천의 결혼생활

1판 1쇄 발행 2020년 4월 13일
1판 2쇄 발행 2025년 1월 2일

지은이 조엘 R. 비키·제임스 라벨
옮긴이 정충하
발행인 박명곤   **CEO** 박지성   **CFO** 김영은
기획편집1팀 채대광, 이승미, 김윤아, 백환희, 이상지
기획편집2팀 박일귀, 이은빈, 강민형, 이지은, 박고은
디자인팀 구경표, 유채민, 윤신혜, 임지선
마케팅팀 임우열, 김은지, 전상미, 이호, 최고은

펴낸곳 CH북스
출판등록 제406-1999-000038호
전화 070-4917-2074   **팩스** 0303-3444-2136
주소 서울시 강서구 마곡중앙6로 40, 장흥빌딩 10층
홈페이지 www.hdjisung.com   **이메일** support@hdjisung.com
제작처 영신사

ⓒ CH북스 2020

편집 이은빈   **교정교열** 이수연   **디자인** 구경표

"크리스천의 영적 성장을 돕는 고전"
세계기독교고전 목록